JN296643

外尾健一著作集　第六巻

フランス労働協約法の研究

信山社

はしがき

これまでに公刊した論文をまとめて「著作集」を出版しないかというお誘いは、かなり前から受けていたのであるが、その度に、改めて世に問うほどの論文はなにもないからと固辞していた。しかし、「現物がなくて、読むことのできない論文があるのでまとめてほしい。」という話もときどき耳にするようになったので、とにかく今までに書いたものを集めてみようと、手元にないものは人から借りたりしてコピーをとった。私は、多作のほうではないが、それでも約五〇年の間に執筆したものは相当な数にのぼった。その一つひとつは、稚拙で面はゆいものばかりであるが、私が目の当たりにしてきた戦後の、労働問題・労使関係・労働法の動きと密接に結びついている。論文の表題をみただけで、その当時なにが問題となっていたのか、労使関係や経済の動きはどうであったのか、そして労働法の学説判例の状況はどうなっていたのかが走馬燈のように思い浮かべられた。

論文を書くことによって私が学んだ成果は、その間に執筆した教科書（『労働法入門』）や概説書（『労働団体法』）にある程度結実している。私は、論文を執筆することは、「私は今このように考えているが、どうだろうか」といって世に問うことだと思っている。私自身、多くの批判的論文その他によって、さらに考え直し、教えられて学問的に成長してきた。その成果は、あくまでも理論的な概説書にまとめるべきだと考え、これまでの業績を集大成するような体系的な概説書を執筆したいと考えていた。それが「過去の論文集」の出版を逡巡させた原因の一つでもあった。しかし、最近のめまぐるしく動く社会経済情勢の変化につれて労働法と労働問題の分野にも、新たに学びたいこと、考え直したいことがつぎつぎとでてきて、個別的労働関係をまとめる予定の『労働契約法』の刊行はおろか、『労働団体法』の改訂すら手に着かない状況である。そこで、そのときどきの問題状況の一端を明らかにする意味で、思い切ってすすめられるままに、過去のいくつかの論文をまとめて出版することにした。

私がこれまでに執筆したものは、求められるままに書いたものがほとんどであるので、種々雑多なものであるが、大別すれば、実態調査の報告書、講演会の速記録・通信教育のテキスト・教科書、裁判所・労働委員会に提出した意見書、フランスやアメリカを中心とする比較労働法に関するもの、日本の労使関係や経済変動と労働法の動向に関するもの、その時々に問題となった労働法上の争いに関連するもの等である。本著作集では、このなかから、主として実用法学に関するもの、日本の労使関係と法に関するもの、比較法学に関するものをいくつかを拾い出し、テーマ別にまとめることにした。当初、若手の研究者に少しでも役に立ちそうなものという基準で選んだら、ほとんど掲載するものがなくなってしまった。やめようかと思っていると、「著作集の論文は自分で選ぶものではなく、人が選ぶものです。」といってくれた人がいたので、なん人かのひとに相談しつつ、まとめることにした。

本著作集は、テーマ毎にまとめたため、各論文の執筆の年代はまちまちである。したがって、文体は統一されていないし、仮名遣いなども入り交じっている。今ならば、もっと簡潔に分かりやすく書くのにと思いながらも、あえて誤字脱字以外は訂正をせず、そのまま掲載することにした。内容だけではなく、文章そのものも生硬であるが、論文も時代の背景とともに存在していると考えたので加筆・訂正は行わなかった。それぞれの論文の初出の掲載誌や年度は、各巻末に解題とともに掲げておいた。

私自身は、いまだに未熟な過去の「足跡」を出版することにためらいがあるし、忸怩たるものがあるが、一方においては、労働者の権利が具体的には無に等しかった状況のなかから、基本的人権として法の体系のなかに定着し、今日にいたるまでのわが国の労働法の軌跡の一端を体験し、観察して来た者の一人として、私の論文集をこういう形で世に示すことができたことを有り難いと思っている。この論文集が、若い研究者に少しでも役に立つことができれば望外の幸いである。

本書の出版を、終始、熱心にすすめてくれ、刊行にまでこぎつけてくれた信山社の袖山氏、村岡氏にはこころからお礼を申し上げたい。

一九九八年一月

外尾 健一

目　次

目　次

第一章　初期労働協約法理の形成過程

一　はしがき

シャルル・ジィドの言をまつまでもなく、「労働協約は賃労働者の歴史の中に生まれた最も新しく、かつ最も注目すべき事実の一つである」(1)。それは産業資本主義の確立と近代的労働運動の展開の中から不可避的に発生し、好むと好まざるとにかかわらず「協約なければ労働なし」といわれるほどに重要な地位を労働関係の中に占めるにいたった。

すなわち、労働協約は、元来、次第に階級的な利害の対立を意識するようになった封建社会末期の親方と職人の集団によって結ばれた賃率協定に端を発し、やがて近代的意味での労働問題の出現につれて激化していった労働争議を終結させるための争議協定として発展の過程を辿り、或は自主的な団体交渉の慣行をつみ重ねつつ、遂には「職業社会の法」としての地位を獲得し、労働立法形成のための社会的基盤を多くの面に亘って提供したのである。そこには大工業の発展と職業組織の確立という客観的な条件が、正面から協約の形成を押しすすめていく労使の階級闘争とダイナミックに呼応しつつ見事な労働関係史を画き出している。その意味で労働関係を科学的に究明していく一つの鍵は労働協約に潜められているといっても過言ではないのである。

さらに労働協約の発展という同じ社会現象を法的な視野から眺めた場合、それが法の世界にまき起した旋風にわれわれは一層の興味を覚えるのである。自由、平等、所有およびベンタムの支配したブルジョワ法の楽園は、未知の社会現象の出現によって混乱の渦中に投げ込まれてしまった。資本主義社会の進展につれて機構的ないしは構造的に生み出されてきた労働協約関係という新たな社会規範は、今や無視しえないほどの社会的な勢力へと生長をとげた労働者階級の法意識に支えられつつ、独自の法領域を主張した。それはブルジョワ的な個人主義を主体とする伝統的な市民法に対する団体法の衝突、矛盾、修正の歴史であり、労働法形成の一頁でもあったのである。

繰り返していえば労働協約は確かに労使の階級闘争の成果として生まれ、階級闘争を通じて発展の過程を辿ってきた。労働者にとってそれは労働者権獲得のための闘いであり、資本家にとっては労務政策の一環としての資本攻勢でもあった。これらの力関係が協約を現実に成立せしめ、推進していった原動力であるが、さらに客観的には、資本の集中によって企業の規模が拡大し、労働条件を企業をこえて地域的に平準化させ、価格の面での競争条件を規制し、或は統一化しようとする資本主義に内在する経済的な要因が働いていることをわれわれは見忘れてはならないのである。従って労働協約論の理解のためには、これらを綜合的、有機的に関連させ、このような社会的、経済的基盤の上に生育した生ける法がどのように実定法秩序の中にくみ入れられていき、それがさらに現実の発展にどのような影響を与えたかを歴史的、機能的に明らかにする必要がある。

（1）　Charles Gide, Revue d'économie politique, 1903. p. 174.

二　労働協約の起源と発展

一　アンシャン・レヂーム下の賃率協定

アンシャン・レヂーム下の労働関係が同職組合を初めとする多様な生産組織の上に展開されていたのに対応して、これを規律する法規範も極めて多様な存在構造を示した。すなわち当時の労働関係はその根底において道徳・慣習等の社会規範に大きく支配されていたのであるが、さらにその上には身分的な家父長権および封建的な階層的秩序を有する同職組合ないしマニュファクチュールの法、或は行政当局の警察的取締規則等が厳しく覆いかぶさっていた。(1) 換言すれば、当時の労働関係を規律する法規範は契約的基盤の上に成立したものではなく、多くの場合、同職組合の規約、行政当局の法令等のいわば公法の領域において発生したものかないしは慣習法に基づいて生育したものであった。従って労働条件の決定は当事者間の自由な合意の対象とはなりえず、職業体の法（loi du corps）ともいうべき組合の規約や行政命令等によって予め権力的に決定されていたのである。このような労働関係内における身分的・階層的構成と契約的要素の欠如は、当然の結果として集団的労働関係の展開を阻止する要因として働き、後述する法令による労働者団体の禁止と相まって、労働条件に関する集団的協定の発生を阻害していた。

当時僅かに認められる集団的協定の唯一の形態は、次第に経済的に優位を占めるいたった商人組合（corporations marchandes）と漸次商業資本に隷属化しつつあった手工業者組合（corporations d'artisans）との間に締結された契約（convention）である。例えばラシャ製造業においては、資本と原料を供給するラシャ商人組合（Association de marchands drapiers）とその加工の下請を行う刈込人・織物工・毛立工等の多数の同職組合との間に手間賃に関する集団的な契約が締結されていたが、(2) これらはいずれも当時の法秩序の枠内において正規に組織された団体間に締結された契約であるが故に合法的なものとされていたのである。しかし、このような契約は、相対立する二個の団体が締結したものであるとはいえ、一方の当事者たる労働者の団体はみずからも職人と共に労働するいわゆる親方労働者（maitre ouvrier）を含み、或はこれを主体とする団体であったから、今日にいう意味での組契約（contrat d'équipe）に近いとみる方が正しいであろう。従って労働協約の起源としてこれをとりえないことはいうまでもない。

（1） Olivier-Martin, L'organisation corporative de la France d'ancien régime, 1938, p. 491.
（2） H.Hauser, Ouvriers du temps passé, pp. 66-97. なお、これと同様の契約は絹織物業、食肉業等にもみられる。V. Levasseur, Histoire des classes ouveières avant 1789. t. II. p. 93.

さて、王権の庇護の下に特権的な地位を維持していた同職組合にもやがて停滞と衰退の時期が訪れる。手工業および商業の進展によってひき起された商品市場の拡大は、さらに反射的に生産力の発展に衝撃を加え、生産の規模は拡大化の気運を示し始めたのであるが、同職組合は依然として小経営を維持することによって生産組織の封鎖的固定化を目指し、新しい生産様式に対しても盲目的な敵意を示した。さらに同職組合の特権は組合内部の腐敗を招き、組合は新しい親方の出現によって生ずる競争を恐れ、これを制限し始めたのである。そのために親方の地位は次第に世襲化し、当初は組合内の階層の一つの段階（degré）にすぎなかった職人の地位は逆に固定化へと向かっていった。一方封建制末期の諸種の重税と同職組合の商品市場における封鎖的な独占は物価の上昇を招き、これに反比例するかのように賃金は下落の一途を辿り、労働者の生活条件は悪化の萠しをみせ始めた。

このような一つの階級に閉じこめられた職人の物質的諸条件の変遷とその平準化は、労働者相互間に連帯感情を呼び起し、集団的な労働関係が展開されてくる。勿論、当時の法秩序においては職人の団体は禁止されていた。何故ならば、それは国家により統制されている経済秩序を撹乱する恐れがあると考えられ、とくに宣誓職においては職人は公的性格を有する機関の一員として敵対的制度に属することが許されないとされていたからである。(1) しかしこの禁止にも拘わらず、労働条件の悪化は職人の間に自然の集団を生ぜしめ、階級的利益の擁護を目的とする団体が既成秩序の外部において発展していった。これらの職人の団体は種々の形態をとり、その役割も等しくはないが、職人が都市の一定の場所に定められた日に会合し、互に情報を交換し合って仕事を探した一時的な集団(2)(groupements occasionnels)をはじめとし、相互扶助組合(3)(sociétés de secours mutuels)、労働者独立座・仲間(4)(confréries indépendantes d'ouvriers)、職人組合(5)(compagnonnage)等が存在した。

(1) Durand, Traité de droit du travail, t. I. p. 52.
(2) Laroque, Les rapports entre patrons et ouvriers, p. 27.
(3) Flandresの外は極めて稀であったといわれている。V. Levasseur, op. cit., p. 828.
(4) Hauser, op. cit., pp.172-174.
(5) Levasseur, op. cit., t. I. p.598,609. t. II. pp. 389, 508, 805, 814.

以上のような集団的組織現象の中から、労働条件の維持改善を目指す集団的協定が発生してきた。すなわち各地域において仕事の斡旋を行っていた職人の世話人(1)、或は一定の場所に随時集まっていた職人達の集会はやがて積極的に仲間の相場ともいうべき賃率を定め、それに基づいて就職の世話を行うようになった。使用者がこれらのものの仲介による以外に労働力を入手する方法のない場合にはかなりの効果を納めたのである。(2) しかし、その他の場合には現実の力関係から職人達はしばしば職人仲間が要求すべく決定した賃率以下の報酬額で仕事を引き受けざるをえなかった。(3) そこで彼等は集団的に一定の賃率を定め、それをすべての使用者に遵守せしめるような動きを示し始めた。(4) 例えば一七一七年七月一七日の朝六時頃、ディジョンの街にはつぎのような出来事が起っている。すなわち同市の錠前屋の職人達がかねて示し合せていた賃率を親方につきつけ、これ以下では働かないという宣言を発し、受諾せしめた事件である。レイノウはこのような種類の賃率協定を「一定の賃率以下では働かないという集団の一方的な宣言にすぎない」と評し、(5) プッティもまたこのようにして「課せられた賃率表は職人のみから生じた一方的なものであって、関係当事者間の合意の結果ではないから、もはや集団的協定（accord collectif）ということはできない」(6) と述べている。しかし、職人のみが相互に協定した賃率表ならばいざ知らず、使用者の受諾した賃率表は、対立する二つの職業集団が存在して労働条件に関する集団的な申入れと受諾があるのであるから、結果的には集団的な協定とみてさしつかえないであろう。しかも親方に対してある程度従属的な立場に立つ職人の組合が、相対立する親方達と賃率協定を結んだという点に今日いう意味の労働協約にかなり近いものを感じるのである。従ってフランスの労働組合の起源をアンシャン・レヂームの職人組合にまで遡上って考えるのと同じような意味から、この職人組合の結んだ賃率協定を労働協約の起源或はその萌芽と考えたいと思う。(7)

勿論、この時期における親方と職人階級との分離は決して決定的なものではなく、職人にとって親方となることは極めて困難になったとはいえ、その道がまったく鎖されてしまったわけではないのである。従って職人組合の親方に対する活動も、純粋にその組合所属員の利益を擁護することに限定されており、階級対立の意識は極めて稀薄であった。(8) 総じて資本制的大工業はなお未成熟の状態にあり、マニュファクチュールの労働者も本質的には農業労働に付属するいわゆる半農半工型とでも称すべき性格のものであり、近代的労働者階級の出現には程遠い状態にあったのである。

（1）これらの世話人は、通常 rôleur または rouleur と呼ばれた。Laronze, De la représentation des intérêts collectifs et juridiques des ouvriers dans la grande industrie. 1905, p. 65.

（2）Germain-Martin, Les associations ouvrières au XVIIIe siècle, 1900, p. 149.

（3）Martin-Saint-Léon, Le compagnonnage, p. 240.

（4）Laronze, op. cit., p. 63.

（5）Raynaud, Le contrat collectif en France, 1901, p. 29.

（6）R. Petit, Les conventions collectives de travail, 1938, p. 8.

（7）通常フランスでは労働協約は一九世紀後半から二〇世紀初頭にかけて発生したといわれている（Pic, Traité élémentaire de législation industrielle, No. 1235; B. Raynaud, Le contrat collectif en France, 1921, p.23: Jeanselme, Le nouveau régime des conventions collectives en France, 1938, p. 5)。例えばレイノウは「フランスの労働協約の発展は比較的最近のことであって、イギリス、ドイツ、アメリカ等の他の国々よりも遅れている」とさえ述べている。労働協約が労働関係を規律する一般的な制度として確立したという意味でならばこれらの見解に全面的な賛成であるが、労働協約の起源としては採用し難い。

（8）Durand, Traité de droit du travail, t. I, p. 56.

二　団結禁止時代の賃率協定

やがてフランス革命が勃発するや、徹底したブルジョワ的自由主義に立脚する革命政府は、資本主義的発展を阻止する要因となっていた同職組合制を根底から覆した。一七九一年のル・シャプリエ法は、職業団体の結成のみならず、職業上の利害を論議する目的をもって集会することをも禁止し、一九一〇年の刑法典は雇主および労働者の団結に対し厳罰をもって臨んだのである。このような一連の団結禁止の諸規定が、一九世紀初頭の自由主義的経済思想に媒介されて生まれてきたものであることは改めていうまでもないであろう。私的所有権の不可侵と契約自由の二大原則を支柱とする当時のブルジョワ社会にあっては、賃金もまた需要供給の法則に基づいて自由に定められるべきものであるとされ、これを団結その他の手段によって人為的に増減させることは耐え難い苦痛であるとされたのである。しかしながら生計費のアンバランスな上昇から実質賃金がおのずから低下の傾向を示していた当時においては、使用者が賃金切下げを目的として団結する必要は殆どなく、また企業の分散と相互の競争心から使用者の団結は望むべくもなかった。使用者の団結禁止は、労働関係に関する限り実質的には無意義な規定にすぎなかったのである。従って団結禁止の諸立法が専ら労働者の団結に対してのみ機能したことは改めて述べるまでもない。このように個人の自由を束縛すると考えられた団体の存在は一切否定され、労働関係はすべて個人対個人の自由な契約によって規律されることになった。従って集団的協定を締結するための条件は全く欠如し、少なくとも法的には不可能となるにいたった。

しかし現実の世界においては、団結禁止立法の公布と同時に直ちに前記のような賃率協定が姿を潜めたわけではない。経済的な恐慌の中に遂行された大革命の過程を通じ、賃上げ要求のための労働者の集団的活動はむしろ活発化の気配を示した。なかでもパリの木工労働者（charpentiers）および印刷工（imprimeurs）の活躍には目覚ましいものがあり、パリ印刷労働者は一七九〇年六月二七日に労働条件に関する一般的規則（règlement général）を制定し、これを以て職業全体に適用される協約の草案（projet de convention collective）としようと企てているし、[1]木工労働者は「木工労働者兄弟組合」（Union fraternelle des ouvriers en l'art de la charpente）と名づける組合を結成し、[2]一七九一年四月一八日には最低価格制（prix minimum）に関する規約を定め、全組合員がこれを守ることを要求している。[3]一方リヨンにおいては、一七七九年以来織物工の個数賃金（prix à façon）に関する賃率協定が成立し、職業全体に強行的に適用されていたが、一〇年後の革命時には労使の混合委員会によって新しい協定が成立し、当事者間に合意の存在しない場合にも適用されるように改められた。この賃率協定は一七八九年一一月二九日勅命（arrêté royal du 29 nov. 1789）によって公認され、行政当局によって認可されている。[4]

この種の型の賃率協定はこの時期になおいくつか発見することができる。例えば一八〇七年にはリヨンの圧搾機械工（ouvrier fouleurs）が市長によって公認された賃率表を制定しているし、同じくリヨン市長は一八一七年一二月二九日に加工布（étoffes façonnées）労働者の賃率表を公認する命令を発している。[5]

このような賃率協定に対する行政当局の介入は、勿論法律的な根拠に基づくものではないが、[6]ともかくも賃率表が社会的に有効であるためには当局によって公認されることが必要とされていたのである。[7]しかし団結禁止立法のたてまえに矛盾するような行政当局による賃率協定の公認は、もとより革命初期の過渡期的な現象にすぎなかった。すなわちフランス革命を通じての経済的困難と革命・反革命をめぐる闘いは国家をして自由の理念とは反対の権力的統制的方向へと向わせ、行政当局は法律的には公序を維持するという名目の下に労働関係に介入してきたのである。賃率協定に対する行政権の介入は賃金と価格の統制を意図する政策の一環と考えてしかるべきものであった。従って資本の本心それ自体にとっては賃率表の制定は決して好ましいものではなく、資本主義の確立とともに次第に本来の労働自由の原理が浸透し、これにつれて行政当局の態度も漸次後退を示したのである。

総じて労働者側は賃上げと結びついた賃率協定の獲得に熱心であったが、使用者側は激しい憎悪の念を抱いていた。(8) 一八三一年のリヨンの絹織物職工の暴動が賃率協定の締結を使用者側が拒否したことから起っているのをみてもその間の事情が推察されるであろう。フランス革命のもたらした自由主義経済体制は、フランス資本主義の発展に拍車をかけ、近代的な商工業はこの間に驚くべき発展を示した結果、当時は一方には富と力とを両手に握る資本家階級と、他方には社会の下層部にひしめき合う賃金労働者群とが二つに分裂していく過程にあり、(9) このような事情を背景にして労働者側は賃率協定を足場に労働条件の改善を切望し、使用者側は統制的な賃率表を一切御破算にして労働市場における自由な競争を行い、思うままの価格による労働力の調達を容易ならしめようと欲した。革命当初のパリ木工労働者および印刷工の賃率表に対して使用者が当局に抑圧の陳情を行い、(10) また一八一九年には製造業主たちがローヌ県知事に対し、さきにリヨン市長によって公認された賃率表に対する異議の申立を行っているのも資本家の心情を率直に示すものとして興味深い。ローヌ県知事は直ちに内務大臣に宛てて「賃率協定の維持は、協定の締結権を認めるいかなる法律も存在しないのであるから、法律関係の下に主張することは困難である……」(11)と記し、その行政解釈を求めているが、賃率協定に対する行政当局の考え方の変換を示す好個の資料ともいうべきものであろう。

やがて資本主義が軌道にのるとともに個人主義、自由主義の原理がすみずみまで滲みわたり、賃率協定は刑法四一四条、四一五条によって違法とされ（例えば一八三三年の木工労働者の協定が一八四五年に違法とされ、一八四三年のパリの印刷労働者の賃率表にも数年後に刑法が適用されて[12]下火へと向かっていったのである。この時期の賃率協定の一例として印刷工の場合を一瞥しておこう。[13]これはパリ印刷業使用者会議所（Chambre des maitres imprimeurs de Paris）と印刷労働者協会（Société typographique des ouvriers）とが締結したもので、覚書程度の極めて簡単なものにすぎず、形式的にはアンシャン・レヂームの賃率協定と異ならない。従って条文の体裁もなにもなく、「草稿五五サンチーム、リプリント五〇サンチーム、校正一時間につき五〇サンチーム……」という要領で仕事の質に応じた時間当たりの賃金を羅列し、そのほかに日曜・祭日・夜間労働の割増賃金を定めているにすぎない。労働時間についても信仰日の労働が一日一〇時間と規定しているのみでそのほかには何等の定めもなく、しかも信仰日の労働に対する賃金は「話合い（de gré à gré）により定める」と規定し、当時の労働関係を彷彿とさせる。

（1）この規則は三篇、九章、五二条からなる。Sigismond Lacroix, Acte de la commune de Paris t. III. p. 711. cité par. Douarche, Les conventions collectives relative aux conditions de travail. 1907, p. 59.
（2）Douarche, ibid, p. 59.
（3）Barret, Histoire du travail, p. 66.
（4）Petit, Les conventions collectives de travail, 1938, p. 8.
（5）Groussier, La convention collective de travail, 1913, p. 49.
（6）Petit op. cit., p. 8-9.
（7）Groussier, op. cit., p. 49.
（8）Bruhat, Histoire du mouvement ouvrier français, 1952, p. 217 et s.
（9）Douarche, op. cit., p. 60 et s.
（10）Groussier, op. cit., p. 49.
（11）Groussier, ibid. p. 49.

（12）Arnion, op. cit., p. 34.
（13）Les Associations professionnelles ouvrières, office du travail, t. I. p.709. cité par. Groussier, op. cit., pp. 49-50.

個別資本による労働力のあらあらしい濫費と、労働者階級の悲惨な状態は、フランスにおいては一九世紀初頭にまざまざとみせつけられる。自由な契約の結果、リヨンの絹織物業では一八時間労働が一般的であり、児童でさえも不健康な環境の下に一五時間労働を強制されていた。彼等はパンとじゃがいもだけを常食とし、グラパンのいうように「労働者にとって生きるということは、ただ死なないということ」にすぎなかったのである。このような労働者の苦悩は、或は突発的な罷業となり、或は社会主義運動と結びついた反乱を惹起しつつ、次第に階級的な連帯感情を芽生えさせていった。ル・シャプリエ法による団結の禁止にも拘わらず、ストライキは各所に頻発し、公権力の介入と相まって時には流血の惨事をも惹き起したのである。

さて、資本のあくことなき欲望の前にしいたげられていた労働者階級が、社会主義運動と結びついて蜂起した一八四八年の革命は、つかの間の出来事であったとはいえ、一時的に団結権を認めたために、一八四八年にはパリの印刷工が賃率協定の改訂を行ったのをはじめとして、いくつかの協約が相ついで起草されている。例えばルイ・ブラン（Louis Blanc）自身パンおよび菓子製造業労働者、並びに金属労働者の賃率協定の締結に仲介の労をとり、その他、壁紙工（ouvriers en papiers peint）鋪装工（paveurs）、荷揚人夫（débardeurs）、広場馭者（cochers de place）、鉛管工（plombiers）、石切工（scieurs de pierre）等々の集団的協定が現れてきた。この時期の協定は、通常、賃金の決定を主要な目的として締結されているが、その他の労働条件を規定するものも散見される。例えば、一八四八年四月一三日のパリの広場馭者と経営者との間に締結された協約は、原則として罰金を禁止し、解雇予告期間の規定を設け、経営者代表と馭者代表とによって構成される混合委員会を設置し、「売上金をごま化すために嘘をいいはる」労働者の中立を審査する条項を設けている。

この時期の協約はいずれも期間の定めがないのが特徴的であり、使用者と労働者との代表者（délégués）によって締結され、例えばパリ鉛管工の協約のように、契約当事者としての労使代表の氏名をそれぞれ列挙するのが通例であった。しかし、石切工の協約のように、労働者代表と「パリおよびセーヌ県石工企業者会議」（Chambre des entrepreneurs de maçonnerie de la ville de Paris et du département de la Seine）という使用者組合の委員によって署名されているものも存在する。

しかし、第二帝政の出現とともにこれらの束の間の協定（accords à durée éphémère）も再び影を潜め、革命に対する反動立法とともに労働者団体はみずからを信用組合・相互扶助組合へと再編成してしまった。

これまでの記述を要約しておこう。

(1) フランスの労働協約の起源は、形式的には他の国の場合と等しく、同職組合内における地位が著しく固定化してしまった職人達が集団的に一定の賃率を定め、同盟罷業の圧力の下に親方達に受諾させた賃率協定に存在する。

(2) 右の形式の賃率協定は産業資本主義の初期の段階に入っても略々同じ形で受け継がれている。

(3) しかし、初期の賃率協定は、実質的には職人の手間賃の協定ともいうべきものであり、厳密な意味での労働協約とみるわけにはいかない。その意味では、産業資本主義が確立し、近代的な賃労働者群が数多く生み出されていった一九世紀の前半から中頃にかけて真の労働協約が締結されていったとみる方が妥当であろう。

しかしながら団結権が否認されていた論理的帰結として、協約は正式には締結することができず、記録の面から明確にその時期を尋ねることはできない。

(4)　労働者側は労働条件改善の一つの手段として、賃率協定の獲得に熱意を示したが、労働者側の力の不足、使用者側の拒否、刑法典による罰則の適用等によってしばしば失敗に帰した。しかし実際上の効果はあがらなかったとはいえ、労働者階級を一つの職業団体に結びつける心理的な役割を果たすことができたのである。

三　団結自由時代の労働協約

㈠　一八六四年法と労働協約

第二帝政の全期間を通じ、フランス資本主義は勃興の機運に満ち溢れていた。資本の集中と大工場制度の確立により、工業生産高は飛躍的に増大し、社会的経済的条件の変動は労働関係の組織をも一変してしまった。繊維産業、金属産業を母体に進出してきた近代的大工業制度は、同時に夥しい労働者層を生み出し、近代的な労働問題発生の基盤を創出したのである。厳しい弾圧にも拘わらず、恰も必然的な法則であるかのように各所にくり拡げられた労働争議は、労働者階級の生長とともに次第に強力なものとなり、これを受けて立つ使用者側の組織もまた次第に確立されていった。

とくに、第二帝制末期の労働政策は、政治的な配慮から、労働者階級に対する妥協を示し、一八六〇年代には労働者の団結は放任の状態であったといわれる。また、罷業については有罪の宣告をうけた労働者に対しても広く特赦権が行使され、このような事実上の団結および同盟罷業の自由が、一八六四年五月二五日法により法的な自由へと転化されたのである。

一八六四年法は団結の罪を規定した刑法四一四条および四一五条を廃止した。従って、暴行・脅迫等の違法な手段によらない限り、労働争議は民事上・刑事上の責任を免れることとなったのである。しかしながら一八六四年法は団結を法律上固有の権利として認めたわけではなく、禁止されざるものは容認されるという一般的な自由の範疇にくみ入れたにすぎない。しかも一八六四年法の団結とは争議をなす自由（liberté de faire grève）と同意であって、労働組合結成の自由を法律上容認したわけではないのである。それ故に「団結は獲得した結果がその目的を達し、または到底目的を達しえないと認められるや、直ちに解散される一時的な団体であって、恒久的な性質を(1)」もつことができなかった。すなわち、一八六四年法は個人として適法に行いうる行為は、個人の集積である集団としても適法に行いうることを認めたにすぎないのであって、争議とは個人の行為の単なる並列(2)（juxtaposition d'actes individuels）にすぎず、それ以上の何ものでもなかった。すべてを原子論的に個人に分解してしまう市民法にとっては、個人をこえた独自の性格を有する労働組合を受け入れる余地がなく、従って争議を労働組合の行為として把握し、これに特別の法律上の効果を付与することなどは望むべくもなかったのである。労働組合結成権が認められるまでにはその後なお二〇年間を必要とした(3)。

しかしながら労働者団体は事実上黙認の形をとり、一八七〇年には、すでにパリだけで六七の組合会議（chambres syndicales）が存在したと報告されている(4)。当時は第一インターナショナルの創設された時期であり、パリ・コムミューンを一つの頂点としつつ労働運動が昂揚していく時期であって、組織労働者の間には労働協約に対してもかなり好意的な風潮が漂っていた。例えば、リヨンの労働者会議が「協約が賃金の増額またはその他すべての改善を行うために労働組合と使用者組合との間に締結されたときには、労働審判所に対し、協約に定められた期間、その履行を請求することができるようにすべきである(5)」という決議を行っていることからもその間の事情が推察されるであろう。また、使用者側にも協約の必要性を認めるつぎのような見解が現れている。大企業の経営者によって構成されている使用者協会（Société des ingénieurs civils）の委員会報告は、労働協約の締結が「労働の自由の原理に反すると説くのは不正確であろう。……大企業の労働者にとっては団体のみが価格の交渉の自由に基づいて真の労働の自由を保障するのである。……課せられた条件および価格に代わって自由に受諾した合意が存する。敵意に代わって調和が存し、しかも資本と労働の相互の競争の真の自然的な条件が相互の利益の中に実現されるのをみるのである」(6)とのべているが、協約の必要性を認める使用者の見解として興味深いものがあるばかりでなく、自由主義の原理に逆らって協約を支持するために用いられているテクニックに当時のエスプリが感取される。

しかしこのような労使の空気にも拘わらず、協約の締結数は極めて少なく、しかも法的な効力をもたないために明日をも知れぬ不安な様相を示していた。団結権が法認される一八八四年までにはいくつかの賃率協定が改訂されている程度で、急激な変化はみられない。すなわち一八六四年にはパリの車両指物工の旧賃率協定（一八四一年締結）が一六％の賃上げを行い、一八八〇年に再び改正され、一八六九年にはリヨンのビロード織物工が平和裡に二〇％の賃上げを含む新協定を締結しているのが目につく程度である。しかしその中でも一八八一年のサン・テチエンヌのリボン製造工の協約が、賃率表と並んでクローズド・ショップ約款を協定しているのは特筆すべき事柄であろう。サン・テチエンヌ・リボン製造業者会議（Chambre syndicale des chefs d'atelier rubaniers de Saint-Etienne）と糸組物製造労働組合（Syndicat des ouvriers passementiers）の締結した協約は、工場主が非組合員の採用を中止しない限り、労働者は働かないとしてクローズド・ショップを逆の面から規定しているほか、協定違反に対しては罰金を支払う旨の規定を設けている。(7)この協約は一使用者が約定賃率以下の賃金を支払ったことに端を発し、罰金の支払をめぐる訴訟問題に発展しているが、サン・テチエンヌ民事裁判所は、この協約は「自由の原理に反するもの(8)」

として無効の判決を下している。

このことからも窺われるように、当時の判例においては協約当事者たる組合は、法的に不存在とみなされ、かかる組合の締結した協約は法的にはその効力を主張できないとされたのである。しかしながら、労働者階級の組織化の動きにつれて労使間の集団的協定も法的効力の有無に関係なく漸増の気配をみせていることに留意しなければならないであろう。

(1) ピック『労働法』協調会訳二六一頁。
(2) Rouast et Durand, Précis de législation industrielle, 4e édit., 1950, p. 288.
(3) 一八六四年法による争議権の構造については外尾「フランスの労働運動と労働争議権」(「季刊労働法」一五号)参照。
(4) Arnion, op. cit., p. 35.
(5) Raynaud, op. cit., p. 67.
(6) Raynaud, ibid, p. 64.
(7) Petit, op. cit., p. 13.
(8) Arnion, op. cit., p. 37.

(二) 一八八四年法と労働協約

パリ・コムミューンから第一次大戦前までの四〇年間は、フランス資本主義の繁栄のときであり、多くのフランス人が今なお平和で豊かな年代として回想する時期である。(1) 第二帝政下に進められた産業革命は、やがて生産組織を一変させ、第三共和国の誕生とともにフランスは名実ともに近代的な資本主義国家に生まれ変わってしまった。

このような資本主義の発展は当然に階級分化と都市プロレタリヤの形成を促し、ひいては今までにも増して激しい労働問題を醸成し、労働運動を開花させたのである。

団結禁止法下の労働者階級は、相互扶助組合の形式の下に労働事故・疾病・失業の脅威から自己を防衛するために結合していたが、ルイ・フィリップ治下における大工業の発達が次第に純粋なプロレタリヤを発生させるにおよんで、階級的防衛乃至は解放を目的とする抵抗組合（société de résistance）を結成し、賃上げと労働時間の短縮を主要な闘争目標としつつ活発な動きを示し始めていた。これに対応してまず一八六四年法が争議権を容認したが、なお依然として労働組合の結成は非合法とされていたため、長期の運動方針の上に立った責任ある組合の指導がえられず、労働争議は往々にして暴力的な性格を帯びがちであった。(2) この時期の労働運動にはプルードニャンの名残りと、マルキストのシェーマ並びに自由主義者の息吹きが溶け込み、(3) かなり過激な闘いが展開されたのである。労働者は次第に階級意識に目覚め、抵抗組合を母体としつつ近代的労働組合を結成し、かつての孤立分散的な争議から、職種をこえ、地域をこえた広範囲な争議を行うようになった。このような労働運動の高まりと、労働者階級の政治的勢力の強大化を前にして「単に既成の事実を承認したにすぎない」(4) 一八八四年の職業組合法が制定された。これとともに個々の労働者を強制的に孤立させていたル・シャプリエ法は約一世紀の歴史的な生涯を閉じてしまった。団結権の法的な確立により、フランスの労働組合はさらに活発化し、職種別或は産業別の地方組合（syndicat local）をのりこえて次第に全国的な連合体結成へと向かい、一九〇二年モンペリエ大会におけるCGTの結成によって労働組合の組織化はその極に達したのである。これに対応して資本攻勢も漸く昂まり、経営者はブラック・リスト、御用組合の育成、団交拒否、組合員の差別待遇、ロック・アウト等のあらゆる反組合的な政策を採用する(5) とともに、地方的ないしは全国的な経営者団体の結集を図り、一九世紀末から二〇世紀初頭にかけて労使の陣営は大きく二つに対立するにいたった。

（1） Val R. Lorwin, The french labor movement, 1950, p. 15.

（2） Rouast et Durand, op, cit., p. 288.

（3） Lefranc, op, cit., p. 238.

（4） Barret, op. cit., p. 75.

（5） Lorwin, op, cit., p. 19-28.

さて、一八八四年法とともに、協約の生育を阻害していた法律上の障害は完全に消散し、労働協約は自由な出発点に立つことになった。すなわち、一八八四年三月二一日法により、職業組合は法的な地位を獲得し、使用者と対等の立場に立って法律上の契約を締結することが可能となったのである。しかしながら予期に反して一八八四年法は協約の発展に直接的な影響を与えることもなく、つぎにのべる一八九二年労働争議調整法の公布されるまでの一〇年近くの間には七つか八つの協約が締結されているにすぎない。（1）その原因としては、つぎの二つのことが考えられる。（2）

(1) 長い間団結権を否認されていた労働者階級の環境は、労働争議の圧力によりすべてを解決する慣習を生じており、協約の締結は少なくとも事実上の力の前に軽視されていた。

(2) 一九世紀の末にかけて昂揚してきた革命的サンヂカリズムの影響をうけた労働組合は日常の組合活動を重要な闘争手段としてみていたため、当然に労働協約を蔑視し、一時的にせよ組合活動を制限することは危険であるとし、協約は改良主義の支配していた職業（例えば印刷業）や古くから賃率協定を締結してきた二、三の職業以外には一般化しなかった。

因みにこの時期に締結された協約を年代順に列挙すればつぎのとおりである。(3)

一八八四年……マルセイユ印刷工、ボルドー指物工が旧賃率協定を改訂。

一八八五年……リヨン織物工が旧賃率協定を改訂。

一八八九年……リヨン印刷工が同じく旧賃率協定を改訂。

一八九〇年……カレーのヴェール製造工（tulliste de Calais）が、賃金・労働時間・混合委員会の設置に関する協約を締結。

一八九一年……パリ洗濯夫労働組合が、賃金・労働時間・解雇予告期間に関する協約を締結。同じくパリ乗合自動車組合が労働時間に関する協約を締結。パ－・ド・カレー鉱山におけるアラス協定（convention d'arras）の成立。

この時期の協約の形式を推測するために、一八九一年五月二六日に締結されたパリ乗合自動車会社の労働協約を一例として掲げておく。

「パリ乗合自動車労働協約——一八九一年五月二六日締結

乗合自動車会社並びに同会社従業員により構成される組合の代表者は、一八九一年五月二六日火曜日、市議会議長室に同会議事務局長立合の下に相会し、争議を終結させる目的の下につぎの諸点について合意した。

一　五月一〇日以後解雇した被用者を原職に復する。

二　一日の労働時間は、原則として出社より帰社までの一二時間とする。ただし一時間半の食事時間を含まない。新時間表は遅くとも六月一八日には施行する。

三　全職種の被用者により表明された要求は、今後、会社と法律に従って結成された組合の代表者との間において協議するものとする。

署名〔　　〕

〔　　〕」

（1）一八九二年までは統計資料が皆無であるために、協約数を正確に把握することは困難である。この数字は、アルニヨン並びにグルシエの前掲書より推定したものである。

（2）Arnion, op. cit., p. 41-42., Lefranc, op. cit., p. 263.

（3）Arnion, op. cit., p. 41., Groussier, op. cit., p. 58.

(三)　一八九二年法以後の労働協約

労働争議権の容認と平行して、労働争議の発生を防止し、或はその平和的解決を目的とする労働争議調整制度が種々の形態において考案されることは、各国に共通してみられる現象であるが、フランスにおいても一八九二年法により治安判事を主体とする任意的調停仲裁制度が設けられた[(1)]。同法によれば、治安判事は当事者の一方の請求または職権により調停委員会の開催を勧告し、双方の当事者の出席があった場合にのみ調停委員会を開いて斡旋・調停に努め、調停不成立の場合には仲裁に附すよう勧告しうることが定められている。紛争当事者間に調停が成立した際には、治安判事の立会の下に調停調書を作成し、それに署名したのであるが、このようにして成立したものは、形式的にも実質的にも協約に類似し、さらに同法によって法的な効力を与えられて、職業上の慣習的憲章（charte coutumière）としての機能を果したのである。とくに同法は、未組織の職業における労使が、争議を契機として集団的協定を締結するのに一つの支えとしての役割を演じ、これを協約締結の誘い水として同法施行以後協約の締結数は、漸増の一途を辿ることになった。その間には、勿論、同法によらないで労使両団体が自主的に締結する協約の数も目に見えて増えてきているのである。

一八九二年以後の協約の発展は、とりわけ、鉱山・繊維・金属・建築・港湾の諸産業において発展し、地方協約の形式をとっているが、全国の主要鉱山において適用されるアラス協定（前述せる一八九一年以後数次の改訂が行われている）のような全国協約も出現している。(2)

この時期の協約は就業規則の改正の形式をとり、或は当事者の署名した調停調書ないしは仲裁々定の形をとり、さらには固有の意味での契約の形式をとっているが、締結の事情がいかなるものであるにせよ、職業社会において果たす社会的機能には変わりがなく、これらはいずれも、協約の領域を拡大し、実質的な協約の発展に資してきたのである。二〇世紀初頭にかけて締結された協約は、もはや初期のように賃率表のみを意味するものではなく、次第に豊かな内容を盛るにいたっている。このようにしてフランスにおいては複雑な協約のメカニズムが完成し、法の世界に新たな波紋を投げかけつつ一九一九年労働協約法成立へと世論を導いていったのである。以下、この時期の協約を静態的にとり上げ、さらにその実態を考察することにする。

（1）　同法の概略については外尾「フランス労働法における紛争調整機構」（私法八号）参照。
（2）　同協定の全文並びにその詳細については、Groussier, op. cit., et s; Raynaud, 2e édit., op. cit, p. 33 et s. 参照。

四　労働協約の実態

(一)　協約締結数

協約に関する官庁統計は一九一〇年以前には存在しないが、幸いに下院議員グルシェ氏の調査報告から一八九三年・一九〇〇年・一九〇五年度の数字が利用できるので併せて掲げることにする（第一表）。

右の数字は協約締結数のみを示すものであり、実数を知ることなしに協約の動向を判断するのは困難であるが、大体の傾向は推察することができよう。これによって一八九二年法以後次第に協約締結数が増加し、一九一〇年まではコンスタントな上昇を辿り（グルシェ氏の報告によれば、一八九二年―一九一一年までの協約の総数は二、〇〇〇以上に上るという）、第一次世界大戦の勃発とともに急激に低下しているが、大戦末期から一九一九年法制定当時にかけて再び増加していることが窺われる。一九一七年と一九一八年に急激に増加したのは、戦時労働政策の一環として軍需産業と衣服産業に協約を利用する新たな立法措置が加えられたからにほかならない。従ってわれわれは、この期の協約を除外し、協約がいわば正常な発展を遂げた一八九三年から一九一四年までを中心にその実態を分析していくことにする。(1)

（1）　以下の数字は Groussier op. cit., p.107–116., Arnion, op. cit., p.41–58; Bull. de office de Travail, 1911, 1912; B.O.T. 1910 等より作成したものである。

われわれは先に一八九二年法が協約締結に重要な役割を果したことを述べたが、一九一〇年―一九一四年度の協約について、同法の調停手続に基づいて締結された協約と、同法によらずに労使団体が自主的に締結したもの

第１表　協約締結数

1893	34
1900	76
1905	113
1910	252
1911	202
1912	104
1913	67
1914	51
1915	1
1916	4
1917	135
1918	257

(cité par Arnion. p. 43)

第２表　調停手続の介入状況

年度	自主的協約	1891年法の適用によるもの	総数
1910	171	81	252
1911	85	117	202
1912	47	57	104
1913	28	39	67
1914	12	39	51

第３表　労働争議の有無

	1893	1900	1905	1910	1911	1912	1913	1914
争議後に結ばれた協約数	25	57	103	114	156	82	56	43
争議なしに結ばれた協約数	2	2	3	108	46	22	11	8

とを比較すると、第二表のとおり、一八九二年法の手続によって成立した協約数の方が多いことに気がつく（その理由については前述したとおりである。）。

つぎに、争議後に結ばれた協約と争議なしに結ばれた協約とを比較すると、第三表のとおり当初は殆どが争議後に締結されているが、二〇世紀の初頭にかけて争議なしに締結する協約が次第にその数を増していることが窺われる。これらの指標から、この時期の協約は本質的には争議協定すなわち労働争議後の平和条約の意味をもつものであり、その故にこそ一八九二年労働争議調整法の活躍する余地が多かったと結論づけることができる。(1) しかし、次第に労働争議調整手続を離れ、労働争議を妥結させるための条件ではなく、労働争議を予防するための条件を定めるために協約を締結するケースが増加し、労使両団体が平和裡に自主的に協約を締結するようになる。少なくともこの期間の統計はこのような傾向を暗示し、協約が労使間の自主的立法として生育する可能性を示している。

（1）　Groussier, op cit., p. 102.

(二)　協約当事者

労働協約を、労働組合が締結した協約と労働者の集団（争議団等）の締結した協約とに分け、組合の締結した協約の比率を考察すると第四表のとおり、一八九三年の一一・八%から一九〇〇年の一三・一%、一九〇五年の二九・二%、一九一〇年の七三%と増加の一途を辿っていることが分かる。一九一〇年および一九一一年の協約について署名当事者別に分類すると、使用者組合と労働組合の締結した協約は、一九一〇年六七（二六・六%）、一九一一年三九（一九・四%）、一人の使用者または数人の使用者と労働組合の締結した協約は一九一〇年一一二（四四・〇%）、一九一一年四六（二二・八%）、一人の使用者または使用者の集団と労働者の事実上の集団の締結した協約は、一九

第４表　締結主体別労働協約数（1892年〜1916年）

	年度	1893	1900	1905	1910	1911	1912	1913	1914	1915	1916
労働協約総数	総数	34	76	113	252	202	104	67	51	1	4
	組合の締結した協約	4	10	33	179	85	41	11	14		
	集団の締結した協約	30	66	80	73	117	70	56	37		
	組合の締結した協約の比率	% 11.8	% 13.1	% 29.2	% 73	% 41.8	% 37	% 16.4	% 27.4		
	争議後に結ばれた協約	25	57	103	114	156	82	56	43	1	3
	争議なしに結ばれた協約	2	2	3	108	46	22	11	8		1
	仲裁裁定	7	17	7							
一八九二年法の適用をうけたもの	計				81	177	57	39	39		1
	組合の締結した協約					32	9		5		
	集団の締結した協約					85	48	39	34		
	組合の締結した協約の比率					% 27.4	% 15.8	% 0	% 12.9		
	争議あり				73	104	50	38	35		
	争議なし				8	13	7	1	4		
一八九二年法の適用をうけないもの	計				171	85	47	28	12	1	3
	組合の締結した協約					53	32	11	9		
	集団の締結した協約				32	22	17	3	1		
	組合の締結した協約の比率				% 62.3	% 59.3	% 42.1	% 75	% 0		
	争議あり				71	52	32	18	8	1	3
	争議なし				100	33	15	10	4		

（Arnion. op. cit, p. 44）

一〇年七三（二九％）、一九一一年一一七（五七・八％）となっており、労働組合の締結した協約が漸増の一途を辿ってきたとはいえ、なお、多くの未組織労働者が一時的に団結し、協約を締結していることが窺われる。これを逆の面から表現すれば、労働協約の締結を媒介としつつ、未組織労働者の組織化が進められていったといいうるであろう。

㈢　産業別労働協約締結状況

労働協約が産業別にはどの程度進出しているかを、産業別労働協約締結状況より推察してみよう。第五表により、われわれは労働協約が各産業毎にかなりアンバランスな発展を示していることに気がつく。

第５表　産業別労働協約締結数

年度　産業別	1910	1911	1912	1913	1914	計
建　設　業	98	98	29	15	17	257
農　業	22	17	10	13	7	69
運輸および倉庫	21	16	8	6	3	54
繊維および衣服	18	11	9	6	9	53
木　材	11	14	14	6	7	52
出版および紙	27	8	2	1	3	41
金　属	5	15	9	5	1	35
鉱山および採石	12	3	5	6	2	28
森　林	13	5	7	0	0	25
ガ　ラ　ス	5	2	8	3	0	18
皮　革	7	3	3	2	2	17
食　品	5	7	3	1	1	17
化　学　産　業	1	1	2	0	1	5
商　業	2	2	0	0	0	4
そ　の　他	5	0	3	3	4	15

＊　1910年、1911年についてはRapport Groussier, p. 374.
＊＊　1912年～1914年についてはEtats mensuels du B.O.T cité par Arnion, p. 47

すなわち、建設業・木材・出版および製紙業等に協約の締結数が多く、例えば建設業で一九一〇年には全体の三八・九%、一九一一年には四八・五%を占めるほど協約の締結が目立つのに対し、化学および商業においては殆ど締結されていないことが分かるのである。勿論、協約が当該産業においてどの程度の重要性を有するかは、労働人口と協約適用労働者数とを対比させながら考察しなければならない。しかしながら不幸にも労働局の調査資料にはこの点の配慮が欠けており、そのために的確な判断を下すことができないが、敢えて各年度毎の労働[1]者数とを対比させながら推測すれば、この時期の協約は漸く増加の傾向を示し始めたとはいえ、未だ産業全体としての労働関係に重大な支配力を及ぼすまでにはいたっていないと結論づけなければならないであろう。

（1）　Groussier, op. cit., pp. 33-34.

第６表　協約の適用範囲

年度	総　数	一企業に限るもの	数企業に適用されるもの	
			実　数	%
1910	172	41	131	76.0
1911	180	38	142	78.8
1912	111	20	91	82.0
1913	67	17	50	74.6

第７表　協約の期間

期　　　間	1910年	1911年
一年未満	6	3
一年～二年	23	19
二年～三年	15	10
三年～四年	19	15
四年～五年	16	1
五年以上	38	10
仕事の完成期まで	3*	2
期間の定めなし	132	142

＊　一つの建設労働者、他は農業労働者に関するもの

㈣　協約の適用範囲

労働協約が一企業のみを対象として締結されているか、或は特定地域の全職業に対して適用されていたかを知ることはわが国の場合と比較して極めて興味深い問題である。労働局の統計によれば第六表のように、例えば一九一〇年の一七二の協約では、適用範囲を一企業だけに限るもの四一、同一地方の数企業に亘って適用されるもの一三一（七六％）となっている。従って協約の大部分は単に一企業の従業員のみを対象として締結されたものではなく、企業をこえた広い適用領域を有していることが窺われる。

㈤　協約の期間

協約の期間を一九一〇年と一九一一年について調べると第七表のようになって

いる。

期間の定めのないものが約半数を占め、期間を定めるものについては五年以上というのが一番多い。従って一般的にはかなり長期間に亘る協約を締結していたということができよう。また一九一〇年度については二八、一九一一年には一三の協約が期間満了後の黙示の更新に関する規定を設けているのも興味深い。

(六) 協約の内容

協約の内容は、第八表のようになっている。つぎに以上のような協約の規定が、一つの協約の中にいかなる割合で含まれているかを調べると第九表のような結果がえられる。第八表・第九表からつぎのような結論を導き出すことができる。この時期の協約の大部分は、本質的には賃金並びにその他の労働条件の決定を目的としている。しかし、かつての協約のように賃率表だけを掲げたものは少なく、殆どのものが、例えば時間外手当・転勤手当・危険作業手当等の賃金に関連する条項を設け、或は、労働時間の制限・週休・賃金支払方法・解雇予告期間・作業方法等々の広く職業的価値を有する条項を規定するにいたっていることが分かる。

従って、初期労働協約の特色であった賃率表のみという、いわゆる骸骨協約（conventions squelettiques）は次第に姿を潜め、協約の内容が豊かなものとなりつつあるということができよう。因みに付記すれば、協約の体裁も前に指摘した単なる覚書程度のものから、番号を付した箇条書形式のものが多くなり、さらに例えば一九〇四年五月二四日アルル農業労働者の労働協約のように、第一条、第二条という条文の体裁をととのえた協約へと発展してきている。(1)

(1) 協約の具体的な実例については Groussier, op. cit., pp. 57 et s. 参照。

第8表　協約の条項

内　容	1910年	1911年	1912年	1913年
	%	%	%	%
最低賃金	91.3	96.0	92.3	88.0
労働時間	55.1	40.0	33.6	17.9
時間外手当	43.6	32.2	40.4	20.8
賃金支払方法	29.4	16.4	17.3	10.4
転勤手当	29.0	34.6	28.8	17.9
休憩時間	22.6	9.4	8.6	7.4
週休	17.1	4.5	6.7	0.3
労働者の募集方法	16.3	12.8	10.5	1.2
養成工の募集方法	9.9	3.0	2.0	0.1
解雇予告期間	8.7	10.4	13.4	0.1
危険作業手当	7.9	9.4	6.7	0.1
労働事故	3.2	0.5	5.7	—
控除・罰金の規則	2.8	—	2.9	0.1
組合の自由	—	—	5.7	10.4
作業方法	—	—	25.0	16.0
混合委員会の設置	—	—	5.7	5.8

第9表　協約の内容

内　容	1910年		1911年		1912年		1913年	
	実数	%	実数	%	実数	%	実数	%
賃金規定のみ	26	14.6	39	19.3	15	14.4	11	16.4
賃金協定＋その他の規定1	18	10.1	37	18.3	26	25.0	24	35.0
〃＋〃 2	34	19.1	45	22.2	15	14.4	15	22.4
〃＋〃 3	26	14.6	35	17.3	14	13.4	2	2.9
〃＋〃 4	18	10.1	19	9.4	12	11.5	3	4.5
〃＋〃 5	18	10.1	12	5.9	7	6.7	2	2.9
〃＋〃 6	12	6.7	2	0.9	5	4.8	1	1.5
〃＋〃 7	8	4.5	3	1.4	1	0.9	—	—
〃＋〃 8	—	—	—	—	1	0.9	—	—
賃金規定以外の１規定のみ	7	3.9	6	2.8	5	4.8	4	5.9
2　〃	7	3.9	1	0.4	1	0.9	2	2.9
3　〃	1	0.5	2	0.9	1	0.9	3	4.5
4　〃	3	1.6	1	0.4	1	0.9	—	—

さらに協約の内容を具体的に知るため、協約締結数の最も多かった一九一〇年および一九一一年度の協約についてどのような内容を盛っているかを検討してみよう。

(1) 賃　金　大部分の協約が賃金についての取りきめをしているのは、労働協約が賃率協定から出発したという事実から当然のことであるが、それらの殆どが最低賃金の規定を設けている。すなわち、一九一〇年には二三〇(九一・三%)、一九一一年には一九四(九六%)が最低賃金の規定を定めている。また賃金は専ら時間賃金であり(一九一〇年六四・三%、一九一一年七七・三%)、一九一一年の一五三協約についてみると一時間いくらという定め方をしているものが一〇〇、一日当たりの賃金が三七、一週五、一月単位が三、その他八となっている。個数賃金を定めるものは一九一〇年三二、一九一一年二〇となっており、時間賃金と個数賃金とを同時に規定した協約は、一九一〇年三六、一九一一年一一となっている。

(2) 時間外手当　時間外労働および日曜・祝祭日の労働に対する割増賃金の規定を設けたものは一九一〇年一一〇、一九一一年六五となっており、危険・困難・有害従業手当を規定したものは一九一〇年二〇、一九一一年一九となっている。

(3) 賃金支払方法　賃金支払の時期・場所等の賃金支払方法を定めた協約は、一九一〇年七四(二九・四%)、一九一一年三三(一六・四%)を算える。

(4) 休憩、休日　労働時間中の休憩を定めるものは、一九一〇年五七(二二・六%)、一九一一年一九(九・四%)、週休を規定するもの一九一〇年四三(一七・一%)、一九一一年九(四・五%)となっている。

(5) 労働事故　労働事故について規定する協約は少なく、一九一〇年八(三・二%)、一九一一年一(〇・五%)にすぎないが、なかには、労働事故に関する一九〇七年七月一七日法の適用を使用者に対して確約させている樵夫労働者の協約のような例も存在する。

(6)　控除並びに罰金　賃金の控除並びに罰金を規定する協約は、一九一〇年には二二（八・七%）、一九一一年には七（二・八%）存在する。

(7)　解雇予告期間　解雇予告期間に関する規定を有する協約は、一九一〇年二二（八・七%）、一九一一年二一（一〇・四%）であるが、その期間はつぎのようになっている。

解雇予告期間	一九一〇年	一九一一年	解雇予告期間	一九一〇年	一九一一年
一時間	八	―	八時間	一	―
四時間	二	―	二四時間	一	―
三日	三	一	八日	五	一
四日	一	一	一五日	―	二
七日	一	―	一月	―	三

(8)　採　用　労働者および養成工の採用に関する規定を設けた協約は一九一〇年四一（一六・三%）、一九一一年二六（一三・八%）であるが、そのうち、試用期間について定めるものは、一九一〇年〇、一九一一年三、クローズド・ショップを規定するもの一九一〇年二九、一九一一年三、特定地域の労働者の優先雇用を規定するもの一九一一年四、養成工の数を制限するもの一九一〇年二五、一九一一年六となっている。

(9)　労働時間　労働時間に関する条項を設けた協約は一九一〇年一三九（五五・一%）、一九一一年八一（四〇・〇%）であるが、その中の一九一〇年については八九、一九一一年については六四の協約が、労働時間の最高限を規定している。これらの協約について時間数を調べるとつぎのとおりである。

労働時間	一九一〇年	一九一一年
七時間	一	一
八時間	四	四
九時間	八	五
一〇時間	五三	四三
一一時間	一八	七
一二時間	四	四
一六時間	一	—

この表から当時の労働時間は、実働一〇時間というのが圧倒的に多く、一九一〇年には七四％、一九一一年には八六％を占めていることが窺われる。当時は八時間労働を規定する一九一九年四月二三日法が未だ成立せず、一八九二年一一月二日法の定める一一時間法が行われていた時期であることと対照させて考えなければならないであろう。従って一〇時間という劣悪な労働時間も当時の労働者にとっては一歩前進を意味したのである。なお一六時間と定めているものは、レストランの給仕人の協約である。また労働時間が、季節或は仕事の性質により変動しうるように定めている協約（一九一〇年三〇、一九一一年一七）の存在することも付記しておかねばならない。

㈦　要　約

以上の労働協約の実態から、若干の結論を示しておこう。

(1)　先に労働協約は賃率協定から出発したものであることを指摘したが、その成立の態様からみれば、争議後の平和協定としての意味をもつものが多く、従って一八九二年労働争議調整法の制定により、このような意味の労働協約の締結数は飛躍的に増加した。換言すれば、一八九二年法はとくに未組織の職業に協約締結の手続を提供することにより労使の組織化とともに協約の発展に重要な役割を演じた。

(2)　この期の協約は本質的には依然として賃率協定であるが、単に賃率表を掲げるだけではなく、諸手当をも含めて内容が豊富になり、かつ整備されつつある点に特色が存する。

(3)　さらに個別的な労働契約の内容たりうるものを超えて、職業全体としての価値を有する規定（例えば休日休憩・賃金支払方法・解雇予告期間等）が織り込まれるにいたったことは、従来使用者が一方的に定めていた専制を排除するという意義をもつと同時に、単なる契約の領域から離れて、規範的効力を有する「職業の法」の定立へ一歩前進したものと評することができよう。また次第に、団結権擁護のための「組合の自由」に関する規定を設け、争議並びに組合活動における労働者および労働組合の権利を具体化し、拡大している点も注目しなければならない。

三　労働協約法理の展開

一　はしがき

われわれは労働協約の発展過程を通じて、労働協約が労使関係の中にきずき上げていった社会的な地位を概観してきた。すなわち資本の専制の前にうちひしがれていた労働者が、団結の力によって実質的な平等を回復し、労働協約を締結することによって労働条件の決定を対等の立場に立って行いうるようになったことを明らかにしてきたのである。実際、労働協約は労働関係における変革の価値（valeur de transformation）を有し、使用者の搾取に服従しない力、解放の力を導入することにより、使用者の絶対主義を減ずることができた。換言すれば労働協約は、二契約当事者間にできうる限り大きな平等を保障し、その結果、労働契約に法的に認められた双務的な性格（caractère bilatéral）を与えることができたのである。

このような労働協約の現実の姿をさらに法律的な観点から眺めると、つぎのような特色を有していることに気がつく。

(1)　労働協約は従来の個人法に未知な団体によって締結されている。しかも時としては、法律上の人格を有しない単なる事実上の集団（groupement de fait）すら、協約当事者として現れてきている。このように組合ないしは団体が介入する点に協約の第一の特色が存する。

(2)　労働協約の効果が、署名当事者たる団体のみならず、契約原理からすれば、いわば第三者とみなさるべき個の構成員に対してもおよぶ点に協約の第二の特色が存する。すなわち、協約は広い適用領域を有している。

(3)　労働協約という、現実の労働関係に妥当している社会規範は、極めて強い拘束力を有する点で他の社会規範とは異なった性格を有する。協約に違反した相手方がストライキ或はロック・アウトの脅威にさらされることはいうまでもないが、協約の定める条件以下の労働条件を受諾した労働者は、組合を除名（radiation et exclusion）され、或はブラック・リストに記載されて（mise à l'index）、再びその地域においては職を見出しえないほどの激しい仲間の制裁をうけた。従って現実には以上のような事実上の制裁に担保されつつ協約に違反する労働契約は効果のないものとしての取扱いをうけ、事実上、協約の基準がこれに代わって妥当していったのである。

しかしこのような未知の法律現象に対し、ナポレオン法典の金字塔に輝く最も個人法的なフランスの市民法は、どのような受入れ方をしたのであろうか。逆にいえば、資本主義社会の進展とともに不可避的に生まれてきた集団主義的な社会現象が、個人法の体系をどのようにゆり動かし、どこまで市民法の体系にくい込んでいったのであろうか。われわれは第一に労働協約が部分的にせよ直ちに法的な面へ反映した判例を概観し、ついでこれらを法理論的に構成しようとした学説を概観しつつ、労働協約という社会現象がつくり上げていった生ける法規範の構造と、それの立法化への過程を考察することにする。

二　初期労働協約判例の概観

(一)　労働協約の法的効力

契約が相対立する二当事者の存在を予定するのと同じように、労働協約もまた相対立する職業集団の存在を予定する。しかしながらル・シャプリエ法をはじめとする一連の立法による団結禁止の論理的帰結として、職業団体は法律的には不存在の状態にあり、従って仮に社会的に不可欠の現象として労働協約が締結されたとしても直ちに刑罰の対象となるにすぎなかった。前述した一八一八年のリヨン織物工の賃率協定が一八三一年に当局によって違法とせられ、一八三三年の大工の賃率協定が一八四五年に刑法典の適用をうけているのはこの間の事情を明白に物語るものである。(1)

その後、労働運動の昂揚に伴い、一八六四年にコアリションの自由が確立され、そのコロラリーとして協約が刑罰の対象から除外されるにいたったが、私法の領域においては依然として法的効力が否認されていた。例えば、一八七五年サン・テチエンヌのリボン製造業において最高並びに最低賃率を定める賃率表が協定され、違反者に対しては罰金が課せられる旨の条項が存在したが、一製造業者は、協約不履行を理由として罰金の支払いを求められた。この訴訟において一八七五年六月二九日、サン・テチエンヌ民事裁判所は、つぎのような理由の下に訴を棄却している。「この規定の全体を勘案するに、労働者はもはや賃金を討議することが自由ではなく、使用者もまたその価格を自由に討議できないという結果を生ずる。そこには組合の構成員の多数者の意思が存するにすぎない。……労働者および使用者は……絶対多数により採択された賃率表に従ってしか相互に交渉することができないのである。

個人の自由は、たとえ彼等が組合員であるとはいえ多数者の利益のために失われている。このような協定は、期間の定めの有無を問わず、公序に反する故に絶対無効である」(2)。すなわち、判決によれば組合の締結した協約は、何よりも第一に自由の原理に違反し、個人の自由を侵害する故に無効であるとされたのである。従って協約は純粋に道徳的な義務しか発生しない当事者間の約束ないしは平和条約にすぎず、その不履行に対して法律的に責任を追及することは許されなかった。このような協約に対する裁判所の敵意は一貫して変わることなく、法的に禁止されている団体の署名した協定が法的な存在を主張しえないのは当然であるとし、何の躊躇もなくこれを法の世界から抹殺していったのである。

しかし、一八八四年法により職業組合が法律上の地位を獲得した結果、労働協約の法的性格も一変してしまった。一八八四年法第三条は、職業組合の目的として、組合員の経済的利益の擁護を掲げているが、同条の解釈として、労働協約締結権が認められた(3)というのが通説の立場であり、協約締結権が認められている以上、協約の法的効力が実定法上確認されているというのが学説の略々一致した見解となった。裁判所もまた、一八八四年法により、組合に行為能力が認められたことを理由とし、組合が正規に設立されたときから協約の締結はその活動範囲に入ったとして、大した困難もなく協約に契約法上の効力を認める方向へと向かっていった。勿論、なおかつ法的効力を否認する判決が存在しないわけではなく、例えば、一八九三年三月二八日マルセイユ労働審判所判決(4)および右の控訴審であるマルセイユ商事裁判所の同年七月二一日の判決のように、依然として労働協約が「労働および商業・工業の自由を侵害する」故に無効であるという態度を固執する例も散見される。しかし、これらの判例は、少数例にすぎず、大勢は、協約を二当事者間に締結された私法上の契約であるとし、労働協約の特殊性から生ずる解釈上の難点も、純粋に債権法の領域において検討されねばならないとしたのである。その後、一九〇〇年九月一七日命令が、一八八四年法第三条により組合は労働協約締結権を有することを明示するにいたって、協約の法的効力に関する疑念は一掃されてしまった。

以下、労働協約に関する判例を協約能力、成立、当事者の変更・効果・内容・解除、訴権の各項について分説し、立法による解決以前に判例が展開した判例労働協約法の構造を概観することにする。

（1）Rapport Groussier à la chambre, 5 déc. 1912. Doc. Parl. Ch., p.343, n° 2334, cité par. Arnion, op. cit., p. 34.

（2）Trib. civ. de Saint-Etienne, 29 juin 1875, Associations Professionnelles Ouvrières, t. II, p. 352, cité par. Petit. op cit., pp. 11-12.

（3）Douarche, op. cit., p. 36.

（4）Jugement du conseil de Prud'homme de Marseille du 28 mars 1892. 事案は一八九二年マルセイユ唐木細工労働組合（syndicat des ouvriers ébénistes de Marseille）と家具製造業者（fabricant de meubles）との間に締結せられた協約の効力を争った事件である。（Affaire du Syndicat des ébénistes de Marseille）。判旨は、同協約が単に期間の定めのない（à durée indéterminée）協約であったばかりではなく、期間の不明確（à durée indéfinie）な協約であったところから生じたとみられている。（Moissenet, op. cit., p. 136）なお、一般に労働協約は期間の定めのない場合でも有効であるとされ、その期間を定めるために当事者の意思を探求し（Trib. civ.de Saint-Etienne, 11 juillet 1907. Cour de Lyon, 10 mars 1908）、或は慣習との関係を考慮して決定すべき（Trib. civ. de Narbonne, 2 mars 1909）であるとされている（後出、解除の項参照）。

(一) 協約能力

労働協約を有効に締結しうる能力は、協約当事者が職業組合（syndicat professionnel）であるか、通常の結社（association）——いわゆる法外組合——であるか、純粋に事実上の集団（groupement de pur fait）にすぎないかによって区別される。一八八四年法は職業組合にのみ労働協約締結権を認めているが故に、職業組合の締結した協約のみが法的価値（valeur juridique）を有するというのが一般の見解であり、事実上の集団の協約能力は否定されていた。しかし、一八八四年法による職業組合としての届出を行っていない労働組合に協約能力が認められるか否かは、大いに争われたのである。すなわち法律上その存在が認められている結社として、有効な契約を締結しうるという意見と、職業組合法は特別法を構成するが故に、一九〇一年の結社に関する法を援用することができず、届出を怠った組合は、一八八四年法による罰則の適用をうけ、従って協約能力は認められないとする見解とが対立していた。[1]

しかし協約能力に関する判例で問題とすべきは、組合が有効に協約を締結しうるためには、組合役員（délégué syndical）に対する委任が必要であるとされていたことである。[2]この立場を論理的に貫くとすれば、もはや組合は協約当事者ではなく、組合員のみが権利義務の主体となり、組合の協約能力の問題は生じないことになる。判例はこのような混乱を冒していた。

（1）　Arnion, op. cit., p. 60.

（2）　Cour de cassation, 7 juillet 1910, Affaire de deux maçons de Paris, D. 11, 1, 201: Bulletin de Office du Travail, nov. 1910, p. 1232.

㈢　協約の成立

協約は、漸くにして法的効力を獲得したとはいえ純粋に私法上の契約であるとされていた。従って契約の成立に関する普通法上の原則は当然に適用されたのである。協約に関してとくに問題となったのは意思表示の瑕疵であった。フランス民法典一一一一条によれば、強迫によって成立した契約は、強迫が第三者によってなされた場合であっても無効となることが規定されているが、同条を適用して協約を無効とした注目すべき判例につぎのようなものがある。

それは、マルセイユ音楽家組合（Chambre syndicale des artistes musiciens de Marseille）に所属するオーケストラの楽士が、一九一一年一二月三一日、開幕間際に総支配人レオ・ドゥ（Léo Doux, Directeur principal de l'Alcazar）に対し、上演を保証しかねるという強迫によって新しい協約を獲得した事件である。レオ・ドゥは協約の無効をマルセィユ民事裁判所に申し立て、一九一二年三月九日に請求を容認する判決が下され、組合側はこれを不服としてエー控訴院（Cour d'Aix）に上訴したが、翌一九一三年三月一一日に原審判決がそのまま認められた。控訴審は判決理由をつぎのように述べている。

「一九一一年一二月三一日にレオ・ドゥとそのオーケストラの楽士との間に結ばれた協約は、楽士の即時の争議という強迫（menace d'une grève immédiate des musiciens）によって同意されたものであることが認められる。……重要な上演時に、かつ公衆がすでに観客席についているときになされたこの強迫が、レオ・ドゥに影響を与え……〔要求を〕拒否したならば、その財産をかなりの害悪にさらすおそれのあることを印象づけたことは疑いの余地がない。……レオ・ドゥの申し立てた右のような精神的暴力（violence morale）は、提出された文書……〔その他の資料〕により明白である。」従って右の協約は民法典一一一一条により無効と判断されたわけである。[1]

勿論、一般的にいって、協約の成立に契約理論が適用されることは、学説においても争いがないのであるが、問題は、判例がそれを形式的に適用している点にある。要求を容れられなければ労働争議を行うというのが強迫に該当するかどうか本件においても検討を要する問題であろう。この点に関し、レイノウは、労働争議が合法だとしても暴力（violence）、暴行（voies de fait）、脅迫（例えば、協約を締結しなければ殺すぞといって脅し、要求を呑まなければ火をつけるといって脅す）が刑事責任のほかに、民事法上も意思表示の瑕疵を構成することを原則的に認めつつ、協約の場合には具体的に判断しなければならないと注意を喚起している。すなわち、一方において労働者の集団に、その代表者の仲介により使用者と労働条件を討議する権利を認めている以上、この同じ集団が、争議その他のエキサイトした時に行う可能性のある過激行為は不可避的なものであり、使用者の態度と相関的ないし相対的に考察すべきであると述べ、協約の締結に対し、暴行・脅迫はゆるやかに解しなければならないとしているのは注目すべき意見であろう。(2)

（1）　Raynaud, Le contrat collectif en France. 2e édit. 1921, p. 157.

（2）　Raynaud, Contrat collectif de Travail, 1er édit. 1901, p. 265.

(四)　協約当事者の変更

当事者の変更が協約の効力に与える影響に関連して判例法上問題になったのは、とくに営業譲渡の場合である。一九〇六年二月一八日ボルドー民事裁判所判決(1)は、原会社と組合との協定によって設置された退職金庫（casse de retraits）による支払を譲受人（ayant-cause）が拒否したことに端を発する紛争に対して、協約署名者によって同意された義務は、会社の継承人をも拘束すると判断している。しかし一九一九年一月一五日破毀院判決(2)はこれと全く反対の結論を出し、営業譲渡に関する判例に終止符を打った。すなわち、同判決によれば、譲受人は、当然かつ直接的に譲渡人の義務を引き受けるものではなく、この原理は、譲渡人が譲渡の対象をなす物に関して締結した合意にも適用される。従って、譲渡人たる鉱業主と労働組合との間に締結された協約の存在を譲受人が知っていたとしても、当然にはこれに拘束されないというのである。(3)　譲受人が、この際、協約に拘束されるためには、協約への新たな加入が必要であるというのが破毀院の見解であった。

このような判例の傾向は、逆に事実の世界に影響を与え、そのために実際には、例えば「本協約は、企業若しくは組合の構成に変化を来した場合であっても、契約当事者間の新たな協定による以外には全体的にも部分的にも修正することができない(4)」という規定が協約の条項中に挿入されるようになったのは興味深い。

(1) Décision du trib. civ. de Bordeau, 19 fév. 1906, Rev. des Sociétés, 1907, p. 150.
(2) Arrét de la cour de cass., 15 janv. 1919, Gaz. Palais, 1918-19, p103: D.1918, 1, 17.
(3) この判決に対する批判としてDemogue, Rev. de droit civil, 1919, p. 127. 参照。
(4) 土木請負業者協会（Chambre syndicale des entrepreneurs de travaux publics）とパリ塵芥運搬労働組合（Union syndicale des travailleurs des transports et manutentions pour les charretiers boueux à Paris）との間に一九一〇年三月四日締結された労働協約第四条参照。Bull. de l'office du travail français, 1910, p.713, cité par. Raynaud, op cit., p. 156.

㈤　労働協約の効果

(1)　協約の適用範囲　労働協約を純粋に私人間の契約として捉える判例の立場からすれば、労働協約の効力が署名当事者以外にはおよばないとされたことは敢えて異とするに足りないであろう。判例の主流をなしている見解によれば労働協約は、「他人間の行為は余人を害せず又利せず」（Res inter alios acta aliis nec nocet nec prodest）という契約法上の原則の論理的結果として協約当事者相互の関係においてのみ効力を有し、第三者を拘束することができないとされたのである(1)。例えば一九一八年一〇月三一日セーヌ労働審判所ミュラー事件（affaire de Müller）の上告審である一九一九年四月七日破毀院民事部判決は、以上のような判例の代表的な考え方をつぎのように明快に述べている。「原審の認定した事実によれば」、パリのコルセット製造業主カドル（Cadolle）の女子労働者ミュラーは、パリ繊維産業労働組合と繊維織物業協会（Association générale des tissus et matières textiles）との間に締結された労働協約に基づき、協会に加入していない自己の使用者カドルに対し、賃金のほかに労働日一日につき三フランの生活補給金（indemnité de vie chère）の支払を求めた。労働審判所は請求を容認して使用者に右生活補給金の支払を命じたが、これは法律の適用を誤れるものである。すなわち「民法典一一六五条によれば、〔労働協約は〕契約当事者間においてのみ効力を有する。」、「労働組合と使用者組合との間に争議後締結された和解協定（Convention transactionnelle）は、組合加盟の使用者と、組合員を代表し、組合の名において協約の締結を委任された組合に所属する組合員以外には対抗しえない」、「従って協会の会員にあらざるカドルに協約の適用を認めた原判決を破棄する」(2)。以上のように協約が署名当事者たる組合の組合員のみを拘束するという見解は、判例法上固定化してしまった感が深く(3)、後述する一九一九年法にもそのまま受け継がれていった。

しかしながら、一方において極めて少数例にすぎなかったとはいえ、協約の現実の規範的な性格に着目し、「職業上の慣習（usage de la profession）」という観念を媒介としつつ、協約の効力を署名当事者以外のものにも拡張しようとした判例が存することに留意しなければならない。例えば一九〇五年一一月一一日ナルボンヌ治安裁判所判決(4)は、使用者と労働者の殆ど全員によって受諾された協約は、「当事者の共通の法」（loi commune des parties）、すなわち職業慣習を構成するとみなさなければならず、従って当事者間に反対の合意のない限り、非組合員に対しても適用されると判示している。同様の立場をさらに強く強調し、いかなる労働契約も慣習としての効力を有する労働協約には反しえないとするものには、一九〇八年六月二日セーヌ民事裁判所判決(5)が存し、また、前記の判例の主流をなすものの中にも、例えば一九一八年一月一五日破毀院判決のように、労働契約が「慣習の諸条件（conditions d'usage）」に反して締結された場合には異なった結論が生じうることを傍論において暗示しているものも出現するにいたった。このような見解に対し、ダローズの判例批評は、「協約の規定が職業および地域において全く一般的な適用をうけているときは、職業慣習としての資格で協約に未知な第三者の間においてすらもすべての労働契約に遵守を強行するのである」[6]とのべ、間接的にではあるが労働協約の規範的な効力を初めて認めたものであると評価している。しかしながら、労働協約を職業慣習として捉える考え方をするのは、前記の判例においても明らかなように、労働問題に対する衡平法的な感覚を本能的に身につけた労働審判所（conseil des prud'hommes）[7]を初めとする二、三の下級裁判所にすぎず、破毀院の重要な判決によってサンクションされる機会をもつことができなかった。以上の判決はグルシェによって「労働協約に職業の法としての表現を見出し、それに法規範的な価値（valeur réglementaire légale）を与えようとする理論の出発点」[8]をなすと評価されつつも、当時の実定法の解釈としては余りにも大胆に失し、法律的には争いの余地があるとして多くの批判をうけたのである。[9]

（1）Cour de cass., 7 juillet 1910, D, 1911, 1201, note de Nast. Cour de cass., 6 mars 1911, S, 1914, 1, 151.
（2）Cour de cass., 7 avril 1919, S. 1919, 5, 120: D, 1920, 1. 45.
（3）Conseil de prud'hommes, Seine, 13 avril 1895（Rev. pratique de droit industriel, 1895, p. 205.）：Justice de paix de Marseille, 10 oct. 1900（Statistique des grèves et des recours à la conciliation et à l'arbitrage pendant l'année 1900, p. 469).
（4）Justice de paix de Narbonne, 11 nov. 1905, Ball, de l'office du travail, 1906, p. 46.
（5）Trib. civil de la Seine, 2 juin 1908, confirmant un jugement du conseil des prud'hommes, affaire d'un terrassier de Paris（Bull. de l'office 1909. p. 302）Groussier, op. cit., p. 127.
（6）D. 1918, 1; 1917 note, cf. Morel, Rev. trimestrielle de Droit Civil, 1919 p. 444.
（7）労働審判所が判例法上果たした役割については外尾「フランス労働法の概念と性格」（社会科学研究四巻一号）および「フランス労働法における紛争調整機構」（私法八号）参照。

（8）　cf. Rapport Groussier, cité par Arnion. op. cit., p. 65.
（9）　Raynaud, op. cit., p. 150.

(2)　労働契約に対する協約の効力　　労働協約の適用領域に関する判例には、協約は署名当事者のみを拘束するという大きな流れと、職業慣習として第三者をも拘束するという小さな流れとが併存することを明らかにしたが、このような出発点における見解の相違により、当然に労働契約に対する効力の取扱い方も異なってくる。協約に慣習法としての強い効力を認める一八九五年四月一三日パリ労働審判所判決は、「協約の明示の規定により、当事者間に反対の合意が存する場合といえども適用される」[1]と説き、同じく前記一九〇九年三月二日ナルボンヌ民事裁判所判決は、「特別の合意により協約に抵触することはできない」[2]と判断している。協約にこのような慣習法としての効力を認めないまでも、当事者間に特別の合意の存在しない限り第三者に対しても協約が適用されると説くいわゆる合意慣習説の存することも前述のとおりである。しかしながら大部分の判例は、協約にこのように強い効力を認めるにはいたっていない。協約の適用範囲に関し、主流をなしている判例は、当事者は組合を脱退し、若しくは個別契約を締結することにより協約に抵触しうることを明白に認めている。この趣旨の重要な破毀院判決を三つ紹介し、当時の判例が労働協約をどのように理解していたかを明らかにするとしよう。

第一は、パリ二人石工事件（Affaire de deux maçons de Paris）に関する一九一〇年七月七日破毀院判決[3]である。事案は、パリの石工フルノオ（Fournaud）親子が使用者たる石工請負人ラヴァレット（Lavalette）に対し、一九〇九年九月一一日パリ市およびセーヌ県石工請負人組合（Chambre syndicale des entrepreneurs de maçonnerie de la ville de Paris et du Département de la Seine）と石工労働者組合（Chambre syndicale des ouvriers de la maçonnerie）との間に締結された協約の定める賃金の支払を求めたのに対し、使用者組合の一員であるラヴァレットは、当該協約は石工請負人組合長のヴィルマン（Villemin）が事務局のものとのみ協議して締結し、後に通常総会において追認させたものであり、自分はこれに賛意を表明しなかったと抗弁し、協約の適用を拒んだ事件である。判旨は、「代表者は多数派の正規の受任者であった」こと、「組合全員の名において」協約が締結されていること、「また、協約に反するいかなる個別的合意もラヴァレットとフルノオ親子との間に締結されていないことが明らかである」と認定し、かかる場合には「協約は、ラヴァレットのように組合に加入し続け、脱退によって行動の自由を回復する意思を表明しなかった少数者をも拘束する」と判断している。

第二は、ニーム靴屋事件（Affaire d'un cordonnier de Nimes）に関する一九〇八年一二月一六日破毀院判決である。(4) 一九〇四年ニームの製靴業労働者のストライキ後、労働組合と数人の使用者との間に賃率協定が成立したが、その後労働者フルチィエ（Floutier）は組合を脱退し、一九〇七年に協約署名使用者ドーマ・エ・ファブル（Daumas et Fabre）の許に約定賃率以下の手間賃で就職した。フルチィエは、協約は第三者のためにする契約であり、組合員たると非組合員たるとを問わず、製靴業労働者全員のためになされたものであるから、受益の意思表示により当然に適用されるとし、使用者に対し、協約による賃金との差額の支払を求めた。労働審判所および控訴審たるニーム民事裁判所は、契約自由の原理を適用して、協約に反する個別的契約が有効に成立しうるとし、請求を棄却している。上告審たる破毀院判決は「法律は、組合員たる労働者若しくは使用者に特別の委任なくして、非組合員たる使用者および労働者のために契約する権利を認めていない」故に、原審判決が民法典一一二一条（第三者のためにする契約）に違反するか否かを判断する利益はないが、「いかなる法原理も協約の利益をうける労働者および使用者が公序としての性格を有しない協約に個別契約によって違反しうることに反対するものではない」と断言しつつ、以上の理由により原審判決が正当化される故、請求は棄却すべきであると判示している。

これと同じ立場に立つものには、リヨン・カフエー給仕人事件（Affaire d'un garçon de café de Lyon）に関する一九一一年八月二日破毀院判決[5]がある。リヨン・レストラン・喫茶店・ホテル業者組合（Chambre syndicale des restaurateurs, limonadiers et hôteliers de Lyon）とリヨン市喫茶店・レストラン一般従業員組合（Syndicat général des employés limonadiers et restaurateurs de la ville de Lyon）との間に締結された協約によれば、使用者は給仕がサービスのために費やす便箋・マッチ等の費用として一日八〜一〇フランの支払をなすことが定められているが、カフエー・ド・コルディエ（café de Cordier）の給仕人ベイル（Bayle）は自己の職を維持するために止むなく〇・四フランの減額に同意し、その後協約に基づく支払を請求をした。これに対して破毀院判決は、協約は公序たる性格（caractère d'ordre public）を有しない故に、署名組合に属する使用者および労働者といえども個別的合意により違反することができると判示している。

以上の判決を通じ、われわれは判例法上形成された労働協約の効果をつぎのように要約することができる。

(1)　労働協約は、第三者のためにする契約ではなく、組合員の正規の委任による契約である。従って署名組合に属する組合員以外のものを拘束することができない。また組合員は脱退することにより（委任の解除）、協約の効力を免れることができる。

(2)　協約締結に際し組合は、単なる仲介者（受任者）として行動したにすぎず、協約の真の当事者は個々の使用者および労働者である。従って当事者自身が、その後の新たな合意によって以前の契約に代わる労働契約を締結しうることはいうまでもない。個別契約が協約に違反しうるというのは、協約がこのような論理的な構造をとるからである。

以上のような判例がいかに現実から遊離した空虚な理論にすぎないかは改めて述べるまでもないであろう。すなわち、労働協約という新しい法律現象に対し、形式的に伝統的な契約理論を適用する判例の見解を貫くとすれば、労働協約の実質的な意義は完全に失われ、その社会的な機能が骨抜きにされてしまうことになるのである。われわれはこの問題を次節（労働協約の法的性質中の委任説参照）において再び採り上げ詳細に検討するが、学説は、判例を痛烈に批判しつつ、判例より遥かに先を歩み、無名契約説・規範契約説・法規説と華々しい論陣を展開し、協約の法的性質の解明に斧をふるうと同時に立法化への道を切り開いていった。学説に強い影響をうけた二、三の下級審判決が慣習としての効力を足がかりに、労働協約の効力を拡張し、或は直律的効力を認めようとする動きを示したが、破毀院を頂点とする判例の大勢は、保守的な概念法学的立場を維持しつつ一九一九年法にいたるまでその態度を崩さなかった。

（1）　Conseil de Prud'hommes de Paris, 13 avril 1895,（Affaire d'un parqueteur de Paris）I. Finance, Les syndicats professionnels devant les tribunaux et le Parlement, p. 354.

（2）　Trib. civil de Narbonne, 2 mars 1909,（Affaire du Syndicat des Travailleurs agricoles Lezignan）Groussier, op. cit., p. 127.

（3）　Cour de cass. 7 juillet 1910, Bulletin de office de travail, nov. 1910, p. 1232. この事件は Trib. civil de la Seine, 2 mars 1910 の上告審である。同旨の判決としては Décision du juge de paix de Meaux. 10 oct. 1906（Affaire d'un boulanger de Meaux）; Trib. civil de la Seine, 23 avril 1909（Affaire du Syndicat des Plombiers de Paris）参照。

（4）　Cour de cass. 16 déc. 1908. Bull. de office du travail, fév. 1909 p. 183.

（5）　Cour de cass. 2 août 1911. Bull. de office du travail, 1911, p. 1093. Groussier op. cit., p. 119.

(六) 協約の内容

われわれは労働協約の実態の考察（前出）において、現実にはいかなる内容の協約が締結されているかを明らかにしたが、ここではこれらの協約の条項が、有効か否かという基準で眺めた場合にいかなる法律的価値判断をうけたか、すなわち、法律問題として現れた協約の内容にはいかなるものが含まれていたかを検討することにする。協約の条項の効力を争う判例は決して多くはないが、それを整理し検討することは協約の法律的メカニズムの一面を浮かび上らせる点[1]で無意義ではあるまい。

二〇世紀の初頭にかけて次第に豊富な内容を盛るにいたったフランスの労働協約は、かなり多彩な内容を有し、しかも例えばドイツの社会改良協会の作成した標準労働協約案やドイツ建築業にみられる標準労働協約[2]に該当すべきものが存在しないままに、それぞれ職種別・産業別の経済的諸条件の要請に応じて独自の発展を示している。それだけにいくつかの典型的な類型に分類しつつ考察することが困難をきわめるのであるが、ここではジェイおよびレイノウの分類[3]を参照しつつ、当時の労働協約に通常規定されていた主要な条項の法的効力を概観的に検討していくことにする。ジェイおよびレイノウは、労働協約の条項を固有の意味の労働条件に関するものと協約の適用の保障を目的とする条項とに分け、前者を核（noyau）、後者を保護皮（enveloppe protectrice）と名づけている[4]のでわれわれもこれらの名称に従うことにした。

（1） cf. Petit, op. cit., p. 21.
（2） V. Seilhac, Contrats collectifs de travail, musée Social, mém. et docun., 1908. p. 257. et p. 263. Raynaud, op. cit., p. 210.
（3） Jay, Rev. d'éc. polit., 1907, p. 566.

（4） cf. Lotmar, Der Arbeitsvertrag; p. 760.

第一　労働条件に関する条項　労働条件に関する規定は、保護立法に違反しない限り自由に定めることができるが、つぎのような条項が判例法上争われた。

(1)　賃金の計算（calcul du salaire）　一九〇六年ベズレイ樵夫組合（Chambre syndicale des Bûcherons du canton de Vézelay）の労働協約には、樹皮（écorce）の目方は労働者の仕事場（ateler）で、かつその面前で計量されねばならないことが定められていたが、使用者の一人が、それを移動させ、駅で、労働者および組合役員の立会なしに計量した。訴えは組合により治安判事に提起され、賃金計算に関する当該協約条項の適法性は争いの余地がないとして組合に勝訴の判決が言い渡された(1)。

（1） Le Bûcheron, 20 fév. 1907. Raynaud, op. cit., p. 210.

(2)　最低賃金に対応する最低仕事量に関する条項（Clause d'un minimum de travail correspondant à un minimum de salaire）　労働者が最低賃金を協約においてかちとっていった反面、使用者は一定の生産を確保するために労働の最低基準を設け、標準以下の労働者に対しては最低賃金を保障しないという点で対抗していった。最低賃金の普及とともに、例えば「労働の生産が、通常労働する平均的労働者（ouvrier moyen travaillant normalement）の達成しなければならない生産額に達した労働者に対してのみ最低賃金を保障する(1)」という条項が一般化の傾向を示したのである。このような条項は国の利益のためになされる労働に関する場合以外には判例上解決されず、その適法性は検討される機会をもたなかった(2)。すなわち、軍需工場の労働者の労働条件を規制する軍需大臣の通牒（一九一七年一月六日および一九一七年三月二日）の合法性を一九一八年七月一六日破毀院判決は容認し(3)、軍需工場における最低仕事量に関する協約条項が有効であることを明らかにしているが、その他の場合については明らかにされていない。

（1） Raynaud, op. cit., p. 212. note 3.

（2） cf. Raynaud, Vers le salaire minimum, 1 vol., 1913; Triv. civ., Seine, 23 avril 1909, Gaz. palais, 1909, 2, 339.

（3） Cour de cass. 16 juillet 1918, Gaz. Palais, 6-7 août 1918.

(3) 最低能率条項 ―― 解雇協議約款 ―― （clause d'un minimum de rendement）　低能率と判断される労働者の解雇を制限する条項、すなわち非能率のための解雇は、使用者と組合委員との共通の合意（commun accord）によって決定するという条項[1]は完全に合法かつ有効（parfaitement licite et valable）と認められた。

（1） リュジニャン石油精製工の協約（raffineurs de pétrole de Lusignan（Héroult）, Bull. de office du travail franç., 1911, p. 15. Raynaud. op. cit., p. 213.

(4) 解雇予告期間に関する条項（clause relative au délai-congé）　解雇予告期間を協約において規制する条項は、合意の自由に関する民法典一一三四条により有効とされた[1]。

（1） Cour de cass., 7 mars 1911, D, 1911, 1. 304: Cour de cass. 11 juillet 1911, Bull. off. du trav., 1911, p. 895.

(5) 当該地域労働者の優先雇用条項（clause d'emploi préférentiel des ouvriers de la localité）　エルム（Elme）地方農業労働者の労働協約に、「土地所有者（propriétaire）はエルム地方の労働者を優先的に雇用することを約する。本地域の労働者が不足した場合には、予め公示し、当該地方の労働者が応募しなかった場合にのみエルム地方以外の労働者を雇用することが認められる」旨の規定が存するが、場所と期間に限定の存する限り、労働の自由を制限したものとは認め難く、従って公序に反するものではないとされた[1]。

（1） Trib. civ. de Perpignan, Gaz. des trib., 12 nov. 1905, Bull. off. de trav., 1905, p. 901.

(6)　外国人労働者の雇用を制限する条項（clause limitant d'emploi des ouvriers étrangers）　本条項も、地域労働者の優先雇用約款と同じ条件の下に有効とされている。

(7)　徒弟数を制限する条項（clause de limitation du nombre des apprentis）　この問題に関する一八九七年四月一三日ナント商事裁判所判決は、(1)必ずしも明確に判決理由を述べているわけではないが、合法と判断している。

以上のような条項(5)(6)(7)は、商業および工業の自由と関連させて判断すべきことが学説において主張され、例えば、グルノーブル手袋製造業労働組合（Syndicat d'ouvriers gantiers de Grenoble）および刷毛製造業労働組合（Syndicat d'ouvriers brossiers）の締結した協約中の「何人も手袋製造業労働者（刷毛製造業労働者）の子弟でなければ職を営むことができない(2)」という規定は、期間の定めがある場合であっても無効と解すべきであるといわれている。(3)

（1）Trib. de Commerce de Nantes, 13 avril 1897, Rev. des Sociétés, 1898, 16, p. 131.
（2）cf. Gide, Les institutions de progrès social, 5e édit., 1921, p. 89.
（3）婦人労働者の数を制限する規定も同様に解すべきであるという。Raynaud. op. cit, p. 212.

第二　協約の履行を保障する条項

労働協約の適用を直接・間接に保障することを目的とする条項（いわゆる保護皮）で判例法上問題となった規定にはつぎのようなものが存した。

(1)　協約違反を禁止する条項（clause interdisant toute dérogation aux termes du contrat collectif）　例えば一九〇九年パリ建築労働組合の労働協約第一〇条第四項には、「本協約に加入する使用者および労働者は、〔協約の〕条項を修正し、若しくは阻害するようないかなる文書又は口頭による契約もなすことができない(1)」という規定がみられるが、このような特約は、判例が協約当事者は個別契約により協約に違反することができるという立場をとっていたにも拘わらず有効と認められた。すなわち協約に明示の禁止規定の存する場合には、当事者は個別契約によってこれに抵触することができないと判断されたわけである。従って協約当事者は協約にこのような条項を挿入することにより、当事者間の契約意思＝規範意識としてまず協約の直律的強行性を確立し、ついでこれが判例により契約理論を媒介としつつ法の次元にまで高められていったことが窺われる。

（1）Raynaud, op. cit., p. 215. note 1.

(2) 協約違反の罰則　例えば一九〇六年アベスヌ・レ・オーベール織物工労働協約（Convention des Tisseurs d'Avesnes-lès-Aubert）第一一条には「労働者に賃率表以下の手間賃を支払いまたは規定された条件を遵守しないと認められる製造業者は、このことにより、差額の三〇倍に等しい金額を支払う義務を負う……」、「他方、使用者と馴合いで（déconnivence avec un fabricant）最低賃金以下の支払いを……受諾した労働者は値下げ額（réduction）の二倍の罰金を地方労働者金庫に支払うものとする」[1]との規定がみられるが、判例は純粋に契約法上の立場からかかる罰金の支払をそのままに容認している。

（1）Statistique des grèves et des recours à l'arbitrage, 1906, p. 712.

(3) 協約破棄の罰則　帽子製造工の労働協約の「定められた期間の満了前に契約を破棄した当事者は五〇〇フランの賠償金を支払うものとする」という条項は、同じく違法ではないと認定されている[1]。

（1）cf. Arrêt cass., 11 juillet 1911.Gaz. Trib., 1912, 1. 30, 1er sem.

(4) 争議を理由とする解雇を禁止する条項（clause de non-renvoi pour fait de grève）　当時のフランス法においてはストライキを労働契約の破棄とみなし、争議終結後使用者が改めて労働者を再雇用するという法律構成がとられていた。従って、争議終結後使用者が報復手段として戦闘的労働者の再雇用を拒否する事例がしばしば見受けられたのである。そこで労働争議が労働契約を破棄するという法律上の建前に対抗するために、争議妥結の条件として労働者を全員再雇用（reprendre）するという協定や、予め、争議を理由とする解雇を行わないという協約が現実に結ばれるようになってきた。このような約款の解釈或は適法性をめぐってかなり多くの訴訟が提起されているが、裁判所はいずれもこのような約款を合法と判断している。(1)

（1）　Trib. civ. Saint-Etienne, 13 juillet 1903, Questions pratiques de législation ouvrière, 11. 1903. p. 380. Justice de paix de Lusignan, 2 mars 1904, confirmée par le Trib. civ. de Narbonne, 23 juin 1904, Bull. off. de trav., 1904. p. 802. Justice de paix de Meaux, 10 oct. 1906, Bull. off. de trav., 1907. p. 41, Cour de cass. 24 nov. 1914, S, 1916, 1. 99. D. 1918, 1. 41.

(5)　クローズド・ショップ約款――組合員のみを雇用する条項（clause d'emploi exclusif de syndiqués）、いわゆる組合の自由（liberté syndicale）に関する条項の一つであるクローズド・ショップ約款の適法性を争う事件がいくつかの裁判所に現れているが、判例法上初めて明確に合法性を認めたものには一九一二年一〇月一八日セーヌ民事裁判所判決がある。(1)印刷業者ダンゴン（Dangon）は、印刷工労働組合と組合員たる労働者のみを雇用する旨の協約を締結していたが、非組合員のフロリタ（Florita）をクローズド・ショップ約款に違反して雇用した。これに対して組合は損害賠償の請求を求め、裁判所は「使用者が組合員たる労働者のみを雇用することを組合に対して約する条項は法律に違反するものではない」という理由の下に組合の請求を容認している。

（1）　Trib. civ., Seine, 18 oct. 1912, Gaz. Palais, 23 nov. 1912, Rev. des Cons. de Prud'hommes, mars 1913. なお黙示的にクローズド・ショップ約款の合法性を認めた判決にはつぎのものがある。
Arrêt de la Cour de Bordeaux, 14 déc. 1903, S. 1905, 2. 17. D. 1906, 1. 113. cf. Douai 2 juin 1913, Rec. Douai, 1913, 257.

(6) ユニオン・ショップ約款　一九一二年一一月二八日リール民事裁判所判決[1]は、アリュアン建築労働組合(Syndicat des travailleurs du bâtiment d'Halluin)の労働協約第一一条のつぎのようなユニオン・ショップ約款を合法と判示している。「採用された労働者はすべて二週間以内にその産業の組合の組合員たる証拠を提示するものとする。右の期間が経過した後、使用者はこれを確認し、〔労働者が組合加入を〕拒否した場合には組合に通知する。組合は、使用者および当該従業員と協議の上とるべき処置を決定する。」、リール民事裁判所判決はこのようなユニオン・ショップ約款の適法性を認め、控訴審たる一九一三年六月一八日ドゥエ控訴院判決[2]、および上告審たる一九一六年一〇月二四日破毀院判決[3]も原審どおり請求を容認している。破毀院の判決理由はつぎのとおりである。「前出第一二条によれば、使用者はその被用者を特定の範疇の労働者の中からのみ採用することを約し、従ってその従業員を自由に選択する権利を放棄した〔ことが窺われるが〕、この権利放棄は、純粋に期間を限ったものであり、しかも動機として他の労働者を害する意図を有するものでないことが明らかである故に、一八八四年三月二一日法の諸規定に反するものではない。」。すなわち、労働協約が時間と場所とを限って適用されるものであることを理由として、使用者がみずから設定した制限に服するのは適法であると認定したわけである。

(1) Trib. civ. de Lille, 28 nov. 1912, Petit, op. cit., p. 22.
(2) Cour de Douai, 18 juin 1913, Eblé, op. cit., p. 22.
(3) Cour de cass. 24 oct. 1916, D. P. 1916. 1. 247. S. 1920 1. 17. なお破毀院判決の判例批評(シレイ)においてボンヌカーズ(Bonnecase)は当該約款が、(a)商業および工業の自由の原理に反すること、(b)民法典一一六五条により合意の効果は第三者にはおよびえないこと、(c)一八八四年三月二一日法第七条により組合への加入および脱退は自由たるべきことを理由として無効と解すべきであると主張している。

㈦ 解除

判例法上問題になったのは、とくに期間の定めのない協約の解除に関してである。一八九三年三月二八日マルセイユ労働審判所判決および控訴審の同年七月二一日マルセイユ商事裁判所判決[1]は、ともに期間の定めのない協約は無効と認定しているが、その後の判決は、期間の定めのない場合でも有効と解し、当事者の意思或は慣習によって期間を決定すべきであるという立場をとっている。例えばサン・テチエンヌ鉄道組合事件（Affaire du Syndicat des tramways de Saint-Etienne）に関する一九〇七年七月一二日サン・テチエンヌ民事裁判所判決[2]は、「協約は期間の定めのない場合でも有効であるが、労働契約と同一ではないので民法典一七八〇条を適用しえない。従って、当事者の一方の意思により解除することができない。期間を決定するためには何が当事者の共通の意思であったかを探求することを要する。」と判示し、またレジニャン農業労働者組合事件（Affaire du Syndicat des travailleurs agricoles de Lezignan）に関する一九〇九年三月二日ナルボンヌ民事裁判所判決[3]は、ブドウ耕作のための農業労働者の協約について「協約に期間の定めのないときは慣習に従う。一年の全期間（toutes les époques de l'année）についての賃金および労働条件を定める協約は一年を限り有効。黙示の更新により継続しうる」という判断を下している。

さらに前記サン・テチエンヌ鉄道組合事件の控訴審において、一九〇八年三月一〇日リヨン控訴院判決[4]が、協約の不完全履行は不可抗力による場合でも解除の原因となりうるが、協約に解除に関する明示の規定を欠くときは当事者の意図、事実関係を認定して、協約不履行が解除を宣言すべきほど重大なものであるか否か裁判所が認定すべきである。会社は裁判所に解除を請求しうるのみでみずから協約を解除する権限を有しないと判示しているのは注目すべきであろう。

（1） Cons. des Prud'hommes du Marseille, 28 mars 1893, Trib. de commerce de Marseille, 21 juillet 1893, cité par

Moissenet, op. cit., p. 135.
（2） Trib. civ. de Saint–Etienne, 11 juillet 1907, Bull. off. du trav. 1908, p. 452.
（3） Trib. civ. de Narbonne, 2 mars 1909, cité par. Groussier, op. cit., p. 126.
（4） Cour d'appel de Lyon, 10 mars 1908, D. 1909, 2. 37 V. Cour de cass. 26 juillet 1909, D. 1909, 1. 71.

(八) 訴　権

組合および組合員並びに使用者によって引き受けられた協約上の義務がいかなる性質（法的価値）を有するかは、協約の不履行に伴って発生する訴権がいかなるものであるかを検討することによって一層明確になる。一般に契約当事者が相手方の契約不履行に対して損害賠償請求権を有することはいうまでもないが、労働組合若しくは使用者団体が、その固有の名において協約の履行を目的とする訴訟を提起しうるか否かは判例学説においても大いに争われた。通常の契約と同様に、協約の不履行によって現実に損害をうけた当事者（労働者または使用者）に損害賠償請求権を認めるとしても、実際問題として支払不能（insolvabilité）により使用者が労働者に対して損害賠償の請求を行使しえない場合が多いであろうし、また個々の労働者はその地位の弱さから容易に訴訟を提起しえないであろう。契約締結における弱者たる地位を克服するために労働者は組合を結成し、協約を締結したとするならば、協約の履行を確保するためにも組合に訴権を認めることが肝要となってくる。そこで組合は固有の名において訴権を有するか、或は組合員の名において訴を提起することができるか、組合に訴権を認めるとすれば請求の原因をなす損害はいかなる性質を有するものであるか、訴の事物管轄はどのように決定すべきであるかという諸点が判例法上問題とされた。以下その要点について分説することにする。

約不履行に基づく損害賠償請求権を否定した。

第一　個別訴権と団体訴権（Action individuelle et action collective）　第一段階において、判例はまず組合に協約を締結する権限を有するが、協約の不履行により損害をうけぬ故に訴権を有しない。ショファィユ織物工組合事件（Affaire du Syndicat des tisseurs de Chauffailles）に関する一八九〇年七月二三日ディジョン控訴院判決(1)は、「組合は組合員の名において協約を締結する権限を有するが、協約の不履行により損害をうけぬ故に訴権を有しない。それは協約違反により個人的に（individuellement et personnellement）損害をうけたもののみが有する」と判示し、これを容認した一八九三年二月一三日破毀院判決(2)は、労働者の名において協約を締結したにすぎない組合は「契約当事者ではなく、従ってそれについて効果を請求するいかなる権利をも有しない。それ〔組合〕はその人格（personne morale）に付随する利益の擁護を主張することができない。何故ならば、前記の事実から、協約違反が〔組合〕損害（préjudice）を惹起せしめるものではないからである。他方、『何人も代理人によって訴訟せず』（Nul ne plaide par procureur）という原則により、組合はその組合員の受任者（mandataire）として訴訟に介入することができない」と判断しているが、組合に訴権を否定する立場の代表的な見解を端的に述べたものというべきであろう。すなわち、判旨によれば、組合はその固有の名において協約を締結したのではなく、組合員の委任によって単なる仲介者（intermédiaire）としての役割を果したにすぎない。従って組合は協約当事者ではなく、これに訴権を認めることはできないというのである。判旨は仲介者という言葉を使い、委任という用語を避けているが、法律論としては労働協約の法的性質を委任として把握していることに間違いないであろう。問題の立て方として判旨は当該ショファィユ事件の事実認定から委任が成立しているとするのであるか、或は、労働協約の締結における組合の役割を法律的に理論構成し、一般的な法律論として委任説を採用しているのか必ずしも明瞭ではないが、いずれにしても学説において委任説に向けられたのと同様の批判を免れ難いであろう。すなわち労働協約論の一面にすぎない協約締結という行為のみに注目し、これを以て全体の性質を推測しようとするやり方は、労働協約を法律行為論という限られた視角からのみ分析しようとしている点で、効果の面において実態から離れた結論しか導きえないのである。

やがて判例は、職業組合の目的であり、使命とする職業利益の擁護という点に着目し、組合の利益（intérêt syndical）という観念を拡大することにより組合に協約不履行に基づく訴権を認める方向へと向かっていった。すでに前記ショファィユ事件の第一審である一八九〇年二月一八日シャロール商事裁判所判決(3)は「賃金率の決定および労働の規制はその擁護が職業組合に委任された一般的経済利益（intérêts économiques généraux）の範疇に属するが故に協約当事者たる組合は協約不履行を理由とする訴訟を提起することができる」と判示しているが、その後つぎつぎと同旨の判例(4)がつみ重ねられていったのである。なかでもボルドー・ガス会社従業員組合事件（Affaire du Syndicat des ouvriers et employés de la Compagnie du gaz de Bordeaux）に関する一九〇六年二月一九日ボルドー控訴院判決(5)は、集団的利益（intérêt collectif）が同一紛争において争われている個人の権利に混入されていても組合は会社に対して獲得した債権を確保するために訴権を有すると判示し、二年後のサン・テチエンヌ・フィルミニイ鉄道組合事件（Affaire du Syndicat des Tramways de Saint-Etienne-Firminy）に関する一九〇八年三月一〇日リヨン控訴院判決(6)は、組合は団体の利益の外にある特定の組合員の権利に基づいて訴訟を提起することはできないが、自己に固有の権利を擁護し、職業の一般的利益を擁護するために訴権を行使することができると判断している。すなわち「協約署名組合は、その組合員の単なる仲介者ではなく自己自身のために契約しているのである。協約は多数の労働者と締結された労働契約ではなく、会社と組合との間に取り決められた賃金および労働条件の一般的基準（réglementation générale）であり……職業利益の団体性（collectivité des intérêts professionnels）を代表するものである」。従って二種の訴権が認められる。一つは特定労働者の個別的権利の保護を目的とするものであり、一つは組合の団体的権利（droit collectifs du syndicat）の保障を目的とするものであるというのである。個人法の体系から離れて職業利益の擁護という観念を援用しつつ組合権（droit syndical）＝団結権を実定法上の権利として確立していった点にこの判決の画期的な性格がみられるというべきであろう。

この判決に刺激されて、ウワーズ小間物商事件（Affaire des Tabletiers de l'Oise）に関する一九一二年三月二九日ボーベ民事裁判所判決(7)が、組合は協約不履行により侵害をうけた労働者が個別契約により協約の利益を放棄した場合であっても団体的利益の侵害を理由とする訴訟を提起することができると判示し、同じくベイユール繊維産業組合事件（Affaire du Syndicat de l'Industrie Textile de Bailleul）に関する一九一二年八月一七日ベイユール労働審判所判決(8)が組合は損害をうけた労働者が和解を受諾した場合であってもなお訴権を有すると判断しているのは興味深い。

このような動きに対応して破毀院自身も一九一三年四月四日の連合部判決(9)（arrêt toutes chambres réunies）において組合は「全体として考察さるべき職業の団体的利益」を代表する権利を有すると宣言して、従来の判決を一変してしまった。

第二　協約当事者にあらざる組合の訴権　組合の当事者適格の問題に関連して付言しておかねばならないのは、協約の署名当事者にあらざる組合が、或る地域に現実に妥当している協約の違反によって、団体的利益の侵害を蒙った場合に、相手方に対し損害賠償請求の訴を提起できるかという問題が判例に現れたことである。契約はその効果を第三者に対して及ぼしえないという契約法上の原則からすればアプリオリに否定すべきであるように思われるが、協約の効果を、前述したように判例が慣習法を実定法上の足がかりとしつつ拡大していったことに対応して、協約当事者にあらざる組合にも協約不履行に基づく訴権を認めようとする動きがみられるにいたった。すなわち、ルヂニャン事件（Affaire Lezignan）に関する一九〇九年三月二日ナルボンヌ民事裁判所判決(10)は、組合によって行使される団体訴権が認められるためには、当該組合が協約当事者であるか否かを問う必要はない。協約違反が「組合が擁護すべき権利を有する職業的利益を侵害した」か否かを判断すれば足りると判示し、組合に固有の団結権に対する侵害を強く肯定しようとしたのである。

しかしながら後述するように伝統的な契約説を貫こうとした一九一九年法においては、この判例の見解は採用されなかった。

（1）Cour d'appel de Dijon, 23 juillet 1890, cité par Groussier, op. cit., p. 123.

（2）Cour de cass. 1er fév. 1893. D. P. 1893, 1, 242. S. 1896. 1, 334. 同じく組合の当事者能力を否定する判決にはつぎのようなものがある。Décision du juge de paix de Saint-Nazaire, 15 mars. 1894（Affaire du Syndicat des ebarbonniers du port de Saint-Nazaire）: Jugement du trib. de commerce de Nantes, 13 avril, 1897,（Affaire du Syndicat des ferblantiers de Nantes）Rev. des Sociétés. 1898. p. 131.

（3）Trib. de Commerce de Charolles, 18 fév. 1890. Rev. des Sociétés, 1890, p. 318.

（4）Trib. de commerce de la Neine, 4 fév. 1892,（Affaire de la compagnie des Omnibus）; Trib. civ. de Cholet, 12 fév. 1897（Affaire des tisseurs de Cholet）cité par. Arnion. op. cit., p. 62: Cour de Grenoble, 6 mai 1902,（Affaire des médecins de Bourgoin, D. 1903, 11. 31.

（5）Cour d'appel de Bordeaux. 19 fév. 1906. Rev. des Sociétés 1907. p. 150.

（6）Cour d'appel de Lyon. 10 mars 1908, S. 1910, 2, 49, D. 1909, 2, 33.

（7）Trib. civ. de Beauvais, 29 mars 1912. D. 1912. II. p. 295.

（8）Cons. des Prud'hommes de Bailleul, 17 août 1912. Bull. off. de trav. 1912, p. 1373.

（9）Cour de cass. 5 avril 1913, D. 1914, 1, 65.

（10）Trib. civ. de Narbonne, 2 mars 1909. cité par le rapp. Groussier.

第三　損害の性質

協約の適用をうける使用者および労働者が、相手方の協約不履行により蒙った財産上の損害を塡補するために本来の給付に代わる賠償を請求しうることはいうまでもないが、協約不履行により組合が蒙る損害は一体いかなる性質のものであろうか。これは組合の当事者適格と関連して判例法上大いに争われた問題であった。すなわち、組合の蒙った損害とは、財産上の損害であるのか、精神上のものにすぎないのか、もしも精神上の損害であるとすれば、組合は相手方に対し、単に契約の履行を請求しうるにすぎないのか、或は損害賠償を請求しうるのかが争われた。

一八九二年二月四日セーヌ商事裁判所判決(1)は、パリ自動車組合事件（Affaire du Syndicat des Omnibus de Paris）に関して、財産上の損害（préjudice matériel）と精神的損害（préjudice moral）は区別さるべきであり、財産上の損害の塡補は個人にのみ留保されている。精神上の損害は相手方に対して契約の履行を請求し、訴訟費用を負担させうるにすぎない。組合は財産上の損害を蒙らない故に損害賠償を請求することができないと判示し、サン・テチエンヌ鉄道組合事件に関する一九〇七年七月一一日サン・テチエンヌ民事裁判所判決(2)も同旨の見解を表明している。

しかしながら一方において、例えば一九〇七年八月七日ニーム商事裁判所判決(3)のように、協約に定める基準以下の賃金の支払をうけた組合員の損害を回復するために、組合は損害賠償請求訴訟を提起することができる（すなわち、組合は組合員の賃金請求訴訟にも当事者適格を有する）とする判決や、一九〇五年六月二六日ペルピニャン民事裁判所判決(4)、一九〇九年三月二日ナルボンヌ民事裁判所判決(5)のように、損害賠償は財産上の損害のみならず、組合の蒙った精神上の損害を理由としても請求することができると判示するものも現れるにいたった。

このようにして判例は、組合の蒙った損害の性質、当事者適格、訴の種類等について一致した見解を示すにいたらず、破毀院判決によってサンクションされる機会をもたないままに問題を一九一九年法にもちこし、同法第三一条七以下によって明確な立法上の解決をうけたのである。

（1） Trib. de commerce de la Seine, 4 fév. 1892. Rev. des Société, 1893, p. 197.
（2） Trib. civ. de Saint-Etienne, 11 juillet 1907.（Affaire du Syndicat des Tramways de Saint-Etienne. D. 1902. 2e pp. 3, 6.
（3） Trib. de commerce de Nîmes, 7 août 1907, D. P. 1909, 2, 34.
（4） Trib. civ. de Perpignan, 26 juin 1905.（Affaire du Syndieat des Travailleurs de la Terre d'Elne）, Bull. de off. du trav. 1905, p. 901.
（5） Trib. civ. de Narbonne, 2 mars 1909.（Affaire du Syndicat des travailleurs agricoles de Lézignan）, Gagette des tribunaux. 17 juin 1909, cité par. Groussier, op. cit: Petit, op. cit., p. 28.

第四　事物管轄　労働協約の適用より生ずる紛争の裁判権の分掌はどのように解決されるべきであろうか。

原理的には労働者が、労働契約上の問題として契約の適用を求めた場合には、紛争は労働審判所の専属管轄[1]として労働審判所に付託されるべきであり、協約当事者が協約の解釈について争い、或は協約不履行に基づく損害賠償を請求する場合には、特別裁判所である労働審判所の管轄ではなくて普通法裁判所の管轄となる。この原則は、組合員の名において組合によって提起された訴が労働審判所の管轄に属しないと判断した一九一一年ボーベ民事裁判所判決[2]により支持されたが、翌一九一二年八月一七日ベイユール労働審判所[3]は、協約不履行に基づく損害賠償の請求を組合に認め、黙示的に当該紛争が労働審判所の管轄に属することを容認している。このように当初は若干の混乱がみられたのであるが、やがて組合の当事者適格の問題が確立されるとともに、前記のような訴訟法上の原則に従って管轄の問題も固定されるにいたった。

（1） 外尾「フランスの労働争議調整制度」（船員中労委『各国労働争議調整制度の概観』）参照。
（2） Trib. civ. de Beaubais, 20 oct. 1911. D. P. 1912. 2, 295.
（3） Cons. des Prud'hommes de Bailleul, 17 août 1912, Ball. de l'office du Travail, 1912, p. 1373.

(九)　要　約

労働協約法理が純粋に判例並びに学説によって支配されていた時代（一九一九年労働協約法制定以前）の判例の大勢は以上のようなものである。そこには実定法秩序が今までにない未知の法律現象を受け入れる際に示される例の生硬さと逡巡が如実に示されている。いくつかの矛盾と混沌たる様相を示しながらも判例は労働協約を純粋に私法上の契約として把握し、すべてを債権法上の原則によって解決しようと試みたのである。従って、

(1)　労働協約は、組合員の多数派（majorité）および個別的に加入を表明したものの委任に基づいて組合が締結したのであるという理論構成がとられた。

(2)　その結果、協約は署名団体の組合員のみを拘束し、第三者には適用されないと考えられたのである。

(3)　署名団体の組合員であっても協約の定める条件に不満なものは、組合を脱退することにより、協約の拘束力を免れうると解され、また、協約は公序としての性格を有しない故に明示の合意（労働契約）によって常に違反することができるとされた。脱退若しくは明示の合意の存しない限り、協約は署名当事者たる組合員を拘束するが、協約が特定職業の殆ど全員に対して適用されているときは、職業慣習として反対の合意のない限り非組合員に対しても適用されるとする判例が現れ、協約の効力拡張の萌しがみえ始めた。しかし、いずれの場合においても、協約違反は損害賠償責任を発生させるにすぎず、当該労働契約条項が無効となるものではなかった(1)。

(4)　さらに協約は二種の訴権を発生させる。一つは労働者個人に属するものであり、労働者のみが行使しうる。他の一つは団体訴権若しくは組合権（action collective ou syndicale）と呼ばれるべきものであり、組合の目的とする職業利益に対する侵害を理由として組合が行使することができた。

以上のように判例が形成した労働協約の法律構造は、一見して明らかなように、(1)協約の有する法規的な機能を

無視し、協約の直律的強行性を否定する点で、組合の果たす役割を不当に過少に評価する点で現実に即応した満足すべき結論を出すことができなかった。すなわち、判例は狭い実定法の枠の中における解釈と、契約法理の形式的な適用に終始し、極めて姑息な結論しか導き出すことができなかったのである。ダイナミックに進展してやまない労働協約の現実の姿を的確に把握し、大胆な理論構成を行いつつ開拓者的な役割を果したのはむしろ学説であり、或は二、三の下級審判決であった。われわれは次節において学説の果たした役割を考察し、ついでこれらの判例学説が一九一九年法にどのようにくみこまれていったかを検討することにする。

（1）　Cour de cass. 7 juill. 1910. D, P, 1911, 1, 201, Note Nast: S. 1912, 1, 206. note Wah. 1.

三　労働協約に関する学説の概観

㈠　概　説

われわれはこれまでの叙述において、労働協約がいわゆる労働問題の発生とともに不可避的に生まれてきたことをみてきた。協約は、争議妥結の条件を定める争議協定として出発し、一職業社会に強行的に適用される労働条件の基準としての社会的な機能を果たし、或は労働争議を予防する一種の産業平和の協定としての側面を有しつつ、次第に「協約なければ労働なし」といわれるほどに労働関係を規律する大きな準則としての役割を演ずるようになったのである。このように、もはや労働協約を除外しては労使関係を語りえないほどに重要な地位を占めるにいたった労働協約は、法の世界にはどのように反映していったのであろうか。

労働協約に関しては早くからいくつかの判例が現れ、部分的にではあるが労働協約に対する法律的判断が示されてきた。しかし労働協約を法の世界に同化するためには、これを体系的に把握し、理論的な整序を行わなければならない。そのためには労働協約の法的性質に対する根本的な分析が不可欠である。そこで学説は争ってその検討に向かい、労働協約の法的性質に関する論争がフランスにおいては一九世紀末から二〇世紀初頭にかけて華々しく展開された。

われわれは以下の行論において、激しい情熱を傾けつつ協約理論の解明に努力した諸家の見解に耳を傾け、相互の批判を検討するとともに、若干の感想を付記しつつ、フランス労働協約論史上これらの学説の果たした役割と地位づけを究明していくことにしよう。

(二) 事実規範説の出現 —— 法的効力否認説

判例においてまず、労働協約の法的効力が争われたのと同じように、労働協約論の出発点においても、第一に協約の効力を否定する見解が登場した。

協約に法的効力を否認する代表的論者の一人であるプラニオール (Planiol) は、労働協約が原則として、労働契約締結の際の条件を定めることを目的としていることを正しく把握しながらも、それは争議の恐れの下に遵守に同意した使用者の自由な参加によってのみ維持されている単なる道徳的な約束にすぎないと結論づけた。すなわち、人々は「組合によって商議された協約が、民法上の契約たる性格を有するものであるか否か、また、それが統一的な行為によって、労働者が個々的に使用者と締結する個人の合意に現実に代わることを目的としているか否かを問わなければならない。それについて検討するとき、人々は、協約が直接かつそれ自身……種々の義務を生ぜしめる労働者の真の集団的労働契約（louage en masse du travail）とはなりえないことに気がつく。労働組合と使用者との間に締結された協定（entente）は個別的な雇用契約（contrat individuel d'embauchage）の必要性を廃止するものではない。……争議を終結させる一般的な合意は、使用者によってなされた宣言にほかならないのである。その中において使用者は労働者を採用すべき際の条件を定める。それは、使用者が一方的に制定しうるところの就業規則に代わるものである。〔従って〕普通法上の契約ではなく、使用者がそれに従うことを拒否したときには争議、労働者が定められた条件を受諾しないときには解雇という制裁しか有しない一種の平和条約（une sorte de traité de paix）にすぎない[1]」として、協約が法的効果をもたない純粋に道徳的な約束（pur engagement moral）にすぎないと断言している。従って、協約は労働契約のよるべき基準を定めたものであるとはいえ、法律的には当事者の合意──労働契約によって常に破棄しうるものであった。

このようにプラニオールが協約の法的効力を否認したのは、一定の期間の定めのある労働協約は経済的景気の変動を充分に斟酌することができず、従って景気の変動が起こった場合に、協約をあくまでも執行して当事者をこれに従わせるのは正当ではないという経済的観点を理由とするものであったといわれている[2]。しかし、またプラニオールの見解が当時の実定法秩序と協約の実態から導き出された結論であることも否定できないのである。すなわち当時の労働協約の大部分は、労働者の単なる事実上の集団によって締結されていた。労働者は一定の要求をかちとるために一時的に団結し、要求を貫徹すると同時に団結を解消していた。一八六四年法はこのような一時的な団結（コアリション）のみを法認し、組合の結成は一八八四年法まで認められていなかったのである。しかも初期の協約は、争議妥結の条件を定める争議協定としての性格を有し、最初は口頭により、その後は使用者のみが起草する確約書の形式をとり、就業規則の改正という形で右の約束が実現されていた[3]。従ってこれに契約としての法的効力を認めることは当時の実定法秩序の枠内にとどまるかぎりプラニオールならずとも極めて困難なことであった。「協約は単なる使用者の一方的な宣言」[4]にすぎないというプラニオールの理論は、このような現実から導き出さざるをえない結論であったとすらいいうるのである。

（1）　Planiol, Trité de droit civil, t. II, n° 1838.
（2）　Rundstein, Die Tarifverträge in Französichen Privatrecht, 1905. S. 552.
（3）　Groussier, op. cit., p. 101.
（4）　このほか、協約の法的効力を否認する論者には、リシャール（Richard, Essai sur la coopération de main-d'œvre, L'organisation collective de travail, 1904）。モアソネ（Moissenet, Etude sur les contrats collectifs en matière de conditions de travail, 1903）が存する。両者の理論には勿論若干の相違が存するが、基本的には労働協約を集団的労働契約（louage en masse du travail）と解し、労働協約が使用者に対しては争議後の労働者の再雇用義務、労働者側に対しては、労働の再開始義務を生ぜしめるものではなく、またこの義務の不履行に対するいかなる訴権をも行使しえないことを理由として「協約は労働者にとっても、使用者にとっても、いかなる法律上の義務も創設するものではない」と結論づけている。しかしモアソネは、協約が組合と使用者との契約として、例えば労働の再開始義務についての明示の規定を設け、その違反に対して罰則を規定している場合に限り訴権を行使しうると説いている。その他の場合には、協約違反を理由として損害賠償請求訴訟（action en dommages intérêts）を提起しえないが、協約の解釈をめぐる紛争に対しては確認訴訟を提起できるとし、部分的には協約に無名契約としての効力を認めながらも肝心な点で法的効力否認説に陥ってしまっている。
　リシャールは、協約が双務契約としての要件を備えていないことを理由に法的効力を否認し、労働契約を締結する際に協約の条件を参考にするという道徳的な意味しか有しないと主張している。

　労働協約を現実に労務の提供を行う集団的労働契約として捉えた出発点における誤りが、これらの否認説を生ぜしめた主要な原因であるが、いずれも当時の労働協約の大部分のものが争議後の労働再開始の条件を規定していることから導き出された理論であることは疑いない。前提の相違からは当然に異なった結論しか生じえないし、出発点の違うこれらの理論は、われわれの主題とする労働協約の本質についての論争のフィールドに立たしめることはできないのである。

(三) 伝統的契約観念による解明

やがて、協約それ自体も文書に作成され、当事者が署名する固有の意味の契約の形式をとるようになった。一八八四年法により労働組合が法的地位を獲得し、協約が発展の一途を辿るとともに、学説も協約に契約としての法的地位を与えるべく努力を重ねていった。

しかし、協約に契約としての法的価値を与えるとしても、当時の労働協約は、殆ど全部が労働条件のみを規定するにすぎず、その効果は専ら組合員のみに帰属していた。初期の労働協約判例が示したように、協約に普通法上の契約理論を形式的に適用することは協約の目的と矛盾し、その実体から遊離する以外の何物でもなかった。そこで契約の相対的効力の原則に反してひろく協約の効力のおよぶ範囲を認めるためには、他人の利益を代表する契約上の諸手段に支持をもとめなければならない。そのために学説は、競って委任、事務管理、第三者のためにする契約、無名契約等々の法律技術を駆使しつつ、労働協約論の解明に向かっていったのである。

第一　委任説（Théorie du mandat）　労働協約の法的性質を解明するのに用いられた法律技術の第一は委任である。一八八四年法によってすでに労働組合が法認され、労働協約締結権が認められたにも拘わらず、団体法に親しまない当時の法的思惟は、労働協約という集団的な法律現象を個人法的に分解して説明せざるをえなかった。しかも労働組合を労働協約に関する権利義務の主体と考えることは到底不可能な状態にあったのである。人々は労働組合が労働協約を締結し、その利益を組合員が享有している事実に着目して、労働組合は労働者の仲介者（intermédiaire）として協約を締結するのだと考えた。これを理論的に構成したのが委任説である。すなわち、労働組合が使用者と労働協約を締結するのは、組合が組合員の委任をうけ受任者として受任事務を処理したにすぎないと説く。例えばこの説の代表的論者であるベルジュロン（Bergeron）は「委任の観念は組合の行為をわれわれに説明するのに充分である。組合は保護の使命を有する組合員の一般的利益の擁護を引き受ける。組合が契約を締結するのは、自己の固有の名において行うのではなくて、組合員の名において組合員の利益のためになすのである」(1)と述べている。労働者は従属的な地位の弱さから使用者と対等の立場に立って労働契約を締結しえないので、組合がこの法律的機能を代わって営んでいるとみるわけである。しかしこの委任は、個々の組合員によって、例えば協約締結に先立つ組合大会において行われると説明する。フランス法においては、委任が契約によるか、法律によるか、裁判によるかによって、それぞれ契約委任、法定委任、裁判上の委任に区別されているが、ベルジュロンの唱えた委任説は、委任の発生原因を労働者と組合との契約に求めるところから契約委任説（mandat conventionel）と呼ばれている。しかし、この見解は当時の支配的な判例の一つである一八九〇年七月二三日ディジョン控訴院判決(2)およびこれを容認した一八九三年二月一日破毀院判決(3)に示されているとはいえ、学界では殆ど支持者をうることができなかった。

契約委任説の最大の難点はいうまでもなく組合員による委任の痕跡を発見し難い点に存する。例えばベルジュロンは、協約締結に先立つ組合大会において組合に対する委任がなされるというが、デスランドル（Deslandres）の指摘するように、果たして争議時に行われた喧々囂々の議論の中にこの権限の委譲がみられるであろうか。(4)「疑いもなく、スト参加者の大多数のものは獲得された条件ではなく要求した条件で労働を再開することを主張するであろう。〔この場合でも〕組合は受任者とみなされうるのであろうか。確かに否である。何故ならば、組合は組合員の意思に反して行動したからである。しかも協約が一度締結された場合、だれがそれを主張し、だれがそれに加入を表明したかを調べるであろうか。そのようなことはありえない。これが、組合が受任者として行動しなかったことのなによりの証拠である」[5]。すなわち、協約は通常、組合大会における多数決によってその採否が決定されているが、協約の定める条件に反対した少数者の存在を契約委任説では解明できないというのである。何故ならば、この場合、明らかに組合は若干の組合員の意思に反して行動したことになるからである。これに対して、組合の委任が組合大会における出席組合員の過半数の決議に由来するのは組合規約において多数決を規定しているからであるというベルジュロンの反駁も、却って委任という伝統的な市民法上の契約概念をそのまま労働協約という集団的な現象に適用することによって生ずる破綻をみずから暴露するものではなかろうか。

また、組合大会は常に開かれるとは限らないし、大会における決議なくして協約が結ばれた場合、組合に対する委任状（procuration）はどこに見出されるのであろうか。ベルジュロンの説くように[6]労働者が組合に加入することによって付与されたとみるべきなのであろうか。それでは、その際の受任者の承諾はどのようになされるのであろうか。これもまた、かなり無理な説明であるといわねばならない。勿論、フランス民法においても黙示の委任（mandat tacite）は認められている[7]。受任者（組合）は、委任をうけた行為（協約の締結）を実行することによって黙示に承諾の意思を表示することができるのである（仏民一九八五条）。しかし、黙示の委任の存否は、一般には当事者の意思解釈にその根拠をおいているが、ラロンズの指摘するように[8]、労働組合の団体としての特殊な性格（後述）から、当事者の意思にこのような黙示の委任があるとみることはできないであろう。

さらに組合が処理を委任された事務とはいかなる性質のものであろうか。組合がその資格においてなす権利を有する協約の締結（一八八四年法第三条）であるならば、委任は無用（inutile）であり、組合がその資格においてなすことのできない行為であるならば、組合は組合員の委任の助けをかりて法の定める組合員の職業利益の擁護という組合の権限をこえた行為をなしたことになり、一八八四年法に違反するか、或は同法が死文と化していることを認めなければならなくなるであろう。[9]

（1） Bergeron, Du droit des syndicats d'ester en justice. Thèse, Paris, 1898, pp. 103-104.
（2） L'arrêt de la Cour d'appel de Dijon, du 23 juillet 1890, （Affaire du Syndicat des tisseurs de chauffailles） Dalloz. 1893, 1, p. 241: Sirey, 1896, 1, p. 331.
（3） L'arrêt de la cour de cassation, du 1er fév. 1893. Bulletin de l'office du travail,1er année, mars 1904, p155: Dalloz. 1893. 1, p. 242: Sirey, 1896. 1, p. 334.
（4） Note de M. Deslandres, sous cass, civ. 1er fév. 1893, Pand. franc., 1894, p. 2. cité par Laronze. op. cit., p. 393.
（5） Laronze. op. cit., p. 394: Moissenet. op. cit., pp. 169-170.
（6） ベルジュロンはこのように説明する。 V. Bergeron, op. cit. p. 103.
（7） Planiol. op. cit., t. II. p. 684. No.2241.
（8） Laronze, op. cit., p. 394
（9） Moissenet. op. cit., p. 170. 同じくSirey. 1896. 1. 331. note.

以上のような契約委任説の弱点を補うために委任説の論者が採用したのは法定委任（mandat légal）の観念である。法定委任説の代表的論者にはユベール＝バルルー[1]（Hubert-Valleroux）およびシレイ（Sirey）の匿名判例批評者Z[2]が存する。

その説に従えば、組合に対する委任は、法律によって与えられたものである。「法律は、組合に職業利益を擁護し、労働者の名において契約し、契約において労働者を代表することを認めている。すなわち法律は組合に法定委任を付与しているのである」[3]という。

確かに委任状に対する反対論を避けようとする巧妙な試みであると評しえよう。われわれは労働組合が法的に認められた仲介者（intermédiaire）として労働条件を討議し、労働協約を締結することによって与えられた目的の一つを実現していることを認めざるをえない。しかし、この場合にも、組合が法定受任者として行動したということはできないのである。[4] もしも法定委任だとすれば、例えば後見（tutelle）におけるがごとく、受任者に委任者を拘束する権限が与えられ、他方、委任者は法の定める受任者以外のものを選任しえない筈である。しかしながら、法典においても特別法においても組合に対して組合員を拘束する権限（pouvoir d'obliger leurs membres）を与え、或は組合以外の他の代理人を選択しえないことを組合員に強制する条文を発見することができない。従ってこのような解釈が一八八四年法に反することはいうまでもないであろう。のみならず、実際的見地からみてもレイノウの指摘するように[5]同一職業に数個の労働組合が存する場合には、いずれが法定委任組合（syndicat mandataire légal）であるかを決定することは困難である。このことは民法典に定めるような法定委任の観念が労働協約には適用されないことを物語るものにほかならない。結局、法定委任説は「契約委任説よりは協約のメカニズム解明上の難点を克服しているが、新しい解明をなすものではない。何故ならば明確には何も説明しないからである。[6]」

（1）Hubert-Valleroux, Le contrat de travail, p204 et s; et Réforme sociale, 1er sept. 1898, p314; cf. Rev. catholique des Institutions et du Droit. 1er sept. 1895.
（2）Note Z., sous cass. Fr, 1er fév. 1893. Sirey 96, 1, 330.
（3）Note Z, ibid.
（4）Moissenet, op. cit., p. 171.
（5）Raynaud, op, cit., p. 274. 同旨 Douarche, Les conventions collectives relatives aux conditions du travail 1907. p. 48.
（6）Moissenet, op. cit., p. 171.

委任説は所詮、現象形態の類似性にごまかされた比較から生じたものにすぎない[1]。それは権利主体としての当事者、従って、協約締結の過程の考察のみに眼を奪われ、契約の効果乃至価値については支離滅裂な姿をさらさざるをえなかった。

第一に、委任の観念を貫けば、労働組合の制度を否定することにならざるをえないのである。何故ならば、契約委任にせよ法定委任にせよ、労働組合は受任者たる地位において単なる委任事務を処理するだけにすぎず、協約締結の主体は、あくまでも個々の組合員にあるといわざるをえないからである。しかも労働協約締結後、受任者たる組合は、委任者たる組合員に対して委任によって受け取った一切のものを引き渡さなければならない（仏民一九九三条）。すなわち組合には取得した権利を一切移転すべき義務が課せられているのである。そこで、協約締結とともに組合はその役目を終了し、組合員の背後に退きつつ消滅してしまう。それ故に、たとい使用者が当初から協約を無視してかかったとしても、後は個々の組合員と使用者との関係とみなされ、これに対して組合は法律的には何等なすことができないのである。損害をうけた個人のみが訴権を有し、受任者たる組合が訴権を有しないのは Nul en France ne plaide par procureur（フランスにおいては何人も代理人によって訴訟せず）という法原則の当然の帰結である。もしも組合が、労働者が弧立することにより自然に生ずる弱者の状態を取り除くことを目的とし、労働協約が団体法（droit collectif）の樹立によって労働条件の擁護を目的とするならば、組合に当事者の役割を与えることを拒否し、従って職業の一般的利益の名の下に（au nom des intérêts généraux de la profession）約定条件の履行を追及する権利を拒否する法律構成に賛成しがたいことはいうまでもないであろう[2]。

委任の観念により組合はその団体（collectivité）的性格を完全に無視されてしまっている。外見からみれば、労働協約の締結における組合と組合員との関係は、確かに私人間の委任関係と同種の現象を呈示する。しかし、当部関係においては全く異なった性格を示すのであり、それは「二個の個人間の約定にとどまるものではない」[3]。協約はサレイユ（Saleilles）の表現を借りるならば、「団体的利益の形態の下における諸個人（particuliers）の利益の合成物（résultante）」[4]にほかならないのである。組合は組合員により任命された仲介者（agent）ではなく、従って組合員の委任によって初めて協約締結の権限を付与されたものでもない。一八八四年法により、組合は法律生活を享有しうる固有の人格を与えられている。労働協約の締結もその権限の基礎は組合自身に存するのであり、委任の必要なくして、いわばアプリオリー（a priori）に「組合員に必要な代理人」[5]とみなされているのである。組合は、常に第三者に対してみずから契約を締結することができ、組合員は後から組合に加入した者をも含めて、その権利および義務を享有することができる。一九〇〇年九月一七日命令（Décret du 17 sep. 1900）が一八八四年法第三条により職業組合は「使用者と労働者間の協定（accord）を締結する」権利を有すると定めているのは、このような実態を法律的に確認し、法をこのような実態に適応せしめようとした努力にほかならないであろう。繰り返していうならば、協約締結における組合は単なる集団的決定の執行人（agent d'exécution）ではなくて団体（collectivité）そのものであり、自己の固有の名の下に行動する行為の当事者なのである。従って契約の当事者であり、そこから権利も訴権も享有しうることはいうまでもない。労働者の団体（collectivité ouvrière）＝組合が自己自身に委任しえないとともに[6]、協約締結と同時に組合が後に退くという委任説がナンセンスな議論であることは改めて指摘するまでもないであろう[7]。

（1）　Laronze, op. cit., p. 388.

（2）　一八九三年二月一日破毀院判決（前出）が、組合は単なる仲介者（simple intermédiaire）にすぎないとして使用者に対する訴権を否定しているのは委任説を適用した結果生じた結論である。これに対する反対論としてはv. de

Visscher, op. cit., p. 71.

（3）Laronze, op. cit., p. 391.

（4）Saleilles, Etude sur la théorie générale des obligations. 1901. p. 385, note 1.

（5）Douarche, op. cit., p. 49.

（6）Laronze, op. cit., p. 392.

（7）委任説によれば以上に述べたように、組合に対する訴権が否定し去られる。しかし逆の面からみれば、使用者は、組合の協約不履行に対しても組合に対し訴を提起することができないのである。そこで当時においては協約不履行から生ずる責任を免れるために組合自体が委任説の適用を主唱したという（de Visscher, op. cit., p. 71）。いずれにせよ、委任説を採用する判例および学説が、一面には伝統的な契約概念を労働協約に適用しようとした結果生じたものであることは疑いないが、一面において当時の組合の長い間放置されていた事実上の無責任（irresponsabilité）状態が法律構成にも影響を与えていることを否定し難い。かくして組合の無責任性は委任説の中にその法的容認（consecration légale）を見出すのである。

また、委任説は解除（révocation）に関しても痛烈な反撃をうけた(1)。

フランス民法典第二〇〇四条によれば「委任者は何時でもその委任を解除することができる」。従って労働協約締結という組合の権限は随時、解除されうることになり、現実にそぐわない奇妙な事態が出現する。これに対して委任説に立つ論者は、労働者が「現実に脱退した場合、委任の黙示の解除がある」(2)のであって、一八八四年法第七条が組合員に組合を脱退しうることを保証しているのは、そのことの現れであると主張する。しかし、デスランドルの論破するように、委任を解除しうることは絶対的なものでなければならない。すなわち「労働者が組合にとどまりながら委任を解除しうるのでなければならないのである。また、組合が組織されていない場合には脱退は起りえない」(3)のであるから脱退と解除とを結びつける必然性は存しない。

この難点を避けるために先に引用したシレイの匿名判例批評者Zは労働者は組合を脱退することなく協約の利益(bénéfice)を放棄することができると説く。「組合は組合員の利益において協約を締結したのである。各組合員は個別的に協約の利益を放棄することにより彼自身が契約当事者であったならばなしうるであろうことをなすことができるのである(4)」。しかし、いうまでもなく委任の利益をうけないということと、それを解除するということは別問題である。前者は委任者がみずから権利を放棄することであり、後者は受任者に対する法律関係を破棄する行為なのである。

これに対してベルジュロンはつぎのように論駁する。「解除が委任の本質であると主張することは誇張といわざるをえない。……この一般原則には例外が存する。学説および判例は、委任が委任者のみの利益において契約されず、委任者と第三者との利益において契約された場合、および委任者が告知権を放棄したときには解除されえないことを認めている(5)」と。

しかしながら、ラロンズの指摘するように、委任は委任者の都合のよいときにいつでも解除しうることが原則である。解除できないというのはあくまでも例外にすぎず、個別的に発生する全く特別の場合以外には起りえない。従って例外をすべての場合に、すなわち、すべての協約に拡張することは本末転倒した議論というべきであろう。また協約に実質的に解除の効果を与えるためには、個別的に協約に加入している労働者が、組合に与えた権限を取り消すだけでは不充分であって、全体としての労働者団体の行為が必要である。

一言にしていえば「誤りははじめに存するのである。〔協約においては、委任の〕解除の問題は起りえない。何故ならば〔初めから〕委任は存在せず、受任者たる組合は委任者たる団体の人格化にほかならないからである(6)」。

従って、協約が受任者によって締結されたと説くことによっては協約の効果もその法的性質も解明することはできない。ルアストの説くように「委任の観念は、なお、それを原理に対する道具、目的に対する手段として採用せしめるにはいたらない」(7)のである。「団体性の観念が委任をいびつにし(8)」、強いて委任を適用しようとすればそれが特殊の法定委任（mandat légal d'un genre spécial）(9)で、あるといわざるをえなくなる。このようにして委任説と無名契約説は次第に接近し、委任説の論者の一人ともいうべきジェイ（Jay）をしてつぎのごとくいわしめる。「民法は人間の活動および発意を名称と効果の明らかな契約の狭い領域に閉じこめようと思ってはいない。これらの契約についていえば、人々はみずからの意思で価値と効果とが当事者の自由な合意および普通法の規範によって定められる無名契約を締結することができる。……」(10)

　このように当事者の自由な合意という手段によって委任説を修正し、その欠点を是正することにより、論者は却って委任説から遠ざかり無名契約説に移行せざるをえないのであって、委任はもはやその名を保存するにすぎなくなる。確かに、委任説の「最もよい結論はこの説を捨ててしまうことではなかろうか(11)(12)」。

（1）Laronze, op. cit. pp398-402; Deslandres, note aux pand. franc. loc. cit., p. 2. col. 2.
（2）Bergeron, op. cit., p. 104.
（3）Deslandres, note aux pand. franc., p. 2.
（4）Note Z, au Sirey, loc. cit. 同趣旨 v. Bergeron, op. cit., p. 105.
（5）Bergeron. op. cit., p. 105 V. aussi note Z., loc. cit.
（6）Laronze, op. cit., p. 401.
（7）Rouast, thèse, précité p. 278.
（8）Laronze, op. cit., p. 402.
（9）Hubert-Valleroux, Réforme sociale, 1898, p. 314.
（10）Jay, La personnalité civile des syndicats professionnels 1886, p. 19. cité par, Moissenet, op. cit., p168.

(11) Laronze. op. cit., p. 402.

(12) 委任説はドイツにおいてロトマールにより説かれ（Lotmar. Die Tarifverträge zwischen Arbeitgeber und Arbeitnehmer, Arch. für soziale Gesetzgebung und statistik. Bd. 15. 1900.）、ルンドシュタインにより若干の修止をうけつつ発展せしめられた（Rundstin, Die Tarifverträge und die moderne Rechtswissenschaft）代理説（Vertretungstheorie）に比すべきものである。フランス民法典第一九八四条は、委任は代理行為を行う権限を与える契約であると定めて、委任と代理とを混同した規定をおいているが、学説がこれを区別するように、受任者が委任者を代理することは、委任の通常の形態にすぎないのであって委任と代理を全く同一視するわけにはいかない。従ってフランス法の委任説とドイツ法の代理説は極めて多くの類似性を有するとはいえ完全に同一のものとみることはできないのである。フランスの学者もロトマールの代理説を Théorie de la représntation ou de la délégation と訳して委任説 théorie du mandat と区別している。(de Visscher, op. sit., p. 72 et s; V. Laronze, op. cit., p. 388 et s) 両者の比較法的検討は別の機会に譲らなければならないが、いずれも個人法的な契約観念に捉われ、労働協約の集団的性格を明らかにしえなかった点に初期労働協約理論における歴史的な性格が見出されるのである。

第二　事務管理説（Théorie de la gestion d'affaire）　法定委任説まで行くことなく、契約委任説が委任状（procuration）についてうけた反対を避けるために説かれたのが事務管理説[1]である。いうまでもなく、義務なくして（sans en avoir été chargée）他人の利益のために法律行為をなすことが事務管理の成立要件であって、これが委任と事務管理を分かつ大きなメルクマールである。

事務管理説によれば組合は、組合員の委任をうけることなく労働協約を締結し、しかも、その効果が、組合員に帰属しているが、それは組合が他人の事務の管理者として他人に事実上の利益を帰する意思をもって行為をなしたからにほかならない。すなわち、組合は労働者の利益において法律行為をなしたのであり、そこには事務管理が存するというのである。事務管理説をとる代表的論者はヴォロン[2]（Voron）であり、事務管理説を後述するように第三者のためにする契約説と結びつけつつ説いたものにはデスランドルが存する。しかし事務管理説は陽の目をみるまでもなく簡単に一蹴され、フランスの学界においては殆ど問題にされなかった。

事務管理説はたしかに、組合員の委任を要せずして組合が労働協約を締結しうること、委任者という特定の組合員のみに協約の効力を限定せず、適用範囲を拡げうること、すなわち組合大会に参加しなかった組合員の地位および協約締結後組合に加入した組合員の協約に対する関係を説明しうる点で委任説よりは一歩進んだ議論であると評しえよう。しかし、つぎのような諸点が批判の俎上にのせられたのである。(3)

まず、事務管理であれば、民法典第一三七四条により、管理者は事務の管理について犯した過失につき責を負わなければならない。しかし、レイノウの指摘するように「組合の責任はよりよい労働条件を獲得できなかった場合でも問われることはないし、人々もそれを主張しうるとは考えてはいない」(4)のである。

また、事務管理の性質上当然のこととして、組合は協約締結後、管理者の資格を失い、使用者が協約に違反した場合にも、損害をうけた労働者個人が個別的に訴権を有するにすぎず組合はこれに介入することができないのである。従って、事務管理説は効力の点において、委任説に対すると全く同一の批判を免れることができなかった。

(1) Planiol, op. cit., T. II. p. 692. n°2273

(2) Voron, Revue catholique, 1897. 1er sem. p. 425.

(3) Laronze, op. cit., p. 396 et s; Moissenet, op. cit., pp. 172-173.

(4) Raynaud, op. cit., p. 274; Idem, Moissenet, op. cit., p. 172.

第三　第三者のためにする契約説（Théorie de la stipulation pour autrui）　すでに明らかにしたように、委任説も事務管理説も、共に労働協約より生ずる権利義務を組合を除外して、個々の組合員のみが亨有する点で極めて個人法的な色彩を有するものであった。すなわち一度、委任が遂行され、或は事務管理が完了すれば、組合の受任者または管理者たる資格は消滅し、後は一切、使用者と個々の労働者との関係とみなされ、組合はこれに関知することができなかったのである。個々の労働者は孤立することにより生ずる弱者たる地位を克服する手段として組合を結成し、その成果として労働協約を締結した筈である。しかるに協約締結後、組合の協約に関する資格が消滅し、協約の履行が再び個々の労働者と使用者との個別的な関係に委ねられるとしたならば、労働協約締結の意義が半減してしまうことは明らかである。労働者の組織化が完全に行われ、組合の無言の圧力によって協約の履行が担保される場合はいざ知らず、当時のフランスの労働組合の組織状況、労使の社会的な力関係から判断すれば、組合がその締結した協約の履行について事実的にも法的にも監視しうるのでなければ、協約の実効性が保たれないことは明らかである。このような現実的な要請ばかりではない。法的にみても、組合に契約当事者たる資格、すなわち協約締結権を認めながら、協約に関する訴権を否定するとすれば、組合の法的機能は著しく抑制されざるをえない。このような現実は、法原理としても組合が契約当事者であると同時に訴権も有するものとして考察されることを要請する。かかる要求を満たすものとして登場したのが第三者のためにする契約説である。

第三者のためにする契約説を説くものにはバルテレミイ＝レイノウ[1]、ラロンズ[2]、ブールドン[3][4]等が存するが、これらの諸家の見解に耳を傾けるならば、まずレイノウはつぎのように述べる。「協約により、組合、労働者および使用者間に定立される複雑な法律関係の中に、われわれは判例の認める広い意味での第三者のためにする契約のすべての要素を見出しえないであろうか[5]」と。労働条件その他について使用者と協定を結ぶ組合は、疑もなくその組合員の利益において協約締結の交渉を行ったのであり、そこには第三者のためにする契約が存し、民法典第一一二一条の成立要件を備えているというのである。協約の締結に、三個の人格者、すなわち、協約により利益をうける者の予めの委任なしに自己の名の下に自己のイニシアティブによって行動する労働組合（要約者 stipulant）と協約の相手方たる使用者または使用者組合（諾約者 promettamt）および協約の利益をうける労働者の集団（第三者 tiers）が存するのはこのことの現れであるという。

さて、元来、第三者のためにする契約（仏民一一二一条）は、「人ハ一般ニ、其ノ人自身ノ為ニスル外、其ノ固有ノ名ニ於テ、自ラ拘束ヲ受ケ、又ハ要約スルコトヲ得ズ」（仏民一一一九条）という債務目的の個人性の原則（Principe de la personnalité de l'objet des obligations）に対する例外をなすものであった。従って例外規定であるが故にその有効要件も厳格をきわめ、要約者が自己のためになした債務の条件として要約した場合（通常は双務契約の付随約款）、および要約者が諾約者になした贈与の一条件としてなした場合（負担付贈与）の二つに限定されたのである。しかしながら、社会生活の変遷と共に生じた新たな経済的要請は次第にこの制限の枠を破り、現実の生活においては例外が原則と化すまでに一般化した。そこで学説判例も一一二一条を極めてゆるやかに解し、第三者のためにする契約は「要約者により諾約者に対してなされた単純なる諾約」にすぎない場合も有効と認めるにいたったのである。(6) しかし、組合と使用者との関係においていかなる諾約が存するのであろうか。レイノウは協約の締結には「組合の要約した労働条件の利益をうける第三者たる労働者が存し、他方この要約に必要な条件、〔すなわち〕組合により使用者に対してなされた諾約（promesse）——労働者を提供し、または労働をなさしめるというのではなく、約定条件で労働が再開され、または継続されるためにできる限りのことをなすという諾約——が存する。従って疑いもなく協約を第三者のためにする契約と解するに足りる法律的要素が存する」(7) と説明する。労働協約に定められた条件で労働を再開する際に、組合は労働が再開され、または継続されるようできる限りのことをなし、「その組合員に対し影響を与える」(8) という諾約が存し、それ故、労働協約という第三者のためにする契約は有効に成立するというのである。この成立要件自体に関して争いがないわけではないが、[9] 一応、第三者のためにする契約が協約に関しても有効に成立すると仮定し、この説の利点と、なおかつ協約の実態を明らかにしえない欠点とを検討することにしよう。

（1）Barthélémy Raynaud, Le contrat collectif de travail. Thèse paris, 1907.
（2）Laronze, De la représentation des intérêts collectifs et juridiques des ouvriers dans la grande industrie, p. 403 et s.
（3）Bouron, Des contrats d'utilité générale passés au profit d'une collectivité. Thèse Paris, 1905. p. 109 et s.
（4）その他 Planiol, note sous trib. de Cholet, 12 fév. 1897. D. 1903. 2. 25. Deslandres, Pand. fr. 1894. 1. 1. などが存する。第三者のためにする契約説は当時オランダにおいて盛に主張されていたという。特にマイエル（Meyers）は労働協約は受益の意思表示を要しない第三者のためにする契約であると説く。Meyers, Het collectieve arbeidscontract en de algemeene rechtsbeginselen, Themis 1908. p437. cité par, de Visscher, op. cit., p. 74.
（5）Raynod. op. cit., p. 277.
（6）Planiol, Traité élémentaire, II. n°1230 (5e édit); Planiol et Ripert et Boulanger, II. n°630 et s. (4e édit) 1952; Colin et Capitant, Cours élémentaire du droit civil français. t. II. n°204 et s. (10e édit.) 1953.
（7）Raynaud, op. cit, p. 78.
（8）Trib. civ. de St-Etienne, 11 juillet 1907 rapporté sous Lyon 10 mars 1909. D. 1909, 2, 33; 同趣旨 V. note de Capitant, p. 5. col. 1.
（9）例えば Douarche, op. cit., p. 50 et s. なおこの点については後述する。

まず、第三者のためにする契約説は、委任説並びに事務管理説の欠点をつぎの点で克服し、その限りにおいて労働協約理論を一歩前進させるものであった。

第一にこの説は、労働協約の適用範囲を拡大することにより、協約の有する広くかつ客観的な性格に適応し、労働条件の討議における組合の役割を正確に説明することができた。(1) すなわち、委任説が労働協約の適用をうける組合員の範囲を狭く固定化してしまうのに対し、第三者のためにする契約説は協約の効果を将来の組合員に対しても及ぼすことが可能であった。(2) しかも、ある場合においては、労働協約が協約当事者である組合の組合員のみならず、特定企業ないし特定地域において一定の職種に従事している全労働者に対しても適用されている事実を第三者のためにする契約は説明することができたのである。使用者と協約締結の交渉をする労働組合は、単に現在および将来の組合員の利益において約定するばかりではなく、特定地域において一定の職業を行使し、または行使するであろうすべての労働者のために協約を締結する意図を有している。組合は約定された条件以下で労働力を安売りする労働者の出現を恐れ、使用者は競争条件の統一化を望んで協約により一旦定立された労働条件は平準化の傾向を示すものである。このような当事者の意思と協約の機能を第三者のためにする契約説は解明することができる。何故ならば、労働者は組合員、非組合員を問わず、受益の意思を表示するだけで協約の適用を受けることができるからである。その際、受益者が不定であることは意に介するに足りない。契約が効力を有するにいたる日に受益者が確定しうべき場合には、右の不特定人のためにする要約も有効とみられているからである。(3) 締結時に協約に加入していなかった労働者は、組合が真に職業的利益を擁護していると思われた時に協約に参加する旨の意思表示を行えばよいのである。

つぎに第三者のためにする契約説は、委任説ないし事務管理説の明らかにしえなかった協約不履行の使用者に対する訴権を組合に与えることができた。受益者たる第三者が、諾約者の負担する義務の履行を請求しうることはいうまでもないが、それと並んで要約者も諾約者が第三者に対して誠実にその義務を履行するか否かについて大いに利害関係を有する。それ故、要約者は諾約者の負担する給付について債権者としての権利は有しないが、いわゆる諾約の不履行（inexécution de la promesse）に対して第三者とは別個の履行請求権を有している。従って職業的利益の擁護者である組合は、使用者に対して協約の忠実な履行を請求する権利を有し、不履行の場合には損害賠償を請求しうるというのである。[(4)] 同時に組合もまたその諾約に対して責を負い、使用者は、協約に定められた一般的条件で労働の再開始が行われなかった場合には、組合に対し損害賠償の支払を請求する権利を有することになる。

（1）Jay, Bulletin de la Soc. d'Et. lég., 1907, pp. 547-578; Raynaud, Thèse. p. 280.
（2）Jay, ibid, pp. 547; Planiol, Traité élémentaire, II, n°1243, (5e édit.)
（3）Planiol, ibid.
（4）de Visscher., op. cit., pp. 76-77.

以上のように、第三者のためにする契約説は、協約当事者としての組合の人格をあくまでも維持しつつ、協約の適用範囲を拡大しうる点で、同じ契約説に根拠を有するとはいえ、委任説および事務管理説に比すれば格段の進歩を示すものであった。それ故にこの説はかなり長い生命を有し、すでに法規説の出現をみる二〇世紀初頭においてもなお有力な支持者をえていたのである。しかし、もとより伝統的な契約概念に依存する以上、その限界も明らかであり、ダイナミックに変動してやまない集団的な現象に対しては遂にその無力さを現さざるをえなかった。第三者のためにする契約説が従来の契約説（委任説、事務管理説）を一歩進めた進歩的な性格を有しえたのは、すでに明らかにしたように第三者のためにする契約自体が社会生活の進展と共に変動し、その内容を豊かにしていたからにほかならない。しかし契約法の領域における変遷も、社会的変動が最も集中的に現れた労働関係には容易に追随することができず、労働協約は新たな理論構成の必要性に迫られたのである。

さて、第三者のためにする契約説は、主としてつぎのような点が批判の対象となった。

まず、労働協約は果たして第三者のためにする契約に必要な成立要件を備えているか否かが争われた。フランス法においては、第三者のためにする契約の成立要件として、要約者の諾約者に対する諾約（promesse）が必要であった。そこで第三者のためにする契約説をとる論者は、組合と使用者との間には、組合員に協約を履行させるよう組合が「できる限りのことをする」という諾約が存すると主張したのである。これに対してモアスネ、ラロンズ、ドゥアルシュ、ナスト、ピルー等の反対論者は、組合が組合員の協約履行についてできる限りのことをなすという黙示の諾約の中から、使用者はいかなる特権（prérogative）をも引き出しえないが故に法律的に有効な義務とみることは不可能であると断言する。(1) 協約の文言に表明された限りにおいては、組合はみずからを拘束する意思（intention de s'obliger）を排除しているし、事実、組合は組合員の協約不履行についていかなる責任も負わないと理解している。近年、協約の中に、組合員の協約不履行の場合の組合に対する損害賠償義務を規定する条項が一般化してきたが、このような条項が改めて約定されるということ自体、一般的に組合が協約の不履行については直接的な責任を有しないことを意味するのではなかろうか。法的な制裁によって裏付けられていない以上、組合の諾約は法的な性格を欠き、第三者のためにする契約を有効ならしめるには不充分である。従って協約は第三者のためにする契約の有効要件として民法典第一一二一条の要求する要件を充たしていないというのである。すなわち、第三者のためにする契約について規定する一一二一条といえども一一一九条（債務目的の個人性の原則）に違反することはできず、従って第三者のためにする契約の有効要件としては、要約者がそれ自身利害関係者であることが必要である。勿論、組合員のためになした要約から間接的な利益をうけるが、あくまでも「組合は自己自身のために要約したのではないのである」(2)。それ故、組合に訴権が認められないことは勿論、使用者も組合に対して協約不履行の責を問うことができない。かくて、要約者たる組合は使用者たる諾約者に対して何等の諾約もなさず、従って労働協約をそれの一条件にすぎない諾約者の第三者に対する給付債権とみることは不可能である。また、第三者たる組合員は、組合によってなされた贈与の効果として協約の利益をうけるものではない。何故ならば、組合は組合員のためにこのような「気前のよい意思」(3)（intention généreuse）を有するものではなく、専ら、職業利益の擁護という機能を果たしているだけにすぎないからである。さらにそれは、有償行為（acte à titre onéreux）の効果によってなされているのでもない。何となれば組合員が組合の債権者にあらざることは明らかであるからである。結局、第三者のためにする契約は契約法上あくまでも例外的な地位を占めるにすぎず、労働関係の一般的な規範となることを目的とする労働協約にこの例外的な規定をあてはめ、これに法的な保障を与えることは「合理的な精神に反する不可能な業であるように思われる(4)」と結論づけられたのである。(5)

これに対してアプルトン（Appleton）は、このような考え方は誤りであると反駁しつつ、つぎのように述べている。組合の諾約の中には、約定労働条件を組合員に受諾させることについて、少なくとも有効な責任によってサンクションされた義務が存することを認めねばならない。それは、協約に規定された条項を労働者をして拒否させるような一切の行為を行わないという消極的な義務なのである。すなわち、協約の署名者として、組合は忠実な履行を妨げる一切の行為をみずから抑制する義務を負い、その結果、協約に定められた労働条件の修正を目的とする争議を労働者に惹起させ、若しくはそのかすことが禁ぜられる（平和義務）。この義務の違反が損害賠償の対象となることはいうまでもないであろう。従って組合のなした諾約は極めて有効な方法で組合活動の自由をみずから制限するが故に現実的価値を有し、法律的な義務とみなすことができるのである。(6)

さらに組合は、組合員のために要約すると同時に自己自身のためにも要約している。何故ならば組合は、協約の締結において自己の責務とする職業的利益を代表しているからである。従って組合は、協約の履行について精神的利益（intérêt moral）[7]を有し、それは法律上の根拠に基づいている。協約について第三者のためにする契約が有効に成立し、組合に、履行に対する訴権（action en exécution）が認められるのは、以上のような諾約並びに精神的利益が存するからであるという。

協約を第三者のためにする契約の基盤において有効か否かを争う論争も、結局は第三者のためにする契約について規定する民法典第一一二一条をどのように解釈するかという問題に帰するであろう。われわれは反対論者が一一二一条をかなり厳格に解し、賛成論者がゆるやかな拡張解釈を行っていることに容易に気がつくのである。従って、労働協約論の問題としていつまでもこの前提に逡巡しているわけにはいかない。われわれは、契約法の変遷という立場からみた場合、これらの批判が第三者のためにする契約の解釈論としても決して迫力をもつものではないという感想を置土産に効力の問題に進むことにしよう。

（1） Moissenet, op. cit., p175; Laronze, op. cit., p. 408 et s; Douarche, op. cit., pp. 50-51; Crepin, op. cit., pp. 62-65; Nast, Des Conventions collectives relatives à l'organisation du travail, Thèse Paris, 1907. p. 142 et s; Pirou, Les conceptions juridiques successives du contrat collectif de travail Thèse Rennes, 1909. pp. 209-210.

（2） Wahl, Note Sous cass., 1er févr. 1893. S. 96, 1. 329.

（3） Crepin, op. cit., p. 63.

（4） Crepin, ibid. p. 65.

（5） この点に関する興味深い論争は、とくに、オランダの法学者 Van Zanten (Rechtsgeleerd Magaziijn, 1903), Eyssel (De collectieve arbeidsovereenkomst; regtsinstituut of sociaal verschijnsel? Themis, 1905, pp. 81 et s.) と Meyers (Het collectieve arbeidsconstract en de algemeene rechtsbeginselen, Themis 1905, pp. 423 et s.) との間で華々しく展開されたといわれている。イタリア、ドイツ、オランダを問わず、第三者のためにする契約説は大陸法系の国々の労働協約理論の一度は通過しなければならない関門であったように思われる。V. de Visscher, op. cit., p. 79. note.

（6） Appleton, Le contrat collectif de travail, La capacité syndicale et la jurisprudence, Questions pratiques de législation ouvrière. 1908, p. 158; cf. art. 52 du projet de la Soc. d'Et., lég. et art. 8 du second projet du gouvernement; de Visscher, op. cit., p. 80.

（7） デスランドルが要約者たる組合は協約について金銭的利益（intérêt pécuniaire）を有しない故に訴権を行使することができないと説いた（Note aux Pand. franç., 1894, 1, 3）のに対し、レイノウは訴権を認めるためには金銭的利益は必要ではなく、精神的利益があれば足りると主張している。「協約の不履行と組合の利益との結びつきは、物質的または金銭的利益（intérêt matériel et pécuniaire）に関する場合には間接的であり漠然としているが、反対に精神的利益――訴権を認めるにはこれで充分である――が原因となっている場合には明確かつ直接的である」（Raynaud, op. cit., p. 279. cf. Vignes, Rapports de la gestion d'affaire et de la stipulation pour autrui, Thèse Paris, 1892, p. 185 et s; Dorville, De l'intérêt moral dans les obligation, Thèse Paris, 1901.

つぎに労働協約が、第三者のためにする契約であると仮定しても、われわれはその効力に眼を転じた場合、その説が忽ちにして無力さを暴露することに気づかざるをえないのである。第三者のためにする契約説は、つぎの点で労働協約の法的メカニズムを的確に説明することができなかった。

協約が第三者のためにする契約であると仮定すれば、労働協約は本質的には第三者のためにする給付契約（promesse d'une prestation）であり、給付の履行を約する義務を含むものである。

それ故に一般的には、例えば生命保険契約において受益者が保険会社に対して直接その利益を請求する権利を有するように、第三者は新たな合意なしに諾約者に対して給付の履行を請求する権利を有するのである[1]。

しかし、第三者たる労働者は、労働契約を締結しない限り給付の履行を求めることはできないし、勿論、訴権を行使することもできない。労働協約に特別の条項の存しない限り、個別的労働契約の締結を使用者に対して義務づける権限が労働者ないし組合に存在しないことはいうまでもないであろう。

逆の面から表現すれば使用者は、採用を欲して集まってきたこれらの労働者を自由に選択する権利（droit de choisir）を常に留保しているのである。(2) 当時のフランス法が労働争議を労働契約の破棄（rupture）とみなし、争議終結後（従って多くの場合労働協約成立後）、労働者を再雇用するという法律構成をとっていただけ(3)にますますこのような使用者の権利が理論的な障害となった。換言すれば、諾約者自身が第三者に対する給付を免れ、或は少なくともこれを妨害することが許されることになる。「従って諾約者は第三者の受益の意思表示を妨げる権利（droit d'empêcher）を有することになるのである！　これをいかにして第三者のためにする契約の規準で説明するのであろうか(4)」。「一言にしていえば、約定された条件で雇用されることを目的とする直接的な訴権は労働者に対しては認めることができないのである(5)」。

（1）　かかる請求権を要約者も同時に有することについては前に明らかにしたとおりであるが、ここでは第三者と諾約者との関係に限って考察を行うことにする。
（2）　Moissenet, op. cit., pp. 176-177; cf. Van Zanten, Rechtsgeleerd Magazijn, 1903, De Zoogenaamde arbeidsovereenkomst, p. 464, cité par, de Visscher op. cit., p. 82.
（3）　労働争議と労働契約との関係については、石崎「同盟罷業と労働契約」（比較法雑誌一巻四号）考照。なお外尾「フランスの労働運動と労働争議権」（季刊労働法・第一五号）も簡単にこれについて触れている。
（4）　Rouast, Essai sur la notion juridique de contrat collecif dans le droit des obligations, Thèse Lyon, 1909, p. 283.
（5）　Moissenet, op. cit., p. 177.

しかし、以上のような見地からする第三者のためにする契約説への批判は多くの真理を含んでいるとはいえ、われわれは全面的にこれに賛成するわけにはいかない。論者は、労働者は、協約に定められた条件で雇用するよう使用者を義務づけるいかなる権利をも有しない故に、協約を履行させる何等の権利をも有しないと説くが、そこには協約の機能を見落した理論的な飛躍が存するのではなかろうか。労働者が雇用されない限りいかに受益の意思表示をしようとも、協約を利用する権利をもたないのは当然のことであるが、このことから直ちに協約は使用者にいかなる給付をも義務づけないという結論を導き出すのは粗雑な理論構成であるといわざるをえない。第三者の権利は「契約者の意思の排他的な産物（l'œuvre exclusive）であり、当事者がなさんと欲したところのものなのである」。従って組合と使用者という契約当事者が労働協約によって樹立しようとした目的に従って解釈されるべきであろう。争議後の再雇用について考えてみても、使用者が組合と団体交渉に入り、協約を締結する場合、使用者は明らかに労働が約定された条件の上で再開されることを望んでいるし、組合もまた労働者が、組合により締結された協約の定める条件において雇用されるという期待を有しているのである。換言すれば、労働協約は、労働契約に有効かつ具体的に適用されるであろうというその後の関係を必然的に予定しているのである。勿論、再雇用について協約に明示の規定のない限り、契約当事者の意思をこのように解するとしても、このような意思解釈のみから就労請求権を引き出すことは不可能であろう。しかし、それ故に使用者は労働者に対し一般的に給付の義務を負わないと極言することは許されないのである。労働協約を締結することによって、使用者は協約の適用をうける労働者に対する契約の自由をみずから制限し、協約を下回る条件ではこれらの労働者を雇用しないという不作為の義務を引き受けるのである。すなわち、協約は、言葉の固有な意味で給付を構成するなさざる債務（obligation de ne pas faire）を使用者に課しているのである。従って、給付義務の不存在を捉えて第三者のためにする契約説を批判することは必ずしも当をえたものとはいい難い。正しくは、再雇用されなかった労働者に対しては第三者のためにする契約は履行しえないという点に批判をとどめるべきであろう。

第三者のためにする契約説の致命的な欠陥は、むしろつぎの点に求められるべきである。いうまでもなく第三者のためにする契約は、第三者のために権利を創設しうるのみで義務を課すことができない。しかし、協約においては権利義務が等しく創設されており、労働者は現実において使用者、自己の労働組合、その組合員の三者に対し、それぞれ義務を負う関係にあるのである。判例においても協約の定める最低額以下の賃金で働いた組合員に対する組合の損害賠償請求権が認められているが[4]、これらの関係を第三者のためにする契約説はいかに説明するのであろうか。

労働者側からみても、協約が第三者のためにする契約であるならば、自己のために要約された権利を受諾するか否かの自由は完全に享有しうべき筈であり、組合ないし使用者に対して何等の義務も負う理由はないのである。従って協約署名者たる組合の組合員が、協約の適用をみずから排除する自由を有し、最低額以下の賃金を受諾することにより「他の労働者を押しのけてまで[5]」労働力を安売りする自由を享有することになる。労働協約はこのような悲惨な状態を克服するために生まれてきたものではなかったのであろうか。この一事だけで労働協約の効果は無に帰してしまうのである。第三者のためにする契約説がいかに現実にそぐわない空虚な理論であるかはこのことだけからも明らかであろう。

個々の労働者は労働組合を通じて自己の意思を表明し、使用者もまた労働組合をこのような労働者の集団として捉え、これを相手として労働協約を締結しているのである。従って現実には、協約締結と同時に権利義務関係が発生し、その効果が自動的に個々の労働者に及んでいる。いくつかの判例[6]が、労働者が協約当事者たる組合を脱退しない限り、たとえ協約に反対の意を表明したものであっても協約の拘束をうけると判断しているのは、このような現実を法的に評価したからにほかならない。しかるに第三者のためにする契約説によれば、再び、労働者の受益の意思表示という法律行為の介在が、権利義務関係の発生に不可欠の要件となっている。小手先の法律技術が新しい団体法の領域においてはいかに実態から遊離するかを明らかにする好個の実例というべきであろう。

（1）例えばドゥアルシュ（Douarche, op, cit., p. 51）は協約はその性質上給付を約するものではないとし、それ故に第三者のためにする契約とみることはできないと説いている。
（2）Planiol, Traité de droit civil, II, n°1261. (5e édit.)
（3）Nast, op. cit., p. 141: Rouast, op. cit., p. 318.
（4）Trib. de Bourgoin, 21 juin 1901: Cour de Grenoble, 6 mai 1902, D, 1903, 2, 31. note de Planiol. 後者は syndicat de médecins と Compagnie d'assurances との間に締結された協約に関するものでり、賃金表以下の報酬を受け取った組合員の一人は、事実認定から違反の責任を約したとみなされ、組合に対し損害賠償の支払いを命ぜられている。
（5）de Visscher, op, cit., p. 85.
（6）Trib. civil de la Seine, 2 mars 1910, confirmée par l'arrêt de la cour de cass. du 7 juillet 1910: 同趣旨 Décision du juge de paix de Meaux, du 10 oct. 1906, Trib. civil de la Seine, 23 avr. 1909. précitée.

(四)　契約説の進展

第一　無名契約説（Théorie du contrat innommé）

労働協約という法の世界に未知な現象に対して、従来の固定的な契約観念をあてはめることが、いかに現実から遊離した法解釈技術の観念的遊戯にすぎないかは、今までの行論において明らかにしたところである。それは、契約の古典的鋳型（moule classique du contrat）を維持し、その中に〔労働協約という〕新しい制度をおしこめようとするもの[1]」であり、所詮、団体法（droit collectif）的な現象に個人法（droit individuel）のマスクをかぶせようとしたカリカチュアにすぎなかったのである。「法は一定の公式（formules définitives）の中に閉じこめうべきものではなく、人間の社会と共に発展するものである。契約もまた経済的社会的関係の変遷と複雑化に支配されつつ変化する[2]」ものであることはいうまでもない。労働協約は全く新しく特殊なものであり、それを「変質させるようなすべての法律構成は、躊躇することなく拒否しなければならない」[3]。すなわち、労働協約は「他の状態のために作られた規範と混同することなく、それを締結したものの追及しようとする目的を明らかにしつつ、完全な自由の下に」[4]理論構成を行わねばならないのである。そこで労働協約論に無名契約説を説く一群の論者が出現する。

いうまでもなく、民法典における典型契約の列挙は契約の種類の法定ではなく、契約自由の原則に基づき典型契約に該当しない内容の契約を締結することは、完全に当事者の自由に委ねられている。労働協約はこのような新しい形式の契約であると説かれたのである。無名契約論者は自由な立場から労働協約に法律的な価値判断を下し、新たに契約説の再編成を図った。このようにしてフランス労働協約論のつぎの段階への前進が開始された。

無名契約説をとる論者にはデスランドル（Deslandres）、ラロンズ（Laronze）、ジェニイ（Geny）、パスコー（Pascaud）、ドゥアルシュ（Douarche）等が存するが、その説は多岐に分かれ、一人一説の感を禁じ難い。以下これらの論者の説くところを要約しつつ紹介することにする。取り上げる順序として年代順に整理したが相互に批判と前進があるわけではなく、それ自身は結局、脈絡のない一握りの法理論の束にすぎないのである。しかし伝統的な契約観念を契約法の許す範囲内において最大限に打破しようとした試みの中に、これら一群の無名契約説の位置づけがなされるべきであろう。

(1) P. Louis-Lucas, Les conventions collectives de travail, Revue Trim. de droit civil, 1919, p. 72.
(2) A. Groussier, op. cit., p. 297.
(3) Capitant, Cour de législation industrielle, p. 458.
(4) Capitant, note sous Lyon précitée, 同旨 V. Geny, note sous Nancy, 7 déc. 1885, Pand. fr. 1898, 2, 245: Brants,

L'Etat légal du contrat collectif de travail, Rev. prat. de droit industriel, 1905, pp. 209 et s.

(1)　デスランドル説[1]（**Théorie de Deslandres**）　デスランドルはまず、「私は、わが国の法律機構の中に新しい型の構成を導き入れることが必要であると考える。法の通常のカテゴリーの中にそれ〔協約〕を押しこめることによってその法的機能を正確に説明しうる」とは考えられないと述べて委任説、事務管理説、第三者のためにする契約説がそれぞれ協約に適用し難いことを検討した後、委任と第三者のためにする契約とを結合した新しい理論を提案する。

組合は労働者の名において労働協約を締結しているが、法が組合に労働者を代表する使命を与えているのは、集団的な力を個人の弱さに代えるためである。従って委任説や事務管理説のように、協約が締結されたときに組合は後に引き下る必要は少しもなく、組合の介入は依然として必要である。法律的にみれば協約締結における組合の地位は、委任における受任者であり、同時に第三者のためにする契約の要約者である。何故ならば組合は労働者の名において契約し、しかも契約当事者としてとどまっているからである。しかしあくまでもそれは特殊な受任者であり、特殊な性格を有する要約者である。すなわち「第三者のためにする契約のごとく、他人の利益のために締結した契約の当事者としてとどまる受任者、ここに組合の法律的役割を特色づけるために見出しうる最も明確な定式が存するのである」という。

この理論には確かに委任説と第三者のためにする契約説の欠陥を補おうとする努力の跡が看取されるのであるが、余りにも非法律的（antijuridique）な混合的性格[2]（caractère hybride）の故に大方の批判を蒙った。例えばド・ヴィッシェル（de Visscher）は、法律的見地からみても、受任者の資格と第三者のためにする契約説の要約者の資格は重ねることができない。すなわち、組合は受任者の資格で組合員の代理をするか（この場合は、組合の人格は後に退き、第二次的に契約したにすぎない)、或は、第三者のために契約したか(このときは代理ではなく、組合が契約の当事者となる)のいずれかである。従ってデスランドルの説は何物をも説明しえないと酷評している。

これに対しデスランドルはつぎのように抗弁しつつ自説をさらに発展させた。繰り返していえば組合は契約当事者としての受任者であるが、この契約は民法典一一二一条の枠外に認められる無名契約(contrat sui generis)としての第三者のためにする契約である。「疑もなく、職業組合のごとき団体的人格(personnalités collectives)は、われわれには受任者であるように思われる。何故ならば、その使命が他人の利益を図ることにあるからである。しかしそれに委任の厳格な規範を適用することは誤りであろう。組合を設置することによって人々は個々的に極めて弱い……個人の代わりに、個人の擁護を手中に引き受け、他人〔組合員〕のために行動する、より強力な人格を代理させようと欲している。従って、組合の人格は組合員のそれの背後に消え去る必要はないのである。何故ならば組合の役割は組合員の代わりをすることであり、それに代わることであるからである。組合の本来の役割は組合が行動するとき当初の計画のままにとどまり、身を潜めてしまわないことである」。しかも、組合は特殊な受任者であり、同時に第三者のためにする契約の要約者であるが、民法典の中にこのような観念が見出されないことは重要ではない。法の現存の観念でしかある行為を分析することができないということはないからである。「それ〔協約〕が法の中に新しい制度、何かある新しい観念を導入したのだと語る権利をわれわれは有しないのであろうか。立法者は法を創設し、発展させ、そこに新しい型を導入する権利を有しないのであろうか。法はあくまでも停止した公式(formules)の中を流れるのか。逆に社会生活の新しい流れに従わなければならず、それに新しい形式を適合させねばならないのか。絶対的な方式でそれに適応しうる原理を現存の法の中に見出しえないことを理由に、新しい立法者の意思を見失うことが許されるのであろうか」。結局、協約はフランス法における改革(innovation)であり、完全な、かつオリジナルな理論を打ち立てる必要があると説いたのである。

立法論ないし方法論については確かに傾聴すべき意見というべきであるが、デスランドル自身の展開する「オリジナルな新しい理論」は余りにも陳腐なものにすぎず、結局それは第三者のためにする契約の領域を多少拡大し、或は委任の通常の理論を僅かばかり修正したにとどまるのである。

われわれは直ちにつぎの論者に耳を傾けることにしよう。

（1）　note sous cass. fr. 1er fév. 1893. Pand, fr. 1894, 1. 1. pp. 1-6

（2）　Moissenet, op. cit., p. 178

(2)　ラロンズ説(1)（Théorie Laronze）　ラロンズは、原則として労働協約は第三者のためにする契約であると主張する説に賛意を表するのであるが、第三者のためにする契約説が協約締結後改めて労働者の受益の意思表示を必要とするという現実に即応しない間隙を生ずるのに対し、これを代理（représentation）の観念によって埋めようと努力した。労働協約を有効ならしめるために、人々は第三者のためにする契約の通常の仕組みの調子を外すことを余儀なくされているというのである。

外形からみれば、法人である組合は、独立の存在を与えられ、その結果、使用者・労働組合・労働者という第三者のためにする契約に必要な三個の法主体が存在するように思われる。しかし、組合自身、その内部的な本質について検討すれば、その人格は団体性の表現にほかならないのである。(2)すなわち、「内部からみた」場合、そこには代理関係が存在するのであって、それは「共通の利益における個人関係の集中（concentration）」なのである。この「内部的代理（représentation interne）」関係が存在するが故に労働者は格別の意思表示を要せずして協約の権利義務を引き受けるのであるが、外形的にみれば、組合は組合員のために第三者のためにする契約を締結したことになるのである。従って組合は、協約の当事者でありその履行について訴権を有するという結論が生じる。

これがラロンズ説の要旨である。ニュアンスのあるこの理論に含まれた一面の真理をわれわれは否定することができないが、組合の内部的な性格を解明することに問題解決の糸口を見出そうとしている点で、ラロンズの説も後述する法人説に対すると同様の批判を蒙らざるをえなかったのである。[3]

（1） Laronze, De la représentation des intérêts collectifs et juridiques des ouvriers dans la grande industrie, 1905. p. 385 et s.

（2） ラロンズはこの理論をサレイユ（Saleilles, Etude sur la théorie général de l'obligation, p. 269 note 1）によって示された理論に基づいて展開している。

（3） この点については後述する法人説の項を参照して頂きたい。

(3) ジェニイ説[1]（Théorie de Gény）　ジェニイは労働協約法理に対する方法論的な反省として、まず、労働協約が近代社会の必要に応じて生まれてきた諸事情並びにそれが意図している目的を明らかにする必要があると説く。労働協約という制度が社会的に要請されたのが何故であるかを解明するのが、労働協約理論の第一歩であると主張するのである。しかして、「すべての法律現象が、論理的にそのまま、予め定められた概念（conception prédéterminée）に対応しなければならないというのはどういうわけなのであろうか。疑もなく、人々はこの方法によって、アプリオリーに普通法の中に新しい状態の規範を見出しうると理解している。私の考えによればそれは最も危険なことである。最近の制度をそのために作られたものではない古い鋳型にはめ込み、古い概念（anciens concepts）から借用した異種の断片を集め、より複雑な構造を構成することによってその発展をデフォルメし、自然の働きを押し曲げる危険に身をさらす」。「新しい社会生活の産物には新しい法律構成が必要」ではなかろうか。

このような前提の下にジェニイは労働協約と労働契約との区別を明らかにし、労働組合は賃金の債権者、労務給付の債務者とみることが不可能である故、労働協約は労務の賃貸借契約（contrat de louage de service）とは全く異なるものである。それは、使用者が組合に対して、労働者の共通の職業利益によって要求された事項に従いその業務（service）または就業規則（règlement d'atelier）を修正することを約し、これに対して組合が、争議に際して行ったと同じように労働の再開または継続についてその組合員に対して影響力を行使することを約する無名契約（contrat sui generis）であると説いた。(2) しかして「組合がいかなる原理の力によってその組合員に対する権利を獲得するに到ったかを問うならば、それを設置する法が組合に与えた目的によってであると答えざるをえない」という。

労働組合の締結した契約の効果が、いかにしてその組合員に及ぶかという労働協約論最大の難点を、使用者が就業規則の条項を変更するという契約を締結したのであると説くことによって巧みに解決している手腕には、敬服せざるをえない。協約の効果を就業規則の効力によって全従業員に拡大しつつ説明する点で、巧妙な議論であると評しうるのである。しかし、そこには労働協約の問題を、法的にも争いの多い就業規則の問題へと置き換えただけにすぎないタウトロギーが存することにもまた容易に気がつくのである。この点を仮に不問に付すとしても、この説では労働協約の実態を余すところなく説明することは不可能である。前章において明らかにしたように、労働協約は当時すでに賃率表のみのいわゆる骸骨協約（conventions squelettiques）が次第に姿を潜め、豊かな内容を盛ったものとなる傾向を示し始めていた。協約が賃金、労働時間等の典型的な労働条件部分に関するものだけを内容としている限りにおいては、ジェニイの説は問題はないのである。しかし、例えば、争議後の再雇用の規定、組合員のみを採用する旨のクローズド・ショップ約款、いわゆる組合の自由を規定する団結権に関する条項、或は紛争の調停仲裁について規定する平和条項等はいかにして説明するのであろうか。これらが就業規則の内容となりえないことは改めて述べるまでもなく自明のことであろう。結局、ジェニイの理論は、一時期の労働協約の生んだ束の間の産物にすぎず、就業規則に対する協約の効力を説明しただけで、労働協約自体の発展と共にやがて捨て去られる運命を当初から担うものであった。

（1） Note sous Nancy, 7 déc. 1895, Pand, franç., 1898, 2, pp. 241-246.

（2） Dalloz, Supplém. au Rép. V° Travail, No. 892.

(4) パスコー説[1]（Théorie de Pascaud）　パスコーは、委任説、第三者のためにする契約説が労働協約論にとって採用し難いことを検討した後に、つぎのように自説を展開している。「組合は職業の全加入者の機関であり、経済的・工業的・商業的・農業的利益を考究、擁護し、労働協約を締結する法的権限を有する。……この考察から、労働協約は組合が使用者に対しては共通の利益において約定した条件に組合員が加入することを約し、組合員に対しては、使用者によりこの条件が履行されることを約するところの無名契約であると結論づけなければならない」と。

従って、パスコーは労働組合を労使間の仲介者であり、二重の契約の契約者であるとみるわけである。すなわち組合は、一方においては協約の定める新しい条件で労働者が労働を再開または継続することを使用者に対して約し、他方、労働者に対しては使用者が協約の条項を忠実に履行することを約するというのである。労働協約はこのような二重の契約を黙示的に内包する無名契約である。

それ故に使用者が協約不履行を犯した場合には、組合がその組合員に対して責を負うことになり、その意味で協約の履行について密接な利害関係を有するが故に、組合は使用者に対して訴権を有する。すなわち、組合は「その法的使命を遂行するのに否定すべからざる利益を有する。組合の締結した協約が無視される毎に、組合は損害に対して責を負うのである。組合の責任は組合員に対して約された」からであると説くことによって、使用者の協約不履行により組合は何等の損害をも蒙らないから訴権を行使しえないと主張した当時の通説を反駁したのである。

また、当時の論者が組合に訴権を否定する根拠として、協約の不履行は恐らくは、極めて少数の組合員のみを侵害したにすぎず、これをもって職業の一般的な利益が侵害されたということはできないと主張したのに対し、「これは価値のない議論である。このような状況下においても協約の不履行がなかったわけではない。若しも蒙った損害が軽微であるならば、その組合員の数に応じて裁判所は受けた損害に対する賠償を割り当てればよいのである」と抗弁する。従ってパスコーは、「フランスにおいては何人も代理人によって訴訟せず」という法諺が労働組合には適用されないとして斥ける。「争いの解決を阻み、費用を増大させる結果を生ぜしめる古い原則の適用を、われわれは無視するのである。」。

さらにパスコーは組合員に対しても、使用者が協約を履行することを保障するという契約を履行しなかった組合に対する訴権を認めている。例えば無関心によってその使命を果たさなかった組合は、組合員に対して損害賠償の責を任ずべき過失を犯したとみなされるのである。

以上のようなパスコーの無名契約説は、論評の余地がないほど多くの虚偽に満ちている。労働協約はあくまでも労働組合と使用者との契約であり、労働組合と労働者との契約ではありえないのである。使用者の協約不履行について組合が労働者に対して責を負い、その結果、組合が使用者に対して損害賠償請求権を有するという理論構成はナンセンス以外の何物でもないであろう。組合が使用者に代わって責を負い、その後、恰も内部的求償関係のごとく使用者に損害賠償を請求するのであれば、組合は一体、労働者の味方なのであろうか、使用者側に属するものなのであろうか。端的にいえば、労働組合に訴権を与えようとした善意から余りにも人工的な小手先の理論に陥ってしまったものと評せざるをえない。パスコー自身が通説に対して投げ与えた言葉が、パスコーの説に最もよく当てはまることを最大の批判として付記しておこう。「これは価値のない議論である」。

（1） H. Pascaud, Les syndicats professionnels et le contrat collectif de travail, Revue des Sociétés, 1904, p487 et s.

(5) ドゥアルシュ説[1]（Théorie de Douarche）　以上の論者の無名契約説は、労働協約法理解明のための鋭い方法論的反省を促すものとしてフランス労働協約論史上貴重な足跡を印すものであった。しかしいずれも具体的な協約理論の展開においては充分に労働協約の実態を把握しえず、或は無意識的に従来の個人法的契約理論に災いされて法理論的には殆どみるべきものがなかったのである。

このような地位に低迷していた無名契約説を緻密に再構成し、説得力のある強力な理論を展開しつつ無名契約説のために万丈の気焔を吐いたのはドゥアルシュである。契約法の限界すれすれのところまで労働協約論を移動させ、契約の効果と慣習の効力とを縦横に駆使しつつ、労働協約の有する規範的性格を浮き彫りにした点でその理論は群を抜くものであり、その功績は高く評価すべきものであろう。以下、無名契約説の掉尾を飾る理論として煩を厭わず、いささかの紙数をドゥアルシュの理論の紹介に割きたい。

端的にいえば、「協約を民法に定められた法的な型（type juridique）に結びつけようとすることは無益なことである」。この点においてわれわれは、ジェイ（Jay）およびそれを発展させたマッセ（Massé）の意見に賛成せざるをえない。すなわち、「労働協約は、驚くべき活動力と拡張力をもって古い範囲を打ち挫き、人々がそれを狭く現存形態に閉じこめることなく、ローマ法に由来するすべての法的夾雑物（fatras juridique）を取り除いて……新しい、完璧な、より統一的な理論を探求することを要求する」[2]のである。そこで、まず実態の面から考察してみると、労働協約は、固有な意味で個人的なものである労働契約に役立つことを目的としている。それは労働者と使用者の二集団間の利益を討議し合った結果えられた基準（règlement）ともいうべきものである。換言すれば労働協約は、きたるべき契約の任意的法（loi volontaire de convention à venir）であり、個別的労働契約がそれに準拠して締結され、それによって解釈され、忠実に履行されねばならないものである。このような労働協約の力（autorité）はつぎの二重の権威によりなり立っている。一つは、労働協約が生じ、実現されたという制度自体の影響から生ずる社会的道徳的権威であり、他は法的権威である。

労働協約の有効期間中に締結される労働契約は協約に従って締結される。それは、いわば労働協約の上にのせられているのである。法律的に表現すれば、当事者の意思解釈により、労働協約の一般的規定は労働契約と一体をなしている。この点で労働協約は就業規則に類似しているということができるであろう。就業規則はいかなる見地からみても契約ではなく、事実上片務的なものであるが、個別的契約が従う一般的基準をなしているのである。協約は就業規則にもまして団体的な準則（règlements corporatifs）である。「協約は、団体の結合力（cohésion）が……発展するに従って益々有効となるところの団体契約（contrat corporatif）若しくは任意的団体規則（règlement corporatif volontaire）である」。もしも、契約の代わりに用いた規則という言葉が不正確であり、言いすぎ（excessif）であるように思われるならば、つぎのようにいい代えてもよい。すなわち、労働協約は慣習（usage）ないし、公に認められ、受け入れられた規定としての性格と法的価値を有する。従って労働協約は、当事者の意思および法的紐帯によって当事者を拘束する固有の意味の契約とは異なった一種独特の法律状態を示すが、それはまた、強行的に当事者を法的に拘束する法規でもないのである。法律的には、労働協約はあくまでも無名契約であるといわざるをえない。しかし「それは資本の世界と労働の世界との間の新しい契約形式（modalité nouvelle de contracter）であるが故に、明確な法律概念に結びつけることはできないのである」。勿論、労働協約には、賃金、労働時間以外の多くの規定が存するが、これらは暫定的なものであり、労働協約のエッセンス（essence）は賃金、労働時間等の労働条件に関する部分である。従って労働協約は全体として、きたるべき労働契約の将来の条件（conditions futures des contrats de travail individuels à venir）を定めたものということができるであろう。

つぎにこのような法的性格を有する労働協約が何故に、誰を拘束するのであるか、すなわち、労働協約の効力はいかなるものであるかを、考察してみよう。

一八八四年職業組合法によって、組合に労働協約締結権が認められたことはいうまでもないが、同法審議の際にバルトロン（Bartholon）議員は第三条に対する修正案を提出して、組合に「その組合員のために賃金の増減を討議し、決定することを目的とし相互に協議する権利」(3)を認めることを提案し、同法第三条により労働協約を法的に容認する明示の規定の挿入を主張した。これに対して法案報告書は、「確かにそのとおりである」と答弁しているが、審議の過程において、労働協約の正当性および法的効力は同法が職業組合に与えた職業利益の擁護という目的ないし役割から、おのずから生ずるという理由の下に斥けられている。

このような立法の経過からみても、また、一八八四年法第三条の論理的な解釈からしても労働組合が労働協約締結権を有することは明らかであるし、その反射的な効果として、組合の締結した協約が法的効力を有することは自明の理である。何故ならば若しも協約が法的効力を有しないとしたならば、労働組合に認められた契約権（droit de contracter）は有名無実と化し何の役にも立たないからである。一八九〇年二月八日ショレー商事裁判所（Tribunal de commerce de Cholet）の判決が、「賃金率の決定および労働時間の規則は、職業組合が擁護すべき一般的利益の範疇に属する」と判断し、アンジェ控訴院（Cour d'appel d'Angers）が「立法者は、職業組合を純粋に理論的問題から抽象した領域に閉じこめようと諒解してはいない。第三条により、それ〔立法者〕は組合に契約権

(droit de contracter) を与えたのである。」と敷衍し、さらに、破毀院 (Cour de cassation, arrêt du 1er fév. 1893) が同じく「賃金率の決定および労働の規制はその擁護が職業組合に属するところの一般的利益の範疇に帰する」[4]と確認しているのは、立法者の意図を正しく解したものというべきであろう。

このように、労働協約に法的効力が生ずることは疑いのない事実である。それでは、この法的効力はいかなるものであろうか。元来、労働協約は複雑な近代的大企業における労働条件の単一化・画一化という要請に応ずると共に、企業相互間の競争を規制し、価格を統制するという経済的機能を果たすものであるが、法律的には、労使間の協定によって定立された労働条件に関する一般的基準をなすのである。そして、「協約は、その影響の下に締結される個別的労働契約に対する効力を創出する。協約により採択された賃金および一般的労働条件は、個別的労働契約に対し、契約当事者がその旨を明示することなく、いわば自動的に (en quelque sorte automatiquement) 適用される。」、「逆にいえば協約は契約当事者に対し、協約の定立した一般的規準に反する規定を個別契約中に挿入しないという義務を効果として生ぜしめるのである」。このような協約の効力は、契約法の効果として導き出される。すなわち、協約が有効な契約である以上、民法典第一一三四条の「適法ニ形成セラレタル合意ハ之ヲ為シタル者ニ対シ法ニ代ル」という原則が協約にも適用される。従って協約において、契約当事者が予めみずから採択した一般的基準に労働契約を適合させると約した以上、この契約は忠実に履行されねばならず、これに反する労働契約は無効となるのである。

しかし、ここでつぎのような疑問が提起される。労働協約の内容が、経済的には画一的、機構的に全従業員の労働契約に移されるとしても、法律的には、労働組合の多数派 (majorité) の締結した労働協約が何故に当該協約に反対した少数派の労働者或は将来組合に加入したものにも適用されるのであろうか。協約があらゆる個別契約に先立って協約によるという義務を創設するのは、個人の契約自由に対する侵害ではなかろうか。

これに対してドゥアルシュはつぎのように答える。多数派によって締結された労働協約の内容が、アプリオリーに個別契約の意思を制約することは公序（ordre public）良俗（bonnes mœurs）に反するものではない。このことは一八八四年法により黙示的に認められ、一八九九年ミルラン（Millerand）命令[5]により明示的に認められている。従って裁判所自体このような公正な合意の内容を判断し、修正する権利を有しないし[6]、合意が公序良俗に反しない限り、その効果を制限することはできないのである。また、将来の個別的労働契約に対する関係については、民法典第一一三四条第三項（合意ハ誠実ニ履行セラルベキモノトス）、および第一一三五条（合意ハ単ニ之ニ表示セラレタルモノノミナラズ、尚公平、慣習又ハ法ガ其ノ性質ニ従ヒテ義務ヲ与ヘタル総テノ結果ニ対シテモ亦、之ヲ義務付ケルモノトス）を適用して解釈することを要する。すなわち、一般的に合意の効力範囲は、単に当事者によって明示された事項に限らず、公平（équité）、慣習（usage）、または法律の規定に基づき、合意の性質上その目的に含まれるべき事項はその効力範囲に含まれることが明らかにされているのである。労働協約の効力が法によって規定されていないとしても、協約が公平と慣習に従うことを否定することはできない。従って慣習により少数者および将来の組合員も協約当事者に含まれると解すべきである。また、協約により協約当事者が実現しようと欲している利益を個別契約によって打ち消してしまうことが公平に反することはいうまでもないであろう。このような慣習と公平の原理を媒介としつつ、協約の目的からその効力範囲が確定され、これらのものに対しては、協約は誠実に履行されるべきことが要求されるのである。労働者の多数派たる労働組合によって締結された労働協約が少数派および将来の組合員に対しても拘束力を有するのは、以上のような法的根拠を有しているからである。

また、モアスネ（Moissenet）などの論者は、個別契約が明示の規定によって労働協約を排除していない場合、および一般的労働組織に関し、個別契約に疑わしい場合には、黙示的に協約が受け入れられていると解さねばならないが、その他の場合には協約の規定にも拘わらず、個別契約は有効である。(7) すなわち、当事者の合意によって、たとい組合員であっても労働協約の適用を排除しうると主張する。しかし、労働協約は、強行的な方法（d'une façon obligatoire）で労働組織の一般的基準を定立したものであり、協約を締結することにより、個別契約の当事者は、労働組織に関する契約の自由を将来に亘って制限したものと解すべきである。そして、これこそ、誠実の原則（principes de la bonne foi）に従った協約の解釈なのである。

さらにイール（Hire）は、協約と労働契約は必ずしも同一当事者によって締結されるものではない。従って「他人間の行為は余人を害せずまた利せず」（Res inter alios acta aliis nec nocet nec prodest）という原則の支配する契約法の領域においては、協約によって個別的労働契約を制限することはできないという。(8) しかし、度々主張しているように、協約は、その後に労働契約を締結する契約当事者にとって、慣習としての法的価値と強制力を有する。二人の孤立した個人が相互の意思のみによってこのような慣習を排除しえないことはいうまでもないであろう。(9) 協約当事者と個別契約当事者との関係、就中、労働組合と組合員との関係は極めてデリケートである。代理関係が大きな役割を果たしていることは疑いないが、代理人の選任について種々の難点が存する。例えば、第一回の組合大会において、組合の活動方針（労働協約案）を決定し、第二回の大会において代理人（組合幹部）を選任したような場合に、或る労働者は一方に出席し、他方に欠席するような場合が生ずる。また第一回の団交に失敗して組合大会が開かれ、協約案が修正され、或は代理人が改選される場合には、前後二つの大会に出席する労働者が数においても資格においても全く同一であるということはできない。これらの大会においても、勿論すべての労働者が例外なく賛成するとは限らないし、満場一致だと仮定しても、少なくとも代理人は出席した労働者のみから権限を与えられているにすぎないのである。大会に出席しなかったもの、或は賛成投票をしなかった少数者を常に無視することはできないであろう。しかし、これらのことにも拘らず、少数者といえども、多数者の締結した協約の結果に従い、それに服しなければならないのである。「このことは、協約が労働条件の平準化、労働者に対しても使用者に対すると同様の利益を呈示する平準化（egalisation）という効果をもつことに由来する」。利害関係を有するのは団体の全体であり、契約者の個人性は二次的なものにすぎないからである。労働者が組合幹部を選任するのはそれが個人を代表するためではなくて、特定地域、特定職業に存在する団体を代表するためである。「従って労働者の多数派は、協約の締結において少数者の代理人たる役割をも演ずる。何故なれば、多数派は団体全員の名において行動するからである」。

以上のようなドゥアルシュの所論をさらに要約すれば、つぎのようにいうことができるであろう。労働協約は一または多数の使用者と、労働者の団体との間に締結された労働条件の契約的基準（réglementation contractuelle）である。従って、協約当事者たる労働組合の組合員および使用者は、協約において、きたるべき個別的労働契約を、協約の定める条件に従って締結するという合意をなしたことになる。それ故に、適法に形成されたこのような合意が当事者間の法となり、協約に違反する個別契約はその限りにおいて無効となる。労働協約の定める条件に反対の意を表明した少数派および協約締結後労働組合に加入した労働者に対しても労働協約が適用されるのは、公平と慣習の法的効果により、それらのものが協約の効力範囲に含まれると解されるからである。

このようなドゥアルシュの理論は、率直に労働協約の自動的効力を認める点で協約のメカニズムを的確に把握したものということができるであろう。しかも労働協約を無名契約として捉えながら契約の効果として、規範的効力を摘出した点にこの説の独自性が発見されるのである。[10]

しかし、あくまでも契約の効果の相対性に固執するフランス法学の潮流においては、契約にドゥアルシュの説くように広い効力範囲を認め、しかもこれに強行的性格（caractère impératif）を与えることは到底受け入れ難いことであった。たとえ、無名契約説であるとはいえ、契約説をとる限り、協約に違反する労働契約はあくまでも有効であり、せいぜい損害賠償請求の対象となるにすぎないとされたのである。[11] ドゥアルシュの理論には、なお多くの魅力のある要素が潜められているにも拘わらず、フランスの学界において殆ど顧みられていないのはこのような事情に由来するものであろう。契約説に基づく解釈の限界もここに存するというべきであろう。

（1）L. Douarche, Les conventions collectives relatives aux conditions du travail. 1907. notamment, p. 51 et s.

（2）Jay, Revue pratique de droit industriel. 1904. p. 310; cf. Massé, Législation du travail. p. 235; Geny, note dans les Pandectes françaises, 1898 II p. 246.

（3）Chambre des députés, séance du 17 mai. 1881 J. O., année 1881. p. 928; cité par. Douarche, op. cit., p. 130.

（4）S. 1896. 1, p. 329; Recueil des arrêts de cours d'appel d'Angers et de Rennes, année 1897. pp. 114-122. cité par Douarche, p. 131.

（5）一八九九年命令は公共土木事業の入札に労働時間、賃金率を定める計算書の添付を命じ、当該地域に行われている労働協約に基準を求むべきことを命じている。同命令に関しては外尾「フランスの最低賃金制」（季刊労働法九号）参照。

（6）Aubry et Rau, t. IV§346, note I ter; Baudry-Lacantinerie, Des obligations t. I. p. 312.

（7）Moissenet, op. cit., p. 225.; cf. Burchardt. Die Rechtsverhältnisse der gewerblichen Arbeiter, p. 85.

（8）Hire, Les salaires des ouvriers au point de vue du droit civil, pp. 39-46. cf. Sigel, Der gewerbliche Arleitsvertrag zwischen Arbeitern und Arbeitgebern, p. 33.

（9）Raynaud, op. cit., p. 310.

（10）自動的効力（effet automatique）という言葉を用いず、「いわば自動的に」という言葉で表現しているが、その実態は自動的効力と解してさしつかえない。なお、フランス法に用いられている自動的効力はドイツ法のそれとは異なり、個別契約者の合意をもってしてもこれに反しえないものと解されている。従って今日にいう意味での直律的強行性と同一視してしかるべきであろう。

(11) 協約に違反する労働契約条項は無効とはならないとするつぎの判決参照。Cour de cass. 7 juill. 1910. D. P. 1911. 1. 201. Note Nast; S. 1912. 1. 206. note wahl.

第二　法人説（Théorie de la personnalité morale）

(1) 概　説　すでに明らかにしたように、委任説ないし事務管理説は、労働協約の団体的な性格を見誤るものであった。協約当事者であると同時に、将来の履行の保護者（gardien）である労働組合が、これらの説では単なる仲介人としてしか考察されず、組合は協約が締結された後には組合員の背後に退いてしまうはかない代弁人にすぎなかった。従って、委任説ないし事務管理説は、組合活動と組合の責任を考慮に入れる余地がなかったのである。ついで、これを克服するものとして説かれた第三者のためにする契約説も、協約の集団的な関係を明らかにし、組合に訴権を認めることができるという限りで前二者の欠点を補うことができたが、第三者のためにする契約の論理的帰結として、組合員には権利をもたらすことができても義務を課すことができず、しかもその適用を組合員の自由な受益の意思表示にかかわらしめる点で現実と遊離した空虚な理論たらざるをえなかったのである。これらの理論の実際上の利益を結合しようとするいくつかの無名契約説も、所詮は、方法論的反省にとどまり、充分に労働協約の法律構造を明らかにすることができなかった。

このようないくつかの契約説は、要するに労働組合の締結した契約の効果を第三者たる労働者に帰属させるために種々の法律技術を駆使したのであるが、いずれも、使用者、労働組合、労働者という三つの人格を峻別しつつ併置させる点で類似性を有し、とくに労働組合に抽象的な人格を擬制する点で一脈相通じるものがあった。このような理論的な行き詰りに直面して、その欠陥は、労働組合をそれを構成する労働者と全く別個の人格者として扱うことから生じたものではなかろうかという新たな反省が起こってきた。確かに労働組合は社会生活の発展と共に、到底、個々の労働者個人では達しえない社会的機能（fonction sociale）を担当するものとして生まれ、一八八四年法により、法的にも独立の存在を認められ、権利主体となりうることが明らかにされている。しかし、労働協約論の解明のためには、このような人格を有する労働組合の法律構造を改めて分析する必要があるのではなかろうか。従来の協約理論では、労働組合の人格とその組合員の人格とを別個のものとして分離することにより、協約当事者である組合と使用者の外に、第三の利害関係集団ともいうべき組合員を登場させている。このように、組合と組合員とを明確に分離し、団体とその構成員との間に防水壁を置くやり方は人格の時代遅れの理論（théorie surannée）に災いされたものというべきであろう。労働組合はここでは固有のかつ独立の生命を与えられた存在として考察されているが、この想像上の存在物（être imaginaire）には、具体的な個人が姿を消してしまっており、その人工的な性格が却って現実を見失わせている。(1)真の姿の「法人は、それが代表する個人の利益の、集団的利益の形態における合同にほかならない(2)」のである。

このようにして、協約当事者たる労働組合の性格を明らかにすることにより労働協約論解明の糸口をえようとする一群の学者が登場する。われわれはこれらの論者を労働協約の分析を組合の法人格の検討から始めたという意味で法人説の名の下に総称し、フランス労働協約理論史における歴史的な役割とその位置づけを明らかにしたいと思う。

勿論、フランスにおいても、法律上独立の権利主体と認められる法人の本質に関し、多くの学説上の争いが存するが、大綱を把握するために二次的な相違を無視するならば、⑴　法人擬制説　⑵　法人否認説　⑶　法人実在説の三者に分類することができる。

そして労働協約を契約説によって説明しようとする学者はブレート（Brèthe）が正しく指摘するように、法人の本質の問題に関していかなる立場をとるかによってその理論が左右されるのである。(3)　この観点からみるならば、委任説、第三者のためにする契約説という伝統的な契約観念によって労働協約を説明する論者並びに前述した中の幾人かの無名契約論者は、多かれ少なかれ、意識的に法人擬制説に基づいているということができるであろう。民法の領域において法人擬制説が決定的な批判をうけたのと同じように、(4)　この説を労働法の分野に適用した結果生ずる惨めな姿はすでに明らかにしたとおりである。再び要約すれば、擬制説は、団体をその構成員の集団性の法的表現として考察する代わりに、それに絶対的に独立した人格を与え、それを構成する個人を、いわば第三者として扱って、団体と構成員との間に人工的な分離（séparation artificielle）を画する点で現実の諸条件と矛盾するものであった。これに対する反省として起った前述の論者は、法人理論では第二、第三の立場をとるものである。法人否認説の立場に立って労働協約論を展開した学者にはナスト（Nast）が存し、法人実在説に準拠しつつ鋭い協約法理の分析を行ったものにはシャルル・ド・ヴィッシェル（Charles de Visscher）が存する。通常は、労働協約の効力を法人理論の援助をうけつつ解明したという意味で法人説の名を第三の法人実在説の立場をとる論者に対してのみ冠しているが、(5)　本稿では、法人説を前に述べたような意味に広く解し、第一に法人否認説をとるナストの理論を検討し、ついで、いわゆる法人説（正しくは法人実在説）の旗頭であるド・ヴィッシェルの説を概観することにする。

（1）　de Visscher, op. cit., p. 92-93; cf. Michoud, La notion de la personnalité morale, Rev. du droit public 1899, n°s 1 et 2; Michoud, La théorie de la personnalité morale, t, 1, n°s 6 et s.

（2）　Saleilles, Etudes sur la théorie générale de l'obligation, p. 269, note 1.
（3）　J. Brèthe, De la nature juridique de la convention collective de travail, thèse 1921. cité par, Arnion, op. cit., p. 71.
（4）　Saleilles, De la personnalité juridique. XVIe leçon; Michoud, op. cit., n°s 8 et s.
（5）　フランス労働協約論史上、法人説という場合には、ド・ヴィッシェルを代表とする第三の立場の理論を指していることに注意して頂きたい。しかし私の整理の仕方も広義の法人説という意味で許容されてしかるべきであろう。通説としては、V. Petit, Les conventions collectives de travail, 1938, p18; Durand, Traité, t. l. p. 131.

(2)　法人否認説（ナスト説）　法人否認説をフランスにおいて系統的に解明したのはヴァン・ダン・オーベル（Van den Heuvel）であり、それを受け継いだのがド・ヴァレイユ＝ソミエール（de Vareilles-Sommiéres）である。[(1)] ド・ヴァレイユ＝ソミエールは法人擬制説の人工的な性格を衝きながら、「私は単に比喩的につぎのようにいいたい。それは状態を上品に簡素に要約し、言語を柔め、思考を助ける以外の有用性を有しない」[(2)]と。すなわち、法人の観念は学説が擬制したものにすぎず、その本体を仔細に検討すれば、結局、そこには個人以外の何物もないと説くのである。別個の擬制された人格という観念をもち出すことによって、「事物の性質が変ずるものでもなく、法的効果が生み出されるわけでもない」というのがその所論であった。しかし一見して明らかなように、法律上独立の権利主体と認められる法人が、個人の意思や権利から離れた統一的集団財産（patrimoine collectif unifié）を構成しつつ社会的経済的生活を営んでいる事実をヴァン・ダン・オーベルやヴァレイユ＝ソミエールの理論では説明することができない。この欠陥を充すために、より広い基礎の上に法人否認説を再構成したのがプラニオール（Planiol）およびベルテレミイ（Berthélémy）である。プラニオール[(3)]は組合財産の統一的な組織（l'organisation unitaire de la propriété corporative）の解明を法人の観念の中に求めることを拒否し、共同所有の形態の中に解決を見出そうとした。法人という名の下に考えられているところのものは、「一群の財産」（masse de biens）が特殊な所有形態に服している事物（choses）にほかならないのである。すなわち、法人の本体は現実にはこれらの財産であるが、それは共有（copropriété）の形態をとり、各人は分数的割合の部分的所有権を有する。しかし、不分割の状態（l'état d'indivision）に特色が存するのであって、それは個々の構成員にではなく、「一つのものとして考察される」全組合員に属しているのである、と説いたのである。(4)

法人の本質を現実に存在する財産の上に構成しようとするこれらの理論は、ミシウ(5)（Michoud）およびサレイユ（Saleilles）により批判され、「組合が財産をもたずに純粋に人格的な活動（activité purement personnelle）、しかも法律効果をもちうる活動を行う場合には、〔この理論は〕いかにして組合の団体的活動を説明するのであろうか(6)」という疑問が提示されて、フランスの法人理論は、法人実在説へと移っていった。

さて、ナストはこの法人否認説を労働法の分野に極めて巧みに取り入れ、これを労働協約論の解明に適用しようとした。まず、法人擬制説に基づく委任説、事務管理説、第三者のためにする契約説を批判した後に、組合と組合員とは全く一つのものであり、現実を無視することなしにこれを区別することはできないと述べ、論を進めていく。協約当事者たる労働組合は、それを構成する組合員から独立した擬制的、精神的存在ではなく、具体的な個々の労働者の集団そのものである(7)。それは組合員と別個の法律的実体（entité juridique distincte）ではなく、個々の労働者の現実の団体であって、その権利と義務は個々の労働者に帰属すべきものである。換言すれば、労働組合は、個々の組合員の人格と区別されるいかなる人格をも有するものではない。組合が団体的な活動を行うのは、共通の利益擁護を集団的な行動によって行うという組合契約（contrat d'association）〔＝組合規約〕によって、個人の活動を集団化するからである(8)。従って労働組合が労働協約を締結するということは、とりもなおさず、労働者個々人が協約当事者として協約を締結したことになるのである。労働者は真の契約当事者であるが故に、協約の効力が直接、労働者に帰するのは当然のことであって、そこには、何等の技巧をも用いる必要はないのである。「労働条件を協議決定するために組合が使用者との関係に入るとき、組合は何を契約するのであろうか。そこには契約当事者であり、かつ組合員の名において契約する擬制的存在たる組合が存するのであろうか、明らかに否である。実際、契約当事者であるのは組合員それ自身であり、組合員が使用者と契約するのである。すなわち、使用者に対して権利を獲得したのは組合員であり、義務を負うのも組合員なのである(9)」。

このように、ナストの理論によれば、労働協約の組合員個々人に対する効力は容易に説明することができる。しかし、個々の組合員の労働契約の対象とはなりえない労働組合の権利義務を定める規定が協約の中には散見されるが、これはどのように理解するのであろうか、ナストは、なおかつ労働協約はあくまでも独立の人格を有する組合が締結したものではなく、組合員の各人が集団的資格において（à titre collectif）締結したものであるという。従って協約には、組合活動の存在と個人活動の存在とが併存的に含まれる。すなわち、それぞれの事情に応じ、組合員は個人的資格において、或は集団的資格において行動することができるのであると主張するのである(10)。

このような魅惑的な外形にも拘わらず、ナストの理論には、その骨子となっている法人否認説そのものがもつ欠陥が如実に現れている。まず、労働者側の引き受ける債務の面から眺めてみよう。労働協約の内容には、例えば、調停委員会の設置に関する規定などのように個別的労働契約とは関係のない条項が存在しうるが、これをナストの主張するように、各組合員が集団的資格において契約したが故に各人を拘束すると理解するとしても、組合員は、法人否認説に従えば、その持分に応じてのみ権利義務を分担するにすぎないのである。このように各組合員に分解された限定的な責任が、例えば平和条項のように一般的価値を有する規定を全く無意味なものにしてしまうことはいうまでもないであろう。

さらに、もしも「一般的ないし集団的利益が個人的利益の集合にすぎず」、組合の活動が組合員の活動の単なる集積にすぎないのであるならば、組合に職業の一般的利益の名の下に行動する権利を認めることは不可能であろう。従って、使用者の協約不履行に対しても、具体的に個々の組合員が損害を蒙った場合に、その限度においてのみ訴訟を提起しうるという理論構成がとられるわけである。労働協約には個々の労働者の損害に解消されえない、それ自体独立した一般的な利益が存する筈である。職業の一般的利益の擁護者である組合は、団結権の擁護という使命を有し、そのための固有の訴権が認められている筈である。

これをナストのように否定するとするならば、一八八四年法そのものをも無視することになるといっても過言ではなかろう。ナストの理論の斥けらるべき主要な理由はこのような諸点に存した。

（1）Van den Heuvel, De la situation légale des associations sans but lucratif.
（2）Lettre ouverte aux membres de la commission de révision du code civil, Bulletion de la Société d'Et. lég., 1905, p. 472. cité par, de Visscher, op. cit., p. 123.
（3）Planiol, Traité de droit civil, 1er édit. t. I, nos 675 et s.
（4）Berthélémy, Droit administratif, 3e édit., p. 32.
（5）Michoud, op. cit., p. 63.
（6）Saleilles, op. cit., p. 63; cf. Chunet, Les associations au point de vue historique et juridique, t. 1.
（7）Nast, Des conventions collectives relatives à l'organisation du travail, thèse Paris. 1907. p. 233.
（8）Nast, ibid, p. 184.
（9）Nast, ibid, p. 174.
（10）Nast, De la nature juridique des conventions conclues par une collectivité dans l'intérêt de ses membres, Revue critique, 1908.

(3)　法人実在説（ド・ヴィッシェル説）　法人否認説は、法人の本体を、個人の活動と権利の並置（juxtaposition）として考察しようとするものであった。その結果、個人が構成している団体の組織体としての生命を無視し、個人を団体に結びつける紐帯を断ち切ってしまったのである。すなわち、生ける個体（individualités vivantes）の中に新しい人格を見出そうとせず、個々のものから、ばらばらの法的存在を合成しようとした。しかしながら一定の社会的目的のために結成された団体が、対外的に新しい生命を付与されて、個人の力の集積以上の社会的作用を営んでいる現実をわれわれは無視することができない。元来、法人否認説は、擬制説の人工的な性格に着目し、法人制度の存在理由を実質的に考察して新しい理論構成を導き出そうとする反省的な契機から生まれたものであるが、それ自身実証的な考察に欠けることを明らかにしてしまった。法人否認説が現実を見失っている限り、人為的であり、真実に反するものであることはいうまでもないであろう。現実が示しているものは否認説のごとく、諸権利のぼろぼろに砕けてしまった屑（émiettement）でもないし、擬制説のように、想像物（entité imaginaire）のためにする権利の絶対的な集中でもない。それは共通の目的に立った個人活動の共働であり、「しかも、集団化され、組織化された個人の行為の統一」[1]なのである。このような実証的な分析の上に立って、新たに法人実在説が説かれた。法人否認説が法人の本質の解明に失敗した真の原因は、人格（personnalité）の不正確な分析に存する。人格とは権利の主体たりうる能力を示すものにほかならない純粋に法律学的な観念であって、社会学的ないしは、哲学的な観念と区別することを要するのである。多くの学者は、長い間、人間のみが権利の主体たりうると考え、権利能力を厳密に個人に限定していた。[2]しかし、人間に人格を認めることは、法律制度の進展の結果であって、人間の本性に由来するものでないことはいうまでもないであろう。そのことは、古代において奴隷に人格が認められなかったことを考えれば充分である。従って、法律的な意味では、人格は人間個人に固有の本性ではなくて、すべての法律概念と同様に、相対的なものである。「それ故に、法の領域においては、主体たりうる資格は本質や本体ではなくて単に法秩序によって与えられた能力であれば足りるのである(3)」。

従って、権利の主体たりうる能力を社会生活の必然性によって不可避的に発生してきた団体に与えることは、想像上の実体の存在をよそおうことではなく、社会の現実を法律上の現実に一致させることである。すなわち団体に独自の存在を認め、法律組織においても、個人と並んで権利の主体たりうることを認めるのは、決して団体に法人格を擬制することではない。擬制とは、法律関係が現実から全く遊離して打ち立てられる場合をいうのであって、法律関係が外部の現実に適応している場合にはこれを擬制したということはできないのである(4)。

さて、法人実在説によれば、法人はみずからの意思によって、みずから行為を行うことになるのであるが、その意思はどのようにして決定され、どのような手続により外部の行為となって現れるのであろうか。換言すれば、法人の内部的な関係ないし構造はどのように把握されるのであろうか。

いうまでもなく、法人格を有する団体は、団体意思(volonté collective)に基づいて行動する。しかして、この団体意思は、団体の共通の目的という観念によって形成されるのである。それは後述する団体の機関を通じて個々の構成員により決定されるが、各個人はその決議が法的にも対外的にも団体の意思としての価値を有することを理解した上で討議(団体意思の形成)に参加しているのである。従って団体意思は正確な意味での代理でもなく、また、単なる個人の意思の集積でもない。それはいわば、心理的な現実(réalité psychologique)ともいうべきものである。すなわち、団体意思は、個人の意思とは別個の存在であるが、各個人の心理(psychologies individuelles)の中に主観的な基礎を有し、「各個人の意識の中に形成される(5)」。

従って、例えばルアストが合議体における少数の反対派を第三者とみなしたのは、団体意思のこのような本質的な性格を見誤るものであろう。団体意思は決して個人の意思の忠実な代理（représentation fidèle）でも、個人の意思の単なる並列でもないのである。合議体においてなされる多数決原理とは、要するに、団体意思を明らかにしようとしてとられた手続にすぎないのであって、多数決なるが故に少数者を拘束するものではなく、団体の固有の意思であるが故に強行的な性格を有するのである。厳密に個人主義的観点からすれば、団体の高次の目的のために、個人の意見ないし利益が犠牲に供されているかのような感がするが、それは構成員の各人によって意欲された団体の目的に適合した団体の業務（œuvre collective）なのであり、少数者にとっても決して対立物ではありえない。団体意思はこのような点で個人の意思との関連性を有し、決して各個人から孤立して存在するものではない。法人擬制説はこの点で誤りを冒していたというべきであろう。団体意思に基づく法人の行為がその構成員に法的な効果をもたらし、これを拘束するのは、法人が以上のような法律構造を有するからである。

このような法人実在説を理論的な支柱としつつ、ド・ヴィッシェルの協約理論が展開される。

（1）Saleilles, op. cit., p361.; cf. Michoud, Théorie de la personnalité morale, t.I, n°2.
（2）R. Brugeilles, Le droit et l'obligation, Revue trimestrielle de droit civil, 1909, p. 302 et s.
（3）Jellinek, Allgemeine staatslehre, 2 Aufl., S. 163.; cf. Saleilles. op. cit., p. 567: Hauriou, Principes de droit public, 1910. p. 672.
（4）「擬制は、空想的な立法者が、社会的現実において現実的な実体をとる代わりに、空想上の存在……権利の主体を発明する場合に現れるのである」。E. Picard, Le droit pur, p. 88.
（5）Saleilles. op. cit., p. 191.

まず、結論から先に述べるならば、労働協約は、あくまでも二当事者間の契約として把握されなければならない。それは相互に相争う勢力（使用者の力と、組織化された労働者団体の力）、相対立する当事者の存在を予定し、その協議と妥協によって成立する合意であるからである。このようにして成立した契約は協約当事者たる団体の全員を当然に拘束する。何故ならば、団体の構成員は第三者ではなくて、契約当事者そのものであるからである。

以上が、ド・ヴィッシェルの理論の骨子である。法人否認説のように、団体独自の行動と責任を否定し去ることなく、これを留保しつつ、構成員に対する協約の効果を解明した点で労働協約の構造を現実に即して明らかにしたものと評することができよう。サレイユをして「極めて正確・明快・完璧なもの[1]」と激賞させたその理論を、協約の締結と効力の二面から、さらに敷衍しつつ考究することにしよう。

(イ) 協約の締結　組合規約によって執行委員会に意思決定の権限が委ねられているときは執行委員会が、総会に留保されているときは総会が、団体意思決定の最高機関として現れる。多数決の形態の下に表明された決議は、団体意思そのものと考えなければならないのである。労働協約はこのような団体意思に基づいて定立される。この団体意思の形成に際し、組合員は純粋に個人的な見地から討議に参加するのではなく、労働組合の一般的利益を考慮に入れた上で討論を行っていることに留意しなければならない。従って団体意思は全組合員の精神的な基礎の上に構成されているが故に全組合員を拘束するのである。

ルアストは法人の権限の限界を主張しつつ労働協約に多数決原理をもち込むことをつぎのように批判した[2]。団体の一員である個人は、団体の侵すことのできない固有の権利を有している。このことは、例えば株式会社において株主に保障されている権利がどのようなものであるかを考えれば、容易に理解されうることがらである[3]。これと同じことは労働組合についてもいうことができる。法人格を有する労働組合といえども、個人に固有の労働権（droit au travail）に対して制限を加えることはできないのである。従って、労働協約に定められた一般的労働条件に労働者を服させる義務を、法人理論によって正当化することは許容し難いと。これに対してド・ヴィッシェルはつぎのように答えている。

ルアストの右のような批判も、労働協約に固有のものでないことはいうまでもないであろう。「団体は集団の利益に反対の態度をとる人々の中に維持することはできない(4)」のである。従って労働組合が共通の目的に支えられつつ存在する以上、そこには、職業的連帯性によって生まれた強制的結果が存することは自明の理である。また、ルアストは理論の出発点において株主の権限を引合いに出しつつこれを団体の全領域に適用しようとしているが、すべての法人を同一のものとして捉え、個人の権利と団体の権利とが同一の方法で機能すると考えているところに大きな誤りが存するのではなかろうか。団体はその目的がいかなる性格を有するかに従って、大小の強度を有しつつそれを構成する個人を拘束するのである。純粋に営利を目的とする株式会社においては、各個人の利益が重要な比重を占めることはいうまでもない。この場合には、株主個人の利益と、株式会社の社会的目的とが完全に一致しているが故に、このような基盤の上に立って株主が固有の権利を有するのである。

これに反し、営利を目的としない労働組合のような団体は、理想的目的（but idéal）の下に統一され、組合員は自己の属する組合の上位の利益を実現することによってのみ、自己の利益を実現することができるのである。勿論、労働者に固有の不可侵の権利の存在を否定するわけではないが、株式会社の株主に比較すれば、問題にならないほどその範囲が狭いことを認めねばならない。労働組合においては、個人の利益は団体の行動に完全に従属しているのであり、連帯性により統一されて、組合員は常にその独立性を犠牲にしているのである。

共通の目的の実現は、その代償ともいうべきものであろう。協約の規範的な性格は、以上のような労働組合の構造から必然的に導き出されたものである。従ってルアストの協約に向けられた非難はこれを容認することができない。

（1）　Préface de Saleilles, de Visscher, op. cit., p. v.
（2）　Rouast, op. cit., n°s 25 à 28. notamment, p. 62 note 1, p. 322, pp. 337-338.
（3）　ルアストは、団体の構成員たる個人に固有のこのような権利（ドイツ法にいわゆるSonderrecht, フランス法のdroits réservés）の存在をGierke, Jellinek, Michoudの諸説を引用しつつ述べている。Gierke, Genossenchaftstheorie, s. 240; Jellinek, System der subjekt. öffentl. Rechte, s. 304; Michoud, op. cit., t. II, n°s 173 et s. なお、株式会社の株主の権限については、V. Chuzant, Les pouvoirs de l'assemblée extraordinaire et les droits propres de l'actionnaire, thèse Toulouse, 1906.
（4）　Exposé des motifs du second projet du Gouvernement. Doc. parl. de la chambre des députés, session de 1910, annexe n°. 298, cité par. de Visscher, p. 146.

しかしまた、ド・ヴィッシェルの理論にも第二の関門がまちうけている。法人説によれば、当然のこととして、協約能力を法人格を有する労働組合のみに限定しなければならないが、社会的現象として眺めるならば、労働協約は労働組合のみならず、争議団等の事実上の集団によっても締結されている。このような事実を法人説ではどのように説明するのであろうか。このような疑問が早くから反対論者によって提示されていた[1]。ド・ヴィッシェルはこれに対してはつぎのように答えている。

「個別契約の単なる並置にすぎないこのような（事実上の集団の締結した）合意が団体法の利益に参加することは許されない」のは当然のことである。組織化された労働組合の締結する契約のみが、労働協約としての法的価値を有するというべきであろうと。ついで当時の協約能力に関する論争をつぎのように紹介しつつ自説を展開した。協約能力を労働組合のみに限定すべきか否かという問題は立法研究協会（Société d'Etudes législatives）の労働協約法案起草に際しても活発に討論された重要問題の一つであった。結局、同協会の法案（第四五条）では、政府第一次法案（一二条）と同様に極めて広い立場をとり、労使の何らかの集団（groupement quelconque）によって締結された契約を労働組合の締結した労働協約と同一視したのである。すなわち協会法案第四五条は「組合若しくはその他すべての被用者の集団の代表者は、使用者の組合若しくはその他すべての被用者の集団の代表者と労働協約を締結することができる……」と規定している。事実上の集団に協約能力を与える根拠として、法案の報告者コルソン（Colson）氏は、実際上の必要性をよりどころにしているが、ボードゥアン（Baudouin）氏は、法案では「集団に権利を認めている。それが何であるかを知る必要があるのである(2)」と法律的にそれを解明することを追及している。

すなわち、実態を法制化する（légaliser）だけでは不充分であって、集団を法的に団体法の適格者として同一化しうることが必要であるというのである。しかし、「集団」（groupement）という用語は法律的には何らの意味ももたない。「それは社会学的な表現であり、法的なものではありえない(3)」という反対論が闘わされた。論争を整理すると、集団的協定（ententes collectives）を一般化するために、その性質の如何を問わず、すべての集団に協約能力を認めるか、または、協約の効力を明確にし、その履行を確保するために協約能力を労働組合のみに限定するかという問題に帰する。

労働組合以外の事実上の集団に協約能力を認めるとすれば、次の二つの点で労働協約の実際上の機能を無に帰してしまうのである。それは、労働者側の引き受ける債務の不明確さと責任の欠如である。従来、労働組合でさえも、組織の不完全さと法的地位の不明確さから協約違反を敢えて犯し、協約の安全性が阻害されていた。戦闘的サンジカリストの大部分のものは、協約により組合はいかなる義務をも引き受けるものではないと広言して憚らない有様であった。このように「非常に意味深い経験」が、協約の安全性を保障するための緊急の改革（協約法の制定）をすら要請していたほどである。従って、労働協約を無定形かつ漠然たる労働者の集団にまで拡張すれば、労働者側の責任の所在をますます混乱に陥れるばかりであろう。

例えばプルウ（Perreu）は、争議委員会（comité de grève）ないし、委員への明示または黙示の委任により各労働者の義務が生ずると説くことによって、事実上の集団（例えば争議団）の締結した協約の適用範囲を決定することが不可能ではないと主張している。(4) しかし、争議団の会合における討議や投票を委任として取り扱うことが、いかに現実から離れた空虚な理論であるかは、委任説に対する批判としてすでに明らかにしたとおりである。従ってこのような不安定な集団、浮動する団体（coalitions flottantes）に協約能力を与えることができないことはいうまでもないであろう。ド・ヴィッシェルは以上の見地から協約能力を労働組合のみに限るべきであると断言し、敢えて自己の理論が純粋に貫く分野においてのみ問題を展開しようとしたのである。従って法人説が事実上の集団には適用されないという批判(5)に対しては或る意味ではこれを率直に認め、このような事実上の集団にこそ協約能力を与えるべきではないという別な角度からの攻撃を行い、自己のフィールドを守りぬこうと努めたわけである。協約の本質論が立法論にすり換えられているきらいがないでもないが、これに対する論評は、後に行うことにする。

（1）　とくにナストの法人説に対するルアストの批判を参照。Rouast, op. cit., p. 325.

（2）　Bulletin. Soc. d'Et. lég. 1907, p532. cité par, de Visscher p. 157.

（3）　Larnaude, Discussion de la Société d'Etudes législatives, Bulletin, 1908, p. 37. cité par. de Visscher, p. 158.

（4）　Bulletin de la Société d'Etudes législatives. 1907. pp. 543-544. cité par. de Visscher. p. 159. 黙示の委任は、争議当事者たる労働者が、協約に定められた条件で労働を再開するという事実から推論しうるというのである。

（5）　サレイユは同じ法人実在説に基づきながらも、労働者の集団が争議状態を組織するや否や、次第に連続的な要素を帯びる組織集団としての性格を有するに到り、そこには人格が萌芽として（comme un embryon）一時的に存在する。従って労働者の集団の締結した協約にも労働組合が締結したものと同一の効力が与えられねばならないという。

Saleilles, op. cit., p. 655, note 1.

㈺　協約の効力　法人実在説によれば、組合のみが協約当事者となるものではなく、また組合員のみが協約当事者として考察されているものでもない。比喩的にいえば、組合と組合員とが同時に協約当事者となるのであり、個別的な契約と集団的な契約が相重なり合って存在しているのである。この併合的債務（obligation cumulative）の存在こそが労働協約を特色づける重要な契機である。

ド・ヴィッシェルは、立法研究協会の注目すべき報告においてコルソン氏が「協約は団体的契約であると同時に、契約団体の各構成員にとっては個別的契約である特殊性を有する。協約が協約能力ある団体、例えば労働組合と使用者連盟との間に締結されたときには、法人としての団体の締結した契約が存するが、同時にその組合員にとっては、個別契約が存するのである[1]」という優れた言葉で表現しているのは、労働協約の右のような特殊的な二重構造を明確にしたものというべきであろうと述べつつ、この二重性の存在の解明は、法人実在説の中にのみ見出すことができるという。

すなわち法人実在説は、前述したように団体法の下に個人法の永続性を認めようとする理論であった。それは、法人を、それを構成する物理的な存在から完全に独立する観念的な統一とみなすものではなく、個人の活動および権利の集積（composé）として捉えるものである。しかも、統一体としての団体の独立を犠牲にすることなく、これに大幅な自治的な活動を保障する点で法人否認説とも類を異にするものであった。この説こそ生ける現実（réalités vivantes）を正確に把握しつつ、制度の真の受益者である個人に特定の地位を与えることができたのである。この意味で、法人実在説は、社会法（droit social）と個人法の単一化（dédoublement）＝統合を実現するものというべきであろう。

繰り返していうならば、個人はその固有の権利を共通の目的追及に不可分の限度において団体に譲渡し、団体は、共通の目的という観点に統合された個人の諸権利の代表者として目的達成に必要な行動を行うのである。(2) 労働協約における併合的債務はこの点で統一されている。すなわち、協約において純粋に組合に関係のある条項は、組合員の権利義務を保障的に約定したものということができるのである。何故ならば、それは組合員の共同の利益という目的の下に、個人の利益の統一化を実現した規定にほかならないからである。各組合員は組合から離れた存在ではなく、協約の締結を意図する当事者であるが、労働組合という法人の性格から個人的な利益が団体の利益に統合され、離脱しているのである。各個人が、団体の締結した協約に拘束されるのは、法人内部における個人の地位の論理的帰結というべきであろう。このような協約の効力は、さらに組合員の組合に対する義務、並びに組合員相互間の義務により担保されている。協約加入者の一員によって侵された協約違反が、組合という固有の人格と団体的利益に対する侵害となることはいうまでもないが、それは他の組合員をも同時に不公正競争（concurrence déloyale）の脅威にさらすことになるのである。この意味で組合が組合員の協約の履行を監視することに大きな利益を有することは異論の余地がないし、組合員自身もその予防に対して重大な関心を払わざるをえないのである。組合の内部的秩序関係は、組合員が協約に自由に服することにより、自己の仲間と運命を共にするという意思を表明したときに発生してくる。別な形で表現するならば、組合員は、職業的連帯性の紐帯によって統一された組合並びに仲間の組合員に対して、組合の機関によって締結された協約条項を遵守するという義務を負っているのである。

（1） Rapport oral, Bulletin de la Soc. d'Et. lég., 1907, pp. 508-509, cité par, de Visscher, p. 142: cf. art. 53 du projet de la Soc. d'Et. lég. et art. 9 du second projet du Gouvernement.

（2） Saleilles, op. cit., p. 199.

さて、ド・ヴィッシェルは、以上の理論をさらに敷衍するために、協約の組合に対する効力、組合員に対する効力、第三者に対する効力と遂次分説していくが、その骨子はこれまでの行論において略々述べつくされている。ド・ヴィッシェルの所説に対しては、主として法規説の立場をとるルアスト、ブレートから批判の矢が放たれているが、これらをも考慮に入れつつ、直ちにわれわれ自身の批判と感想を付記することにする。

第一に、ド・ヴィッシェルの理論に従えば、当然のこととはいえ、協約能力は、純粋に法人格を有する組合のみに限定しなければならなくなる。勿論、フランス法においては、財産取得能力、とくに無償の贈与を受ける能力に関して若干の争いがみられたが、一八八四年法により職業組合に対し法人格が認められているため(1)、正規に設立された組合に対しては法人説を適用する余地が充分に存したのである。

しかし、職業組合として認められるためには一定の形式の組合規約と組合役員の氏名の届出が必要な要件とされていた。そこで多くの組合は、この設立形式を警察的取締方法と解し、敢えて届出を怠り、みずから、一九〇一年七月一日法による単純なる社団（association）、すなわち権利能力なき社団であると称していたのである。このような現実を法人説ではどのように説明するのであろうか。われわれは、先にド・ヴィッシェルが争議団等の事実上の集団に協約能力を否定する理由――それが立法論にすぎないことは前に指摘したとおりである――をみてきたが、仮に争議団等には協約能力を否定するとしても、法人格を有しない労働組合の締結した協約まで協約法の領域から追放してしまうことはできないであろう。

さらに法人格に関連して重要なことは、一八八四年法により組合の連合会に対し、法人格が明示的に否定されていたことである(2)。一九世紀後半から二〇世紀初頭にかけて労働組合の組織化が著しく進み、すでに地域的ないしは全国的な労使の連合団体が出現して、事実上労働協約を締結していた。このような連合団体の締結した協約の重要性は改めて述べるまでもないが、法人格を明文の規定を以て奪われたこれらの団体に、法人説を適用しえないことは自明の理である。従って、法人説は、労働協約の広汎な現象形態をすでに出発点において把握することができなかったというべきであろう。

第二に、以上のことを不問に付すとしても、ド・ヴィッシェルの法人実在説には、なおいくつかの問題が含まれている。ド・ヴィッシェルの理論を整理してみると、つぎのように要約することができる。組合員は組合と別個の第三者的な存在ではなく、協約当事者そのものである。しかしまた、組合は組合員の団体的な行動に解体されてしまうわけではなく、独自のレゾン・デートルを有する協約当事者として現れる。法人実在説は組合と組合員との関係を組織的に統合するものであり、協約の締結においては組合と組合員とが同時に協約当事者となる点に特色を有する。それ故に協約は、組合に対しては団体義務、組合員に対しては個別義務を発生させ、組合員は個別義務の効果として協約に服することになる。しかし、個別義務の性格は、不作為的・消極的なものであり、協約に違反する労働契約は締結しないという意義を有するものであって、その限りで組合員の契約の自由は留保されている。

以上がその骨子であるが、法人説に向けられる反対をいくつか想定し、意識しつつ対処している点で、かなりよく考えられた理論であるということができよう。しかし、なおかつ、若干の疑問は残るのである。まず、法人の締結した労働協約が、何故に組合と組合員に対する別個の効果を生み出しうるのであろうか。組合と組合員とが同時に協約当事者となるといっても、あくまでもそれは比喩にすぎず、法人の締結した契約にその構成員が服するのは、団体の内部的な規律によって、構成員がその契約の結果に服するからにすぎないのではなかろうか。例えば、法人が不動産を取得する契約を締結した場合には、法人のみが不動産に関する権利義務の主体となるのであって、法人の構成員は間接的に契約の結果に服するにすぎない。

従ってこの際、法人の構成員が直接、債権者となり、或は債務者となるものでないことはいうまでもないであろう。法人の締結する労働協約もこの例外ではありえないのである。労働協約から団体義務と個別義務のいわゆる併合的義務が生ずるということと、法人の本体ないし内部構造とは必ずしも必然的な関連性をもつものではない。法人の本体を個人とみようが、或は個人の上に成り立つ社会的な生ける存在とみようが、そのことによって労働協約より生ずる義務に差異が生ずるわけではないのである。団体と個人が同時に協約当事者となるが故に、団体義務と個別義務が生ずると説くのは論理的な転倒ではなかろうか。[3] 法人説を首尾一貫させるならば、むしろ内部的秩序の問題として協約に違反する労働契約を締結しないという義務を各組合員が、団体および他の組合員に対して負うというべきであろう。従って、組合員は、組合の締結した協約に間接的に服するという結果になるのである。このような理論構成が協約論の現実から程遠いことはいうまでもない。それ故にド・ヴィッシェルは敢えて協約の効力と、法人の内部的規律関係とを結合する理論的な混同を冒してしまったのであろう。労働協約の効力と法人の内部的な秩序関係とが同一でないことは、協約不履行の場合を想起するだけで充分である。それは法人内部での制裁の対象とはなりえても、個別契約の相手方との関係においては問題となる余地はないのである。[4] 仮に、法人の内部的規律関係によって担保されているが故に、協約に自動的効力を認める場合と同一の結果を生ずるとしても、それをもって協約の効力とすることはできないであろう。

結局、法人説の難点は、法人の内部的規律関係によって協約の効力を説明しようとした点に存する。それ故に、ド・ヴィッシェルの理論も、協約の第三者に対する効力については、法人理論には全く無縁の慣習法をもち出さざるをえず、論理の一貫性を貫くことができなかった。

最後に、ド・ヴィッシェルの法人実在説も、所詮は契約説の枠を破るものではなく、組合と使用者とのいわゆる保障義務違反も単に損害賠償の対象となるにすぎなかった。従って、協約違反の労働契約は、労働者および使用者がそれぞれ自己の属する団体の規律違反に問われ、団体相互、或は労働組合と使用者との関係で損害賠償責任を発生させることはあっても無効とはなりえないのである。いかに巧みに遅延賠償の理論をもち込んでみたところでその本質には変わりがないというべきであろう。法人説も契約説の枠の中にとどまる限り、契約説一般に対する批判からは到底逃れることができなかった。

(1) 一八八四年法には組合の法人格を認める明示の規定はないが、黙示的に認められているというのが通説の立場である。その後一九二〇年三月一二日法（労働法典第三巻一〇条）により明確に規定されるにいたった。Rouast et Durand, Précis de législation industrielle, 1951, p. 196: Amiaud, Cours de Droit du travail. 1951, pp.357-364:

(2) その後一九二〇年法により、組合と同様の能力と人格が与えられているが、ド・ヴィッシェルの法人説の時点において議論を進める。

(3) この点に関してド・ヴィッシェルは完全に沈黙を守っている。

(4) 保障義務違反として使用者と組合との関係では責任を問われるが、これは一応別個の問題である。

(五) 法規説の台頭

第一　概　説

委任説・事務管理説・第三者のためにする契約説が労働協約の構造およびそれの生み出す法律関係の複雑さを説明することができず、また、伝統的なカテゴリーを拡張するために法律構成自由の原理（principe de la liberté des constructions juridiques）に頼った無名契約説も、要するに、異種の対立物を人工的に結合するだけにすぎなかったことは、これまでに繰り返して明らかにしてきたところである。百花繚乱と咲き乱れたこれらの学説も、労働協約という新しい未知の法律現象を前にしては何らなすところがなく、核博な知識を駆使しての膨大な著述も、結果的には自説の無力さの告白と変じてしまっていた。

このような契約説の破滅に直面して、契約法上の基盤に立った探求によっては、労働協約の本質を明らかにすることができないと説く一群の学者が現れるにいたった。(1) これらの論者は、契約と成文法のみが法律状態を創造しうるというナポレオン法典のドグマからまず解放されねばならないと主張する。(2) そして労働協約を契約説によって解明しようとする試みは、「新しい制度をすべて意思自治の原理によって正当化しようと欲する法の解釈における無益な傾向の一例ではなかろうか。契約観念を徐々に追放しているのは、社会関係、とくに労働の近代的組織の発展の一つの特長ではなかろうか」(3) という疑問を呈示しつつ、社会的条件の変動に伴って新しい法の領域が開け、それとともに契約法が万能の権力を失って次第に凋落しつつあることを法の根本問題として探求していったのである。すなわち、取引の迅速性および当事者の事実上の経済的不平等により、今や、年老いた契約の本質的要素であった「自由な交渉を行う権利」(droit de libre discussion) は空虚な言葉にすぎなくなってしまった。束の間の合意のはかない産物である「契約は、近代法における絶対的な支配を獲得した後にその威勢を消滅しつつあり」(4)、現代社会生活においては、個人法的意味における契約としての性質をもたぬ行為から新たな法律状態が展開されることとなった。

新しい法律現象は契約のドグマから解放されて新たに理論構成をし直すべきである。労働協約はこの新しい法の領域に属するものの一つである。社会生活における弱者たる地位を克服するために団結した労働者は、労働組合を通じて労働協約を締結することにより、労働条件の有効な討議に不可欠の平等を再び自己のものとすることができた。そしてわれわれは、労働組合のいわば多数派と使用者との産物である協約が、団体を構成するすべての個人に強行的に妥当している事実を見逃すわけにはいかない。何人も同意なくして義務を負うことはないという契約法上の基本原則に真正面から対立する労働協約の以上のような効果は、契約説によっては到底解明することができない。そこで「契約説に対するいわば反動」(5)として起ってきた法規説の論者は、労働協約の法的性格をつぎのように理解する(6)。

労働協約は契約ではなく、実質的な意味における法として扱われるべきものである。何故ならば、契約は第一に当事者が相異なる目的を達成する意図を有し、別個の対象を意欲し、相互の譲歩のもとに実現される合意を予定するのに反し、労働協約においては、協約当事者たる団体は、同一の事物を求め、関係職業部門における労働契約に適用される基準の決定という同一の目的の達成を意欲しているからである。

また、契約が主観的・個別的・一時的な法的地位(situation juridique subjective, individuelle et temporaire)を創設するのに対し、協約が、客観的・一般的・恒常的な地位(situation objective, impersonnelle et permanente)を創設することも重要な相違の一つというべきであろう。結局、労働協約は一つの規範設定行為(acte-règle)であり、労働関係の憲章(charte des rapports du travail)として現れ、客観法としての性格を有するにいたる。従って労働協約の特色をつぎのように述べることができる。

(1) 署名当事者は、公法上の意味における職業の代表機関であるが故に、法人格を有しない事実上の集団も当然に協約能力を有する。

(2) 協約は、協約当事者にあらざる個人にも適用される。何故ならば、法は単にその創設者のみを拘束するだけにとどまるものではないからである。

(3) 協約は根底において公序としての法を構成するが故にそれに抵触することは許されない。従って協約違反は単に損害賠償請求権を発生させるのみならず、協約に抵触する労働契約の条項は無効となる。

以上が法規説の骨子である。いうまでもなくこの説の闘将はデュギー（Duguit）およびオーリュウ（Hauriou）の二大公法学者であり、いずれも法および契約の内在的な性格を法哲学的な見地から分析しつつ、労働協約のもつ性格を明快に指摘した点で大きな功績をもたらしたのである。とくにデュギーおよびオーリュウの理論は、一九一九年法以後の学説に深い影響を与えた。

われわれはデュギーの規範設定行為説、オーリュウの制度説を頂点とする法規説の前にその前提としての地位を占めるルアストおよびピルー（Pirou）の混合説＝規範契約説を配し、これらを法規説と総称しつつ分説することにする。

（1）「一切の義務は只二個の淵源より発生する。すなわち、一つは契約であり、他は法律である。」Planiol, Droit civil. II, n°s 806 et 807.
（2）Duguit, Les transformations générales du droit privé depuis le code Napoléon, 1920. p. 115.
（3）de Visscher. op. cit., p. 95.
（4）Hauriou, Principes de droit public, p. 213.
（5）Louis-Lucas, op. cit., p. 73.
（6）Durand, Traité t. I. p. 132: Durand. Le dualisme de la convention collective de travail, Rev. trim 1939, p. 355 et s.

第二　規範契約説（Théorie de la réglementation contractuelle）——混合説（Théories mixtes）

ルアストおよびピルーは、労働協約が純粋に契約法の範囲内においてはその実態を適切に把握しえない点に着目し、これに法規範としての性格をもたせることにより、その間隙を埋めようとした。すなわち、契約と法規という明らかに相反する概念を結合する新しい理論構成を試みたのである。[1] 両者とも契約説を完全に放棄することなく、労働協約が契約によって成立することを肯定するのであるが、何人も同意なくして義務を負うことがないという契約法上の基本原理への対立を協約の有する法規的な機能によって解明しうるとした点に特色を有する。集団的関係と個別的関係の併存という労働協約理論上の難点をルアストおよびピルーはつぎのように説明していったのである。第一にルアスト説を、ついでピルー説を紹介することにする。

（1）　厳密な分類をするとすれば、ルアストおよびピルーの混合説は、フランス労働協約論史上、契約説と法規説との中間に地位を占めるものである。しかし、その内容は契約説と法規説とを統合する独自の理論であるというよりは、協約の法規的な機能を強く主張する方に力点がおかれ、契約説はその外皮として残っているにすぎない。従ってわれわれはこれを法規説の呼び水としてその一翼に位置させることにした。契約説を捨て去って法規説を主張するには余りにも小心であった論者が、契約説の割れ目から法規説を唱えた過渡期的な一理論であると評しても過言ではなかろう。契約説と法規説の真の統合は、後述するデュランの複合説（Théorie du dualisme）にまでまたねばならない。

(1)　ルアスト説（Théorie de Rouast）(1)　ルアストはまず、労働協約が民法典一一六五条（契約ないし合意の人に関する相対性）の原則、すなわち、**Res inter alios acta aliis nec nocet nec prodest**（他人間の行為は余人を害せずまた利せず）という契約法上の原則に大きく対立することを指摘する。実質的に考察して、団体の多数派の締結した協約が、これに反対する少数派（第三者）をも拘束し、同意なくして権利義務を課している事実に眼を掩うことができないが、これこそ労働協約の特色というべきものであり、他の団体契約と区別される重要なメルクマールである。このような契約法上の原則に対する重大な抵触はルアストによればつぎのような理論的根拠により説明される。

第一に労働協約は、民法典一一六五条の全面的例外（exception totale）をなすものである。そして、組合内部の少数派たる第三者にも協約の効力が及ぶのは、「労働協約が、各個人の不完全な、かつ時として殆ど無に等しい同意の代わりに、多数派の完全な同意（consentement parfait）に基づいているからである(2)」。そこにおいては、少数派の同意の欠如が労働組合の権力的な要素（élément d'autorité）によって補充されていることが窺われる。換言すれば、協約は組合それ自体によって締結されるものではなく、組合の機関の仲介によって行動する団体（collectivité）により締結されているのであるが、団体は職業の公的な代表（représentant offciel de la profession）として、権力（autorité）を有し、この権力を有するが故に協約を少数派にも課し、協約の履行を保障するための訴権を有するのである。全団体（collectivité entière）を協約に定められた条件に服させるのはこのような組合の権力的な介入によ る。

以上がルアストの理論の骨組みである。契約的要素と権力的要素とを接合することによって組合の締結した協約が組合員全員を拘束し、しかも組合自身が協約の履行についての責任と訴権を有すると説く点に特色を有するのである。これに対してド・ヴィッシェルは法人説の立場から、意見を異にする組合の少数派を第三者とみることに反対し、組織された団体によって締結された契約に民法一一六五条の原則を適用し、協約はその例外をなすと説くのは誤っていると批判している。組合の権力というが、実際には多数派の手中にある権力が何故に少数派の同意の欠如をも補充するのであるか。権力は事実上個人のレヂスタンスを抑圧することができるかも知れない。しかし「権力が個人の同意に加える力」は決して法律的な説明ということはできない。権力と契約という観念は異なった法秩序に属するものであり、それらは相互に同一化されえないものであると論難した(3)。

しかし、ルアストの説には協約が契約であると同時に規範的な機能（fonction normative）を営むことが正しく示されている。その限りでド・ヴィッシェルのいうように「権力と契約という相反する観念によって手のつけようのない矛盾が惹起された」とみるのは余りにも酷であろう。そこには労働協約理論解明のための正しい鍵が潜められていることを思わねばならないのである。しかし、もとより、ルアストの説には初期労働協約理論の免れ難い未熟さと生硬さが多分に内包されている。ド・ヴィッシェルの指摘しているとおり、労働協約の条件に不満な組合の少数派を第三者として考察しているのは、労働組合の法律構造を的確に把握していない証左であるが、結論的には、労働協約がこのような第三者にも強行的に妥当すると説く点に力点がおかれている故に、大綱にはさしさわりがないとみてよいであろう。問題はむしろ協約の規範的な効力ないし直律的強行性を、協約そのものの法的性質として解明することなく、その機能を組合の権力という、いわば協約外の団結強制によって実現させようとした点に存するのではなかろうか。従って、ルアストの説は労働協約の機能を指摘したにとどまり、法人説と同じく、労働協約の法的性質を充分に明らかにすることができなかったといってよいのである。

（1） Rouast, Essai sur la notion juridique du contrat collectif dans le droit des obligations. Thèse, dyon 1909,
（2） Rouast, ibid, p. 147.
（3） de Visscher, op. cit., pp. 100-101.

(2) ピルー説[1]（Théorie de Pirou）　ルアストと同年度の一九〇九年にレンヌ大学に提出したテーズにおいて、ピルーはさらに率直に労働協約の法規的な機能を強調している。ピルーは労働協約の意義を「資本家の集中（concentration capitaliste）によって破られてしまった平等を労働者の集中によって回復することにより、権利としての賃金の要求を労働者に認めるもの」[2]と評価しつつその法律構成を企てている。

ルアストと同じく契約的基盤（terrain contractuelle）に立ちながらも、ピルーの理論はさらに強く法規的な概念（conception réglementaire）によって支配されている。ピルーによれば、組合は恰も「被後見人を代表する後見人」のように、組合員の法定代理人として現れる。しかも組合は職業社会を管理・規制する職業上の絶対権（souveraineté professionnelle）を有し、使用者との合意によって労働協約という真の職業の法（véritable législation professionnelle）を定立する権限を有している。従って労働協約は、恰も代議士によって投票された法律がその社会の全員を拘束するように、団体の全員に遵守を強制するのである。しかし、個人の意思は完全に消滅してしまったわけではなく、組合の役員選出の際に間接的に表明され、その効果としてみずからを拘束するのである。

これがピルーの理論の要点である。職業社会における法律上の代表者としての組合の性格が、契約形式（forme contractuelle）を変更することなく、労働協約という合意そのものを私法上の制度から公法上の制度へと移行させるとみたわけである。「このような協約の理解の仕方は、例えそれが合意という基盤（base conventionnelle）に基づくものであるとはいえ、従来の概念とは本質的に異なるものである。何故ならば、それは、合意の当事者たる組合に対し、職業上の絶対権という職権（attribution）を予定するからである。そして、われわれはこのような〔組合の〕性格から二つの結果が生ずることをみてきた。第一に、組合は、〔協約の〕不履行について何等の責任をも負わないということである。実際、組合は、団体協定（accord collectif）においていかなる義務をも契約してはいない。何故ならば、組合は、単に諸個人の法定代理人（représentants légaux）たる資格で行動したにすぎないからである。他方、一旦実現された協定は、産業の法（loi industrielle）たる資格で職業の全構成員を拘束する」[3]。

ピルーの理論はルアストと同じく、労働協約のもつ規範的な機能を強調することに重点がおかれている。労働協約が主観的な意思自治の原則の支配する契約の領域から解放されて、客観的な法として職業社会に妥当することを労働組合の権能を媒介として説明しようとしたわけである。しかしながら、一見して明らかなように、ピルーの理論には、少なくとも当該産業における労働者が一つの組合に完全に組織され、或は当該組合への強制的加入が認められているという前提が必要である。しかるに当時のフランスの労働組合の組織状況は、このような前提を満たすものではなく、労働組合はしばしば、当該職業の少数者として孤立していた。このような客観情勢の下においては、ピルーの説が徒らに現実から遊離するものとみなされてもやむをえないであろう。また、ピルーの説く団体への強制加入という観念はフランス法の精神に反するとして大方の非難をうけたのである。[4] 特定産業が一つの労働組合によって完全に組織され、その組合が使用者との合意によって職業社会を規律する法を定立していくというピルーの考え方は、労働協約の論理的な帰結点（aboutissement logique）であり、その最終段階であるかも知れないが、「このような将来の見通しの検討は、現在の難点に何等の解決の要素を与えない[5]」として斥けられたのである。

このような批判はもとよりのことであるが、さらに重要なことは、ピルーの理論においては、協約の法規的な機能が強調されるあまり契約的な機能が完全に無視されてしまっていることであろう。協約が契約として成立するという以上契約的な機能は残る筈である。しかるにピルーは契約法上の難点を避けるため、組合は後見人のごとく法定代理人として行動し、それ自体としては協約の効力の適用を受けないと主張し、かくして成立した協約は、代理人の締結した契約の効果として組合員を拘束するのではなく、公法上の代表機関の定立した法の効果として職業社会の構成員を拘束すると説いたのである。それ故にその論理的な帰結として、組合に使用者の協約不履行についての訴権を否定するとともに、使用者もまた、組合の協約不履行の責任を追及しえないことになる。

従ってピルーの理論によれば、協約は労使の利害の対立の妥協点として成立したというよりは、労働者および使用者を同質の組織（organisme homogène）に結合する合同行為として成立したという方が適切であろう。

このような理論構成が受け入れ難いことはいうまでもない。結局、ピルーの理論は、協約の法規的な機能の一面のみを指摘するにとどまったと評すべきであろう。

（1） G. Pirou, Les conceptions juridiques successives du contrat collectif de travail en France, Thèse Rennes 1909.
（2） Pirou, thèse ibid, p. 24.

(3) Pirou, p. 448.
(4) de Visscher, op. cit., pp. 101–102.
(5) de Visscher, ibid., p. 102.

第三　制度説[1]（Théorie de l'institution）

資本制経済の発展に伴って、個人対個人の自由な意思の交換によって行われていた取引きは、いつしか集団的・画一的・定型的な取引きにその地位を譲ってしまった。ナポレオン法典時代の、職人がその腕に頼っていた明日の行方も知れない仕事場は、今や一国の経済制度の中に確固たる地位を占める永続的な企業へと変貌するにいたったのである。このような経済生活の変遷の中において契約を締結する者の意思のみが法律関係を創造する力をもつという伝統的な個人法的契約観念が、かつての権威と威勢を失墜してしまったことはいうまでもないであろう。契約法のこのような凋落の中から、集団的な現象に支配的な法律関係を純粋に客観的に把握しようとする制度理論が起こってきた[2]。例えば、企業（entreprise）という場所と時間の安定性をもった制度を、契約法から離れて客観的な法として理論構成しようとしたのである。法律的な観念としての制度[3]は、契約と比較すれば、契約が一時的・個別的・非代替的（incommutable）であり、かつ平等を予定するのに対し、永続的（durable）・団体的・順応的（souplesse）でありかつ階層的（hiérarchique）であることを特長とする。

制度理論の先駆者であるオーリュウは、右のような制度説によって労働協約の法的性質がより客観的に解明されると主張した。まずオーリュウは「労働協約は真正の契約（contrat véritable）ではなく」契約的な形式（forme contractuelle）をとっているとしても、それは全く異なった状態（situation toute différente）を隠す外皮（envelope）にすぎない。そこには規範的な性格＝法（lex）が端的に現れていると結論づける。労働組合と使用者との間に締結された協約は「工場という大きな制度（institution grandissante）の上に」[4]成立し、労働者個々人に適用されるが、その際個々の労働者は、協約の条件について協議することなく服せしめられるし、またその後採用された労働者は無条件で協約に服するのである。一方の当事者（組合）が団体を代表するとはいえ、個々の労働者にとっては意思の自治と自由な討議という契約に不可欠の要素が欠如している。そこには制度的な状態（situation institutionnelle）に特有の事実への加入（abhésion au fait）がみられるのみである。

オーリュウは、この事実加入という名によってすでに遂行された法律行為に与えられた同意を表現し、この観念によって例えば団体の設立とか、評議体の決議という合同行為（actes complexes）の法律的解明を意図したのである。すなわち、オーリュウによれば、事実への加入が初めから同意を与えたことになり、総体としての法律行為の統一を形成するというのである。このことによって多数決原理が解明される。多数決による決議は、多数者によりなされた先例（précédent）として一つの事実を構成する。少数派は制度に継続してとどまることにより、多数派の行為にではなく、すでに投票された事実に加入することになるのである。かくて一旦締結された労働協約は、「個人の加入に提供された契約的な法」[5]、ないしは地域的領域において関係者に商議の余地なく適用される私的憲章（charte privée）として現れる。従って協約への加入は、契約に由来するものではなく、労働者は雇用と同時に労働協約という制度の法規範によって労働条件の選択の自由を有することなく規律される。

以上がオーリュウの制度説の要旨である。その論旨は、少なくとも労働協約論に関する限りでは明快なものとはいい難いが、若干の推測を織りまぜながら約言すれば、例えば、婚姻がその成立形態においてはあくまでも契約でありながら、一旦、成立した場合には家族という制度として把握され、契約とは異なった法規範がそこに支配するのと同じように、協約は契約という成立形態をとりながらも、事物の本質としては、制度としての永続的（契約に比較して）一般的かつ階層的な法律的機能を営む。従って個々の労働者には協約の効力が法規範として無条件に妥当するというのである。確かにオーリュウの理論は、労働協約の客観的な規範としての一面を鮮やかに浮かび上がらせている。しかし、それはいうまでもなく、労働協約の法的性質の一面であって、それですべてが解明されたわけではないのである。オーリュウの理論は個々の労働者、すなわち、協約締結後企業に採用された労働者或は協約締結時に協約の条件に反対した組合の少数派たる労働者等、契約法においては純然たる第三者として考えなければならない者にまで協約の効果が及ぶことを追及するのに急であって、協約の契約たる契機が軽視されている(6)。契約説の論者が指摘するように、個々の労働者は、職業利益の擁護という目的の下に統一された労働者の団結（労働組合）を通じて契約の自由、意思自治の原則を回復し、使用者と個々の労働契約の基準となるべき協約を締結しているのである。従って労働協約には、組合に対する債権債務の関係と、個々の労働契約に対する基準という二面性が潜められている。オーリュウの制度説は個々の労働者と使用者との関係、すなわち個々の労働契約とそれに適用される規範との関係を強調するにとどまり、労働協約が労働者の団体意思により、使用者との契約を媒介としていわば自主的立法として成立している事情が見落されている。従ってオーリュウの制度説は、労働協約論としてではなく、むしろ労働契約論として展開されるべきであった。

（1）　Hauriou, Principes de droit public, 1910, p. 211 et s.
（2）　cf. Savatier, Les métamorphoses économiques et sociales du droit civil d'aujourd'hui. 1952. notamment, p. 80 et s.
（3）　V. Renard, La théorie de l'institution, p. 364.
（4）　Hauriou, op. cit., p. 212.
（5）　Saleilles, De la déclaration de volonté, p. 230.
（6）　契約説の立場に立つド・ヴィッシェルはオーリュウの理論によっても、なお、協約の原始的加入者（participants

primitifs)に対する協約の適用が契約的性格を有することを否定し難いと論難している。(de Visscher, op. cit., p. 120) そして、自己の法人説に基づき、組合と使用者との間に契約が存するのみならず、使用者と組合員個々人の間にも契約が存することを主張する。またサレイユは、自己の法人実在説の帰結として組合は団体意思の機関として協約締結に関与するのであって、組合によって同意された協約が法として組合員に適用されるというのは正確ではない。組合員こそが真の契約当事者であり、契約の直接的効果として協約の効力が及ぶのであると論評している (Saleilles, Bulletin de la soc, d'Et, lég., 1908, p. 83)。

第四　規範設定行為説(1)(Théorie de acte-règle)

デュギーは、まず契約のみが原則として法律状態を創造しうるというナポレオン法典以来の個人法的原則が、現実の社会においてはもはや妥当しえず、契約の外に新しい範疇の法律行為が生まれつつあることを指摘する。すなわち、このような契約法のドグマは、ローマ法以来法律機構の中に深く根をはった個人主義的観念の論理的帰結であるが、現代社会生活においては契約としての性質を具備しないにも拘わらず、なおかつ法律効果を生ぜしめるいくつかの行為が存在する。これらの行為をすべて「契約という狭隘な古い枠の中に」おしこめ、「古い型に納めよう」とするのは誤りであって、「あるがままに分析する」ことが必要なのであるという。

労働協約は、このような契約にあらざる法律行為の一種である。個人法的な民法学者は、これを伝統的な契約によって律しようとしたために、委任の観念を採用せざるをえなかったが、その結果、協約は、締結時に組合員でなかった者にはその効果を発生させることができず、また取消(脱退)によって容易にその効果を終了させる自由を与え、事実上、協約の意義を見失わせることになったのである。このような契約説がいかに虚偽に満ちたものであるかは改めて述べるまでもないであろう。

「労働協約は、全く新しく、そして民法の伝統的範囲に全く未知な一つの法律的範疇である。それは二個の社会階級の関係を規律するところの法たる合意（convention-loi）である。それは決して二個の権利主体間の特定の、具体的かつ一時的な義務を発生させる契約ではない。それは二個の社会的集団（groupes sociaux）間の恒常的・永続的関係を定めた法であり、これらの集団の構成員の間に個別契約が締結されるときには従わなければならない法律上の制度（régime légal）である」[2]。換言すれば協約は二当事者間の規範設定行為（actes-règles）によって、私法の領域に実質的な法という新しい追加（nouvelles annexions）を行っているのである。協約は労使両団体の合意によって成立するが、この合意はあくまでも契約ではなく、一般的・抽象的方法（d'une manière générale et abstraite）によって労働条件を規律するところの法である。

以上がデュギーの規範設定行為説の結論である。説くところは結局オーリュウの制度説と同様に、労働協約を職業部門の内部的法として把握し、恰も法律が自己を生ぜしめた社会の成員に対して強行されるのとおなじように、当該職業部門の全成員を拘束すると解したのである。これらの説には永久の真理として疑いの余地のないものとされたナポレオン法典の牙城を、根本から脅かすいくつかの問題点が含まれている。意思自治の原則の凋落と契約にあらざる法たる合意の出現は、私法と公法の二つの領域における大きな変遷と進化を示すものである。そこにおいては個人の自律（autonomie）が姿を消すと同時に、国家の絶対権（souveraineté）が後に退いている。すなわち、個人のドミニウムが消失すると同時に国家のインペリウムが消失し、生ける社会集団の間に介在する協約（entenete）が法規範を創造し、それが国家法の具体的な力によって維持されるという法律構造をとるのである。このような法の一般理論の変化が職業社会にも妥当し、労働協約はその一翼としての法的地位を占めると説かれたわけである。

問題を労働協約論だけに限ってみても、デュギーのこのような分析の鋭さと理論の正確さは、何人に対しても真正面からこれを論駁することを許さなかった。しかも前述のように多くの学者に深い影響を与え、労働協約をして、固有の意味の契約ではなく、同一地域におけるすべての同種産業を規律する産業の法（loi industrielle）として捉えようとする傾向を生ぜしめたのである。しかし、当時の労働関係の実態並びに労働協約の発展の程度からすれば、デュギーの理論は労働協約論のあるべき姿と正しい機能を指摘したにとどまり、それが故に当時の支配的理論となることができなかった。フランス法学のオーソドックスな方法論からすれば、デュギーの説をも含めて、一般に法規説は「協約の発展過程の姿」を正しく把握しているかも知れないが、労働協約論にとって肝要なのは、このような「他日与えらるべき理想的な機構ではなくて、現在の時期に支配的な、そして直接、戦列に役立つ理念」であるとされた。すなわち、「将来の明確な解決を見出そうと夢想することなく、労働協約を歴史的時点において」捉え、その社会的・経済的・法律的性格を明らかにすることが必要であるとされたのである(3)。そして、このようなオーソドックスな方法論からすれば、労働協約はあくまでも契約として把握されねばならず、産業構造なり労使関係の組織の変遷を予定した上での理論構成は採用し難いと論難された。

（1）　Duguit, Les tranformations générales du droit privé, p. 115 et s; Transformation du droit pubic, p. 133; Traité de droit constitutionnel, t. I, §40, 3^{e}éd., p. 411 à 415; L'Etat, le Droit objectif et la loi positive.
（2）　Duguit, Les transformations générales du droit privé 1920, pp. 134–135.
（3）　Préface de Saleilles, dans l'ouvrage, de Visscher, précitée, p. vi.

㈥　初期労働協約法理の性格と展望

われわれはこれまでの行論において、労働協約という未知の怪物（monstruosité）が法律の世界に投げかけた波紋と、それを開拓者的精神に満ち溢れながら、さまざまの法律技術を駆使しつつ法の秩序の中に同化し、整序しようとした学説の努力をいくつかの類型に分けて考察してきた。学説はいくすじかの流れが交錯し、停滞と進歩の渦をまきつつ、かなり混沌たる様相を示しているが、いま一度これらの流れをふりかえり、労働協約論という共通の河床にひそむ統一的な性格と本流の進むべき行方を検討してみよう。

学説は概括的に表現すれば、まず、法の世界に入ることを拒否する事実規範説＝平和条約説から、契約法を媒介として法の領域に同化しようとする契約説、さらに新しい生命を付与しようとする法規説へと向かってきているが、これらはいずれも現実の労働協約のダイナミックな発展に対応し、これを動力としつつ生まれてきているのである。労働協約論が複雑多岐な様相を示すのは、労働協約自体が変転してやまない流動的な姿態を示したからにほかならない。すなわち、労働協約という社会現象に妥当している規範自体も、現象の変化に伴い、その成立態様を実質的に変貌させており、このような現実の基盤に意識的、無意識的に媒介され、規制されつつ導き出される法理論もおのずから変遷の過程を辿らざるをえなかったのである。

「一定の賃率以下では働かないという労働者の一方的な宣言」（レイノウ）に端を発した労働協約は、最初は使用者の口頭（verbal）の約束、やがては使用者のみの起草する確約書の形式をとり、使用者はその約束の実行を就業規則（règlement d'atelier）の改正、或は新賃率表（nouveau tarif）の制定として労働者側に示さねばならなかった。賃率表の制定或は労働の再開始という約束の不履行に対しては相互にストライキ或は解雇ないしはロック・アウトの脅威が待ち構えていた。

このような現実から労働協約は争議の圧力の下にやむなくなされた「使用者の一方的な宣言」（プラニオール）にすぎず、平和条約としての道徳的な義務しか発生させるものではないという法的効力否認説が発生したことは極めて自然のことであろう。

やがて協約は二当事者の署名する固有の意味の契約の形式をとり、或は、労働争議の調整成立後当事者間に交換される調停調書（procès –verbal de conciliation）の形態をとるようになった。学説はともかくも協約に法的効力を与えるために種々の法律技術を駆使しつつ、これを契約として捉えようと努力したのである。従って新しい領域を開拓していったという意味で契約説も当時においては極めて進歩的な性格を有するものであった。

当時の労働協約の大部分が争議協定として争議後の労働再開始の条件を約定していたところから、協約を労務の給付を約する集団的労働契約として把握する論者が出現するという一幕を織りこみながらも、協約は使用者と組合との契約であり、しかもその効果が署名当事者以外の組合員におよんでいるという規範関係の捉え方に統一されていった。そこで契約の効力の相対性の原則に大きく逆らうこのような現実を法律的に理論構成するために、さまざまな法律技術が用いられたのである。

契約説の論者は、まず最も手近な委任ないし事務管理の観念を適用した。この説によれば、真の契約当事者は個々の組合員であるが故に協約の効果を矛盾なく説明することができたのである。しかし委任説ないし事務管理説によれば、組合は、協約締結後直ちに組合員の背後に退き、消滅してしまわねばならなかった。使用者の協約不履行に対しても、個々の組合員と使用者との関係として組合が介入することは許されなかったのである。この点で協約の有する団体的な性格が否定されるとし、これらの論者は大方の批判を蒙った。しかし、委任説ないし事務管理説が「労働協約の目的がいづこにあるかを明瞭に見分けるすべを知らず、ひたすらあり来りの契約類型の中に強いて押しこまんとして甚だしい混乱と周章ぶりを呈示した」（後藤「労働協約理論史」二六〇頁）と即断することは余りにも酷であり、実態をみざる議論といわなければならない。当時はすでに団体権が法認され、労働組合の結成が容認されていたとはいえ、労働組合の組織率は極めて微々たるものであった。協約の締結には大部分のものがかつてのコアリションの様相を示し、要求貫徹のために代表者を選任して一時的に団結するが、協約締結（要求貫徹）後は再び集団を解消させていたのである。このような現実に対応して委任説・事務管理説が説かれたとみるべきであろう。

また、労働組合に協約不履行に対する訴権が否認されることも、逆の面からいえば、組合もまた協約不履行の責任を免れることになり、平和義務を認めない当時の労働者階級の心情に一致したのである。戦闘的なサンジカリスト自身が、協約不履行に基づく訴権を否定したのは、その間の事情を物語るものであろう。従って、この点に関する限り、少なくとも当時の労働関係においては、委任説ないし事務管理説はプロレーバー的な役割を果たしたとすらいいうるのである。

しかし協約の発展とその適用領域の拡大は個々の労働者の委任という技術的な手段を、全く観念的な擬制にすぎなくしてしまった。代わって第三者のためにする契約説が登場する。

組合の組織化と、その力の拡大は、使用者の協約不履行に対する訴権を要求するようになり、これを満たすものとして第三者のためにする契約説が説かれたのである。この説によれば労働者は、たとえ非組合員であろうとも、単に受益の意思表示をするだけで、協約の利益に浴することができた。従って、第三者のためにする契約説は、協約の適用領域を拡大するのに大きな役割を果たしたのである。しかしながら、従来の個人法的な契約関係を予想してたてられた典型的な契約類型に、労働協約という新しい団体法的な現象をあてはめようとする点に多くの無理が潜み、いくつかの矛盾を暴露せざるをえなかった。

やがて、職業社会の組織化が進み、労働組合と使用者団体という組織的な集団が大きく対立するにいたって、漸く労働協約は争議協定を脱し、争議妥結の条件ではなく、争議の発生を防止するための条件を予め平和裡に定立するようになった。協約の内容も次第に豊かなものとなり、当該職業において一般的価値を有する規定を設け、次第に「職業の法」としての性格を帯びるようになってきたのである。ここに契約説の変貌が行われ、或は新たに法規説が誕生した。

　契約説は無名契約説に衣を変えた。近代的経済の要請によって新たに生まれた労働協約の本質は、契約を締結する者の意思のみが法律関係を創造する力をもつという個人法的な契約理論をもってしては到底説明し難いことを明らかにし、協約が契約の形式をとるにも拘わらず、従来の典型契約では明らかにしえない広い効果を有する点に着目して、これを一種特別の契約であると説明したのである。例えば、協約の条件がいわば自動的に個別契約の中に適用されるという契約を両当事者は締結したのであり、このような合意の効果として協約が強力な規範的効力を有すると説かれた。しかしこの説も、協約の規範性の根拠を契約当事者の個人意思に依拠して基礎づけようとしている点で、なお擬制的なものを払拭することができなかった。また協約を二当事者間の契約であるとみながらも、協約規範の有する権力的な要素に着目し、これを組合の有する組織的な権力構造に結びつけつつ、協約の定める条件が各組合員に妥当しているのは、組合のこのような内部的な構造に由来すると説く法人説が現れるにいたった。さらにまた、労働協約に内在する規範そのものを捉え、これを客観的規範とみることによって問題の解決を図ろうとする規範契約説が登場し、さらに純粋に協約が職業社会という生活秩序体に構造的要素として発生する法規範であると説く法規説が出現するにいたったのである。

　しかしわれわれは、契約説と法規説が以上のように真向から対立する形態を示しながらも、根底においては協約の法律構造について一致した見解を示していることに注目しなければならない。すなわち、両者は、いずれも協約に内在する規範的な性格を否定するものではなく、契約説自身も協約の効力の拡張に努力していることが窺われるのである。換言すれば、契約説と法規説は問題の立て方に相違が存するにすぎず、契約説は協約を主観的に捉え、法律効果の創造の前提である法律行為論に重点を置き、これに反して法規説は協約を客観的に捉え、いわば法律効果論そのものを展開したと表現してもよいのである。しかし、契約説が当時の実定法の枠内での理論構成に終始したのに対し、法規説が、法の根本問題から出発し、自由な理論構成を行ってむしろ立法論を展開したという次元の相違を否定することはできないであろう。

　このようにして契約説並びに法規説は早晩統合される必然性をすでに初期労働協約理論において暗示し、やがてこれらを集大成する理論（例えば、ポール・デュランの複合説）へと導かれていくのである。

四　労働協約の立法化

一　立法化の必要性

労働協約は、フランスにおいては、他の諸国に比較して発展の度合いが弱かったとはいえ、一九世紀末から二〇世紀初頭にかけて開花し、もはや労使関係においては見逃すことのできない確固たる基盤を築き上げた。相次いで出された判例は未知の法律現象に接する際の例の生硬さと幾分かの混乱を示しながらも、ともかくも協約を一つの法制度として確立し、学説もまたその法的性格について意見が分かれたとはいえ、労働協約を法的な制度として捉えることについては何等の異論も示さなかった。すなわち人々は、「よかれ悪しかれ、これらの合意（conventions）〔協約〕が明文によって禁止されず、公序良俗（bonnes mœurs et l'ordre public）に反しない以上、すべての契約の効力を認めるところの現行法によりサンクションされていることを認めた[1]」のである。しかし、それと同時に労働協約という「事象（matière）に対する法の欠陥や当事者の法的未経験が、しばしば協定の価値、それに由来する義務の範囲、その義務に拘束される人々、それらがうけうる制裁を極めて不明確な状態に放置していることも認め[2]」なければならなかった。

そこで「この領域においても他のすべてにおけると同じように、法を創造することではなく、当事者にその行為の結果を明らかにするように、〔すなわち〕実際上の必要により発生した諸行為の法的価値を明らかにするようにそれを定義づけることは、明らかに立法者の役割であると思われる」(3)という協約立法化の声が起ってきた。

協約立法化の動きに対しては、労働協約は、その社会的価値が何であろうと、すでに法的な制度として確立しているという理由から学界においては原理的な反対はなされず(4)、一九〇〇年以後は協約に対する立法的介入の必要性を何人も疑わなかったといわれている(5)。しかし協約の現実の当事者である労使両団体は、協約の立法的規制に対して必ずしも好意を寄せてはいなかった。

まず使用者側についていえば、商業会議所（Chambres de commerce）が一九〇六年一二月一〇日の総会において後述するドゥメルグ（Doumergue）法案を取り上げ、激しい抗議を行ったのを初めとし、フランス商工業者連盟（Fédération des industriels et commerçants）も翌一九〇七年に反対の意を表明した。使用者側の不満を要約すれば、協約が法制化されることによって強制的なものとなり、労働組合が企業における立法権を獲得するのではないかという恐れ、勤続年数の長い労働者や熟練労働者を犠牲にするような統一的な規範の定立に対する嫌悪、企業を超えて諸職業部門間に樹立される連帯性への恐怖、組合の物質的精神的な無責任性に対する偏見等々に帰することができる。しかし協約の法制化に向けられたこれらの反対が、協約そのものに対する反感と結びついていることも、指摘しておかねばならないであろう。実際すでに「協約は存在し、それを締結するために人々は法案を待ちはしない」(6)にも拘わらず、彼等はこれを誤って理解し、労働協約そのものを非難する矛先をそのまま協約の立法化に対して向けたのである。

使用者側の機関としては、ただ僅かに商工農業共和委員会（Le comité républicain du commerce, de l'industrie et de l'agriculture）のみが協約法案に好意的であった。

労働者側についても全く異なった理由からではあるが、協約に対する同様の疑惑が存したことを指摘しておく必要がある。この時期のサンジカリズムのもつ革命的性格の影響については、すでに言及してきたところであるが、当時の労働運動において主流的な役割を果たしたCGTの理論的見解に従えば、労働協約法案をも含めて一切の「労働者法案（Projets des lois ouvrières）は、サンジカリズムの発達を妨げることを目的としている」。新しい法は「経済的基盤の上に立った労働者の闘争以外からは出てくることができない筈である」というのである。日常闘争を重視し、「暴力の神話」（mythe de la violence）によってすべての労働者の要求を貫徹しようとする彼等の立場が、静的な安定性と妥協・協力を予定する労働協約の理念と相反するものであることはいうまでもないであろう。従って彼等は、一時的であるにせよ組合活動ないしは争議権を制限する労働協約には絶対反対の態度をとり、これが前述のとおり協約の質と量の発展に制御的な作用を営んだのである。しかし労働者側の協約に対する態度にも一つの転換期が訪れる。

当初は協約から引き出しうる利益を意識していた中間派のサンジカリストのみが協約に好意を示していたのであるが、やがて組合の勢力が拡大し、使用者と対等ないしは彼等よりも強力となるにつれて、労働協約を締結することがむしろ「労働者の権力」の強化の手段であり、これによって「彼等を降伏させ」、「最高の目的である資本家階級の絶滅を容易ならしめうる」(7)と考えるようになった。

そこで階級闘争の放棄を認めるわけではないが、ともかくも協約の締結に賛意を表明しつつ次第に新しい方向へと方針を変えていったのである。しかし、労働者側も使用者側と同じく、協約の法制化には反対の立場を変えなかった(8)。

（1） Société d'études législatives における Colson の報告、cité par, Arnion, op. cit., p. 79.

（2） Colson, ibid.

（3） Colson, ibid.

（4） Eblé, op. cit., p. 44.

（5） Arnion, op. cit., p. 79.

（6） Fédération des industriels et commerçants français における Beauregard の報告。cité par, Eblé, op. cit., p. 45. ボールガールは会合の席上、協約は新しい法律を制定しなくとも締結することが可能である旨を理解させることが極めて困難であった。つぎの発言はとくに興味深い。「諸君、あなたがたが〔ドゥメルグ法案〕第一二条、第一三条、第一八条の廃止を要求し、成功したと仮定したならば、あなたがたはなにもなさないであろう……」。

（7） Pirou, op. cit., p. 26.

（8） Arnion, op. cit., p. 85.

以上のような労使の反対も結局、協約は現在すでに存在し、「人々は裁判所に対し、その条項の履行を請求しうる」という意味で法的価値を有する、すなわち「協約を法制化しようとしまいとやはり協約は存続し続ける」であろう、「問題は全く別のことである。それは現在の判例で充分であるかどうか、それが協約の性質に対応しているかどうか、もしくは逆に協約の正常な発展と公正な適用を認めるためには、それ〔判例〕を修正する必要があるか否かを知ることである」[1]という意見の前に一蹴され、協約立法化の動きにそれほどの影響を与えることができなかった。

このようにして立法的介入の必要性については略々一致した世論が形成されていったのであるが、立法化の範囲ないし程度については再び議論が分かれた。大別すれば、契約の固有の効果を保障しつつ判例によってすでに獲得された諸点をサンクションするだけで充分であるという意見と、いわゆる規範説の立場に立って、立法者は協約の効力を契約のそれより拡張しつつ協約を指導すべきである。すなわち、例えば協約から免れることを認める爾後の脱退を禁じ、協約に抵触する個別契約を禁止し、或は協約を全職業に拡張する等の立法措置を構ずべきであるという意見が対立した。

しかし労働協約によって、職業を代表し、これを規制する権利を組合に有効に認めるためには、組合が充分に組織化され、強力な力をもつことが前提とされなければならない。しかるに当時のフランスの労働運動の実情からすれば、このような条件が充たされることから程遠いことは識者の一致して認めるところであった。

それ故に、何よりも労働協約の慣行を発展させることが先決問題であるとされ、「社会的発展に先行する立法的介入は痛ましいことである」(2)と結論づけられた。(3) そして「使用者および労働者は協約を締結するとき、予めこの合意の価値は何であるか、もしも〔協約の解釈および適用より〕紛争が生じた場合、それはいかにして解決されるかを知ろうと望んでいる」。すなわち「判例が不明確であるいくつかの諸点を〔立法によって〕明確にすることがわれわれには必要であるように思われる」(4)、「従ってこの状態における法律の役割は、疑もなく不完全ではあるが、……〔協約〕制度を新しい皮相的な構造によって飾り立てることではない」(5)という意見に議論は落ち着いていったのである。

しかしながら協約の立法化をすでに判例によって獲得された諸点のサンクションに限るべきであるとする論者も、協約の本質からみて直律的効力のみは判例による解決を厳格に改革する必要があるとし、かなり強硬な意見が展開された。例えばグルシエは前述の報告の中で立法化の必要の一つの理由として「今日の判例によれば、特別の合意により協約に抵触することが可能であるが、私はこの可能性は協約の本質に反すると思う。もしも現在のままに放置し、特別の合意によってそれ〔協約〕に反することができるのであれば、労働協約はもはや存在しないし、存在しえないであろう。……使用者と労働者が協約を締結した場合、それは両当事者によって忠実に遵守されるという条件の下においてのみ価値を有する。協約締結後使用者が、個別的労働契約によって協約に抵触することを個々の労働者に義務づけることは許されない。孤立させられた労働者は、経済的見地からみて弱者たる地位におかれており、仕事を獲得し、それを保持するために、しばしば使用者によって課せられた特別の条件を受諾するであろうということを忘れてはならない。もしも協約に拘束される一使用者が個別契約により協約に抵触することに成功するならば、他の産業家も同じように振舞うであろうことは疑いない。同一職業の実業家はすべて他の仲間によって尊重されるという条件でなければ協約を受諾しないであろう」。かくて協約が破滅することは明らかである。「破毀院は特別の合意は協約に抵触しうると判断して、現行法に従っている」。何となれば現在のフランス法は、「個別契約についてしか規定せず、今日まで協約を扱ういかなる規定も存在しないからである。絶対的に新しい契約に適用されねばならない新しい原則（règles）を決定するのは立法者〔の役割〕である」。「特別の合意によって協約の遵守を免れる可能性を禁ずるための立法は不可欠であると考える」と述べている。(6)

従って、協約の立法化は、従来の判例によって形成された労働協約の法律構造を明文の規定を以てサンクションするという基本線に加えて、判例のもつ決定的な弱点ないし欠陥を協約の本質に適合するように修正するという二つの狙いをもって行われることになった。しかし従来の判例をそのままサンクションするということと、判例のもつ弱点を協約の本質に適合するように修正するということは、必ずしも同一平面において論じられることがらではない。

判例は、これまでに概観したように、労働協約をあくまでも契約法の枠内において捉えているのに対し、判例の欠陥を修正するということは、とりもなおさず伝統的な市民法に対立する団体法的な見地に立って労働協約の直律性を認めていこうとすることにほかならないからである。そこで結局問題は、契約説の立場に立って協約の立法化を行うか、或は規範説の立場を貫くかという出発点に再び立ち戻らざるをえなかった。換言すれば、協約の立法化をめぐる論争とは、市民法的な契約の中で協約法を捉えている従来の判例の立場に、協約のもつ規範的、団体的な性格をどの程度反映させるかという問題に帰着したのである。法案の起草および審議における議論も、多くはこの点に集中し、結局は協約の「社会的発展に〔余りにも〕先行しない」程度の現実との妥協点において決定された。理論的見地からみれば木に竹をついだような不揃いの一九一九年法が出来上がったのは、このような社会的な背景を背負っていたからにほかならない。

（1）Association nationale française pour la protection légale des travailleurs の一九一三年四月二八日総会における Groussier の報告。以下 Rapport Groussier として引用する。Groussier, La réglementation légale de la convention collective de travail. pp. 4–5.
（2）Pirou, op. cit., p. 454.
（3）このような見地から一部の法律学者は協約の立法化は時期尚早であり、早急の立法化はむしろ協約の発達を中止させる。従って立法的介入を差し控えて判例を発展させる方が望ましいと述べている。V. Rapport Groussier, op. cit., p. 7.
（4）Rapport Groussier, ibid, p. 9.
（5）Pirou, op. cit., p 454. cf. Louis Lucas, art. cit., p. 76., Danel, Politique, art. cit., p. 516.
（6）Rapport Groussier, op. cit., pp. 7–8.

二　労働協約法案とその審議

労働協約立法化の動きは、職業組合の組織および設置に関する一八七六年のロックロワ（Lockroy）法案[1]に第一の萌芽を見出す。すなわち同法案第四条は、使用者および労働者の組合（syndicats patronaux et ouvriers）は、契約としての効力を有する労働協約を締結することができるとして、労使双方の組合に協約締結権を認める規定を置いているが、職業組合結成権を法認した一八八四年法は、組合が届出によって当然に法人格を取得する論理的帰結として契約能力は認められているという見地に立って、協約締結権を容認する明示の規定を設けず、人々は間接的にこれらの立法の経過から協約の有効性を結論づけるにすぎなかった。

このように一八八四年法によって、職業組合としての法的地位を獲得した組合の協約締結権については、問題は一応解決したのであるが、同法による届出をなさないいわゆるアウトサイダー・ユニオンおよび単なる労働者の集団が争議後に締結する協約ないし協定については、なお争いは残されたのである。そこでこの点を立法的に解決するものとして一八八九年の調停仲裁に関する法案第五条の規定が生まれた。同条は「調停・仲裁委員会（conseil de conciliation et d'arbitrage）によって作成された協定（accord）、協約（convention）、規定（règlement）は、当事者間の契約をなし、管轄裁判所に対し、法としての効力（force de loi）を有する」と規定し、調停・仲裁の結果成立したいわゆる争議協定が契約としての効力を有することを明文の規定によって確認しようとした。同法案を母体に生まれた一八九二年法が、この趣旨を生かし、組織、未組織の如何を問わず調停仲裁によって成立した協定に、契約としての法的価値を付与し、それが協約発展史上重要な役割を演じたことは前述のとおりである。

やがて労働協約が現実の労使関係の中で急速度の発展を示し、法的にも個人主義的な契約法の枠の中だけでは処理しきれない種々の側面を現すにつれて、立法化の動きも、単に契約としての協約締結権を認めるだけではなく、協約に固有の規範的な性格を認める方向へと進んでいった。と同時に、労働協約を一つの職業慣習として普及させるという意図をも立法者は併せもつようになったのである。すなわち雇用契約（contrat de louage d'ouvrage）に関するルネ＝ゴブレ（René Goblet）法案(2)が第一条において協約締結権を、第二条において協約の内容にふれつつ、従来のこの種の法案を一歩前進させたのを初めとして、極めて短期間の生命しか保ちえなかった機関ではあるが、二〇世紀初頭に労働に関する審議関係として生まれた労働委員会（chambre de travail）の役割を一九〇〇年九月二八日ミルラン命令（Décret Millerand）が、「できうる限り労使の組合間の協定を勧奨しつつ、通常かつ正規の賃率表および労働時間表を定立すること」と定め、一八九九年八月一〇日ミルラン命令が、公共土木事業の契約における入札書には、当該地方に通常適用されている賃率に等しい賃金を労働者に対して支払う旨の条項の挿入を規定し、通常賃金率の確定には、当該地方の当該職種の労働組合によって締結されている協約に準拠すべきことを規定しているのは(3)、いずれもこのような思想に導かれたものである。

二〇世紀に入るに及んで協約立法化の動きはますます活発になり、内容はこれまでのいくつかの法案が部分的なものにすぎなかったのに反し、より深みをもった体系的なものとなるにいたった。まず、二〇世紀初頭の一九〇一年一一月二七日に設けられた労働法典編纂委員会（Commission de codification des lois ouvrières）による労働法制整備化の事業に際して、パリ大学法学部教授のラウル＝ジェイは、労働法典第一巻の草案に「労働協約」と題する章を設けることを提案し、その必要性をつぎのように述べている。すなわち、大工業および労働組合の発達に伴って「今まで知られなかった新しい型の契約が出現し」たが、「集団的労働契約（contrat collectif de travail）という表現は、通常その性質と効果を正確に説明するものではない。これらの契約は、いかなる労働者に対しても特定の使用者に対して働く義務を含むものではない。使用者のみが労働者を雇用する際に、これらの労働者と一定の労働条件で協定する（accorder）という義務を負うのである。従って現実において集団的労働契約と呼ばれるものは、労働協約の予めの契約基準（réglementation contractuelle préalable des conditions du travail）にほかならない。」、「われわれがその性格を明確にしようと試みる実益は、伝統的な判例や学説を途方に暮れさせた」法律問題を解決するためである。「われわれは、立法者が長い間この問題の解決に無関心でありえなかったと信ずる。労働契約の巻に労働協約（convention collective de travail）の章を加えねばならないと信ずるのは、このような考えの下においてなのである」と。

このような要望に答えて政府は、一九〇六年七月二日、「労働者並びに被用者が真に平等の基盤に立って使用者と労働契約を締結する〔ことを可能ならしめる〕労働協約を法律的に定義づけ、かつ助長する」ことを目的として労働協約に関する法案を提出した。(4) 同法案は全文五六条におよぶ厖大なもので、㈠労働契約の成立、㈡労働協約、㈢就業規則、㈣労働契約の効果、㈤労働契約の解除の五篇に分かれ、労働協約関係条項についていえば、協約の規範的な必要性（exigences réglementaires）を最大限に満足させる点に大きな特色を有するものであった。すなわちこの法案は、つぎの諸点で従来の協約法案を一歩前進させたのである。

㈠労働協約は、一若しくは数人の使用者と労働者の組合または集団、若しくは組合規約の定める形式或はその他の手続によって特別に委任した相互の代表者間において、労働契約に満たすべき諸条件の決定を目的として締結されると規定し、協約の定義、目的、協約当事者を明確にしたこと（一二条）。

㈡協約は原則として、直接若しくは委任によって団体交渉を行った労働者と、協約に署名した使用者に限って適

用されるが（一二条）、

(イ)組合規約若しくは労働協約自体に明確に定められた反対の規定のない限り、協約締結時に協約当事者たる団体の構成員であった者は、組合脱退後も協約の適用をうけるし、協約締結後に組合に加入した者も協約に拘束されるとみなされ（一五条）、

(ロ)同じく反対の規定のない限り、労働契約の当事者の一方のみが協約に拘束される場合にも、労働協約は適用され（一七条）、

(ハ)さらに、一職業若しくは一地域に一つの労働協約のみしか存在せず、右の協約が関係官庁に正規に寄託されている場合には、当該職業または地域の使用者および、労働者は、反対の証明あるまで、すなわち協約と異なる条件の明示の労働契約を締結するまで当該協約に定められた基準を受諾したものとみなされる（一八条）と規定し、協約の適用領域を極めて広範囲に認めたこと。

(ニ)協約義務に服する労使間に締結された労働契約の協約に違反する条項はすべて無効とし（一六条）、協約の直律的強行性を明確にしたこと。

(ホ)協約当事者である組合に広い訴権を認め、相手方の協約違反に対しては、自己のため、または組合員の同意をえて組合員のために訴訟を提起しうることとした（二〇条）。

この法案の大胆さに対する主として労使両団体の反対意見については、すでに述べたとおりであるが、同法案の審議を行った下院労働委員会においても、「この法案の非常に複雑な諸規定の全体が審議尽くされぬことを恐れ(5)」、報告委員たるシャンボン（Chambon）氏は、「労働契約の一般理論と関係のある」若干のものしか報告しなかった(6)。同報告は全文僅か七条、しかもその中の一ケ条のみが労働協約に関するものにすぎなかった。

すなわち、同法案第六条は、民法典第一七八一条につぎの規定の挿入を規定するにすぎなかったのである。「個別的労働契約の締結に先立ち、労働契約に満たすべき特定労働条件の決定を目的として、使用者若しくは使用者組合または団体と、被用者組合またはその団体若しくはその相互の代表者の間に、労働協約を締結することができる」と。しかしこのように体系的な労働協約法案を無惨に骨抜きにし乍らも、シャンボンはその報告書の中において、「今日提案したこの法案は、発端にすぎず、今後補完すべき粗描にすぎない」ことを明らかにし、「今後種々の改正案において就業規則や労働協約の立法化」を行う必要がある旨を説くことを忘れなかった。しかしながら、この法案も、議会の審議の対象となるにいたらず、簡単に流産してしまった。結局、協約締結数が余りにも低かった当時においては、以上のようなドゥメルグ法案の行方は、労働組合の発展と協約の発展とが、法的にもパラレルな関係にあることを実証したにとどまったのである。

一方、労働協約立法化の動きに関連して、二つの法律家の研究団体がこの問題を精力的に研究し、進行中の法案に対して好意的な空気を創出する功績をあげたことを一言指摘しておかねばならない。すなわち全国労働者法的保護協会（Association nationale pour la protection légale des travailleurs）は、一九〇七年一月一八日、二月一九日、三月九日、四月二七日の総会において労働協約立法化の問題を取り上げ、社会的見地からするファニョオ（Fagnot）の報告と、法律的見地からするプルー（Perreu）の報告を中心に検討を行い(7)、同じく立法研究協会（Société d'études législatives）は、一九〇七年一一月二八日、一二月一九日、および一九〇八年一月二三日の会合において、コルソン（Colson）の報告を中心に議論を進めた(8)。とくに立法研究協会が作成した労働協約法案は一九一九年法に深い影響を与えたといわれている(9)。

やがて一九一〇年七月一一日にいたり労働大臣ヴィヴィアニ（Viviani）は、再び労働協約法案(10)を提出した。同法案は下院労働委員会において立法研究協会のサジェスションに基づいて修正採択され、一九一二年一二月五日に報告委員グルシェ（Arthur Groussier）氏の名において提出された(11)。同法案こそ一九一九年法の母体をなすものであり、協約史上一つの紀念碑を意味するものであった。翌一九一三年に同法案は下院において可決されたが、間もなく第一次世界大戦の渦中にまき込まれ、上院において採択されたのは、戦後の一九一九年三月二五日であった。従って立法化運動の結晶であるフランス最初の労働協約法の精神と内容は、下院において投票の行われた一九一三年にすでに出来上がっており、一九一九年三月二五日という日は、単に上院によって採択された日が遅れたことを示すにすぎないのである。

（1）J.O., 1876. p. 5600. ann. 270.
（2）J.O., 1895, ann., p. 627.
（3）同命令は、土木事業における労働者が業者の競走入札によって不当に低い賃金しか支払われていなかったことを改善するために設けられたものである。詳細は外尾「フランスの最低賃金制」（季刊労働法九号）および 2 juillet, Doc. parl., nº 158. Rapport Chambon. 27 déc. 1907. Doc. Parl., nº 1409, 参照。
（4）同法案は商工労働大臣 Gaston Doumergue および司法大臣 Sarrien の名によって提出されているため、通常ドゥメルグ法案と呼ばれている。
（5）Groussier, op. cit., p. 257.
（6）No 1409. Chambre des députés.-9e législature, 27 déc. 1907.
（7）V. Publications de l'Association, 4e série. および La réglementation légale de la convention collective de travail. 1913.
（8）Bull. de la Société, 1907.
（9）Arnion, op. cit., p. 83.

(10) J.O., ann. 298, Doc. Parl. ch., 1910, p. 657.

(11) Doc. Parl. ch. 1913, n° 2334, p 343: n° 3062, p. 1312.

五　一九一九年労働協約法の成立

一　一九一九年法の性格

われわれは、これまでに協約法制化の推進者の大部分のものが、協約の法的性格については規範説の立場をとりつつも、組合の発展と関連させて、協約に全面的に規範的な内容をもり込むのは将来にまたねばならないとしてこれを留保したことを示した。立法者は、従来締結された協約が余りにも少なかったという実態および法制化に対する労使の反対から考えて、協約の立法化に必要なのは、規範的内容を盛った理想的な法案によって彼等を怖気させることではなく、協約の適用を現実の労使関係につみ重ねることであると考えた。すなわち将来、「協約は職業に従事するすべての者を拘束するであろう。……労働協約はその性質を発展させ、完全な形態に達するであろう。それは職業の労働条件の契約的基準、若しくはより簡単にいえば、職業の規則（règle）、法（loi）」であるからである。しかし「職業それ自体による職業的規制（la réglementation professionnelle par la profession elle-même）に導くためには、協約を〔第一に現実の労使関係に〕順応させ」なければならない。「終局的目的と直接的手段との間には矛盾するような外観が存在するが、人々は伸びるために〔まず〕屈するのである」(1)。このようにして一九一九年法は、いわば跳躍前のかがみ込んだ姿で成立した。フランス初めての協約法の目的は、何にもまして「実際的たらしめる」(2)

ことに存したのである。実際的たらしめるとは、第一にこれまでの判例を立法化することであり、第二に協約の発展を促していくことであった。協約を増加させるためには、労使の反対を招かないように、それを育つ見込みのあるものとする必要があり、そのためには敢えて労働協約の効果を挟く閉じたものとすることが必要であった。

　そこで立法者は、従来の判例と同じ立場に立って、原則として協約を契約法の枠の中で捉え、自由主義的なイデオロギーに基づく、市民法上の諸原理によってすべてを解決していこうとした。従って理論的には契約説に逆行したのであるが、しばしば規範的な実際上の目的と調和させるために、場合に応じて規範的なもの（le réglementaire）によって契約的なもの（le contractuel）を乗り越えていった。立法者は、協約を市民法上の契約的形態において捉えたが故に、新たな法理論の構成に専念することから解放され、却って実際上の見地から効果を規制することができたのである。

　このように一九一九年法は、理論的には、数々の矛盾と不統一性に貫かれ、錯雑した形態をみせるのであるが、法案の審議過程においては、むしろこの不明瞭さにこそ魅力が求められ、規範説の主張者は「終局目的のために法律を採択し、一方これに反対または疑惑をもつものも法案に手心を認めて」[3]賛意を表したのである。結局、一九一九年法は、あらゆる面における妥協の産物であり、種々の欠陥を内包するが、そのことこそ混沌たる当時の現実の率直な反映にほかならなかった。

　一九一九年法についての制度的な紹介は、他に譲る[4]こととし、ここでは、視角を変えて、協約発展史上における一九一九年法の地位について簡単な考察を行うにとどめたい。

（1）　Rapport Groussier, cité par Arnion, op. cit., p. 88.

(2) cf, Louis-Lucas, Les conventions collectives de travail. Rev. trim. de droit civil, 1919, p. 78.
(3) Arnion, op. cit., p. 88.
(4) 石崎『フランスの労働協約法』九一頁―一四六頁参照。

二 一九一九年法の構造

われわれは先に、一九一九年法が、契約法の枠の中で展開されつつも、規範的な実際上の目的と調和させるために、場合に応じて契約法をのり越え、規範的な内容を盛り込んだことについて一言したが、その結果として生ずる錯雑性の中には、つぎの三つの要素が混在していることを指摘することができる。第一は純粋に契約原理が貫かれている諸条項であり、これが主流を形成しているのをみる。第二は、契約を効果的ならしめるのに不可欠の限度において採用された規範的要素を内容とする条項である。しかし契約的精神による規制をうけ、むしろ混合的な性格を示す。第三は契約原理の影響によって歪められず、ないしは契約原理によっては説明することのできない純粋に規範的な要素を内容とする諸条項である。

これらは、実際上の必要性が強く要請された場において、それぞれその特性を発揮した。以下これらの三つの要素を分説することにする。

(一) 契約的要素

協約および組合に関して法が完全に市民法的な自由を維持し、規範的な観念を斥けている点として、つぎの諸条項を挙げることができる。

(1)　第一にわれわれは、協約の締結方法に契約原理が貫かれているのをみる。すなわち、協約当事者は、その団体の規約、総会の特別決議、或は全構成員によって個別的になされた文書による特別の委任によって、権限を委譲された場合でなければ協約を有効に締結することができず、以上の要件を満たさない場合には、その団体の特別決議によって承認されることが協約の有効要件とされている点である（第三一条b）。従って組合が協約を締結する権限は、固有の権利の中に存するのではなく、組合が組合員から与えられた特別の権限に基づいていると結論づけることができる。

(2)　第二は同法第三一条が協約当事者を極めて広く規定していることである。同法は協約能力を職業組合のみならず、単なる事実上の集団にも拡大した。このこと自体は、協約締結権を組合員個人の委任に由来させたことの論理的帰結にほかならないが、団体としての組織・統制力と永続性を有しない事実上の集団に組合と同等の権利を与えることは、協約違反の際の責任の所在についてさまざまの混乱を惹起させるばかりでなく、協約の締結において、組合に単なる受任者としての二次的な役割しか認めないことになる。

疑もなく立法者は、当時の労働組合の組織率が余りにも低かったために、協約能力を法律上の社団または一八八四年法による職業組合に限定すれば、協約の利用できる範囲がせばまり、協約の発展を害する恐れがあると考えたからにほかならない。協約能力を広く認めることによって協約発展の可能性をつみ重ねようと欲したわけであるが、アルニヨンの指摘するように組合の権威の敗北からは、協約の発展が生まれて来ないことはいうまでもないであろう(1)。

(3)　契約原理を貫くものとしてさらに重要なことは、同法が組合を脱退することにより、協約を免れる可能性を認めたことである。すなわち一九一九年法は、あくまでも個人主義的自由主義的な見地から、何人も自己の意に反して組合にとどまり、協約の適用を強制されないという建前をとり、協約が一定期間を以て締結された場合には八日以内（協約がストライキまたはロック・アウトの終結を目的として締結された場合には三日以内）に、当該組合を脱退し、協約の寄託をなした治安裁判所事務局または労働審判所に届け出ることを条件とし、さらに協約が期間の定めなく締結されている場合は、常時、一月前に予告することを条件として協約の拘束から離脱することができるように定めた（第三一条k、第三一条n）[2]。従って協約は、一定の解除条件付で締結されたと同じ効果をもち、個別的な免脱を認めることによって、労働条件の基準の決定という協約に本質的な団体的な性格が見失われている。

(4)　これと同じことは、協約への加入について規定する第三一条jにもみられる。すなわち同条は、すべての職業組合その他の労使の団体または団結をなさざる使用者が、協約に加入しようとする場合には、協約当事者の同意をうることを必要とすると定めて、債権法の原理に忠実に従っているが、これが協約の広い職業的な性格と対立するものであることは、改めて述べるまでもないであろう。

(5)　このような見地に立って眺める場合、一九一九年法は一八九二年法およびその後の判例よりも後退していることが窺われるのである。すでに述べたように一八九二年法は、調停ないしは仲裁によって成立した労使の協定に職業上の慣習的憲章（une charte coutumière）としての性格を与え、またいくつかの判決は、協約に職業慣習（usage professionnel）としての法的価値を認め、個別契約の協約に対する抵触を無効として取り扱っていた。このように判例の一部（これが少数の下級審判決にすぎなかったことは先に指摘したとおりである）は、職業慣習という形でともかくも協約の直律的効力を認め、その効力を職業一般に次第に拡大していこうと試みたのであるが、一九一九年法は協約をあくまでも署名当事者間の契約として捉え、判例の傾向を斥けてしまった。

㈡　混合的要素

一九一九年法の立法者は、協約を効果的ならしめるのに不可欠な限度において規範的な要素を採択したが、その大部分は契約原理による制約をうけ、限界を有している。これらの混合的な要素を内容とする規定にはつぎのようなものが存する。

(1)　その第一は、協約に拘束される人に関する条項である。労働協約は、協約に署名した使用者および被用者、署名団体の構成員であったもの（但し脱退の可能性がある）およびその後に構成員となった者、協約に後から加入した団体の構成員および個別的に加入した者に適用される。これらすべては契約の観念によって説明することができるのである。しかし、同法は実際上の必要性に応じて協約の効果を強力なものとするため、協約は単に協約に拘束される二当事者に締結される労働契約に適用されるばかりではなく、協約当事者が第三者と締結する労働契約に対しても適用される（第三一条r）旨を定め、契約法の領域を乗り越えていった。この規定により協約を全職業における労働条件の基準ないし法として拡張させていく第一歩を印したのである。

しかしこのような規範的な原理（principe réglementaire）に対しても、一九一九年法の屋台骨ともいうべき契約的理念が重要な制限を行っているのを見落すことはできない。すなわち、労働契約当事者の一方のみが協約に拘束される場合には、別段の約定のない限り協約の適用を受けるものと推定されるわけであるが、右の者が、もしも第三者との関係で協約に違反する労働契約を締結したとしても当該条項は無効となるものではなく、協約当事者との関係で単に損害賠償の問題が生ずるにすぎないのである。ここにおいては純粋に「他人間の行為は余人を害せずまた利せず」（Res inter alios acta aliis nec nocet nec prodest）という契約法上の法原則が貫かれているのをみる。これを敷衍すれば、協約当事者たるXは、相手方たるYに対し、協約の条件を第三者たるZとの労働契約に適用することを約したという理論構成になるわけである。従ってXがZと締結した契約において、これに違反すれば、当然にXはYに対して責任を負う。しかしYはXとZとの契約の無効を請求する権利を有しないし、ましてZはその契約の無効ないし損害賠償の支払をXに要求するためにXとYとの間に結ばれた契約（労働協約）を援用することは許されないのである。

(2)　労働協約が真に強制力をもって、当事者間に一定の静的な安定状態を創出するためには、両当事者が容易にこれを破棄しないことを予定しなければならない。一九一九年法は当然のこととはいいながら、労働協約が一定期間を定めて締結された場合には、その期間中（最大限五年）の一方的解除権を認めず、協約に本質的な強行的価値(portée obligatoire)を法的に担保した。しかし、他方において組合を脱退することによる個別的な免脱を認めたため、協約に拘束される組合の内容を空にし、場合によっては全員が組合を脱退することによって協約を死文と化すことすらできたのである。

(3)　さらに法は、期間の定めのない協約の解除に関連して、一団体の破棄は、反対の協定のある場合と雖も、当然にその団体全員の破棄を惹起すると定め（第三一条m）、協約の団体的な性格を明らかにし、組合の権威を肯定して、規範的な傾向を認めているが、他方において、もしも組合員が協約の適用を欲するならば、組合を脱退し、個別的に協約の当事者となる可能性を開き、あくまでも意思自治の原則を崩さなかった。

(4)　このような傾向は、組合の訴権に関しても認められる。一九一九年法は、「労働協約によって拘束され、訴訟当事者能力を有する団体は、協約当事者たる他の団体、その団体の団体員、または自己の団体員およびその他協約の拘束をうけるすべての者に対し、自己の名において損害賠償の訴を提起することができる」（第三一条t）と定めて、従来の判例の線を拡大しつつ組合の訴権を明確にした。同時に第三一条vは労働協約の当事者であって、訴訟当事者能力を有する団体は、その団体員各自のために、協約から生ずる一切の訴権を行使することができる。訴権の行使につき通告をうけた利害関係者が異議を申し立てない限り、訴の提起について委任を要しない。ただし、利害関係者は係属中の訴訟に何時でも参加することができる。」と規定して、「何人も代理人によりて訴訟せず」という法諺を打ち破ったのである。さらに同条は、組合自身が協約当事者であるか否かを問わず、何時でも「団体的利益」を理由として、協約当事者たる組合員の提起した訴訟に参加することを認め、労働協約の実効性を確保するために果たす組合の役割を高く評価した。

しかし、一方において同法はあくまでも契約的なメカニズムに、このような組合訴権を当て嵌めようと企てた。組合に訴権を認めた従来の判例は、ともかくもその根拠を職業の団体的利益（l'intérêt collectif de la profession）においていたのであるが、一九一九年法は、すでに引用したように、第三一条vにおいて「団体的利益を理由として」という表現を用いながらも、そのしくみを一連の契約関係に基づいて構成したのである。すなわち、組合が協約違反者に対して訴訟を提起しうるのは、あくまでも組合が契約の当事者であり、また協約当事者でない場合に組合員によって提起された訴訟に参加できるのは、協約当事者たるその組合員の一種の訴訟信託に由来するからであると考えられた。そこで協約違反に関して組合が訴を提起しうる場合は組合自身が協約当事者であり、かつ相手方が協約に拘束されるものであること、組合員の提起した訴訟に参加しうべき場合は、自己が協約当事者であるか、または当該組合員が協約当事者である場合に限定される。従って組合自身またはその組合員の一員が当事者となっていない協約に関しては、職業的利益の擁護を理由として訴を提起することが許されないことは勿論、組合員の一員が協約に拘束され、仮に協約違反によって損害を蒙った場合であっても、その組合員が訴訟のイニシアティブをとらない限り、組合は団結権を擁護する上にいかに利害関係を有したとしても如何ともする術はないのである。

一九一三年四月五日の破毀院判決（前出）は、協約当事者であるか否かを問わず、およそ職業的利益が問題となっている限り、組合に訴訟に介入する権利を認めたが、一九一九年法は、債権法の原理に忠実なあまり、この点に関してはむしろ判例よりも後退したのである。

㈢　規範的要素

以上のように全体としては契約原理を貫きながらも、一九一九年法はつぎのような規範的な要素を内包し、一面においては協約の法的性格を正しく示している。

(1)　規範的な性格がみられる第一は、個別契約の協約に対する抵触禁止規定である。従来の判例は、協約を私法上の契約と解した論理的帰結として、民法典第一一三四条の規定により、個別的に締結される労働契約により協約の条項を排除することができると判示していたが、一九一九年法は労働協約に致命的なこの欠陥を是正し、労働協約を実効あらしめるために、協約上の義務を負う労働者と使用者との間に締結される労働契約に対しては、協約が強行的に適用される旨を定め、協約に抵触する労働契約を無効として扱うことにした。従って労働協約に公序としての法規性を認め、契約関係によってはこれに対抗できないことを示したのである。しかし一九一九年法の立法者は、「普通法上の原則にこのような例外を導入することにより契約の本質自体と矛盾し、……〔これを〕デフォルメしたことに気づいていな」かった[3]。議会における討論においても、協約に対する抵触禁止規定を設けるのは、協約を締結したという「個人の意思により以上の価値を与えるためであり、「純粋にかつ簡単に個人の権利を拡大したにすぎないのである」[4]という自由主義的な偏見に基づくナイーブな詭弁が弄された。

(2)　さらに一九一九年法は、協約当事者である団体の組合員は、所定の期間内にその団体を脱退せず、組合員としてとどまる限り協約の拘束から免れることができない旨を定めているが、契約原理ではこの拘束性を説明することはできないのである。立法者は組合の協約締結権を組合員の委任に基づかせたが、もしも委任であるならば、組合員はこれを拒否しつつ、すなわち協約の拘束をうけないで、しかも組合員としてとどまることは一向に差し支えない筈である。しかるに一九一九年法がこの自由を認めなかったことは、結局このような組合員を、組織を破壊し、協約の職業的価値を減少させる手に負えない分子とみなし、これを組織の枠外に放逐させようと欲したからにほかならない。この規定は、畢竟職業の法としての協約の実効性を確保し、組織を強化するために、契約の自由に制限を加えたものであって、規範的な要素の第二としてわれわれが指摘しうるものである。

(3)　最後にわれわれはつぎの点を挙げることができる。同法によれば協約の拘束をうける労使の団体は、その協約の誠実な履行を妨げるような何等の行為をもなさない義務を負うように定められているが、同時にこの義務の履行については、協約所定の範囲内においてのみ履行の担保の責任を負うものと規定されている（第三一条s）。従ってこれらの団体は、反対の合意の存在しない限り、その固有の行為に対してのみ責任を負い、その組合員の協約不履行に対しては、原則としてその責に任じない(5)。

このことは、団体が協約関係に介入する場合に、自己が締結した契約の契約当事者として介入するというよりは、法規則を制定する権力を有する者として協約関係に関与していることを示すものであろう(6)。

一九一九年法は、以上のような複雑な性格を有し、理論的にも多くの矛盾を含んでいるが、ともかくも労働協約発展史上一つの立法的足がかりを提供した点に高い評価を与えるべきであろう。それと同時に一九一九年法が当時の労働協約ないし労働運動の実態を率直に反映するものであったということは、労働運動の発展とともに協約法が今後修正・補完されていくことを暗示するものである。

（1） Arnion, op. cit., p 91.
（2） 協約が期間の定めなく締結された場合、および有期の場合でも五年以上を超えたときには、両当事者は何時でも一月前に予告することによって解除することができる。
（3） Brèthe, De la nature juridique de la convention collective de travail, 1921, p. 143.
（4） P. Beauregard, Ch., 29 juill. 1913; J. O., 30 juill. Ch., Déb., p. 307. cité par Arnion, p. 96.
（5） この点が使用者側の反対理由の一つとなっていた。
（6） cf. Eblé, op. cit., p. 93, Cretinon, La loi du 25 mars 1919; Chronique sociale de France., pp. 298-299.

第二章　労働協約の拡張制度

一　はしがき

労働協約は、フランスにおいても元来、どん底の生活に追いつめられた労働者達が、〈これ以下では働かない〉といって雇主に集団的につきつけた一片の賃率表（tarif）に端を発しているのであるが、資本主義社会の発展に伴う産業構造の変化と労使関係の変遷に対応して次第に複雑な様相を帯び、多岐に亘る社会的機能を営むようになった。(1)

まず第一に労働協約の内容が二〇世紀の初頭にかけて賃率だけを羅列した従来のいわゆる骸骨協約（convention squelettique）から、厖大な諸条項を盛った豊かなものへと発展した。すなわち労働条件に関する規定としては、例えば、時間外手当、危険有害作業手当等の賃金以外の諸手当、賃金支払方法、労働時間、休日休憩、解雇予告期間等が具体的かつ詳細にとりきめられるようになり、一方、労働者の団結の強化を図るためクローズド・ショップ約款やユニオンショップ協定が、組合活動或は争議を理由とする解雇禁止条項と並んで規定され、さらには協約期間中の静的な安定を目的とする労働争議の調停・仲裁条項等が加えられるようになった。このことは、労働条件の維持改善とともに、これらを創出する前提ともいうべき労働者権＝団結権の強化拡大が協約を通じて具体化されていったこと、協約が労働争議解決の条件として締結されるのみならず、予めこれを防止し、労使間の安定を図るために締結されるようになったことを意味する。換言すれば協約当事者が、当該職業ないし産業における統一的な法規範の設定を目的とし、このような内容をもつものとして協約が締結されるようになったことを示すものであるといってよいであろう。勿論、労働協約も労使間の協定である以上、その時その時の労使の力関係を反映し、労働者の権利が強く主張されるときもあるし、或は平和条項等の形をとって資本の側の労働力支配が強行される場合もある。しかし第一次的ないし基本的には職業全般に通じる統一的な労働条件の基準の設定を目的として労働協約が締結されてきたことは、労働協約の内容の発展からみても疑いのない事実であろう。

労働協約発展の様相の第二は、協約の適用領域が漸次拡大していったことである。すなわち職業別ないし産業別の労働組合の組織化について、協約は次第に地域的な拡がりをもって締結されるようになり、単に一企業ないしは特定地域の数企業の組合員のみを対象とせず、地方的或は全国的な規模において締結されるようになった。(2)

このような労働協約の形態の発展は、当然にこれと表裏一体の関係をなす労働協約の効力の強化・拡張となって現れてくる。

労働協約は、当初は労働者相互間の賃率についての申合せ（いわば仲間の相場）をストライキその他の集団的な威力を用いて雇主に強制的に受諾させたことから出発しているのであるが、このような端緒的な段階においては、賃率表は仲間の誓約であるからという強固な連帯意識を支柱とし、事実上の制裁を社会的な担保としてその実効性が確保されていた。すなわち協約を無視する使用者にはストライキその他の脅威が待ちうけていたし、協約の定める条件以下の労働条件を受諾する労働者には除名ないし絶交（mise à l'index）が課せられ、再びその地域においては職を見出しえないほどの激しい制裁が加えられた。(3) 従って法的にはあくまでも違法視されながらも、協約は以上のような規範意識や事実上の制裁に担保されつつ規範的な効力を貫き、協約に違反する労働契約は事実上効果のないものとしての取扱いをうけ、協約に定める基準がこれに代わって妥当していったのである。

しかし一八八四年法により労働組合が法律上の地位を獲得した結果、労働協約の法的性格も一変してしまった。

一八八四年法第三条は、職業組合の目的として、組合員の経済的利益の擁護を掲げているが、同条の解釈として組合には労働協約締結権が認められたというのが通説の立場であり、協約締結権が認められている以上、協約の法的効力も実定法上確認されているというのが学説のほぼ一致した見解となった(4)。裁判所もまた一八八四年法により、組合に行為能力が認められたことを根拠に、組合が正規に設立されたときから協約の締結はその活動範囲に入ったとして、協約に契約法上の効力を認めたのである。しかし当時の個人法的思惟においては、協約当事者たる組合の締結した契約の効果が、いわば第三者ともいうべき組合員に及んでいるという契約の効力の相対性の原則に逆らうような現実を法的に理論構成するために、委任、事務管理、第三者のためにする契約等のさまざまの法律技術が用いられた。これらの見解に従えば、いずれも労働組合は単なる仲介者にすぎず、労働協約に関する権利義務の真の主体は、組合員たる個々の労働者であるとされていた。労働協約はこのような法律構造をとるが故にその効力が直接、個々の労働者に及ぶと理解されたわけである。もとよりこれらの理論も、労働協約発展途上の一時期、すなわち協約の内容が主として賃金その他の労働条件のみに限られ、かつ労働者の組織が未だコアリション（一時的団結）の域を脱せず、協約締結と同時に解散していた時期には極めて適切に妥当することができたのであるが、労働協約に例えばショップ制や調停・仲裁手続等労働契約の内容となりえない条項が盛られ、かつ労働組合が継続的な団結として結成されて協約違反に対する法的な救済を要求し始めるとともに、現実から遊離したいくつかの矛盾を暴露せざるをえなかった。

そこで社会的経済的関係の変遷とともに生まれてきた労働協約の本質は、契約当事者の意思のみが法律関係を創造する力をもつという個人法的な契約理論をもってしては到底説明し難いことを明らかにし、協約が契約の形式をとるにも拘わらず、従来の典型契約では明らかにしえない広い効果を有する点に着目してこれを一種特別の契約として把握しなければならないと説く一群の論者が現れるにいたった。彼等は伝統的な契約観念を契約法の許す範囲内で最大限に打破し、労働協約の直律的効力を法理論の中に反映させようとした点に特色を有する。例えば無名契約論者の一人であるドゥアルシュによれば、労働協約は使用者と労働者の団体との間に締結された労働条件の契約的基準（réglementation contractuelle）である。従って協約当事者たる労働組合の組合員および使用者は、協約において、将来の個別的労働契約を協約の定める条件に従って締結するという合意をなしたことになる。それ故に、適法に形成されたこのような合意が当事者間の法として機能し、協約に違反する個別契約は、その限りにおいて無効となると説かれた。(5) しかしこれらの説も、協約の規範的効力の根拠を契約当事者の個人意思に依拠して説明しようとしている点で、なお個人法的・擬制的なものを払拭することができなかったし、また契約にこのような強行的性格（caractère impératif）を与えることは、裁判所を初め、当時のフランス法学界の到底受け入れるところとならなかった。すなわちたとえ無名契約であるとはいえ、契約説をとる限り、協約に違反する労働契約は無効と解すべきものではなく、せいぜい損害賠償の対象となるにすぎないとされたのである。

無名契約説の出現を契機に、フランスにおいては一九世紀末から二〇世紀の初頭にかけて労働協約の法的性格に関する論争が華々しくくり拡げられた。すなわち協約を労使両当事者の契約であるとみながらも、協約規範の有する権力的な要素に着目し、これを組合の組織的な権力構造に結びつけつつ、協約に規定する労働条件が各組合員に妥当しているのは、組合の内部的な構造に由来すると説く法人説が登場し、或は労働協約に内在する規範そのものを捉え、これを客観的規範とみることによって問題の解決を図ろうとする規範契約説が現れ、さらには純粋に協約が職業社会という生活秩序体に構造的要素として発生する法規範であると説く法規範説が出現するにいたったのである。

このように学説は百出し、撩乱と咲き乱れたのであるが、われわれはこれらの諸説が、いずれも協約の法律構造についてはほぼ一致した見解を示していることに注目しなければならない。すなわち、契約説の立場を貫く者も法規説の立場に立つ者もいずれも根底においては協約に内在する規範的な効力を否定するものではなく、これを法律的にどのように理論構成するかという点で説が分かれたのである。従って学説は、伝統的な契約説を固守しつつ、当事者は個別的に締結する労働契約によって協約を排除することができると判示していた従来の判例の立場を一致して論難し、労働協約に致命的なこの欠陥を是正し、労働契約を実効あらしめるために協約の直律的効力の立法による解決を主張した。

このような世論に動かされてフランス最初の労働協約立法である一九一九年法は、協約当事者たる使用者と労働者との間に締結される労働契約に対しては、協約の規定が強行的に適用される旨を定め、協約に抵触する労働契約の条項を一切、無効として取り扱うことにした。従ってその限りにおいては労働協約に公序としての法規性を認め、個別的な契約によってこれを排除しえないことを示したのである。

このようにして労働協約は、法的にもまず労働契約に対する優位性（直律的強行性）を獲得したのであるが、労働協約が職業社会における統一的な労働条件の基準の設定を基本的な目的としている以上、その効力が単に協約当事者たる組合の構成員のみならず、広く当該企業の被用者一般に及び、さらには企業の枠を超えて特定地域の同種の労働者全体へと拡張されて行く必然性を有していることはいうまでもないであろう。すなわち労働協約が職業ないし産業の法としての機能を充分に果たしうるためには、普遍性、統一性が不可欠の要件であり、そのためには非組合員たる労働者にも労働協約によって定立される労働条件の基準が妥当していかなければならない。このことはつぎのような意味を有する。

第一に労働協約を非組合員にまで拡張適用することは、労働市場における労働者相互間の競争の排除を意味する。すなわち労働力の取引の場において、労働協約の定める基準以下の条件で労働力を安売りする労働者が存在すれば、労働条件についての最低基準を定めたものとしての労働協約の意義の大半は失われ、使用者の営利心と相まって協約関係者たる労働者にも結局は低賃金と劣悪な労働条件への道を開くことになる。このことはとりもなおさず労働組合存立の意義を薄弱化し、団結権そのものを効果の乏しいものと化してしまうのである。そこで労働組合は、組織拡大の運動を行い、非組合員をできる限り自己の組織の中に吸収して競争関係に立つものを排除しようと努力する半面、協約にクローズド・ショップ制ないしユニオン・ショップ約款を規定することによって協約を通じて労働市場における独占的地位を獲得しようとし、さらに積極的には労働協約の効力の立法による非組合員への拡張適用を要求し始める。すなわち労働組合は、労働協約の効力を組合員以外の労働者にも拡張適用せしめることによって統一的な労働条件の基準の設定という労働協約本来の機能を有効に実現させ、かつ団結権の強化拡大を図っていこうと試みるのである。

第二に労働協約の効力を非組合員にまで拡張適用することは、労働条件の統一化・画一化という近代産業の要請に合致する。すなわち新たに生まれてきた近代的大工場制においては、資本は労働力を集団的に企業に組織づけなければならない。かくて企業規模の拡大は、当然に労働条件の統一性・画一性を要求し、労働条件の画一化は、特定企業に雇用される全従業員への協約の拡張適用を促すのである。

第三に協約の効力の拡張は、資本の側における相互の競争の排除を意味する。労働市場における労働者相互間の競争の排除と労働組合の団結の強化を目的として労働者の側から労働協約の効力を非組合員に拡張適用することが叫ばれたのと同じように、協約の直律的効力が確立するにつれて次第に使用者の側においても、商品市場における企業主相互間の競争の排除を目的とする協約拡張の必要性が認識され始めた。すなわち価格の統一、競争条件の統一のためにする労働条件の画一化という資本家的要請が、協約の効力を企業の枠をこえて特定地域の全労働者に拡張適用せしめようとする動きを示したのである。かかる企業相互間の競争を規制する役割を担い、ひいては労働条件を平準化するものとして労働協約の効力は工場事業場という狭い限界をのりこえ、地域的さらには全国的規模においてまでその適用領域を拡大するのである。

以上のような経済的社会的必然性に媒介されつつ、協約の拡張を認める制度が、一九一九年法ならびに一九三六年において確立し、(6) 今日にいたっている。すなわち、フランスにおいては、労働組合の発達と産業構造の発展が前提条件を創出し、このような社会的な基盤の上に立って労働協約の拡張制度が確立し、さらに協約の拡張を認める法制を足場に労働組合の組織化と団結の強化がおし進められているのをみるのである。

(1) 第一章「初期労働協約法理の形成過程」、外尾「フランスにおける労働協約の起源とその発達」(労働法律旬報一四六号) 参照。
(2) 一九世紀末には、例えば一八九一年のパー・ド・カレー鉱山におけるアラス協定 (convention d' Arras) のように、全国の主要鉱山において適用される全国協約が早くも出現している。
(3) Raynaud, Le contrat collectif de travail. 1901, p245.
(4) Douarche, Les conventions collectives relatives aux conditions du travail, 1907, p. 36; Arnion, L'évolution des conventions collectives de travail, 1938, p.37 et s.
(5) Douarche, op. cit., p.51 et s.
(6) フランスにおいて「協約拡張」の制度が初めて設けられたのは、一九三六年法においてであるが、後述するように一九一九年法においては、協約の人的適用範囲として協約当事者と第三者との労働契約に対する協約の効力に関する法的規制が行われている。これは実質的にみてわが国の労組法第一七条の規定する工場事業場における一般的拘束力とほぼ同一の効果を生み出すものと考えられるので、労働協約の拡張の問題の中に含めて取り扱うことにした。勿論、地域的な拡張命令が発せられれば、この中に含まれて、問題は一挙にして解決してしまうわけであり、本稿でも重点は地域的な協約の拡張の問題におかれる。

二　企業単位の拡張制度

一　企業単位の拡張制度の形成過程

労働協約拡張の必然性は上述のとおりであるが、これを法的な観点から捉え、協約の効力を協約当事者のみならず、非組合員に対しても拡張適用していこうとする動きは、協約の署名当事者たる使用者および労働者（協約当事者たる組合の構成員）が、協約の拘束をうけない第三者と労働契約を締結する際に、労働協約に定められた労働条件に関する諸規定を遵守すべき義務を有するか否かという議論の中から生まれてきた。すなわち協約当事者たる使用者は、協約の定める基準と異なった条件で組合員以外の労働者を採用することができるのか、また協約の署名当事者たる労働組合の組合員は、協約の適用をうけない企業において、例えば協約に規定された賃率以下の賃金で労働契約を締結することができるのか、以上の違反が行われたときその協約上の責任はいかなるものであるのかが、協約当事者の引き受ける債務の法的性格如何という問題と関連して議論の対象となったのである。

そして、協約当事者の意図においては、相手方たる協約当事者が第三者と労働契約を締結する場合にも労働協約の規定する基準を遵守する義務を負っていると解すべきであるというのが通説の立場であった。なぜならば使用者は、労働者が後になって競争相手の企業家（industriel rival）の下で、より安い賃金で労働契約を結ぶ自由を有しているとするならば、恐らく協約の締結を躊躇するであろうし、労働者側においても、使用者が協約所定の条件以下で働く新しい従業員を自由に採用しうるとしたならば労働協約を締結した利益を殆んど引き出すことができないからである。このような当事者の意思解釈から、協約当事者は第三者との関係においても労働協約を遵守すべき義務を負うものと解された。これらの見解を代表するものとして立法研究協会（Société d'études législatives）の労働協約法案第四五条第二項をあげることができる。すなわち同条は、「〔協約〕加入者の約束（engagement）は、約定条件が……加入者に対してのみ拘束力を有する旨の明示の規定の存しない限り、協約に無関係の者と締結する個別契約においても、協約の定める労働条件を遵守する義務を含むものとする」と規定する。

しかしこのように第三者との関係においても協約の諸条件を遵守すべき義務を労使双方に等しく課すことは、労使関係の実態から離れた議論であるとしていくつかの批判が投げかけられた。(1) すなわち協約が協約当事者と第三者との関係について沈黙を守っている場合には、勿論協約当事者の内心的効果意思を探求しなければならないが、何よりも当事者が発生させようとした効果は当事者相互の置かれた社会的状態、換言すれば現実的基盤の上に立って確定されなければならないのである。実際上雇用条件を決定するのは、使用者であって労働者ではない。すなわち従業員全体に労働協約を適用するか否かは専ら使用者の意思如何にかかっているといっても過言ではないのである。

しかも近代的大工場制の下においては、複雑な分業や協業、機械の採用による同一生産が、必然的にすべての点（賃金、労働時間その他の一般的労働条件）において集団的・統一的な制度（régime collectif, régime uniforme）を要請する。(2) 従って協約の署名当事者である使用者は、組合員であるか否かを問わずすべての従業員に対し、労働協約の定める一般的条件を苦痛なく適用するであろう。この限りにおいて前記立法研究協会法案および政府第一次法案の規定する推定は根拠のあるものである。

しかしながら逆に協約署名団体に属する労働者が、協約の拘束をうけない使用者と労働契約を締結する場合には、労働者は使用者の提示する、そして現にその工場事業場において行われている労働条件を実質上受諾せざるをえない。人々は工場で画一的・統一的に行われている条件に反して「協約の利益を専ら自己のためにのみ主張する笑うべき要求（prétention ridicule）を提出する労働者の受け取る返事を容易に推測することができる」(3)。同一職種における労働条件の画一化が逆に当該工場における労働協約の適用を排除するのである。労働者はこのような状況下にあっては、もはや労働契約への協約の適用を第三者たる使用者に対して要求することは不可能である。それ故に協約に定められた基準と異なった条件では、いかなる工場においても働かないという義務を労働者が負うことは結局、協約の行われている地域を捨てることか、或は餓死することに等しく、労働者にとって甚だ酷である。従って協約当事者の第三者との関係における協約上の義務は、労働者と使用者とでは別個に解すべく、これを同一に取り扱うことは許されないと説かれた。

しかしまた、協約当事者たる労働者が、第三者との労働契約において協約に違反する完全な自由を有するとすれば、労働協約の目的と機能は半ば失われてしまうことも斟酌しなければならない。すなわち協定された最低賃金以下の賃金で労働することを承諾した労働者は、協約当事者である使用者と他の組合員の利益とを同時に侵害することになる。協約の基準から脱落することにより組合の団結を弱め、賃金の下落に拍車をかけるし、賃金の割引きを約することによって彼はより安価な労働力を競争関係に立つ他の企業に提供し、不忠実な手段による不正競争を容易ならしめることになる。そこで労働者は、使用者と同じく対第三者との関係においてもあくまでも協約の基準を遵守すべき義務を負うが、労働者が置かれた特殊な社会的事情から特定の場合にはその責任を免れうると解すべきである。すなわち、①使用者は、協約が沈黙している場合には、第三者との関係においても協約条項を遵守すべき義務を負う。②同じく協約署名団体に属する労働者は、協約の適用領域においては、協約に拘束されない使用者との労働契約においても協約条項を遵守すべき義務を負う。ただし協約規範の適用を労働者が要求することが不可能であることが立証された場合には、債務不履行の責任を免れる、と解された。

以上に明らかなように、労使の組織化と協約の発展に伴って、漸次労働協約の定める基準が協約署名組合の組合員以外の労働者にも事実上拡張されている現実を法的に理論構成するために、協約当事者は、協約規範を第三者と締結する労働契約にも適用すべき義務を相互に負っているという法律技術が用いられたのである。すなわちこれらの見解に従えば、協約当事者である使用者および労働者は、第三者との労働契約においても協約の定める基準を遵守すべき義務を協約の相手方に対してのみならず、自己の組合並びに組合員に対しても負うことになる。それ故に協約当事者が、協約の定める基準以下の条件で第三者と労働契約を締結した場合には、当然に債務不履行の責任を問われる。かくのごときいわば一種の実行義務を担保に協約の拡張が行われていると解されたわけである。

しかしながらいうまでもなく、協約当事者がこのような実行義務を有しているとしても、それはあくまでも協約当事者相互間の関係にすぎないのであって、協約規範が第三者との労働契約に適用されているのは、その間接的な効果にすぎないのである。従って仮に協約に違反する労働契約が結ばれたとしても、労働契約それ自体は当然に有効であり、単に協約当事者相互間において債務不履行に基づく損害賠償責任が発生するにすぎない。そこでさらに一歩進めて、直接、労働契約そのものの解釈から協約規範の労働契約への適用を導き出そうとする見解が生まれてきた。すなわち労働契約は二当事者間の合意の産物であるから、当事者の一方が協約規範を遵守すべき義務を負うとしても、このことから直ちに労働契約が協約に服すると推定することはできない。特定の工場事業場において労働協約が非組合員たる労働者に対しても拡張適用されているのは、むしろ契約当事者の共通の意思として協約に従っていると推定すべきである。「協約が絶えずその活動領域を拡大するように促されているのは、契約上の慣習としての性格（caractère d'usage contractuel）による」[4]ものであり、従って個別契約への集団規範の適用は、本質的には契約当事者の意思解釈の問題であるとされた。すなわち、契約当事者は、労働契約によって明示的にこれを排斥しない限り、当該工場事業場ないし当該地域に行われている協約の基準によるという意思を有していたものと認むべきであり、当事者が黙示的に従う慣習として協約規範が個別契約に適用されるのであると解された。協約当事者と第三者との関係を協約の側からでなく、労働契約の側から把握して協約にいわば事実たる慣習としての効力を認めようとする考え方は、労働協約に関する政府第一次法案第一七条となって結実している。すなわち同条は「労働契約の一方の当事者のみが協約の諸規定に拘束されるときは、協約の条項は、反対の規定を欠く場合にのみ労働契約より生ずる関係にも適用せられる」と規定する。協約にこのような慣習として効力を認めうるためには、いうまでもなく協約が特定地域の職業慣習とみなされうるまでに充分に普及することが必要である。協約が特定の職種ないし産業において広汎に拡まるにつれて、職業慣習としての考え方が強まっていったのは、けだし当然のことであろう。

（1）　Charles de Visscher, Le contrat collectif de travail, 1913. p. 208 et s.
（2）　V. Jay, Le contrat collectif de travail, pp. 13-14.
（3）　de Visscher, op. cit., p. 210.
（4）　立法研究協会におけるコルソン氏の報告（Colson, Rapport écrit, p. 197. cité par de Visscher, op. cit., p. 222.）。

二　一九一九年法

フランスにおける最初の労働協約立法である一九一九年法は、協約に直律的強行性を認め、従来の判例の立場を根底から覆した。すなわち同法は、判例が、協約を純粋に私法上の契約として捉え、契約当事者相互間の合意による契約取消の原則を適用して、使用者および労働者は、たとえ協約の適用をうけていたとしても個別的に締結する労働契約により協約を排除しうると判示していたのを根本的に修正し、協約に反する労働契約は無効であるとして協約に強い法規性を認めた。

しかしながら協約当事者相互間に関する限りでは直律的強行性を認めた一九一九年法も、協約当事者と第三者との関係においては再び契約説に立ち戻り、前記立法研究協会法案第四五条の骨子をほぼそのままの形で受けついでいる。それと同時に、同法は、事実たる慣習として協約が個別契約に適用されると説く見解を法案に反映せしめた政府第一次法案第一七条をも若干の修正の後採択した。すなわち前者の流れをひく規定は、同法第三一条a(1)であり、後者に属する規定は第三一条r(2)である。

従って、一九一九年法の規定する協約当時者と第三者との関係はつぎのように解することができる(3)。

(1)　第三一条aは、協約当事者が当該協約の適用範囲を協約署名当事者のみに限定していない限り、労働協約の拘束をうける者は、第三者との労働契約においても、協約の定める労働条件を遵守すべき義務を有すると規定する。従って協約当事者以外には協約を適用しない旨の明示の規定が存する場合には、当然に協約当事者は第三者と、協約の定めるところと異なる条件で労働契約を締結することができ、協約の拘束をうける契約当事者の一方は、このような労働契約を締結したことの故をもって協約違反の責を追及されることはないのである。

(2)　これに反して協約に右のような条項が存在しない場合には、協約の拘束をうける契約当事者の一方は、第三者との労働契約においても、協約の定める条件を遵守すべき義務を負う。従って使用者が協約に拘束される場合には、協約署名組合の組合員以外の労働者を採用するときにも、協約の定める条件を遵守しなければならないし、労働者が協約の拘束をうける場合には、協約の基準より低い条件で第三者たる使用者と労働契約を締結してはならないのである。

(3)　さらに労働契約の当事者の一方のみが協約に服する場合には、当該労働契約に反対の約款（la stipulation contraire）が存在しない限り、契約当事者は協定の定める基準によるという意思を有していたものと推定され、協約規範が当該労働契約に対して適用される。すなわち協約当事者と第三者との労働契約が特定の労働条件について沈黙している場合には、協約が事実たる慣習としての資格で適用される。

(4)　協約の適用をうける使用者または労働者であって、第三者との関係においても拘束をうける者が、第三者たる労働者または使用者と、協約を下回る条件で労働契約を締結した場合には、自己の引き受ける債務の不履行を理由として損害賠償の責に任じなければならない。

以上のように一九一九年法は、実際上の必要性に応じて協約の効果を強力なものとするために、協約は単に協約に拘束される二当事者間に締結される労働契約に適用されるばかりでなく、協約当事者が第三者と締結する労働契約に対しても適用される旨を定め、協約を全職業における労働条件の基準として拡張させていく第一歩を印したのである。

しかしこのような協約規範拡張の動きに対しても、一九一九年法のいわば屋台骨ともいうべき契約的理念が重要な制限を行っていることをわれわれは見逃してはならない。すなわち、労働契約当事者の一方のみが協約に拘束される場合には、別段の約定のない限り協約の適用をうけるものと推定されるわけであるが、右の者が、もしも第三者との関係で協約に違反する労働契約を締結したとしても当該条項は無効となるものではなく、協約当事者相互間において損害賠償の問題が生ずるにすぎない。ここには純粋に「他人間の行為は余人を害せずまた利せず」（Res inter alios acta aliis nec nocet nec prodest）という契約法上の原則が貫かれているのをみるのである。これを敷衍すれば、協約当事者たるXは、相手方たるYに対し、協約に定める労働条件を第三者たるZとの労働契約に適用することを約したという理論構成になる。従ってXがZと締結した契約において、これに違反すれば、当然にXはYに対して債務不履行の責任を負う。しかしYはXとZとの契約の無効を請求する権利を有しないし、ましてZはその契約の無効乃至損害賠償の支払をXに要求するためにXとYとの間に結ばれた契約（労働協約）を援用することは許されないのである。立法論としては、協約の実効性を確保するために、第三者との労働契約においても、協約に反する契約条項を無効ならしめて、協約の拘束をうける者が協約の適用から離脱することを防ぐのが望ましいという意見も存在した。しかし、一九一九年法の立法者は、これまでに締結された協約が余りにも少なかったという実態および協約法制定に対する労使の批判的な態度からみて協約の立法化に必要なのは、規範的な内容を盛った理想的な法案によって彼等を怖気させることではなく、協約の適用を現実の労使関係につみ重ねることであると考え、敢えて契約説の立場を貫いたのである。従って、第三者との関係における協約遵守義務を、協約当事者が使用者であるか労働者であるかに従って区別すべきであるというド・ヴィッシェルの主張も、将来に見送らねばならなかった。

（1）　同法第三一条aはつぎのように規定する。

「反対ノ約款ナキ限リ、労働協約ニ依リテ拘束セラルル人々ハ其第三者トノ関係ニ於テモ協定労働条件ヲ遵守スルコトヲ要ス」。

(2)　同法第三一条rはつぎのとおりである。

「労働契約当事者ノ一方ノミガ労働協約ノ条項ニ依ツテ拘束セラルルモノト認メラルベキ場合ニハ、別段ノ約定ナキ限リ其労働契約ヨリ生ズル関係ハ右条項ノ適用ヲ受クルモノト推定ス。

労働協約ノ拘束ヲ受クル当事者ニシテ、第三者ニ対スル関係ニ於テモ拘束ヲ受クルモノガ第三者ニ対スル関係ニ於テ当該協約ノ定ムル原則ニ反スル条件ヲ承諾セルトキハ、自己ノ引受ケタル債務ノ不履行ヲ理由トシテ民事上訴追セラルベシ。」(末弘博士『労働法研究』所収の訳文による)。

(3)　V. Planiol et Ripert, Traité pratique de droit civil français, t. XI p. 139 et s; Eblé, Le développement juridique et social de la convention collective de travail, 1923, p. 73 et s.

三　一九五〇年法

一九一九年法の規定によれば、労働協約は、相互に協約に服する労働者と使用者との間に締結される労働契約に対してのみ公序としての強行性をもつにとどまり、協約の拘束をうける者と第三者との労働契約に対しては単に協約および契約が沈黙を守っている場合にのみ協約適用の推定を行っていたにすぎない。一九五〇年二月一一日法においても、政府提出の法案には、一九年法以来の伝統的な規定がそのままの形で盛り込まれていたのであるが、それは審議の過程において修正され、最終的には全く別個の法的価値を有する規定が成立した。(1) すなわち、第三一条e第二項は、「使用者が労働協約の条項に拘束される場合には、これらの条項は、使用者の締結する労働契約に適用される」と規定し、従来の立場を一変してしまったのである。

同法では、特定の企業の使用者が協約の拘束をうける場合には、協約の相手方たる組合、すなわち協約に署名もしくは加入した労働組合の組合員以外の労働者と締結する労働契約に対しても協約規範が適用される。それ故に使用者が第三者たる労働者と締結した労働契約の約款が、協約に違反すれば、違反した部分は無効となり、協約の条項に置き換えられるわけである。ただし同条e第三項（労働協約の適用範囲に含まれるすべての企業においては、当該協約の諸規定は、より有利な規定が存在しない限り、個別契約若しくは組契約 contrat d'équipe より生ずる諸関係に適用される）の規定によって、労働契約が協約の基準を上回る条件を規定している場合には、協約より有利な労働契約の条項がそのまま適用される。

したがって使用者が、特定の組合と協約を締結した場合には、当該協約は自動的に全従業員に対し拡張適用され、署名組合の組合員であるか非組合員であるかを問わず、すべての労働契約に強行的に適用される。このような協約の効力の自動的拡張（extension automatique）は、すべての従業員に対し労働条件の統一的な基準を設定し、かつ企業における労働力の不当な安売りを防止する点で労働協約の本来の趣旨によく合致するとされたのである。

しかし協約規範に対し公序としての法規性を強く認めようとする右の規定も、つぎの諸点が批判の対象となっている。(2)

(1)　一九五〇年法の規定によれば、使用者を拘束する労働協約の効力が、使用者とその雇用するすべての従業員に対し自動的に拡張されることになる。従って自動的拡張は、使用者が協約当事者である場合に限られるから、後述する地域的拡張の場合に比して拡張の規模は小さいということができる。しかし使用者の雇用するすべての従業員を等しく拘束するという点で、協約の効力の拡張の面からは両者に差異があるわけではない。しかるに協約の効力の地域的拡張の場合には、最も代表的な労使の団体の締結した協約が労働大臣の命令に基づいて拡張されるというしくみになっており、これについて混乱が生じないように必要な措置がとられているが、自動的拡張の場合にはなんらの措置もとられていない。そのために、使用者が協約に拘束される場合には、すべての従業員に対し、その者が協約署名組合に加入しているか、他の組合に加入しているかまたは未組織のものであるかを問わず当該協約が無差別に適用されることになる。

(2) 従って特定の企業に数個の組合が存在して、使用者とそれぞれ独自の協約を締結している場合には、使用者の締結する協約のそれぞれが使用者を拘束する結果、使用者と労働契約を締結する労働者、すなわち従業員のすべてに対し、法律上当然に数個の協約が重複して適用され、労働者の側からいえば、各自がおのおの数個の協約の拘束をうけることになる。一九一九年法では、協約に適用範囲を組合員に限ると規定して数個の協約の間の権限の衝突をさけることができたが、五〇年法では、特約による排除が困難であるために複雑でデリケートな問題を生ずる恐れがある。(3)

(3) つぎに一九五〇年法の欠点の一つとして同法が旧第三一条rの規定を存続させなかったことがあげられている。従来のシステムによれば、使用者が協約の拘束をうけない場合であっても、労働者がこの協約に署名または加入した労働組合の組合員であれば、右の労働者と使用者との間に締結される労働契約には、反対の規定がない限り協約が適用される旨の推定をうけたわけであるが、五〇年法はこの点についてなんらの規定も設けていない。

(4) 最後に五〇年法のシステムの下においては、使用者が少数組合と締結した協約を利用することによってこれを全従業員の統一的規範たらしめることが可能であるし、また労働組合側も協約上の債務ないし責任を他の組合に帰し、その成果のみを享有するために、協約を敢えて締結せず、他の組合の協約を利用しようとする場合も生じ、労働協約と組合運動にとって好ましくない事態も生じうるとされている。

（1） Paul Durand, Traité de droit du travail, t. III, 1956, p. 551 et s; Bohn et Courdil, conventions et conflits collectifs du travail, 1950. p. 50; Capeau, La convention collective de travail, 1951. p. 33 et s; Malézieux, Les conventions collectives de travail, p. 5.

（2） Durand, op. cit., p. 553.

（3） 実際問題としては、数個の組合が共同して統一的な労働協約を締結しているのが通常の形態であるから、協約の衝突は余り起こりえないが、理論的にはこのような可能性はある。

三　地域的拡張制度

一　概　説

フランスにおいて労働協約の地域的拡張を認める制度が確立したのは、一九三六年六月二四日法においてである。しかし、このような労働協約史上画期的な立法が生み出されたにしては──たとえ一九三六年五月の人民戦線内閣の出現という「心理的なショック」があったとしても──その前後の社会状態は、余りにも貧弱な様相を呈している。すなわち、労働問題に関する各種の資料がわれわれに教えるところによれば、フランス最初の労働協約立法である一九一九年法も、協約の発展には一時的な刺激しか与えず、従って労働協約締結数は、一九一九年法成立直後こそ前年度の二五七から五五七に増加しているが、間もなく減少の一途を辿り(1)、一九三五年には僅かに二九の協約が締結されているにすぎない。それ故に当然、協約の実数も少なく、一九三六年法制定前夜には、例えば一三〇万の金属労働者中、協約の適用をうけるものは僅かに一・四%、繊維産業では二%にすぎず(2)、商工業の労働者全体をとってみても、僅か七・五%(3)のものが協約の適用をうけていたにすぎなかった。

以上のような労働協約の極度の凋落にも拘わらず、何故に労働協約の拡張制度を認める一九三六年法が制定されたのであろうか。すなわち労働協約を従来の「契約的な型」(type contractuel) から規範的な型 (type réglementaire)

へ」と転化せしめ、かつ「労使関係における例外的な姿から、正常かつ一般的な姿へ(4)」と移行させるほどの質的な転機をもたらした一九三六年法は、いかなる要因に導かれて成立したのであろうか。フランスにおける労働協約の拡張制度の解明には、まず第一にこの点が問題とされなければならない。

このように、いわば突如として制定された一九三六年法は、それでは、現実の労使関係、産業関係にいかなる影響を与え、どのような問題を生じたのであろか。それが一九五〇年二月一一日法による労働協約の拡張制度には、どのような影響をおよぼしているのであろうか。これが現行法による協約の拡張制度の解明に先立って第二に問題とされなければならない点である。

しかし本稿においては、前者すなわち一九三六年法の成立過程に比較的多くの紙数を割くこととし、後者については、五〇年法の機構解明の行論において指摘するにとどめたい。

（1）例えばつぎの数字は労働協約締結数の凋落を物語るものである。

年度	協約締結数
1918	257
1919	557
1920	345
1921	159
1922	196
1923	144
1924	177
1925	126
1926	238
1927	58
1928	99
1929	112
1930	72
1931	17
1932	23
1933	20
1934	24
1935	29

(cité par, Arnion, L'évolution des conventions collectives de travail. 1936, p. 43 et 141.)

（2）Laroque, Les rapports entre patrons et ouvriers, 1938, p. 334.

（3）Dolléans et Dehove, Histoire du travail en France, t. III, 1955, p. 28.

（4）Lefranc, Les expériences syndicales en France, 1950, p. 264.

二　協約拡張制度の確立過程

(一)　労働協約の発展

フランス最初の労働協約立法である一九一九年法が制定されるとき、保守的な破毀院の判例を除き、学説の大部分のものは、すでに労働協約の法的性質について法規説の立場をとっていた。すなわち労働協約が自主的に定立された統一的な職業ないし産業の法としての機能を果たすことが的確に指摘されていたのである。しかし当時の労働者および使用者階級の労働協約法制定に対する懐疑的な態度からみて、立法者は、協約の立法化に必要なのは、規範的な内容を盛った理想的な法案によって彼等を怖気させることではなく、協約の適用を現実の労使関係につみ重ねることであると考えた。すなわち将来、「協約は職業に従事するすべての者を拘束するであろう。……労働協約はその性質を発展させ完全な形態に達するであろう。それは職業の労働条件の契約的基準、もしくは、より簡単にいえば職業の規則（régle）・法（loi）である」からである。しかし「職業それ自体による職業的規制（la réglementation professionnelle par la professionell-même）に導くためには、協約を〔現実の労使関係〕に順応させ」なければならない。「終局的目的と直接的手段との間には、矛盾するような外観が存在するが、人々は伸びるために〔まず〕屈するのである」(1)。という意図の下に、立法者は、労働協約の効果を敢えて狭く閉じたものとしたのである。従って一九一九年法は、協約の直律的強行性を認める以外は、市民法の原理の枠の中に閉じこもり、場合によっては判例の線より後退した形で契約説に左袒し、契約の自由、労働の自由と矛盾しない範囲で協約に法的効力を認めたにすぎなかった(2)。

しかし労働協約を労使関係の現実に即応させせつつ発展させるという立法者の意図にも拘わらず、労働協約は、先に指摘したように衰退の一途を辿ったのである。

法規説の立場に立つ論者は、当然のこととして、労働協約凋落の原因を一九年法の性格に求めた。例えばその一人であるラウル・ジェイは「もしも人々が、協約が、すべての職業（métier）に対し、直接強行的な職業の立法（une législation professionnelle）を創設するという争うべからざる傾向を浮き彫りにしないならば、労働協約に対して不完全で従って不正確な考えしか有しておらず、とりわけその将来を理解していないということは確かである」(3)と述べ、その他の論者とともに、一九年法は極めて狭い法的な基礎しか労働協約に与えなかったが故に、その発展が妨げられたと解し、協約は規範的な基盤（le terrain réglementaire）の上にのみ生育しうると公言したのである。

しかし労働協約凋落の原因は、やはり、労働運動史や労働史が指摘しているように(4)、直接的には労働協約の当事者たる労働者階級並びに使用者階級の労働協約に対する態度及び相互の力関係に求むべきであろう。これらを要約すれば、つぎのような諸事情が労働協約の発展を妨げる要因として作用していたということができる。

第一は、使用者が協約制度に対して極めて冷淡な態度を示し、労働者階級に対しても、第一次大戦以前の敵意と猜疑心を依然として捨てなかったことによる。一九二〇年の恐慌以後、フランスにおいては経済条件の変動を理由に資本攻勢が昂まり、ますます協約に対する反感が強まるのであるが、その具体的な反対理由としては、つぎの諸点があげられた。

(1)　協約のごとき統一的な基準を、種々の異なった条件の下におかれた企業に画一的に適用するのは誤りであり、それは各企業間に経済的不平等を生ぜしめるものである。

(2)　企業主は、企業運営についての危険と責任を引き受けている。従って企業は、使用者により、自由に管理運営されねばならない。この点で労働協約は、使用者の権威（autorité patronale）を侵害し、個人の自由を制約するものである。

(3) 協約は職業資格や個人の能力を考慮しないが故に、協約のごとき統一的な基準を企業に適用することは、技能の高い労働者を犠牲にして個人の平等化を図ることであり、企業における生産能率を、ひいてはフランス全体の生産性を犠牲にすることになる。

(4) 協約はフランスの急務である輸出の要請に適合しない厳格さをもっている。

(5) 協約の前提である団体交渉はアジテーションを惹起し、とくに協約の更新に際して新たな要求を生み出す。

従って協約はもはや社会平和の用具ということができないというのである。

第二に、以上のごとき使用者側の労働協約に対する反感とともに、協約凋落の原因として、労働協約締結のための重要な前提条件である労働者階級の組織化が容易に進まず、しかも一九二二年のCGTの分裂が、労働組合の力を弱める要因として作用したことを附記しておかなければならない。[5] 労働協約が、個々の労働者の弱者たる地位を克服し、集団的に対等の立場に立って、使用者と労働条件に関する取りきめを行うことを、主要な目的としている以上、労働組合の組織化と労働組合の勢力の拡大が進まなければ、労働協約の進展が望みえないことは自明の理である。例えば一九三五年には八〇〇万の労働者総数の中、約一〇〇万のものが労働組合を結成していたにすぎず、しかも官公吏を除外すれば、民間労働者の組織率は、六五〇万中僅か六・三%にすぎなかった。[6] このような労働組合組織の未成熟と労働運動の相対的な弱さからすれば、労働協約の締結が極めて少人数しか行われなかったことは当然のなりゆきといえよう。

しかしながら以上のような労働協約の一般的な凋落の中においても、特定の職業ないし産業においては、労働協約は着実な発展を続け、重要な機能を営んできたことを見逃してはならない。すなわち、一九二〇年の分裂以後においてもCGTの多数派のものは、協約が、労働者団体と使用者団体とが対等の立場に立って労働条件を討議しうる最良の方法であるという見解を捨てなかったのであるが、これら協約のパルチザンの意見も、使用者側の協約に対する極度の反感によって抑圧されざるをえなかったのである。しかし労働者の組織が力を有していた特定の産業においては、一九二〇年以後においても、労働協約は依然として維持されていた。

例えばフランス最初の全国協約をかちとった伝統を有する炭鉱労働者においては、この時期においても、北部、パー・ド・カレー地区（Pas-de-Calais）、アンザン地区（Anzin）の一八企業に地方協約が締結されており、一九二六年には一八万八千、一九三三年には一六万三千（全炭鉱労働者の六五％）の者が協約の適用をうけていた。また印刷出版労働者も、協約の伝統に忠実であり、一九三四年には約三万人のものが、すなわち印刷工の半数、出版労働者の約四分の一のものが協約の適用範囲内にあった。さらに海員組合連盟（Fédération des Syndicats Maritimes）とフランス船主中央協会（Comité central des Armateurs de Fance）とが締結した一九二〇年の労働協約は、一九三〇年に有効期間が満了した後、一九三四年一〇月に再び署名されており、海上労働者の殆んど全部を覆っていた。(7)従って、一般的には労働協約は衰退の様相を示したとはいえ、労使双方が強力に組織されている特定産業にあっては、次第に協定が職業の法としての規範力を獲得しつつある点が注目されるのである。一九三六年法成立の一つの要因は、このような細く深い労働協約の社会的基盤に求めてしかるべきものである。

（1）　Rapport Groussier, cité par Arnion, op. cit., p. 88.
（2）　一九一九年法の成立過程については、外尾「フランス初期労働協約法理の形式過程」（社会科学研究）八巻三・四号四二頁以下（本巻第一章）参照。

（3）Raoul Jay, Le contrat collectif de travail（Rev. d'Economie Politique, t. XXI, p. 649.）.
（4）Dolléans et Dehove, op. cit., pp. 18-19, pp. 28-29.
（5）分裂の結果、ＣＧＴはＣＧＴＵとＣＧＴとに分かれたが、ＣＧＴの多数派が団体交渉と協約に基づく労使関係の樹立に好意を示していたの反し、ＣＧＴＵは階級闘争を鈍らせるという理由から、協約に対し反対の立場を捨てなかった。なお一九一九年に設立されたＣＦＴＣ（キリスト教労働組合連盟 ── 組合員一四万）は、労使関係の平和的な組織を望むという観点から協約に好意的な立場をとっていた。
（6）Colton, Compulsory labor arbitration in France. 1951, p. 8.
（7）Dolléans et Dehoves, op. cit., p. 21.

(二)　判例学説の影響

労働協約が、絶えずその適用領域を拡大し、一種の職業立法（législation professionnelle）としての性質を帯びる傾向を有することは、早くから多くの学者によって正しく指摘されていた。[1] それ故に、一九一九年法の起草者の一人であるグルシエ（Groussier）自身も、一九一九年法が伝統的な契約法のメカニズムの上に成立したにも拘らず、「私見によれば、協約が職業の法となるためには、なんらかの生じうべき抵触（dérogation possible）が存在しないのでなければ、全部の価値、すべての有効性を有しないであろう」[2] と述べ、協約が真に意味をもつためには、職業の法（loi de la profession）とならねばならぬことを示唆しているほどである。従って多くの学者は一九年法に対する批判をこの点に集中し、同法が余りに小心であることを非難し、使用者および被用者の大多数によって決定された協約が同一職業全体に強制されないのを遺憾とした。[3]

しかし労働協約のこのような事実上の拡張的な傾向を、これらの論者は法的にはどのような根拠に基づいて解明したのであろうか。

まず契約説の立場に立つ論者は、これを慣習の効果に求めた。すなわち協約当事者間の個別契約が、労働条件規制のための一般的基礎（base générale）を提供することは決してアブノーマルなことではない。協約は、原則として署名当事者以外は拘束しないが、それが職業慣習たる地位を獲得している場合には職業全体に対して一般化することができるのである。その場合、協約当事者以外の第三者を拘束するのは協約ではなく、協約として明確化されている慣習であると説いた(4)。

このように協約の現実の規範的な性格に着目し、「職業上の慣習」（usage de la profession）という観念を媒介としつつ、協約の効力を署名当事者以外のものにも拡張しようとする考え方は、極めて少数例にすぎないとはいえ、初期の下級審の判例にも現れている。例えば、一九〇五年一一月一一日ナルボンヌ治安裁判所判決(5)は、使用者と労働者の殆ど全員によって受諾された協約は、「当事者の共通の法」（loi commune des parties）、すなわち職業慣習を構成するとみなされなければならず、従って当事者間に反対の合意のない限り、非組合員に対しても適用されると判示している。同様の立場をさらに強く強調し、いかなる労働契約も慣習としての効力を有する労働協約には反しえないとするものには一九〇八年六月二日セーヌ民事裁判所判決(6)が存する。また労働協約を純粋に私人間の契約とし、従って協約は、署名当事者相互の関係においてのみ効力を有し、第三者を拘束することができないという伝統的な契約説の立場を固守していた破毀院の判例の中にも、例えば一九一八年一月一五日破毀院判決のように、労働契約が「慣習の諸条件」（conditions d'usage）に反して締結された場合には異なった結論が生じうることを傍論において暗示しているものも出現するにいたった。この見解に対し、ダローズの判例批評は、「協約の規定が職業および地域において、全く一般的な適用をうけているときは、〔協約は〕職業慣習としての資格で協約に未知な第三者の間における労働契約に対してすら遵守を強制するのである」[7]と述べ、同判決が間接的にではあるが、労働協約の規範的な効力を初めて認めたものであると評価している。

以上のようないくつかの判例は、グルシエ氏によって「労働協約に職業の法としての表現を見出し、それに法規範的な価値（valeur réglementaire légale）を与えんとする理論の出発点をなすもの」[8]と評価されつつも、当時の実定法の解釈としては余りにも大胆に失し、法律的には争いの余地があるとして多くの批判をうけ[9]、判例の主流を形成することができなかったのである。

契約説の立場に立つ論者が、以上のように職業慣習という法律技術を用いて、労働協約の効力を第三者にまで拡張しようとしたのに対し、法規説の立場に立つ論者は、労働協約の規範的な性格そのものから、直接、第三者への協約の拡張適用が導き出されるとした。

例えばピルーは、組合は職業社会を管理・規制する職業上の絶対権（souveraineté professionnelle）を有し、使用者との合意によって労働協約という真の職業の法を定立する権限を有している。従って労働協約は、恰も代議士によって投票された法律がその会社の全員を拘束するように、産業の法（loi industrielle）たる資格で職業の全構成員を拘束すると説き[10]、オーリユウらは、労働協約は契約的な形式をとっているとしても、それは異なった状態を隠す外皮（enveloppe）にすぎず、そこには規範的な性格＝法（lex）が端的に現れている。一旦締結された労働協約は、「契約的な法」として、ないしは地域的領域において関係者に商議の余地なく適用される私的憲章（charte privée）として現れると説き[11]、さらにデュギーは「労働協約は、全く新しく、そして民法の伝統的範囲に未知な一つの法律的範疇である。それは二個の社会階級の関係を規律するところの法たる合意（convention-loi）である。それは、決して二個の権利主体者間の特定の、具体的かつ一時的な義務を発生させる契約ではない。それは二個の社会的集団

（groupes sociaux）間の恒常的・永続的関係を定めた法であり、これらの集団の構成員の間に個別契約が締結されるときには従わなければならない法的制度（régime légal）である」[12]。それ故労働協約は、特定職業部門の内部的法として、恰も法律が自己を生ぜしめた社会の成員に対して強行されるのと同じように、当該職業部門の全構成員を拘束すると説いた。

労働協約の法的性格について早くから存在した契約説と法規説の対立は、一九一九年法の制定を境として、むしろ法規説へと統一され、従って慣習法を足がかりとして労働協約の効力の拡張を認めようとする考え方は、学説においては姿を潜め、協約はその規範的な価値から、職業の法として利害関係者の全員を拘束するという考え方へと統一されていった[13]。従って学説上の争いは、協約の本質に対する法律問題についてではなく協約拡張の手段をいかにして定めるかという実際問題、立法政策の問題へと移っていったのである。

（1）　Charles de Visscher, Le contrat collectif de travail. thèse Gand, 1913, p. 220.
（2）　cité par Petit, Les conventions collectives de travail, 1938, p. 54.
（3）　ポール・ピック『労働法』（協調会訳）下巻四三九頁参照。
（4）　Eblé, Le développement juridique et social de la convention collective de travail, 1923, p. 78.
（5）　Justice de paix de Narbonne, 11 nov. 1905, Bull. de l'office du travail, 1906, p. 46.
（6）　Trib. civil de la Seine, 2 juin 1908, Bull. de l'office du travail, 1909, p. 302, cité par Groussier, La réglementation légale de la convention collective de travail, 1913, p. 127.
（7）　D. 1918, 1, 1917. note, cf. Morel, Les conventions collectives de travail et la loi du 25 mars 1919. Rev. trim. de droit civil, 1919, p. 444.
（8）　Rapport Groussier, cité par Arnion, op. cit., p. 65.
（9）　Raynaud, Le contrat collectif en France, p. 150.

(10) Pirou, Les conceptions juridiques successives du contrat collectif de travail en France, thèse Rennes, 1909, p. 24 et s.
(11) Hauriou, Principes de droit public, 1910, p. 211 et s.
(12) Duguit, Les transformations générales du droit privé, 1920, pp. 134-135.
(13) Arnion, op. cit., p. 126.

(三) 立法化の動き

判例学説の以上のような動きに対応するかのように、労働協約の拡張を認める法案が一九年法の制定に先立って、すでにいくつか発表されている。これらはいずれも実現するまでにはいたらなかったのであるが、拡張制度の必然性を是認する立法者の動きとして記録にとどめておく価値を有する。

(1) ドゥメルグ法案および立法研究協会法案

政府は二〇世紀に入って急に活発化した労働協約法制定の世論に応えるべく、一九〇六年七月二日に「労働者並びに被用者が真に平等の基盤に立って使用者と労働契約を締結する〔ことを可能ならしめる〕労働協約を法的に明確化し、かつ助長する」ことを目的として労働協約に関する法案を提供している。[1] 同法案は全文五六条におよぶ厖大なもので、㈠労働契約の成立、㈡労働協約、㈢就業規則、㈣労働契約の効果、㈤労働契約の解除の五篇に分かれているが、労働協約についていえば、協約の規範的な必要性を最大限に満足させる点で大きな特色を有し、これまでの協約法案を一歩前進させるものであった。すなわち同法案は協約の直律的強行性を明確にするとともに、一職業もしくは一地域に一つの労働協約しか存在せず、右の協約が関係官庁に正規に寄託されている場合には、当該職業または地域の使用者および労働者は、反対の証明あるまで、すなわち協約と異なる条件の明示の労働協約を締結するまで当該協約に定められた基準を受諾したものとみなされる（一八条）と規定し、協約の適用領域を極めて広範囲に認めている。(3)

しかし法案の審議に当たった下院労働委員会は、この法案の大胆さに対する労使両団体の反対意見にかんがみ、「法案の非常に複雑な諸規定の全体が審議つくされぬことを恐れて」、「労働契約の一般理論と関係のある」(4)若干の条文しか採択するにいたらず、このように骨抜きにされた法案ですらも審議未了のまま簡単に流産してしまったのである。

一方、労働協約立法化の動きに関連して、二つの法律家の研究団体、すなわち全国労働者法的保護協会（Association nationale pour la protection légale des travailleurs）と立法研究協会（Société d'études législatives）とが当時、この問題を勢力的に取り上げ、協約法の制定に対して好意的な空気を創出するのに大きな功績をあげたのであるが、とくに立法研究協会が作成した労働協約法草案は、一九一九年法に深い影響を与えたといわれているし、(5)その当初の草案の中には協約の拡張に関する規定が盛られているので、この点について若干ふれておくことにする。

立法研究協会は一九〇七年一一月二八日、一二月一九日および一九〇八年一月二三日の会合において、コルソン氏の報告を中心に協約法制定のための討議を行っているが、その報告の基礎となった分科委員会（sous-commission）の労働協約法草案第七条には、つぎの規定がみられる。「特定の職業もしくは地域について、労働条件に関する一個の協約しか存在しないとき、および右の協約が第二条に従い、労働審判所書記課または治安裁判所書記に登録されている場合には、使用者および被用者は反対の証明のあるまで相互の労働契約より生ずる関係に対して協約の規準を受諾したものとみなされる」。

この規定の作成に当たっては、委員会は労働契約に関するジュネーブ州法第一条、すなわち「特別の合意のないかぎり、雇用契約または請負契約における労働者の契約条件は、慣習によって規制される。本法に従って締結された賃率協定および諸契約（engagements）の一般的条件は慣習としての効力（force d'usage）を有する」(6)の規定の影響をうけたといわれている。(7)この規定の意味は、協約の行われている職業および地域において締結されるすべての労働契約は、反対の意思の表明がなされるまで、この協約に従うという意味に解釈されねばならないというのである。(8)

さて、立法研究協会分科委員会の草案第七条は、⑴協約が特定職業または地域における唯一のものであること、⑵右の協約が正規に登録されているものであることを条件として、協約に慣習としての効力を認め、協約署名当事者以外のものが締結する労働契約が沈黙している場合には、右の契約当事者は、協約によって一般化された諸条件を採用しようと欲していたと推定してこれを適用させようとするものである。それ故に協約署名当事者以外の労働者並びに使用者は、常に明示の規定によって協約の適用を排除することができるし、また仮に協約の適用をうけた場合でもいつでも新たに明示の個別契約を締結することによってこれに抵触することが可能なわけである。従って協約は、第三者に対しては強制力を有しない慣習として考えられていることが窺われる。

しかし草案起草者の説明によれば、この規定は、しばしば擬制たるところの意思の推定に根拠をおくものではなく労働協約の優位性を予想する観念の上に、また職業の全員に協約の条項を課そうとする希望に基づくものであるとされた。(9)すなわち、単に労働契約の解釈において当事者が沈黙している場合に補充される慣習としてこれを扱うことは、この法案の価値を見誤るものである。いうまでもなく慣習は、一般的かつ恒常的な実態によってその存在を確かめられる場合以外には役割を果たさない。しかしこの草案は、協約が特定地域に現に遵守されている場合にのみ職業習慣としての地位を与えようとするものではなく、「それは協約が締結された日から当然に以前の慣習に代わる」[10]ことを認めているのである。すなわち協約は、その人的適用範囲や地域的適用領域の広がりを考慮に入れる必要があるというのではなく、反対の立証がなされるまで職業の全員に対して適用される普通法（droit commun）となる。すなわち「それはもはや慣習の存在を証明することではなく、現実にそれを創設することである」[11]。逆にいえば法の強行的作用が、個別契約当事者の意識的任意的な協約への加入に代えられているのをみるのである。

このような極めて興味深い協約拡張への草案起草者の配慮にも拘わらず、立法研究協会の多数の者は、「それは私法原理の放棄を含み、協約を公権力による規制（réglementation autoritaire）の道へと導く危険な改革である」とみなして同協会の協約法草案の決定案の中からは、これを削除してしまった[12]。

（1）　外尾「フランス初期労働協約法理の形成過程」（社会科学研究八巻三・四号）一六一頁以下参照。

（2）　同法案は時の商工労働大臣ドゥメルグおよび司法大臣サリアンの名によって提出されているため、通常ドゥメルグ法案または政府第一次法案と呼ばれている。

（3）　同法案第一八条「一職業もしくは一地域に対して、一個の労働協約しか存在せず、右の協約が第一三条に従い労働審判所書記課または治安裁判所書記に寄託せられている場合には、使用者および被用者は、協約期間中反対の立証のないかぎり労働契約より生ずる関係に対する規準として、協約に定められた規準を受諾したものとみなされる。」

（4）　Groussier, op. cit., p. 257.

（5）　Arnion, op. cit., p. 83.

（6）　cf. Passama, Les conventions collectives relatives aux conditions du travail, p. 47.

（7）　de Visscher, op. cit., p. 229.

（8）　この規定の不明確さから解釈については争いがあるが、ここではド・ヴィッシェルの見解に従っておく。論争についてはP. Gygax, Der Arbeitstarifvertrag in der Schweiz, Soziale Praxis, XVIII, S. 1388.
(9) Colson, Rapport écrit, p. 197, cf. Pirou, thèse précitée, pp. 308-322.
(10) Colson, Rapport oral, p. 521, cité par de Visscher, op. cit., p. 228.
(11) Perreau, Rapport à l'Association pour la protection légale des travailleurs.
(12) 二〇世紀初頭のフランスにおける協約拡張化の動きに関連して、当時、イタリアの高等労働会議が採択した草案（第一五条）では、フランスのそれとは異なり、労働審判所に登録された組合によって締結された協約が、当該産業または地域の労使の四分の三の加入者をえているときには、労働審判所はこの協約の拡張宣言を発しうる権限を有する旨の規定が存在したことを指摘しておこう（Saldini e Montemartini, Atti del consiglio sup. di lavoro, 1907, pp. 131-133.）。またオランダ議会の委員会も、協約が締結時または締結後に、労使の四分の三の加入者をえたときは当然にこの地域において締結されるすべての労働契約に適用さるべきであるという趣旨の提案を行っている（de Visscher, op. cit., p. 231.）。

(2)　シュトラウス法案（projet Strauss）

一九一九年法は、協約署名当事者に対してのみ協約の拘束力を認め、これを職業全体に対して拡張することを拒否した。しかしながら一九一九年法制定当時においては、協約は特定産業においてであるとはいえ、すでに労働条件の基準として一般的に妥当しており、かつこれを正しく評価するいくつかの立法すら出現するにいたっていたのである。例えば一九一九年七月一〇日法は、衣服産業における家内労働者の最低賃金の決定に際して、県知事に、当該地方の衣服産業の工場労働者に労働協約が存するときには、協約の賃金率を基準として決定すべきことを義務づけているし、また土曜日の半休（いわゆるsemaine anglaise）に関する一九一七年六月一一日法は、行政命令によって土曜日午後の休業を定めうることとし、かつ行政命令は、使用者団体と職業別・地方別の労働組合との間に労働協約が締結されている場合には、これに準拠すべきことを規定している。

従って一九一九年法は、この時期の法令としては、ある意味においてはアナクロニズム的な性格を有するものであったと酷評することすらできるのである。しかしながら一方において、労働協約によって定立された労働条件に関する基準を、職業全体に対して拡張適用させようとする当時の立法者の雰囲気を代表するものとして、一九一八年一一月一九日にはルロール法案が下院に、同年一二月一七日にはシュトラウス法案が上院に提出されている。これらはいずれも実を結ぶことはできなかったのであるが、その基本的な考え方は一九三六年法に生かされているので煩をいとわず、それぞれを紹介することにする。

まずシュトラウス法案はつぎのような経緯を経て上院に提出された。すなわち元来、労働の維持（maintien du travail）に関する諸問題の研究のために設けられていたセーヌ労使混合委員会（Commission Mixte de la Seine）は、先に下院によって採択せられ、一九一八年八月八日に上院に付託されていた労働協約法案（後に一九一九年法として成立）の研究を行うというシュトラウス委員長の提案を採択し、労使双方の報告者を決めて早速それの検討に移った。委員会の分科会は、略々政府提出の協約法案に賛意を表明したのであるが、委員会の討論の過程において労働者代表のルケー（Luquet）は、前述した土曜半休に関する一九一七年六月一一日法のような制度をすべての協約に拡張することを提案し、混合委員会はこれを採択した。そこで委員長のシュトラウスもこれを取り上げ、自己が上院議員であり、たまたま協約法案の報告者であったところから、労働大臣の諒解をえて下院で採択された法案の代わりに県知事による協約の拡張を認める一箇条の法案を提出した。(1)一九一八年一二月一七日に提出されたシュトラウス法案は、一九一九年二月二七日、三月四日、同一八日に審議されたが、(2)緊急の必要性を理由とする労働大臣の答弁や、実態が協約拡張という法案の形式を生み出したものであること、協約は事実上存在し、判例や慣習、歴史がそれを正当化しているというシュトラウスの説明にも拘わらず、審議過程においては、この手続は本末転倒するものであるとして強く非難されたのである。シュトラウスもこのような上院の反対に対して譲歩の必要を認め、自己の提案を斥けて、すでに下院によって採択されていた協約法案の審議を受諾した。

シュトラウス法案は一箇条からなるが、その内容はつぎのとおりである。

「特定の地域における一職業の一般的利益を代表する資格を有する使用者および労働者の組合の間に成立した協約は、協約当事者たる組合の要求により、県知事の命令によって、当該協約の諸規定が法律に反しない限度において、その職業および地域のすべての使用者並びに被用者に拡張適用させることができる。

前項より発せられた命令は、労働審判所書記課またはそれを欠く場合には協約適用領域内を管轄する治安裁判所書記に寄託され、かつ行政規則の定める条件の下に、県知事により公告されるものとする。

右の命令は、公告の日から八日以内に利害関係者の理由を付した県知事宛の異議の申立の対象とならない場合には、公告の日から九日目に効力を発生する。

一もしくは数個の異議の申立は、協約当事者たる組合に通知され、かつ労働法典第一巻第三三四条により設置された中央委員会（commission centrale）へ移送される。

右の委員会は、異議の申立を、労働大臣より移送をうけた日から一五日以内に裁決するものとする。

異議の申立を裁決するため、中央委員会は労働法典第一巻第三三四条の定めるところに従って構成されるが、労働審議会（Conseil du travail）委員および県賃金審議会（Comité départemental de salaires）委員を除外する。

ただし、右の者に代えて諮問的な資格で、協約当事者たる組合の各代表者一名およびそれに関する命令を発した県知事またはその代理人を充てるものとする。」

従ってシュトラウス法案の骨子は、

(イ) 代表的組合の締結した協約のみが協約拡張の対象となりうること、
(ロ) 拡張適用宣言を発しうる権限を県知事に認めていること、
(ハ) 県知事の命令に対しては異議の申立の方法を講じていることである。

これに対して審議過程においては、まず第一に、下院より送られてきた法案の採決が、協約拡張化の審議に先行しなければならないという手続上の反対がなされ、またシュトラウス法案の内容そのものに対しては、

(イ) 企業間の差異を考慮に入れることなく、かつこれを欲せざる者にまで協約を拡張することは危険であること、
(ロ) 協約当事者たる組合が、第三者のために協約を締結するという法律構成に難点があること、
(ハ) 協約が職業全体に対して価値を有するためには、利害関係者の満場一致の受諾が必要であること、
(ニ) 「職業の一般的利益を代表する資格を有する組合」の認定が困難であり、その決定権を県知事に与えることは危険であること、
(ホ) 本来、家内労働者の最低賃金に対する異議申立の審査機関である中央家内労働委員会（Commission centrale du travail à domicile）に対して、より大きな価値を有する協約に対する異議申立の審査権を与えることは不当であること、
(ヘ) 元来、労働協約は「平和条約」（traité de paix）的な性格を有するものであって、協約拡張によって求められている目的と一致するものではない。協約拡張は、いわば巷の運動から一般的な法を生ぜしめようとするようなものであるという批判が加えられたのである。(3)

（1） Doc. Parl. Sénat, n°499, p. 769.
（2） Sénat Débats, 27 fév., 1919, p. 213.

（3）Arnion, op. cit., pp. 106-107, cf. Touron, Sénat Débats, 1919, p. 214.

(3)　ルロール法案（proposition Lerolle）

ルロール法案は、一九一八年一一月一九日に下院に提出されている[1]。「労働の職業的規制および労働協約（la réglementation professionnelle du travail et le contrat collectif）」という同法案のタイトルや、それは「利害関係者〔並びに〕職業に、自己自身を規制し、かつ自己の法を定立する手段を与える[2]」ものであるという立法趣旨の説明をきくまでもなく、ルロール法案は純粋に法規説の精神によって貫かれている。すなわち「ここにおいて、もはやそれは民法に関するものではなく、労働の規制に関するものである。すなわちそれは個人法に関するものではなく、社会法に関するものである。それは利害関係者と公権力との協力によって定立される法規（réglementation）に関するものである。〔そこには〕契約の規範は、もはや援用しえないであろう」というルロールの基本的な考え方が、この法案の骨格をなしているのである。

ルロール法案はつぎの一〇箇条からなる。

第一条　使用者の組合および被用者または労働者の組合、もしくはその他のすべての使用者および被用者の団体の間に、特定地域における一職業の労働条件を規制することを目的として労働協約が締結されたときは、行政当局は、利害関係者の請求に基づき、これらの協約を公告し、かつ当該地域の当該職業に属するすべての使用者並びに労働者に対して協約を強制的に適用させることができる。

第二条　右の請求は、県知事宛に行わねばならない。その範囲が県をこえる地域に関係する協約に関する場合には、請求は労働大臣宛になされる。

第三条　行政当局が、すべての必要な、とくに署名団体の重要性と代表的価値（la valeur représentative）に関する情報を聴取した後に協約の拡張を決定した場合には、当局は、その旨を関係地域および職業の使用者および労働者の組合に通告し、かつ掲示の方法により公衆に周知させるものとする。
第四条　規制をうける職業および地域に属するすべての使用者あるいは被用者、〔および〕使用者または被用者の団体は、公告後一五日以内に、新しい規制に対する理由を付した異議の申立を行うことができる。
第五条　いかなる異議の申立もなされないときには、協約は、県知事の命令によって拡張適用される。協約が拡張適用される地域が県の範囲をこえるときは、協約は、労働大臣の命令によって拡張適用される。
第六条　協約によって期間が定められていない場合には、大臣命令または知事の命令は、公布された規制の適用期間を決定する。
第七条　異議の申立がなされたときは、労働大臣は直ちに高等労働審議会（conseil supérieur du travail）の常任委員会を召集し、委員会は、利害関係人および協約署名団体の意見を聴取し、もしくはそれらの調書を調査したのちに、異議に対する裁定を下す。
第八条　異議の申立が却下されたときは、協約は第五条に定められたところに従って公布される。
第九条　労働監督官は、本法に従って発せられた命令の執行を監督し、または違反を告発する義務を負う。
第一〇条　本法第五条に基づいて発せられた命令に対するすべての違反は、五フランないし一六フランの罰金に処せられる。

ルロール法案は、その精神においてカトリック社会主義の立場に立つものであるといわれているが、(3) 労働協約の本来あるべき姿を正しく認識している点で、かつそれを立法化する際の技術が優れている点で画期的な法案であったと評することができる。前記の労働者法的保護協会では、一九一九年三月四日の総会においてこの法案を取り上げ[4]、討議を行った結果、同法案の精神に賛意を表し、その推進方を立法府に対して申し入れているが、このような有力な推薦母体の存在にも拘わらず、ルロール法案は審議の対象となることさえできずに葬り去られてしまった。

（1）Ch. 1918, Doc. Parl., n°5, 243.
（2）V. Arnion, op. cit., p. 107.
（3）Arnion, ibid., p. 110, note 2.
（4）La réglementation professionnelle du travail et le contrat collectif, publication de l'Association pour la protection légale des travailleurs, série n°16.

(4) 労働協約の効力拡張を助長する各種の立法

シュトラウス法案やルロール法案のごとく労働協約の本質を正しく認識する法案が提出されていたにも拘らず、立法府においてはこれらの法案は斥けられ、狭い契約法の枠内に閉じこめられた一九一九年法が成立したのであるが、当時の労働組合や労働協約の実態に眼を転ずれば、協約の効力の拡張を危険とみなし、それを署名当事者のみに限定しようとした反対論者の意見にも一面の正しさが含まれていることを否定しえない。いうまでもなく協約の拡張制度は、その職業の圧倒的多数の労働者が組織され、それが締結する協約が、事実上その職業において重要な比重をもつという社会的な基礎があって初めて成立しうるものである。それ故に極めて少数の特定産業においてこそ、このような条件が満たされていたとはいえ、一般的には僅か二％か三％のものが締結するにすぎなかった協約を拡張する方が無理であったといえよう。従って法的にも協約の拡張が認められるためには、このような条件が一般的に生育する一九三六年までまたねばならなかったのである。

しかしながらシュトラウス、ルロール法案の精神は、別な形の立法によって生かされつつ一九三六年法におよんでいる。すなわち一般的な制度として協約の拡張を認める法案は失敗に帰したが、個別的かつ実質的に協約の拡張を認め、その機能を発揮させようとする各種の立法が、一九一九年法成立以後も相ついで制定されている。一九三六年法によって協約の拡張制度が一挙に成立した謎は、シュトラウス、ルロール法案によってそれが早くから正しく暗示され、その後の一連の立法による経験がこれを側面から助長してきたことを指摘しておかなければならないであろう。これらの立法は、(イ)協約参照手続（le procédé de la référence）によって間接的に協約の効力の拡張を認めるもの、(ロ)協約承認手続（le procédé de l'homologation）によって間接的に協約の効力の拡張を認めるもの、(ハ)職業慣習として協約の効力の拡張を認めるものの三つの類型に分かつことができる。

①　協約参照手続により協約の効力拡張を認める法律

第一の類型に属する協約参照手続とは、まず法律によって一般的な原則が定められ、その適用は行政当局の命令に委任されるが、執行命令を発する際に、労働協約が存する場合には、右の協約を参照すべきことを義務づけるものである。(1)

この種の協約参照手続の萌芽は、すでに一八九九年八月一〇日のいわゆるミルラン命令（Décret）にみることができる。(2)同命令は公共土木事業における最低賃金を保障するため公共土木事業契約の入札書には、当該都市または地方において通常適用されている賃率に等しい賃金を労働者に対して支払う旨の条項の挿入を規定するものであるが、賃率の具体的な決定は各県知事に委任し、県知事は当該地方または地域に労働協約が存する場合には、右の協約に賃金決定の基準を求め、協約が存しない場合には労使混合委員会に諮問して決定すべきことを定めている。

協約参照手続による立法の第二は、家内労働者の最低賃金に関する一九一五年七月一〇日法である。(3)同法により衣服産業に従事する家内労働者に対しては、県知事の決定した最低賃金が保障されるが、県知事は賃金率の確定に際して、当該地方の同種の工場労働者に労働協約が存する場合には、協約の定める賃金率を参照して決定するよう義務づけられている。

さらにこの種の類型に属する立法には、土曜日の半休に関する一九一七年六月一一日法および八時間労働に関する一九一九年四月二三日法が存する。その骨子はいずれも法の具体的な適用条件の決定を行政命令に委ね、命令の制定に際して関係労働者間に労働協約が存する場合には、これを参照すべき義務を課している点にある。そこで代表的なものとして、一九一九年四月二三日法をとり上げ、協約参照手続の性格をさらに分析することにする。

同法はまず八時間労働の原則を定め、すべての事業場におけるすべての従業員の労働時間が一日八時間、一週四八時間を超えてはならないことを規定する。しかし立法者は、商工業の多種多様な状態に対して八時間労働制が伸縮性を保ちつつ漸進的に採用されることを希望し、適用の時期および条件は、行政命令により職業別、または地域別に定められるように規定した。従って例えば、①一週、一五日、一月等の期間における労働時間の配分方法、②工長（agents de maîtrise）、組長（chefs d'équipe）および特殊技能者のための永続的除外例、③仕事の例外的増加、国家的必要、既に発生しまたは切迫している災害に対処するために必要な一時的除外例、④労働時間、休憩時間、実労働時間並びに除外例が認められ、または利用される手続の監督方法、その他が行政命令によって定められることになったのである。

このように法は原則を掲げるのみで、その具体的な適用条件の決定は行政命令に委任したのであるが、行政命令の制定に際しては、つぎの三点において関係職業部門の関与を認めている。

(イ)　命令は職権により、または全国もしくは関係一地方の使用者団体または労働組合の請求により発せられる。

(ロ)　いずれの場合においても、関係使用者団体または労働組合に諮問することを要し、諮問された機関は、一ヵ月以内に意見を具申しなければならない。行政命令を修正しようとする場合にも、同一の形式によらねばならない。

(ハ)　関係使用者団体および労働組合の間に、労働協約が締結されている場合には、行政命令は、当該協約を参照して定められねばならない。

従って労使の組織および協約が、当該職業部門における八時間労働制についての一般的な基準の定立に大きな役割を認められていることが窺われるのである。しかし問題を協約の効力の拡張に限った場合、行政命令の制定に際して協約を参照すべき義務が課せられているというのは、いかなる意味を有するのであろうか。勿論、労働協約が現存しない場合には、関係職業組合への諮問義務が課せられているとはいえ、行政当局は、当然に、いかなる協約をも参照することなく行政命令を発することができる。しかし関係職業部門に労働協約が存する場合には、行政当局はどの程度協約に拘束されるのであるか、すなわち協約と全く異なる内容の行政命令を発することができるか否かが問題とされた。

労働省は一九一九年五月二七日の通達によって、行政当局は現存協約を考慮に入れる義務を負っているが、それに拘束されるものではないという立場をとった。この見解は、行政当局が協定の規定と異なる内容の命令を発したことから越権を理由に提訴されていた事件についての一九二五年三月二七日参事院判決[4]において支持され、協約参照手続が行政庁のいわゆる自由裁量に属することが明らかにされたのである。従って、

(イ)　行政命令は、多くの場合、協約の適用領域と同一の地域に対して発せられているが、これに拘束されるものではなく、例えば、協約が特定地域にその適用範囲を限っている場合でも、フランス全土を対象とする命令を発することができる。

(ロ)　同一地域の同一職業に数個の労働協約が存在する場合には、行政当局はすべての協約を参照すべきであるが、これに拘束されるものではない。

(ハ)　特定地域の特定職業に一個の労働協約しか存在しない場合でも、広く公衆の立場からその内容と異なる行政命令をこれらの職業全体に対して発することができる。

さて以上のような協約参照手続は、例えばモレルやブレート・ド・ラ・グルセイユ等の論者によって、法の定立に職業社会の構成員の参加を認めている点でまさしく革命的なものであると高く評価されているが、(5)この場合には例えば労働時間を八時間に制限するという原則が法律によって定められ、ただそれの具体的な施行方法の決定について協約を参照すべきことが認められているにすぎず、しかも行政当局は協約の内容に拘束されないわけであるから、職業社会の統一的な法規範を定立するという協約の目的からすれば、僅かにそれへの第一歩を印したにすぎないというるのである。(6)

（1）　協約参照手続、協約承認手続、職業慣習等の分類並びに定義は Laroque, Les conventions collectives de travail, Rapport au Conseil National Economique, p. 71 et s., Debré, Commentaire de la loi du 24 juin 1936. D. P. 36, 4, 369. Arnion, op. cit., p. 110 et s. によった。
（2）　同法に関しては外尾「フランスの最低賃金制」（季刊労働法九号）参照。
（3）　同右。
（4）　Compagnies des Chemins de Fer と Fédération des agents との間に結ばれていた協約に関して争われた事件。D. H., p. 313.
（5）　Morel, Les conventions collectives de travail et la loi du 25 mars 1919, Rev. trim. de Droit civil, 1919, p. 417.
（6）　一九一九年の八時間法は、一九三六年六月二一日法（一週四〇時間労働を規定する）によって置き換えられ今日にいたっているが、同法も一九一九年法と同一のメカニズムを採用し、特定職業に対する同法の適用方式を定める行政令令は、関係使用者団体と労働組合との間に労働協約が存在する場合には、これを参照すべきことが定められている。

② 協約承認手続によって協約の効力の拡張を認める立法

協約承認手続による協約の効力の拡張とは、特定地域の特定職業において協約が締結されている場合に、協約当事者の申請により、その協約の内容の一部または全部を承認（homologation）し、法令によってこれを当該職業社会の全員に課すことをいう。従って前記の協約参照手続のように、立法者によって定立された法原則の具体的な適用方式の決定に際して、いわば当該職業社会の実態についての情報を入手する手段として行政当局が協約を参照するというのではなく、協約承認手続においては、特定地域の特定職業において締結された協約の内容が、そのまま公権力の承認をうけることによって職業社会の全員に適用される法規範へと転化するという点に両者の差異が求められるのである。

この種の類型に属する立法としては、週休に関する一九二三年一二月二九日法（労働法典第二巻第四三条に編入）をあげることができる。以下同法をとりあげ、協約承認手続の性格を明らかにしよう。

労働法典第二巻第四三条はつぎのように規定する。「特定地域の特定職業における使用者団体と労働組合との間に前条に定める様式の一に従って、従業員に与えらるべき週休の条件に関する協定（accord）が締結されたときは、県知事は、関係組合の請求に基づき、命令によって休暇の全期間中、当該地域および職業の事業場（établissements）の閉鎖を命ずることができる」。

その後の判例学説によって明らかにされたところを綜合すれば、右の規定はつぎのような意味を有する。

(イ)　第一の前提として、使用者団体と労働組合という相対立する二当事者が締結した集団的な協定の存在が必要であるが、右の協定は一九一九年三月二五日法による協約、すなわち労働審判所に正規の手続きによって寄託された協約であることを必要としない。(1)

(ロ) 右の協定は、当該職業におけるすべての組合が同意したものであることを要しないが、署名組合は、当該職業の多数の意思 (la volonté de la majorité de la profession) を代表するものでなければならない。(2)

(ハ) 県知事による協定の承認 (homologation) がなされるためには、関係当事者の請求が必要である。

(ニ) 県知事は協定の承認に際して、公益の観点から、当該協定の定める週休の様式が、労働法典の定めるところのものと合致するか否かを検討し、かつ右の協定が正義に反しないか、公衆の多数の利益を侵害しないか否かを審査しなければならない。

(ホ) 県知事は、協定の当事者たる組合の組合員数を調査することによってそれらのものが、関係者の大多数の意思を代表しているか否かを判断しなければならない。協定の当事者が少数者しか代表していないと認められるときには県知事は、組合に加入しているか否かを問わず、利害関係者のすべてに対して諮問しなければならない。(3)

(ヘ) 県知事は、以上のような審査ないし諮問に基づいて協定を承認し、休暇期間中の全事業場の休止を命ずるか否かを決定するわけであるが、承認する場合には一括してこれを承認し、却下する場合には一括してこれを否定しなければならない。従って県知事の発する事業場休止命令の基礎には、当該職業における週休についての協定が存在しなければならないし、県知事は、また協定の内容を修正し、これと異なった命令を発することはできないのである。(4)

以上のことから、協約承認手続は、協約が行政命令の不可欠の根拠をなし、使用者団体と労働組合が締結した協約が、公権力のサンクションを媒介としてそのまま職業全体に適用される法規範へと転化するという点で、協約参照手続を一歩前進せしめるものであったと評することができる。

（1）参事院一九二六年七月三〇日および一九三四年二月九日判決（D. H. 1926, 504, D. H. 19341, 186）。
（2）参事院一九二五年三月二七日判決（D. P. 1925, 3, 73.）。
（3）参事院一九二七年五月二七日判決。
（4）参事院一九二五年六月一二日および一九二六年一二月二九日判決（D. H. 1925, p. 520）。

③　職業慣習として協約の効力拡張を認める立法

われわれはすでに、一九一九年法以前において契約説の立場に立つ二・三の学説並びに特定の下級審判決が、協約を職業慣習とみなすことによってこれを職業全体に課そうと試みたことについて言及してきた。しかし、これらを立法化しようとしたドゥメルグ法案は遂に実現するにいたらず、その後の諸法案（例えばシュトラウス法案、ルロール法案）においても、また一九一九年法においても、職業慣習によって協約の効力の拡張を図ろうとする考え方は姿を潜めたのである。

しかし、一九二〇年代にいたって、以前のように広く一般的に協約の効力を拡張するというのではないが、その中の特定の分野に限ってこれに職業慣習としての効力を認めようとする特別法が現れるにいたった。その代表的なものは解雇予告期間に関する一九二八年七月一九日法（労働法典第一巻第二三条に編入）である。

同法によれば、解雇予告期間の有無およびその長さは、当該地方および職業における慣習に従うべきことが規定され、慣習が存在しない場合および協約が慣習と異なる定めをした場合には、協約の規定が広く当該職業全体に対して適用される旨が定められている。同時に同法は、慣習または協約によって定められた解雇予告期間を下回る個別契約条項は当然に無効となる旨を定め、従来、慣習または協約を下回る個別契約が有効とされていたのを立法的に解決した。従って協約は解雇予告期間に関する限り、慣習法としての資格で協約当事者以外のものに対しても強行的に適用されることになったのである。(1)

(1) この種の類型に属する立法には、一九二三年七月一九日法、一九三六年三月二五日法、一九三六年六月二〇日法、一九三六年一二月三一日法などがある。V. Arnion, op. cit., p. 119.

三 むすび

以上、労働協約の拡張を認めようとする立法化の動きは、これを直接法制化しようとするシュトラウス法案、ルロール法案を初めとし、例えば八時間労働、週休等の限られた領域においてであるとはいえ、さまざまな法律技術を駆使して、協約の内容を実質的に拡張しようとする各種の立法となって現れたことをみてきた。このような立法者の努力は、フランスにおける労働協約の拡張制度の成立過程にとってつぎのような意義を有する。

第一は、主として一九一九年以後一九三六年にいたる間になされた立法者の努力が、一九三六年法となって結実したということである。換言すれば、協約の拡張を認める各種の法案や、協約の効力拡張を側面から助長する諸立法が一九三六年法の制定を促し、或はこれを容易にすることができたといいうるのである。フランスにおける労働協約の拡張制度は、一九三六年法によって一挙に出現したわけでなく、一九一九年法以後の各種の立法がその基盤を提供し、これらの経験の上に立って、これを集大成するものとして一九三六年法が生まれていることを見落してはならない。

第二は、八時間労働制に関する一九一九年四月二三日法や、週休に関する一九二三年一二月二九日法、解雇予告期間に関する一九二八年七月一九日法等を足がかりとしつつ、協約当事者である労働組合が、特定の分野においては、広く職業社会全般に適用される統一的な法規範たる労働協約を締結しうることが認められたことである。その限りにおいて組合は大幅な権限を享有し、協約は職業の法としての性格を帯び、団体法の優位が次第に確立されてくることを意味する。

第三は、これらの一連の立法による経験が、従来の協約の法的性質に関する学説上の論争を立法的に解決したことである。すなわち協約の効力が署名当事者以外のものにも広く及ぶという法的な難点を克服する新たなメカニズムを創設することによって、立法者は協約の法的性質に関する論争をもはや無意義なものと化し、「契約的基礎に基づく法規範の定立」という「特殊フランス的形態」(la forme spécifiquement francaise) を樹立したのである。労働協約の法的性格に関して契約説と法規説を統合するポール・デュランのいわゆる複合説は、このような法的な基盤の上に生育したものということができる。

四　一九三六年法

一　立法過程

(1)　協約拡張制度と世論

一九二九年末にアメリカを襲った大恐慌は、やがて全世界に及び、フランスも三〇年代の初めにかけて深刻な経済的危機に見舞われた。すなわち一九三二年に始まる農産物価格の下落は、まず農民を没落の危機に瀕せしめ、さらに大企業における「生産費引下げ」の強行は、労働者の労働条件悪化と失業を生んだばかりでなく、中小商工業者の活動を殆ど不可能なものとした。そのためフランス人口の大半は、労働者階級を先頭に、経済的困窮を脱却するための活路を求めるようになった。しかも国際的ファッシズムの浪は、フランスの政治・社会情勢の混乱に一層の拍車をかけ、破局的な恐慌とファッシズム勢力の増大という両面攻勢をうけた一般社会大衆は、なんらかの形でのフランスの社会経済組織の再編成を要請するようになったのである。

このような人々の心情に応えるものとして、一九三四年以降、社会経済再建のための各種の計画がいくつかの団体によって提唱されている。これらのプランは、その起源や目的がいかなるものであるにせよ、いずれも共同体的組合主義（corporatisme）を基調とし、職業団体に大幅な独立性と統制権を付与しようとしている点に特色を有する。しかも大部分のプランは、右のような目的を実現するために、すでに存在する団体を利用するというよりは、むしろ新しい機関にこの役割を営ませようという傾向を有したのである。各プランにおいては、賃金その他の労働条件は当該職業を組織・統轄するこれらの機関によって定立され、職業全体に対して強行的に適用されることになっていた。従って各プランの起草者の構想によれば、機構の改革それ自体が問題となっているのであり、労働協約はそれに付随する二次的な地位しか与えられていなかった。(1)

（1）　例えば「七月九日計画 plan du 9 juillet」（〈Plan du 9 juillet〉 librairie Gallimard, préface de Jules Romains）は関係当事者による自主的な職業共同体の設置を提唱しているが、協約に関してはなんらの記述もみられない。「労働・自由協会 Association Travail et Liberté」の「現秩序計画 Le Plan de l'Ordre Réel」（cf. 〈Le Front Economique〉 6 juillet 1937）は、より強い共同体的構想の下に、強制的組合 syndicat obligatoire の設置を認め、それが賃金および労働条件に関する労働協約を締結するように規定している。「計画協議会 Comité du Plan」の起草になる「フランス計画Le Plan français」（cf. 〈Le Front Economique〉 22 et 23 juin 1937）も「経済社会協議会 Conseil Economique et Social」が労働協約締結の役割を引き受けるようになっており、CGTも一九三四年の大会において協約の一般化を主張しているが、それはCGT自身の提唱する経済会議 Conseil Economique に付属的なものとして主張されているにすぎない。ただCFTCの計画だけが例外的に真正面から協約に広汎な役割を与え、協約を職業組織の基礎であるとして、それを締結するために各種の組合を比例制によって統合する常設混合委員会 Commissions Mixtes Permanentes の設置を規定している。これはカトリック社会主義の協約に対する考え方の現れである。カトリック社会主義研究団体である La Semaine Sociale d'Angers は、将来の組織された職業を構想に画き、現在の労働組合主義 syndicalisme から将来の共同体的職業組合主義への移行を協約によって実現しようと考えていた。すなわちその論者の一人 Zamanski 教授によれば「職業共同体のルネッサンスは、第一に協約に始まる。共同体の観念は協約とともに進歩し成長する。協約が全職業に課せられるとき、それは成熟に達する。二つの問題には同一性がある。……発展の点において協約は名前を変え、共同体規則 règlement corporatif と名づけられる。混合委員会〔前記の協約締結のために、各組合から比例制によって選出した委員会　筆者註〕は、共同体会議 Conseil de la Corporation となるであろう」(Zamanski, Structure de l'Autorité Corporative, Cours à la Semaine Sociale d'Angers, pp. 354-355.)。

以上のような意味からするならば、かつて協約に与えられていた信頼は、もはや失われてしまったように思われる。協約締結数をあげながらヴァリッド(Oualid)教授は、全国経済会議(Conseil National Economique)において「このような状態は、最初の〔協約の〕擁護者達、とくに故ラウル・ジェイ(Raoul Jay)教授が職業の真の私的立法の萌芽であるとして協約に抱いた期待から隔たるものである」(1)と述べているが、このことは、当時の世論の動向を示唆するものというべきであろう。

しかし、共同体的観念によって貫かれているとはいえ、職業体を代表する機関が賃金その他の労働条件を定立し、これを職業全体に対して課すという構想の中に、協約の拡張制度に通じる要素が存在することをわれわれは見落してはならない。

さて、このような情勢の中にあって、一九三四年には、全国経済会議においても、社会経済組織の再編成に関する審議が行われているが、同年一一月三〇日の会議において、報告者のピエール・ラロック(Pierre Laroque)は、同会議が労働協約に対して行った調査を基にして、つぎの三つの方策を審議・採決することを提案している。

(イ)　現在の労使関係の組織が協約制度によって改善されえないか否か、

(ロ)　労働組合と使用者団体との間に締結された自由な協約の形式の下に、協約の一般化を図っていくべきか、

(ハ)　契約的基礎に基づく労働協約の効力を行政命令により拡張していくべきか。

そして第三の方策が前述したようなシュトラウス、ルロール法案および一九一九年四月二三日法、一九二三年一二月二九日法を初めとする従来の立法の線にそうものであるという説明が加えられた。

しかし経済会議は、この方策を斥け、第二の方法を採ること、すなわち一九一九年法の枠内における自由な協約の発展を促すことを決定した。これは、協約を締結するか否かという自由と、一旦締結された協約に職業全体のものが服するか否かの自由とを混同したところから生じたものであるといわれている。(2) すなわち契約的基礎に基づく協約の拡張という第三の方策も、後者の意味での自由の制限を効果としてもつものであり、前者の自由を制限するものではないからである。第三の方策おいても協約が当事者の自由な意思によって締結されることが経済会議においては見逃されていたわけである。

しかしながら、協約の拡張制度が樹立されるためには、労働組合および使用者団体の組織化が進み、それらのものの締結する労働協約が、支配的な力を事実上有するという基盤が創出されることが必要であるという見地からするならば、経済会議が第二の方策を採択したことも結論的には無理からぬことであったと評することができる。

(1)　Cf. communication Oualid au C.N.E., rapport Laroque, p. 136.

(2)　Arnion, op. cit., p. 154

(2)　マチニヨン協定と一九三六年六月二四日法

一九三六年六月のマチニヨン協定は、協約拡張制度成立のためのこのような社会的条件を一夜の中に創出してしまった。すなわち、数年に亘る経済的危機から生じていた労働者階級の不満は、一九三六年五月の総選挙における人民戦線派の勝利を契機として一気に爆発した。総選挙における人民戦線派の政治的勝利が確実なものとなるや、狂喜した労働者階級は、同時に経済的危機からの解放を求め、賃上げ、有給休暇、週四〇時間制、職場委員の設置等を要求してストライキを敢行した。ストライキは燎原の火のごとくに拡がり、労働者の言葉を借りれば、「各企業における特殊な要求を秩序と尊厳の中に達成させようとする労働者の希望を表明するもの(1)」として各地で工場占拠が行われたのである。僅か数日の間に一万二千の争議が勃発し、約一八〇万、すなわち全労働者の約四分の一のものがこれに参加した(2)。

このような、いわば人民戦線綱領の即時実施を迫る心理的ストライキを前にして、世界最初の人民戦線内閣の首班ブルムは、組閣後直ちに、公約した労働立法の早急な実現に努力する旨を約するとともに、産業平和の回復なしには何事もありえない旨を強調、労働争議の調整へとのり出した。ブルムは、漸く険悪な様相を帯び始めてきた工場占拠を阻止するために、使用者団体であるＣＧＰＦ（フランス生産者総同盟 Confédération Générale de la Production Française. 後に Confédération Générale des Patrons Français と改称）の代表とＣＧＴの代表とを、組閣後四日目の六月七日にオテル・マチニヨン（Hôtel Matignon）に会合せしめ、翌八日、いわゆるマチニヨン協定を締結せしめた(3)。

マチニヨン協定は全文七ケ条からなるが、その骨子はつぎのようなものである。

(イ) 一九三六年五月二四日現在で支払われている賃金を七％ないし一五％増額すること（第四条）、

(ロ) 使用者は労働者の言論の自由および労働組合に自由に加入し・所属する権利を有することを認める（第三条）、

(ハ) 一〇人以上の労働者を解雇するすべての事業場においては、従業員代表（délégué du personnel）の設置を認めること（第五条）、

(ニ) 使用者の代表は、労働協約の緊急の締結に同意する。これらの労働協約には、右に掲げた(イ)ないし(ロ)に関する協定を含まねばならない（第一条、第二条）、

(ホ) ストライキの犠牲者を出さないこと（第六条）、

(ヘ) 労働者代表は、各企業主が本協定を承認し、その適用に関し、当該企業の労働者と団体交渉を開始すると

同時に、ストライキ参加者に労働の再開始を指令する（第七条）。

以上のようにマチニヨン協定は、労働者側にとって極めて有利なものであり、協定というよりはむしろ使用者側の権利の縮少ないしは放棄の確認書であると表現した方が適切であった。換言すれば、それは労働者階級の勝利の記録に他ならなかったのである。(4)

さて、政府は、直ちに人民戦線綱領の実施、実質的にはマチニヨン協定の立法化にのり出し、週四〇時間制、年一四日の有給休暇制、労働協約法等の一連の労働立法を成立させた。すなわちマチニヨン協定が成立した翌日の六月九日には、早くも労働協約法案が下院に提出され、六月二四日に制定公布されている。同法により、フランスにおいては初めて労働協約の拡張制度が正式に発足することになったわけである。

このように一九三六年法は、いわば一夜の中に作り上げられたのであるが、その中には、前述したシュトラウス、ルロール法案を初め、その後の協約拡張制度を助長する各種の立法による経験が充分に生かされている。しかしそれと同時に、マチニヨン協定が直接的な契機として、つぎのような影響を一九三六年法に与えていることも見忘れてはならないであろう。

(イ)　第一は、マチニヨン協定が、協約拡張制度の成立に不可欠な労使両団体の組織化を強めたことである。

（a）　まず、使用者団体についていえば、一九三六年五月から六月にかけて、各所に勃発した工場占拠は、これまで孤立分散的な状態におかれ、或は相互の競争心から、極めてゆるやかな結合しかもちえなかった使用者達を、CGPFに結集させるという直接的な効果をもったのである。殆どすべての企業を突如として掩った恐怖は、使用者達に利害関係を同じくするという共通の感情を生ぜしめた。ジャン・クロー（Jean Coutrot）は、このときの情景をつぎのようにいきいきと描写している。「この日、使用者団体の会議所（Chambres Syndicales Patronales）

は、これまではどんな招集状が出されても決して足をふみ入れようともしなかった企業主達で満ち溢れていた。……入るのには余りにも小さくなった部屋の中は、これらの人達で混雑し合っていた。完全に当惑し、途方にくれた彼等の中の或者は、現実に、もっと正常な〔労働者との〕接触を再開するため、すべてを受け入れる覚悟をしていた」[5]。

大多数の企業主はＣＧＰＦに集合し、ＣＧＰＦが全フランス使用者の名の下に行動することを認めたのである。

（b）　労働組合が使用者団体の強化にも増して組織の拡大を行ったことはいうまでもないであろう。六月の闘争を通じてＣＧＴは、従来の九〇万から一躍五〇〇万の組合員を獲得し、ＣＦＴＣも一五万から五〇万へと組合員数が増大した[6]。

このような使用者団体の強化と、労働者の大部分を組織し、労働市場を支配しうるに足る強力な労働組合の出現は、これまで労働協約の一般化を阻んでいた主要な障害の一つを消失させたのである。

(ロ)　第二にマチニヨン協定は、それ自体、使用者団体と労働組合の締結した労働協約であった。その中には、団結権の尊重、具体的には労働者の言論の自由（組合活動の自由）、組合加入の自由、従業員代表の設置、七％ないし一五％の賃上げの確認等の諸規定が含まれている。これを基準として下部組織において具体的な労働協約が締結されたのである。それと同時に、これをいわば第一次の草稿（premier brouillon）として一九三六年法ができ上がっている。すなわちマチニヨン協定によって獲得された団結権保障の内容がそのまま国家法の次元にまで高められているのをわれわれはみるのである。

(ハ)　つぎにマチニヨン協定がＣＧＰＦおよびＣＧＴという二つの労使の代表的団体によって締結されていることを強調しなければならない。ブルム政府は、全企業主および労働者に関係する一般的な争議を終結させるために、二団体の代表を招いて協定を締結させた。これらの団体は、勿論フランスにおける最も有力な団体である。しかし、全使用者並びに労働者を悉くその傘下に納めていたわけではないし、またいかなる委任もうけているわけではなかった。それにもかかわらず、これらの二団体の締結した協定は、フランスの全企業に対して事実上強行的な作用を営んだのである。広汎な協約拡張制度の社会的基盤は、すでにこのときでき上がったといって差し支えないであろう。

㈡　最後にわれわれは、マチニヨン協定が政府のイニシアティブによって生じたことに注目しなければならない。政府はとくに、内外の安全を強調することによって使用者団体を説得し、このような政府の圧力が、CGPFのマチニヨン協定受諾に大きく作用したといわれている。このいわばモデル協約（convention collective modèle）ともいうべきマチニヨン協定の成立に当たって政府の果たした役割は、立法者をして一九三六年法の中に同様の趣旨の制度を盛り込ませることになったのである。

（1）　Petit, Les conventions collectives de travail. 1938, p. 52.

（2）　cf. Oualid, Législation Sociale, Revue L'économie politique, mai-juin 1937, p. 1077.

（3）　マチニヨン会議においてCGT代表は、各産業における低賃金の実例をあげ、一〇ないし一五％の賃上げを要求したが、使用者側は企業の経営能力を超えるものとしてこれを拒否し、解決の見通しがつかなかった。そこで政府は半ば強制的に裁定案を示し、調停に成功した。マチニヨン協定は形式上は自由に締結されたもののようにみえるが、実質上は政府の手による仲裁裁定であったといわれている（Maurice Coflentz-Bouveret, L'Arbitrage des Conflits Collectifs et le Statut Ouvrier, 1939, p. 1)。

会議の席上労使の対立がみられたとはいえ、使用者側は殆ど選択或は拒否の自由を有していなかった。裁定の拒否は、工場占拠の継続と、予期せざる結果を意味するからである。また労働者側にとっても、ストライキが手に余ってきた時期であり、ストの継続が人民戦線綱領の実施を阻害することを認め、結局、労使双方とも無政府状態の出現をおそれ、政府の裁定を甘受したというのが真相のようである。
（4）マチニヨン協定のいたるところにみられる「使用者代表は……を認める」（La délégation patronale admet.....）「使用者は……を容認する」（les employeurs reconnaissent……）「法律の遵守は……課せられる」（observation des lois s'impose à……）などという表現はこのことを端的に示すものである。
（5）Jean Coutrot, Les leçon de juin 36. L'humanisme économique.（Editions du Centre Polytechnicien d'Etudes Economique Doc., No. 4, 1936.）
（6）Picard, Le marché du travail et le mouvement syndical.（Revue d'Eco. Polit. mai-juin 1937, p. 1070.）

二　一九三六年法の構造

一九三六年法は、一九一九年法を廃止することなく、いわばこれの補充法として現れている。すなわち同法は、一九年法に僅かの修正を加えた（第三一条c・j）だけで大部分をそのまま存続させ、新たに協約の拡張に関する第三一条vaから第三一条vgまでの七ケ条を追加したにすぎない。従って、一九三六年法は、一九年法が労働協約の一般的原則として適用されることを認めると同時に、協約拡張制度の対象とならない協約に対しては、一九年法がそのまま適用されることを認めたのである。

このように、三六年法は、法形式的には一九年法の補充法として現れているにすぎないが、労働協約の拡張制度を新たに設けることによって、実質的にはその全規定を入れ換えたに等しいほどの大きな改革を行ったのである。しかし、三六年法が一九年法をそのまま存続させたということは、同法が、原理的には労働協約が私法上の契約であることを承認していることを物語るものであろう。このことは三六年法においても、例えば労働協約が労働条件に関する労使両団体の契約であるという定義をそのまま引きついでいること、協約が両当事者の合意によって初めて成立すること、協約は期限の到来や両当事者の合意によってのみ消滅しうるものであること等を認めていることからも容易に首肯される。

しかし一九年法は、協約を純粋に市民法上の契約としてしか捉えなかった。そのために、例えば協約署名団体の構成員は、当該団体を一定期間内に脱退することによって協約を免れることができるとか、或は協約当事者以外の第三者は、明示的に協約に加入するか、または協約署名団体の構成員となるのでなければ協約の拘束をうけないとかいう配慮がなされていた。すなわち一九年法のシステムによれば、労働協約は、あくまでも署名当事者のみを拘束する契約であり、第三者への協約の効力の拡張は、本質的には、第三者自身の意思にかかわる問題であったのである。

これに反し、三六年法は、労働協約のもつ規範的な効力ないしは協約の本質そのものに着目し、公権力の権力行為（un acte d' autorité de la puissance publique）を媒介とすることによって、私法上の規律（réglementation de droit privé）に公法的な性格を与え、これを広く第三者に拡張適用させることを認めたのである。従って、三六年法の成立により、純粋に私法上の契約として一九年法の適用をうける協約と並んで、本質的には私法上の契約でありながら、拡張命令が出された後においては、公法上の効果を生み出す新たな協約が現れることになったのである。それゆえに三六年法により拡張された協約は、法規的な効力をもつ私法上の契約（convention de droit privé à effets réglementaires）としての性格を有する。

以下、簡単に同法の骨子を紹介しておこう。

(1)　協約の締結

(イ)　第一に、拡張の対象となりうる協約は、特定地域または全国の各商工業部門における最も代表的な使用者団体および労働組合のみが締結しうる。すなわち各職業を代表するエリートのみが三六年法における協約能力を認められているわけである。(三六年法は、「最も代表的な団体」syndicats les plus représentatifs の定義を与えていないから、いかなる団体を当該職業活動部門における「最も代表的な団体」とみるかについては争いが残ったが、この点に関しては、一九五〇年法の項目のところで一括して説明することにする。「最も代表的な団体」には、数個の組合が競合してなることもできるが、当時は事実上、CGTがこれを独占していた。)

(ロ)　第二に、拡張の対象となりうる協約は、職業の法として取り扱われる関係上、当然に地域的な拡がりをもたなければならない。従って、三六年法による協約は、単に一事業所 (etablissement) のみを対象とするだけでは足りず、特定地方もしくは全国を適用領域として締結されたものでなければならない。

(ハ)　三六年法は、労働協約の締結を促進し、職業の組織化を図るために、一定の国家の関与を認めている。すなわち労働大臣、またはその代理人は、関係当事者の一方の請求もしくは職権に基づき、労働協約の締結を目的とする労使合同委員会 (Commission mixte) を招集し、この委員会が協約案を作成し、審議決定することによって協約が締結される (全国協約の場合は労働大臣が、地方協約の場合は県知事が右の委員会を招集する)。労使合同委員会は、当該地域の商工業部門における最も代表的な労使の団体の代表者をもって構成される。従って例えば全国協約を締結する場合には、当該職業部門において全国的に最も代表的な使用者団体および労働組合の代表者がその構成員となるわけである。

(ニ)　労使合同委員会において労使の意見が一致せず、協約の締結が困難になったときは、労働大臣は、当事者の一方の要求に基づき、斡旋を行うことができる。しかし労働大臣は、当該紛争に対して裁定を下すことは許されていないのである（もっとも当事者はこれを別個の調停仲裁手続に付託することができるが、これは別問題である）。このように一九三六年法によって効力の拡張をうける協約も、本質的には協約当事者の自由な合意によって成立すべきものとされており、法的には労働者も使用者も、なんら労働協約の締結を強制されていない。

(2) 協約の内容

拡張の対象となりうる労働協約は、消極的には、労働者の有利な定めをする場合を除き、法令に違反する規定を設けてはならず、かつ積極的には、つぎの事項に関する諸規定を記載しなければならない。

(イ) 組合の自由および労働者の言論の自由の承認

(ロ) 一〇人以上の従業員を使用する事業場における従業員代表の設置（右の従業員代表は、協約、労働法典およびその他の労働保護法令の適用に関し、不満を有する従業員の個別的要求を使用者に提出する任務を有する。従業員代表は、任務の遂行に際し、労働組合代表の援助をうけることができる。）

(ハ) 職種別および地域別最低賃金

(ニ) 有給休暇

(ホ) 技能者養成組織

(ヘ) 集団的紛争の調停仲裁手続

(ト) 調停仲裁手続の期間（但し、右の期間は、手続の各段階において六日を超えてはならず、各紛争につき一月を超えてはならない。）

(3) 協約拡張手続

(イ) 拡張の対象となりうる協約は、これまでに述べた（前記**(1)**および**(2)**）実質的要件を充たしていれば足りるのであって、必ずしも労使合同委員会において締結される協約であることを要しない。この点に関しては、三六年法は明示の規定を設けていないが、同年八月一七日の労働大臣の通牒（J. O. 3 sept. 1936, p. 3392）および学説（例えばJeanselme, Le nouveau régime des conventions collectives en France. 1938. p. 143）は、三六年法の目的から判断して、協約が最も代表的な団体によって締結され、かつ所定の必要的記載事項をその内容としているときには、同法第三一条ｖａの手続（労使合同委員会）を利用したか、労働大臣の斡旋により成立したか、或は全く自発的に締結されたものであるかを問わず、すべて拡張命令の対象となりうると解している。但し、労使合同委員会の手続によらないで締結された協約に対しては、協約当事者が特定地域および職業の最も代表的な団体であるか否かについて、とくに慎重な審査を行う必要があるとされた。

(ロ)　協約の拡張手続は、労働大臣の職権により開始され、必ずしも関係当事者によって申請がなされるのをまつ必要はない。

(ハ)　労働大臣は拡張命令を発する前に、全国経済会議に諮問し、かつ拡張に関する意見を官報に公告することによって、所定の期間内にすべての利害関係者が意見を表明しうるよう促さなければならない。但し、労働大臣は、右の意見に拘束されることなく、自由に拡張するか否かの決定を下すことができる。

(ニ)　右の決定に対しては、関係当事者は、越権を理由として参事院（conseil d'Etat）に行政訴訟を提起しうる（事前に審査がなされなかった場合、官報への公示がなされなかった場合、全国経済会議に諮問しなかった場合等の形式的違反、命令の適用領域を誤った場合等の実質的違反がその理由となる）。

(4)　拡張命令の効果

(イ)　拡張命令が発せられると、当該労働協約は、その地域の同一職業部門内のすべての労働者および使用者に対して拡張適用される。従って、協約に反する労働契約条項は、当然に無効となり、自動的に協約条項が適用される。

(ロ)　拡張命令の効果の発生時期は、当該協約の効力の発生したときに遡及するか否かが争われたが、判例および学説の大部分は拡張命令の発せられた日から効力を生じると解し、遡及効を認めていない（反対説 Demogue, Etendue d'application du contrat collectif de travail, Gaz. des prudh., oct. 1937, p. 251）。

(ハ)　また、協約署名当事者以外の第三者が、拡張された協約より有利な労働条件（例えば協約を上回る賃金）を定める個別契約を締結していた場合に、拡張適用された協約の線まで、右の個別契約を引き下げなければならないかどうかが争われた。通説はこれを肯定的に解したが、実際問題としては、拡張された協約は、殆どが、いかなる場合においても個別的もしくは集団的に獲得された利益を制限するものではないという条項を設けていたから、拡張命令の効果によって労働条件が低下するということはありえなかったのである。

(ニ)　拡張命令の対象となった協約に違反する個別契約の条項は無効であるが、協約違反により損害を蒙った者は、相手方に対し損害賠償請求訴訟を提起することができる。このような協約に固有のサンクションが認められるほか、一九三八年五月二日命令により、協約違反の使用者に対しては罰金が課せられることになった。このような公法上の制裁を担保に協約拡張の実効性を図ろうとしたわけである。

(ホ)　拡張命令は、当該協約の定める期間および条件に従う。かつ右の命令は、協約当事者が、基礎となっている協約を解除、改訂もしくは修正することに合意した場合には、効力を失う。

また労働大臣は、右の協約が当該地域における関係商工業部門の経済状態に適応しなくなり、拡張させることが適当でないと認められるときには、拡張命令を取消すことができる。拡張命令が取消された後は、右の協約は、一九一九年法のシステムによる協約として存続する。

三　一九三六年法の行方

さて、われわれは、先に労働協約が一般化するためには、職業の組織化と協約に対し規範的効力が与えられることが必要である点を指摘したが、このような条件は一九三六年六月の出来事によって一挙に解決し、三七年の最盛時には八〇〇万の全労働者中CGTの組合員だけでも五三四万人に達するという驚異的な組織率をみせ、しかも三六年法によって拡張された結果、この期の協約は量のみならず質的にも飛躍的な発展を遂げたのである。

マチニヨン協定成立後翌一九三七年七月一五日までの約一年間に四、五九五の労働協約が締結せられ、一九三八年末までには約六、〇〇〇に達し、そのうち約六〇〇が拡張適用されている事実[1]からみても協約がいかに一般化されるにいたったかを推察することができよう。協約は今や「職業の法」としての機能を充分に営むにいたり、かつ労働条件や団結権に関する職業慣習がつぎつぎと協約の中に成文化されていった。

しかしながら第二次世界大戦の勃発とともに戦時統制立法の一環として一九三九年九月一日法により、労働協約法の効力は停止され、賃金統制と並んですべては戦時体制へと移行してしまった。

フランスの敗北、ヴィシー政権の樹立とともに共産党員が奴隷憲章と称した労働憲章が施行され、労働協約をも含めて労働関係はすべて全体主義的構想の下に同憲章により規制されることとなったのである。[2]

（1）　Lefranc, op, cit., p. 264.

（2）　労働憲章により、各産業をいくつかのブロックに分つ職業家族団（famille professionnelle）が構成され、そのおのおのには、全国、地方、地区毎に上下の階層をもった社会委員会（comités sociaux）が強制的に設置せられ、この社会委員会が従来の労使合同委員会に代わって労働協約を締結し、当該職業全体を規制することとなった。地方・地区協約は、それぞれ全国協約および地方協約の具体的適用条件を定め、労働大臣に届け出ることが要件とされている。労働大臣は、このような協約を拡張命令を発することにより、農業を除いて、更に他の職業のものにまで拡張適用することができた。（一九四一年一一月二〇日法）この際、従来のように全国経済会議に諮問することは必要とされていない。しかし賃金は別個の法律により統制をうけていたので、協約の対象となりえなかったし、また社会委員会は労使合同委員会のように、対立関係にある労使両団体が団体交渉の過程を通じて協約を締結するというのではなく、〈家族、労働、祖国〉という労働共同体の理念の下に、協調的に当該職業の組織化と労働条件の規制を行うことを目的としているものであったから、仮に労働者代表と使用者代表とが社会委員会において労働協約を締結したとしても、これが実質的な意味において協約の名に価するかどうか疑問である。この時期の労働関係の詳細は Pic et Kréher, Le nouveau droit ouvrier français, 1943. 参照。

五　一九四六年法

フランス解放後、労働憲章は当然に廃止され、戦時中解散を命ぜられていたCGT、CFTC等の労働者団体が相ついで再建された。それと同時に一九四六年一二月二三日法により、新たな労働協約制度が復活した。

しかし戦後の経済再建のために統制経済は依然として続けられ、その一環として賃金統制も引き続いて行われたために、賃金は団体交渉の対象とならず、その結果、同法は、労働者の興味を余り惹かなかったといわれている。従ってここでは、協約の拡張制度に関連するかぎりで同法を簡単に概観するにとどめ、直ちに一九五〇年法の考察に移ることにする。

㈠　第一に、一九四六年法の下においては、各産業部門における最も代表的な団体のみが協約当事者となることができた。かつこれらの団体の締結する全国協約のみが当該産業全体の労働関係を規律することができたのである。全国協約・地方協約・地区協約・事業場協定は、それぞれ明確なヒエラルヒーを有し、地方協約・地区協約・事業場協定は、全国協約の枠内において、その具体的適用条件を定めうるにすぎず、従ってこれらは、当該産業部門における全国協約が締結された後でなければ締結することができなかったのである。

㈡　全国・地方・地区単位の労働協約は、すべて労使合同委員会において締結されるが、その際つぎのような大幅な国家権力の介入が認められていた。

①　労働大臣は、労使両団体のいずれか一方の申請に基づいて労使合同委員会を招集する。

②　労使合同委員会は、当該産業部門における最も代表的な労使の団体の代表者をもって構成する。最も代表的な団体であるか否かは、労働大臣が労働協約審議会に諮った上で決定する。

③　労使合同委員会において、労働協約の条項につき意見の一致をみるにいたらなかったときは、労働大臣はその解決のために斡旋を行う。斡旋が不成立に終わったときは、労働大臣は命令をもって当該産業の労働条件を決定することができる。

㈢　全国協約は、つぎの事項を労働協約の内容として記載しなければならない。

①　必要的記載事項

(a)　組合の自由および労働者の言論の自由

(b)　法令の定める条件内において職種別、地域別に適用される賃金

(c)　労働者の採用および解雇の条件

(d)　解雇予告期間

(e)　企業内における養成工の組織および職業教育機構

②　任意的記載事項

(a)　職場委員、経営協議会および経営協議会の福利厚生事業の経理

(b)　報酬または生産高の一般的条件

(c)　年功賞与、精勤手当制度

(d)　危険・非衛生手当

(e)　転勤手当

(f) 有給休暇

(四) 労働協約は、労働大臣の承認（agrément）をえて初めて効力を発生する。労働大臣は、協約に承認を与えるか否かの自由を有し、かつ協約の条項の一部に対してのみ承認を与えることもできる。但し、労働大臣は、協約の内容を変更することができない。

(五) 労働協約は、労働大臣の承認と同時に、協約署名団体の構成員であるか否かを問わず、当該産業の全構成員に対し、自動的に適用される。すなわち一九四六年法の下においては、協約はすべて効力拡張の手続を要せず、自動的に当該産業部門全体に拡張適用されたのである。前述のように地方協約・地区協約は、それぞれ全国協約の枠内において、その具体的適用条件を決定しうるにとどまっていた。それ故に、全国協約のみが必要的記載事項を法定されていたのである。このようにして全国協約を頂点とする職業上の共通法が構成せられ、法規的な効力をもって当該産業の全構成員に妥当していった。(1)

（1） 一九四六年法については Boiteau, Traité pratique des conventions collectives, 1947. Bréthe de la Gressaye, Le nouveau statut des conventions collectives, Droit Social, 1947, p. 103. 等参照。

以上のように、一九四六年法は、協約に対する国家権力の関与の拡大と協約の職業法的役割の強化とをもってその特色とする。しかしこのことは同時に協約の柔軟性を失わせる結果となっているのである。

(1) まず第一に一九四六年法においては、賃金が団体交渉の対象から外されていたが、労働者側にとっては、賃金条項が欠けることは、協約を締結する妙味の大半を失うことにも等しかったのである。また、賃金以外の条項、例えば有給休暇や祝祭日の有給制、通勤手当或は組合活動の自由や解雇の制限等も、一九三六年法当時においては、協約でかちとる必要のある重要な事項であったが、その後の法令によってほぼ労働者側に有利に立法的に解決されていたため、協約にこれらの事項を規定する以上は、労働者側にとってさらに有利な方向へとこれを展開しなければならなかった。これに対して使用者側の抵抗が加わることはいうまでもないであろう。使用者側は、労働協約の内容となるべき事項は、すでに殆ど法令に詳細に規定されており、かつ近年のフランスの労働立法はかなり進んだものであり、現在の経済情勢からみてこれ以上、企業に負担をかけることは好ましくないという主張を捨てなかった。このような労使の意見の対立は、一九四六年法の根幹をなす全国協約の締結をしばしば不可能ならしめたのである。

(2)　一九四六年法はこうした協約締結の際の隘路を打開するために、労使合同委員会において労使の意見が対立したときは、労働大臣は労働条件に関する事項について裁定を下すことができるように定められている。しかし前述のように労働条件に関してはほとんどが法令によって定められていたために、労働大臣は、このような労働条件の決定は議会の役割であるとして容易に命令を発しようとはしなかった。

(3)　全国協約の不成立は、当然に協約制度全体の不調となって現れる。なぜならば、一九四六年法のシステムにおいては、地方ないし地区単位の労働協約は、全国協約が締結されてからでなければ、これを締結することができなかったからである。勿論、全国協約の枠内において、それの具体的適用条件を決定するという形で地方・地区協約が締結されることは、協約が職業社会の統一的な共通法を構成するという見地から、極めて意義の深いものである。しかし、労働協約の具体的な発展過程から眺めるならば、事業場協定ないしは、地区・地方協約が有利な条件をつみ重ね、このような既得権の上に立って、このレベルにまで全体の足並を揃えさせ、或はこれをさらに推進していくという相互依存的な柔軟な形で労働協約は発展してきているのである。全国協約が締結された後でなければ下部協約が結べないという一九四六年のシステムは、統一的な協約規範を一般化するという当初の目的とは異なり、徒らに協約制度を硬直させるにすぎなかった。

(4) さらに一九四六年法の一つの特色ともいうべき大幅な国家権力の介入は、当事者をして協約に背を向かせるのに充分であった。協約当事者たりうる資格および協約締結の場たる労使合同委員会への労働大臣の関与はもとより、労働大臣の承認が協約の有効要件とされていたこと等は、団体交渉の自由、協約締結の自由を必要以上に制約するものであった。

(5) 以上の諸事情のほか、戦後のCGTの分裂と、それをめぐる一連の労働情勢の混沌たる諸様相、最も代表的な組合たる資格に関する争い等が、ともかくも協約の発展にとってマイナスの方向へ働いたことは否定し難いであろう。戦前には約八、〇〇〇にものぼる労働協約が締結されていたといわれるのに対し、一九四六年法の下においては、一九四九年末までに僅か一〇個の協約が締結されたにすぎず、その中でも、重要なものとしては銀行従業員の全国協約が存在するにすぎなかった[(1)]。このことだけからみても、一九四六年法の効果がいかに薄かったかは、容易に推察することができよう[(2)]。

（1）Durand, Traité de droit du travail, t.III, p. 451.

（2）一九四六年法の難点についてはとくにR. Jaussaud, Les difficultés d'application de la loi du 23 déc. 1946, Droit Social, 1949, p. 93. 参照。

六　一九五〇年法

一　一九五〇年法の成立

一九五〇年法は、一九四六年法に対する批判の集積の中から生まれてきた。

戦後のフランス経済は、その復興の速度に比例して、計画経済から自由主義経済へと移行し、物価の統制は、漸次緩和されていったのであるが、それとともに賃金統制徹廃の要求が労働者側から叫ばれ始めたことは自然のなりゆきといえよう。自由な団体交渉による賃金並びに労働条件の決定を要求する労働者の声は、つぎの二つの出来事によりますます高まっていった。

第一は、一九四九年七月に、政府が社会保障機関の職員に対し、休暇手当（la prime de vacances）を認めたことによる。民間の労働者も、すかさず使用者に対し休暇手当を要求した。そこでこれを従来の有給休暇によって糊塗しようとする使用者側と各所において団体交渉がもたれた。このようにして事実上、賃金問題に関する団体交渉が再開されたのである。

第二は、同じ年の九月に政府が新しい為替レートを設定したことである。このことは労働者階級にとっては、心理的に物価の騰貴を意味した。一九四九年の冬から一九五〇年の初めにかけて重苦しい空気が流れ、このような社会不安を除去するためにも、政府は、なんらかの形での打開策を見出さねばならなかった。

このためにつぎの三つの方策が考えられた。

第一は、一九四六年法により政府に与えられた権限を行使して、労使両団体に対し、賃金並びに諸手当(rémunérations accessoires)に関する協定を結ぶ自由を認める命令を発することである。この方策によれば、立法手続をまたずして団体交渉の対象の問題に対する迅速な解決を与えることになり、当時のような社会的騒乱の時期には無視しえない利点を有することは明白であった。しかし、この方策によれば、団体交渉は常に一九四六年法の枠内において行わなければならず、従って余りにも過大であると非難された労働大臣の権限が依然として残ることになる。

そこで第二の方策として、賃金に関する集団的紛争の調停仲裁法の一部として、賃金協定を締結することを認める極めて短い法案を作成することが考えられた。その後引き続いて労働協約法を修正する法律をゆっくり制定すればよいと主張されたのである。この方法もまた時の要請である迅速性に対応することができた。しかし、人々は、将来の協約の締結を阻害する恐れがあるとして、これに反対したのである。すなわち、緊急の賃金問題が解決される以上、当事者は、直接的に重要でないと考えられるその他の条項について、なお団体交渉を行う意思をもつかどうかが疑問とされた。従って協約の締結を促すためにも、賃金の決定は労働協約に結びつけることが望ましいとされたのである。

そこで結局、新しい労働協約法を制定するという第三の方策に落ち着いた。政府は早速、労働協約法案の起草に着手し、その過程において、別個に準備を進めていた労働争議の調停仲裁に関する法案を吸収し、併せて単一の法案として議会に提出することにした。協約法案は、一九四九年一一月二二日に国民議会に付託され、一二月六日、労働委員会の名においてモアザン（Moisan）氏の報告がなされた。そのときの提案理由の説明は、一九五〇年法成立の必然性とその性格を端的に示すものと考えられるので若干の紙数を割いて紹介しておくことにする。

「解放後、賃金は、一九三九年一一月一〇日命令によって労働大臣に与えられた権限により、労働省令で定められていた。

「一九四六年一二月二三日法は、労働条件の契約的折衝への復帰を認めたとはいえ、同法は、同時に、賃金決定に関する諸条項が、明示の法的規定によって定められる日まで、協約の適用領域から排除される旨を規定している。

「価格、賃金および生産物の分配についての厳格な統制の維持を目的とする計画経済が課している正当な配慮により、一九四六年一二月二三日法は、一九三六年六月四日法の自由な制度に代えるに、全国協約の事前の締結を強制し、協約の有効要件を〔労働〕大臣の承認にかかわらしめる協約の厳格な階層性をもってした。

「爾来実現されてきた生産の漸次的な上昇は、国民経済のますます広汎な部門における価格と取引の自由への復帰を認めることになった。

「しかのみならず、生産の増大は、同時に、解放以後遂行されてきた近代化および設備〔改善〕の努力と、生産性についての考え方が、国際的にも国内的にも強調されている時期における労働者の努力の増大に由来するものである。〔そうだとすれば〕必要な生産の努力を、労働条件の改善によって勇気づけることは論理的であり、かつ正当である。

「長い間、種々の労働組合によって要求されていた賃金の自由な討議への復帰は、現実の経済政策の枠内に合流しつつ、この点に関して協約に完全な価値を与えるものであろう。

「しかしながら、このような賃金の自由の復活も、それが一九四六年一二月二三日法の極めて厳格な枠内において機能しなければならないとしたならば、空疎なものとなってしまうであろう。すなわち、現在、協約の本質的要素を代表する賃金協定を迅速に締結することを労働者に認めることが重要であるのに、〔一九四六年法のシステムによるとすれば〕〔労働〕大臣の認可に服する全国協約の討議は、実際しばしば極めて長くかかるということが認められるのである。

「他方、一九三六年法のシステムへの純粋かつ単純な復帰は、これまた多くの不便を示す。一九三六年の立法は、結果として極めて種々の適用領域をもつ多くの協約の締結となって現れた。そして、広い国有化部門の存在および健全な雇用政策の必要性と、もはや両立し難い労働条件の過度の多様性を惹起したのである。

「諸君に委ねられた法案は、これらの種々の配慮に着想をえたものである。かつ、それは、自由な契約的折衝の復活と、社会保護の諸方法の拡張それ自体に由来する不可欠な調和の努力とを妥協せしめようと試みるものである。

「それ〔法案〕は、新たに、契約当事者に、労働審判所（Conseils de Prud'hommes）書記課へ寄託された日以後署名当事者間に適用される協約の締結権を与える。これらの協約の適用領域は、この点についていかなる優先をも定立されることなく、全国・地方もしくは地区に亘ることができる。

「他方、それは、労働大臣に、適切な諮問手続（une procédure d'information appropriée）を経た後に、命令によって、最も代表的な職業団体（organisations syndicales）により署名され、かつ大臣によって召集された労使合同委員会において起草された協約を拡張する可能性を与える。

「すべての全国協約に先立って締結することのできる地方および地区協約の締結を促進するために、これらの協約は、つぎの目的を有する旨規定されている。

——全国協約が存する場合には、全国協約の一般的条項を地方もしくは地区の特殊な労働条件に適合させること、

——全国協約が存在しない場合には、地方もしくは地区に固有の労働条件を定めること、

——職種別および地域別に適用される賃金並びに賃金に付属する諸利益。

「職階制の一般的条件と並んで必要的記載事項は、それのみが特定活動部門に適用される労働条件になんらかの調和をもたらしうる全国協約にのみ規定される。

「協約拡張の領域においては、協約の過度の細分化を避けるために、拡張されうる協定は、当該協定の地域的適用領域内における〔職業〕活動部門全体のすべての職業および職種を対象としなければならない。

「生産の発展に有効に対応する種々の生産報奨金もしくは生産手当制度の普及を奨励することは必要であるように思われる。」

法案は以上の諸点を考慮に入れているのであるが、最も主要な改革はつぎの点である。

第一に「政府は、内閣により発せられる命令により、本法案の適用領域に含まれるすべての賃金労働者が、すべての地域において、それを下回る報酬の支払いを受けることのない〔最低〕保障賃金を定めるであろう。

「他方、公企業（entreprise publique）に関しては、特別の法令に服する従業員と、特別の法令の適用をうけず、普通法に服する従業員との間に区別を設ける。」

さらに、「労働協約高等委員会（Commission Supérieure des Conventions Collectives）が、協約の拡張並びに拡張命令の撤回に関して理由を付した意見を労働大臣に提出するために招集される。労働協約高等委員会は、このために、

当該〔職業〕活動部門の状態を考慮に入れた上で、労働協約を審査する。労働大臣は、また、協約の締結および適用に関するすべての問題について同委員会に諮問することができる。[1]」

以上のような政府案に対しては、審議の過程において、主として労働者側の議員より、つぎの諸点に対する反対の意見が述べられた。

第一は政府案が、労働協約法案の中に、労働争議の調停仲裁手続を併せて規定している点についてである。労働争議は、労働協約の締結をめぐる団体交渉以外の原因からも生じうるし、二つの異なった問題を同一の法案に結びつけるのは法技術的にも好ましくない。かつその調停仲裁手続は、結局において強制仲裁を認めていることから、法案自身が廃止を宣言している経済活動に対する国家の統制の復活をもたらすおそれがある。すなわちそれは、一九四六年法と同じく、賃金決定における国家権力の介入、協約の自動的拡張による労働条件の統制へと通じるものであるという批判がなされた。さらにこの点に関しては、同時に政府の恣意的な強制仲裁は争議権の制限を意味するとして警戒の目が向けられたのである。

第二には、従来から紛争の原因となっていた「最も代表的な職業団体」の決定の基準を明確にすべきことが強く提案された。

最後に、争議権の保障を法案に盛りこむべきであり、そのため、「労働争議は、労働契約を破棄しない」という一項をその中に挿入すべきであるという主張がなされた。[2]

法案の審議は、以上の諸点に対する政府の妥協もあって極めて迅速に進み、一九五〇年二月一一日に制定公布され、労働法典第一巻第四章乙として法典の中に編入された。これと並んで同法を補充するいくつかの命令（例えば労働協約高等委員会に関する一九五〇年三月六日、同年四月一五日命令、特別法の適用をうける公企業のリストに関する一九五〇年六月一日命令等）が相ついで制定されている。

（1）　Kréher, Conventions collectives et conflits collectifs du tavail, 1950, pp. 26-27.

（2）　ＣＧＴも以上のような諸点を盛りこんだ協約法案を Patinaud 議員を通じて提出している。なお、同法案に対する経済会議の意見は、Droit Social, 1950. pp. 102-104 参照。

二　一九五〇年法の性格

一九五〇年法は、一九四六年法を廃止し、戦前の自由主義の原理に復帰するとともに、協約の規範的な性格を強めるいくつかの改革を行っている。

(1)　一九五〇年法は、協約を極めて狭い枠の中に閉じこめていた四六年法のシステムを取り除いて、すべての組合に協約締結権を認め、かつ、協約の階層性を撤廃して当事者がその選択する地域・職業において自由に協約を締結することを原則的に認めている。このかぎりにおいて同法は一九三六年法の原理に復帰したわけであるが、一九三六年法の下においては、各種の小さな協約が氾濫し、それらが錯綜し合って、極めて複雑な協約関係を生じ、かえって協約の発達が阻害されていた経験にかんがみ、産業部門内においては、全国協約を主軸としつつ一定の統一性が保たれるように工夫している。

すなわち、一九五〇年法は、協約をその適用領域によって全国を単位とする協約、一地方を単位とする協約、一地区を単位とする協約に分かち、そのほかに、職種別に締結され、その職種に固有の労働条件を定める特別の協約、一つまたは数種の事業場を単位とする事業場協定等を認めているが、それぞれの協約は、つぎのような役割を引き受けるように定められている。

(イ) 全国協約(conventions collectives nationales)　全国を単位とする当該職業部門の基本協約であるが、拡張の対象となるものを締結しようとする場合には、当該職業部門で全国的に最も代表的な労使の団体が締結しなければならず、かつ所定の必要的記載事項をその内容としなければならない。

全国協約に付属して、当該職業部門内の各職種別全国組合は、各職種部門の特別な労働条件を定める付帯協約(conventions collectives annexes)を締結することができる。

(ロ) 地方協約(conventions régionales)・地区協約(conventions locales)　地方単位または地区単位の労働協約は、四六年法と異なり、全国協約の成立をまたずに独立して締結することができるが、全国協約が存在する場合には、地方協約・地区協約は、全国協約の規定に反してはならない。しかし全国協約の定める労働条件よりも労働者に有利な条件を定めることは差し支えない。従って地方・地区協約は、各地方または地区の特殊事情に基づく特別の労働条件を定めることを主たる任務とし、全国協約を補足する意味をもっているということができる。

効力拡張の対象となりうる地方協約・地区協約を締結しようとするときは、それぞれ、その地方または地区における当該職業部門の最も代表的な労使の団体が、所定の手続を経てこれを締結することを要する。全国協約の場合と同じく、当該職業部門における各職種別組合は、各地方または地区を単位として、各職種の特別の労働条件を定める追加協約(avenants)を締結することができる。なお、当該職業部門に全国協約が存在しない場合には、効力の拡張をうけようとする地方・地区協約は、全国協約について法律の定める必要的記載事項を規定しなければならない。

(ハ)　事業場協定（accords collectifs d'établissement）　一または数個の事業場における協定は、使用者または、使用者の団体を一方の当事者とし、これらの事業場における最も代表的な労働組合の代表者を他方の当事者として締結される。事業場協定は、全国・地方・地区協約の諸規定、とりわけ、生産報奨金、生産手当の付与条件並びに計算方法を当該事業場の特殊事業に適合させることを目的としている。事業場協定は、全国・地方・地区協約の定める条件に反することはできないが、これよりも労働者に有利な条件を定めることは差し支えない。

しかしながら、適用範囲の狭い事業場協定が、独自の形で氾濫すれば、当該職業部門の労働条件を不統一に陥れる危険性があるので、事業場協定にかぎって協約の自由を制限し、もし全国・地方・地区協約が当該職業部門において存在しない場合には、事業場協定は、賃金またはこれに付随する手当以外の事項を定めることができないとされており、統一的な労働条件を定める全国・地方・地区協約の締結の促進が政策的に配慮されている。

(2)　第二に一九五〇年法は、一九四六年法にみられた協約に対する国家権力の過度の介入を排除している。すなわちこれまで、労働大臣の承認が協約の有効要件とされていたのを廃止し、協約は一定の要件（文書に作成すること）を充たすかぎり当事者が約定した日から当然に効力を発生することとし、協約が施行期日を明示していない場合には、労働審判所書記課（労働審判所が存在しない場合には治安裁判所書記）に寄託した日から発効することとしている。また協約の内容についても、一九四六年法が賃金統制の建前から、賃金条項を協約に規定することを禁じていたが、一九五〇年法は、このような統制を撤廃し、当事者の自由な団体交渉に委ねた。ただし、一方において労働者の生活権を保護法的な見地から擁護するために、全国の全産業の労働者に対して適用される最低賃金を、政府は所定の手続を経て決定するようになっているから、協約の賃金条項がこれを上回るものでなければならないことはいうまでもない。

(3)　一九五〇年法は、一九三六年法の原理に復帰するものであるが、適用領域の点については、これを遥かに前進させ、協約による職業の規制の徹底を図っている。すなわち一九三六年法の規定は、商工業部門の協約にだけ適用されるものであったが、一九五〇年法は、その適用範囲を単に商工業部門のみならず、農業労働者にも拡大し、また自由業、司法事務所（代訴人・公証人・執達吏・競売執行吏等）、普通貯蓄金庫・民法上の組合・職業組合・社団等の従業員、門番、家内労働者等にも及ぼしている。

(4)　一九五〇年法は、とくにつぎの二点を改正することによって協約の規範的な性格の強化を図っている。

(イ)　一九三六年法のもとにおいては、一九一九年法が一般原則として妥当していたが、同法は労働協約を純粋に私法上の契約として捉え、協約署名団体の構成員は、当該団体を脱退することによって、協約の拘束から離脱することができるという明示の規定をおいていた。すなわち一九一九年法は、あくまでも個人主義的・自由主義的な見地から何人も自己の意に反して組合にとどまり、協約の適用を強制されないという建前をとっていたのである。一九五〇年法は、これらの規定を削除し、単に「……労働協約にみずから署名した者または協約に署名した団体のすべての構成員は、労働協約の義務に服する。協約は同じく、協約に加入した団体および随時右の団体の構成員となるすべての者を拘束する」とのみ規定するにとどめた。従って同条の立法趣旨並びに右の規定の反対解釈から、団体の構成員は、自己の所属する団体が協約を締結し、またはすでに成立している協約に加入した場合には、一九一九年法と異なり、たとえその団体を脱退したとしても、協約の有効期間中は協約に拘束されると解されている。

この規定が実質的な意味をもつのは、いうまでもなく使用者団体についてである。すなわち協約の拘束をうける使用者団体から脱退すれば、協約の適用を免れうるのであれば、営利に敏感な使用者は、協約の条項が自己に不利であれば、直ちにその団体を脱退して、協約の拘束から免れようと図る。その結果、同一職業間に不均衡が生じ、協約は事実上その実効性を失うにいたるであろう。労働者側の権利の拡大と並んで使用者側の競争条件の規制を目的として生まれてきた労働協約は、このことだけで骨抜きにされてしまうのである。一九五〇年法が、この点に関する規定を削除し、協約の有効期間中は、署名団体を脱退しても協約の拘束力を免れえないとしたことは、協約の規範的な効力を広く確保する上において極めて有意義な立法措置であったのである。

(ロ)　これと並んで一九五〇年法は、第三一条e第二項において「使用者が労働協約の条項に拘束される場合には、これらの条項は、使用者の締結する労働契約に適用される」と規定し、使用者が、特定の組合と協約を締結した場合には、当該協約は自動的に全従業員に対し拡張適用せられ、署名組合の組合員であるか否かを問わず、すべての労働契約に対して強行的に適用されることを認めている。このような形で協約の規範的な性格を強化しているのである。

(5)　一九五〇年法は、一九三六年法当時のシステムをうけつぎ、協約を通常の労働協約と、拡張命令の対象となりうる協約との二つの類型に大別し、協約全般に対して適用される通則と、拡張命令の対象となりうる協約に対してのみ適用される特則との二種の規定をおいている。協約全般に対して適用される通則についての主要な改正点はこれまでに指摘したとおりであるが、拡張命令の対象となりうる協約については、つぎのような諸点が改革されている。

(イ)　効力拡張の対象となりうる協約を締結しうる能力は、一九五〇年法においても依然として当該職業における最も代表的な職業団体に対してのみ与えられているが、「最も代表的な職業団体」の決定基準を同法は明確にしている。

(ロ)　一九四六年法は、協約が労働大臣により承認されると同時に自動的に拡張されたが、一九五〇年法はこれを改め、労働大臣が労働協約高等委員会に諮問した後に、命令の形式で拡張するようにした。

㈧　労働協約高等委員会の任務を明確にし、その権限を拡大している。

㈡　協約の必要的記載事項、任意的記載事項を修正している。

その他いくつかの点に亘って改正が行われているが、要するに一九五〇年法は、一九三六年法当時の協約法の原理に立ち帰りながらも、これを整備し、その後の協約の発展に対応する社会的な諸経験や判例学説等を集大成したものであるということができる。

以下本稿の主題である協約の拡張制度についての一九五〇年法のしくみを、さらに立ち入って検討することにする。[1]

（1）一九五〇年法に関する主要な文献としては、つぎのものが参照さるべきである。Durand, La loi du 11 février 1950 sur les conventions collectives du travail. Droit Social, 1950, pp. 92-101, pp. 155-162, pp. 186-193; Durand, Traité de droit du travail, t. III, p. 476 et s., Bohn, Conventions et conflits collecifs du travail, 1950; Capeau, La convention collective du travail, 1951; Malézieux, Les conventions collectives du travail. 1950; Kréher, Conventions collectives et conflits collectifs du travail. 1951. 石崎政一郎『フランスの労働協約法』（勁草書房）一九四頁以下。

三　一九五〇年法による協約拡張手続

効力の拡張をうけうる協約も、労働協約一般に対して適用される通則（とくに労働法典一巻第三一条a～第三一条

e）に服するわけであるが、拡張命令という手段によってこれを職業全体に対する憲章とするために、いくつかの特別の規定が定められている。

(1)　協約当事者

まず、拡張命令の対象となりうる協約は、「最も代表的な職業団体」（les organisations syndicales les plus représentatives）によって締結されなければならない。従って第一に「職業団体」とは何か、つぎに「最も代表的」な職業団体とは何を意味するかを法的に明らかにすることが必要である。

(イ)　職業団体

ポール・デュランは前記ドロワ・ソシアルの論文において「職業団体」の解釈に関し、法案報告者であるモアザンの議会における答弁を引用しつつ、(1)「少なくとも職業団体という用語は、一九三九年の〔第二次世界大〕戦前に参事院（Conseil d' Etat）が認めたように、単なる結社（association）をも含めて広い意味に捉えねばならない(2)」と述べている。すなわち職業団体という語は、使用者団体については勿論、労働者団体についても、広い意味に解せられ、一八八四年法による職業組合だけではなく、一九〇一年法の規定する結社の形式であっても、それが職業上の利益を擁護するために適法に組織された団体であればその中に含まれると理解するわけである。(3)

これに対し、ブレート・ド・ラ・グルセイエは「職業団体とは、労働法典第三巻に従って設立された職業組合であり、一九〇一年法のいう結社ではないと解しなければならない(4)」としている。ＣＧＴの見解を代表するとみてよいエモオも、職業団体を職業組合のみに限定する解釈は、すでに一九二四年二月五日の労働大臣の通牒に現れているし、議会における答弁やデュランの根拠とする判例は、異なった原因に基づき、かつ異なった法の領域における必要性に対応して出されたものであるからこれを援用することはできないと主張しつつ、デュランの説に反対している。[5]

このように職業団体の解釈については、現在二説が対立しているが、労働者の利益擁護について労働組合が果たしている役割、労働協約の精神等からすれば、いかに職業上の利益を擁護するための団体であるとはいえ、単なる親睦団体や相互扶助組合等は、協約能力に関するかぎり、職業団体には含まれないと解する方が妥当であろう。従って、一九五〇年法が協約能力に関し、職業組合という語を避けて、職業団体という語を用いたのは、連合組合（Union）或は同盟（Fédération）というすべての職業組合の階層的構成を一括して総称したものにほかならないというエモオの説は一聴に価する。

（1）モアザンは、単なる集団（groupement）が協約能力を有するかという質問に対して「集団が有効に契約し、かつその構成員のために協定しうるためには、それが職業組合の形式においてであれ、一九〇一年法によって規律せられる結社の形式においてであれ、組織されていることが絶対に必要である。……もしもそれが職業上の利益擁護を目的としているのであれば、使用者と協約を締結することをなにものも妨げないであろう」と述べている。Moisan, J.O. Déb. parl. Ass. Nat. 24 déc. 1949, p. 7201, 2e col, cité par Durand, La loi du 11 février 1950, Droit Social p. 156.

（2）Durand, ibid.

（3）同旨 Capeau, op cit., p. 32.

（4）Dalloz 27 avril 1950.

（5）Aimot, Les conventions collectives de travai. Droit Ouvrier, fév. 1955, p. 52.

(ロ)　最も代表的な職業団体

一九五〇年法も一九三六年法と同じく、「最も代表的な職業団体」の締結する協約のみが拡張命令の対象となりうる旨を規定している。すなわち、労働市場において支配的な地位を占めている最も代表的な労使の団体の合意によって成立した労働協約に、職業の法としての法規性を認め、これを効力拡張という法律技術を用いることによって、当該産業の全構成員に普遍的に妥当させようとしているのである。従って「最も代表的な職業団体」の概念は、実際問題として争われるばかりでなく、フランスの労働協約理論の中でも極めて重要な地位を占めるのである。

「最も代表的な職業団体」という言葉が初めて用いられたのは、ベルサイユ条約第三八九条においてであるが[(1)]、フランスの実定法においても、「最も代表的な団体」の観念は、一九三六年法以前からしばしば用いられている。例えば、技術教育に関する全国経済会議の提案（décret du 16 jan. 1925 et 9 avril 1925）、職業病高等委員会（Commission Supérieure des Maladies Professionelles）に関する一九三一年一月一日法、技術者資格委員会（Commission des Titres d' Ingénieurs）に関する一九三四年七月一〇日法、職業ジャーナリスト身分証明書委員会（Commission de la Carte d' Identité des Journalistes Professionnels）に関する一九三六年一月一七日命令等は、いずれも「最も代表的な」「団体」（groupement）または「組合」（Syndicat）という用語を用いている。これらの流れをうけて一九三六年法は、最も代表的な職業団体の概念を導入したのであるが、前述したとおり、同法は、「最も代表的な団体」になんらの定義も与えなかったところから、これをめぐっていくつかの問題が提起された。

（a）　第一に、「最も代表的な労使の職業団体」とは当該職業における唯一の組合を意味するのか、数個の組合がともに選ばれることも許されるかが問題となった。

時の首相レオン・ブルムは、複数の「最も代表的な職業団体」という解釈は採用できない。そこには二つの当事者が存在するが、それぞれは「〔唯一の〕最も代表的な職業団体」（une organisation syndicale la plus représentative）でなければならないという見解を発表している[(2)]。すなわち一九三六年法の条文は〈les organtisations syndicales ouvrières et patronales les plus représentatives〉として複数形をとっているが、これは使用者団体と労働組合という相対立する二当事者を意味するものであり、労使のそれぞれの団体は一個、つまり単数でなければならないというのである。

このように「最も代表的な職業団体」は労使それぞれの側において統一体を構成していなければならないという見解は、一九三六年法の出発点においては優位を占め、事実上、ＣＧＴがこれを独占していたが、間もなくこの原則は柔軟性を帯び、一九三六年八月一七日の労働大臣通牒によって反対の解釈が打ち出され、一九三八年には、時の首相ラマディエが、上院において、労使合同委員会には、真に周知の存在を有し、代表性を有する「すべての組合」を召集しなければならないという見解を発表するまでにいたっている。(3) この見解は、ブロンデル裁定（Sentence Blondel, 2 oct. 1937）(4)、デルフォ裁定（Sentence Delfau. 26 fév. 1938）(5) 等によって支持され、それ以後、同一職業に数個の代表的な組合が存在する場合には、それぞれが協約当事者として、労使合同委員会における協約に参加し、協約に署名しうることが明らかにされている。(6)

（1）　平和条約の最終編（第一三編）は、国際労働について規定しているが、その中の第三八九条は、国際労働会議に出席する各国の民間代表（労働者代表と使用者代表）の選任に関し「加盟国は、その国において使用者または労働者を最もよく代表する産業上の団体が存在する場合には、その団体との合意の上選ばれた民間代表および顧問を指名しなければならない」という厳格な規定を設けている。

（2）　Aimot, op. cit., p. 53.

（3）　Capeau, op. cit., p. 47.

（4）　ブロンデル裁定は、「organisations という複数の用語は、使用者団体であれ、労働者団体であれ、そのいずれかに、当該部門において充分に代表的ないくつかの団体が存在する場合には、それらすべてが協約の討議および締結に参加しなければならないということと一致する」と述べている。Aimot, op cit., p. 53.

（5）　デルフォ裁定は「〈労使の職業団体 les organisations syndicales patronales et ouvrières〉という上記の法律の規定

は、協約締結の資格をもつ二個の——使用者代表と労働者代表の団体に必然的に制限することなく、ある場合には、特定地域における特定商工業部門を最もよく代表すると認められている数個の使用者および労働者の団体が、右の目的〔協約締結〕のための能力を有すると解される」と述べている。Aimot, op cit., p. 53.

（6）一九三六年法の審議の際にも、このことが問題となり、Coty は、les plus représentatives. の〈les plus〉の削除を提案しているが、一個の組合にのみ職業を規制する権限を認めることになるとして斥けられている。学説も一個の組合しか認めないことは、組合の自由および多様性（multiplicité）というフランス法の伝統に反する独占を創設する危険性があるとして、この規定の存続に賛意を表明している。Arnion, op cit., p. 160.

（b）第二には、「最も代表的な職業団体」の決定の基準が問題となった。

まず一九三六年法施行後、いち早く出された同年八月一七日付の労働大臣通牒は[1]、「最も代表的な団体」という表現が、ベルサイユ平和条約の規定を借用したものであること、常設国際司法裁判所が、一九二二年七月三一日に、何が最も代表的な団体であるかを評価することは、各国毎に具体的な場合について決定すべき問題であるが、団体に加入している者の数だけで決定できないことは明らかである、しかしすべての事情が同等である場合には、加入者の最も多い団体が最も代表的な団体となるであろう、各国の政府は、具体的な要素に従って最も代表的な団体を決定する義務を有するという解釈を下していること等を援用しつつ、政府が、裁判所の監督（contrôle）の下に各種の事情を考量した上で最も代表的な団体を決定する権限を有する旨を表明している。すなわち、組合員数のみならず、各種の事情を考慮すべきことを一応の基準としつつ、終局的には裁判所の解釈によって決定すべきことを明らかにしているのである[2]。

この時期の主要な判例としては、一九三七年二月二八日のファン裁定（Sentence Fouan）、一九三七年一〇月一二日のブロンデル裁定（Sentence Blondel）、一九三八年二月二六日のデルフォ裁定（Sentence Delfau）等をあげることができる。

まず、ファン裁定(3)は、前記常設国際司法裁判所の解釈および一九三六年八月一七日の労働大臣通牒を参照すべきことに言及しつつ、最も代表的な職業団体を決定するためには、各団体の組合員数のみならず、代表的な性格を現す「すべての他の事実上の諸要素、とくに当該組合の年功（ancienneté）、活動領域の広さ、現行法の範囲内における職業活動等」を比較考量することが必要であると述べている。またブロンデル裁定(4)は、「加入者の員数は重要な要素であるとしても、それだけでは決定し難い。同じくその年功、組合費の率および支払の正確性、組合財産の重要性を評価しつつ、当該団体が、充分な堅実性と独立性を有しているか否かを調査する必要がある」と述べ、さらにデルフォ裁定(5)も、「団体の代表的性格を決定する要素として数および独立性」を考慮すべきことをあげている(6)。

第二次世界大戦の勃発と同時に、フランスは戦時体制下に入り、一九三九年九月一日法によって労働協約法の効力は停止されたのであるが、同年一一月には、従来の民主的な原理を放棄して、いわゆる法定職業団体（organisations syndicales légales）のみを代表的な組合と認めることとし、法定組合とは、その幹部に第三インターの加盟者を有しない組合であるとされた。しかし、ヴィシー政権の樹立とともに、すべての職業団体は解散され、新たに全体主義的な構想によって労働関係は再編成されることになったのである。

解放後、組合の自由の復活とともに、再び職業団体の観念が各種の立法に用いられるようになり、一九四五年五月二三日の労働大臣通牒(7)は、「最も代表的な職業団体」の性格をつぎのように発展的に解明している。

「一九三六年八月一七日の通牒は、〈最も代表的な団体〉の表現によって理解すべき必要のある点をとくに労働者の側から明らかにした。右の通牒に記された若干の指標は、今もなお生きており、それを参照することが適当であろう。しかしながら、それ以後に起こった諸事情は、問題の諸様相をかなり修正している。

「第一にフランス共和国臨時政府は、いわゆるヴィシー政権による解散後、秘密裡にレジスタンスの過程において再建されたＣＧＴおよびＣＦＴＣが、解放のためのフランス国民の闘争の中において集団的に第一級の役割を果たしたことを無視しないであろう。政府は、これら二つの労働組合団体が、単一組合の設置を強制し、組合の役割を狭い規則に閉じこめつつ組合の自由の破壊を規定する自称労働憲章に対して行った闘争をもはや忘れないであろう。今日、組合の自由は復活した。従って、何が被用者の実質的な代表性を確保し、その上に国の経済的社会的再組織に参加する規律の精神と技術的資格に値する団体であるかを探求することが肝要である。

「団体の代表的性格を決定する評価の要素は種々ある。

（ａ）「第一に当該団体の組合員数をあげることができる。

（ｂ）「〔しかし〕組合のあげる加入者数が実質的に正確であることを予定しても、なお、この数字が自由に同意を与えた加入者に対応していることを確かめる必要がある。加入の道徳的価値は、つぎのような一九三六年八月一七日の通牒によってすでに与えられた理由により、本質的なものとみなされなければならないからである。〈もしも組合加入が真に自由に行われず、使用者の圧力もしくは影響の下になされたのであるならば、いかなる方法においてこの組合は、使用者と、労働者の職業的利益について団体交渉を行う資格を有するのか疑問とすることができる。〉

「とくに組合が、専ら特定企業の従業員のみを組織している場合には、この点について注意を払う必要がある。しばしばこれらの組合への加入は自由になされていないからである。このような場合には、たとえこの組合が従業員の大多数を組織していたとしても、最も代表的な組合とみなすことは問題である。

（ｃ）「重要かつ規則正しい組合費は、単に組合の団結力の強さを示すばかりではない。それは、その重要性について先に述べた独立性を保つために不可欠の財源を組合にもたらすものである。従って、実質的には組合費によってえられる重要な財政が、つねに組合に有利な先入観を構成することを考えなければならない。

（d）「組合の年功、それが有している経験、実際的かつ継続的な社会的活動、建設的精神、実行力、非組合員に対してすら有する精神的影響力もまた考慮すべき評価の要素である。この点においては、全国的規模では、組合活動の長い経験を有するCGTおよびCFTCは、明らかに労働者の代表的団体のまず第一級に位する。

（e）「同じく組合の愛国的活動状態および社会立法の適用領域におけるその忠実性も考慮に入れる必要がある。いわゆるヴィシー政権の活動に背を向けていた団体、占領軍のすべての干渉を拒否し、労働憲章に反対し、組合の自由を擁護するために戦った団体、秘密裡に集団的に、レジスタンスに積極的な役割を果した団体、最後に、今日、追放および職業団体の再建に関する法令の諸規定に正確に適合する団体は、この事実により、代表的な団体たる権威と性格を生来、認められる資格を有している。」

従って、（a）組合員数、（b）自主性、（c）組合費、（d）組合の経験および年功、（e）愛国的態度等が最も代表的な組合の決定基準となるというのである。

一九五〇年法は、第三一条fにおいて「職業団体の代表性はつぎの基準に従って決定される」旨を明らかにし、その基準として（a）組合員数、（b）自主性、（c）組合費、（d）組合の経験および年功、（e）占領中の愛国的態度という一九四五年五月二三日付通牒と略々同一のものをあげている。従って一九五〇年法はとくに新たに代表的資格を明確にし、或は従来の基準を変更したというわけではなく、これまでに判例や行政解釈などで明らかにされた点を成文化したにすぎない。ただそのかぎりで、代表性の決定に関する国家機関の自由裁量の限界が明確にされたといいうるであろう。

現在、全国的に最も代表的な団体として指定されているものには、使用者団体としてはＣＮＰＦ[8]、労働者団体としてはＣＧＴ[9]、ＣＦＴＣ[10]、ＣＧＴ―ＦＯ[11]、ＣＧＣ[12]等がある。各業種別部門に結成された全国的な労使の団体は、右の最も代表的な団体に加入していれば、当該部門における最も代表的な団体としての資格を有し、拡張の対象となりうる協約の締結に参加しうるわけである。[13][14]

（1）　J. O. 3 sept. 1936.

（2）　代表性の決定に関する争いは、フランス法のいわゆる集団的労働紛争であるから、参事院判決、仲裁裁定、高等仲裁法院（Cour Supérieure d'Arbitrage）判決等が、この問題を明らかにすることになる。これらの紛争処理機構とその役割については、外尾「フランス労働法における紛争調整機構」（私法八号）参照。

（3）　Capeau, op. cit., p. 43.

（4）　Capeau, ibid. p. 44.

（5）　Capeau, idid. p. 45. なお代表性の決定基準に関するこの時期の判例については、Lanbert et Cluzel, Convention collective, Jurisprudence arbitrale, tome II. pp. 462-471 参照。

（6）　労働争議の調停仲裁に関する一九三八年三月四日法の審議に際して、労働大臣ラマディエは「〈最も代表的な職業団体〉は極めて広い意味に理解しなければならない。組合員数を考慮する必要があるが、それだけでは足りないのである。なぜならば、特定の組合は特定の目的をもちうるからである。すなわち人々は、職業的利益のすべてを擁護するためではなく、特別の、特定の利益擁護を目的として設立された職業組合を引き合いに出すことができるからである。極めて多数の組合員を算するが、真に代表的でない組合もありうるのである。〔従って〕また、組合の年功、安定性、その事実上の独立性を考慮に入れなければならない。」と述べて、従来の判例を要約している。

（7）　V. Droit Social, juillet 1945, p. 276.

（8）　全フランス使用者協会（Conseil National du Patronat Français）。

（9）　労働総同盟（Confédération Générale du Travail）。

(10) フランスキリスト教労働者総連合（Confédération Française des Travailleurs Chrétiens）。
(11) 労働総同盟――労働者の力（Confédération Générale du Travail-Force Ouvrière）。
(12) 幹部職員組合総連合（Confédération Générale des Cadres）。
(13) 例えば、繊維産業の全国協約は、繊維産業協会（Union des Industries Textiles ―― CNPF所属）とフランス繊維労働者の力同盟（Fédération F. O. des Textiles de France ―― CGT―FO所属）、フランス繊維産業キリスト教組合同盟（Fédération Française des Syndicats Chrétiens de l'Industrie textil. ―― CFTC所属）、全国繊維技術者職員組合同盟（Fédération Nationale des Syndicats de Cabres de Maîtrise et de Techniciens du Textile ―― CGC所属）、フランス技術者職員キリスト教組合同盟（Fédération Française des Syndicats Chrétiens d'Employés, Techniciens et Agents de Maîtrise ―― CFTC所属）、フランス技術者監督職員組合同盟（Fédération Française des Syndicats d'Ingénieurs et Cadres ―― CFTC所属）によって、一九五〇年二月一日に締結され、一九五一年二月二〇日に拡張命令が発せられている。なおCGT所属の組合は、最も熱心に団体交渉には参加したのであるが、最終的には不満の意を表明して、調印を拒否したため、協約はその他の組合との間にのみ成立した。しかし同年一〇月にいたってCGT加盟組合も同協約に加入する旨の意思表示を行っている。
(14) ここで注意しておかなければならないのは、代表性決定の基準に関する第三一条fの規定は、全国協約を締結するための労使合同委員会の構成員たる代表的団体について規定したものであるということである。従って、地方・地区協約を締結するための最も代表的な団体は、これ以外の要素をも含めて自由に決定することができる。それ故に地方・地区協約は、全国協約を締結した団体以外の団体によって締結される場合も生じうるわけである。

(c)　最も代表的な団体を指定する権限は、労働大臣が有するが、関係当事者は、右の決定に不服のある場合には行政訴訟を提起することができる。(1)

(1)　最も代表的な団体の一つが労使合同委員会に招集されなかったり、或は、最も代表的な団体としての要件を充さない団体が労使合同委員会に招集されたような場合に争いが生ずる。右の訴訟は、労働大臣の命令の適用領域が行政裁判所（Tribunal administratif）の管轄内にあるときは、行政裁判所に、これをこえるときは参事院に提起することを要する。

(2)　協約の締結方法

拡張の対象となる労働協約は、一九三六年法におけると同様に、労使合同委員会において締結される。

(イ)　労使合同委員会は、関係団体の一つの申請または職権により、労働大臣が招集する。その際、全国協約にあっては労働大臣にかなりの自由裁量が認められており、関係団体の申請があっても、労働大臣がその必要を認めなかったとき、例えば協約の対象、内容、関係団体の実情等から判断して、委員会において協議するよりも関係当事者間の直接の団体交渉による方が適切であると考えられるようなときには、委員会を招集しなくとも差し支えない。反対に関係団体の申請がなくとも効力拡張の対象となりうる全国協約を締結することが望ましいと考えられる場合には、労働大臣は職権をもって委員会を招集することができる。また委員会が開かれた場合でも、全国協約を締結するよりも地方・地区単位の協約を締結する方が妥当であると認められる場合には、労働大臣はその旨を委員会に勧告することができる。しかし、地方もしくは地区協約を締結する場合、関係団体の一つの申請がなされた場合には、労働大臣が必ず労使合同委員会を招集しなければならない。

(ロ)　労使合同委員会は、協約の適用される地域内における特定職業活動部門の最も代表的な労使の職業団体の代表者により構成される。当該職業部門において数個の最も代表的な団体が存在する場合には、これらすべての団体が委員会に参加するわけである。この際、例えば労働者代表とか職員代表とかいう組合内の各職階（catégories professionnelles）のすべての代表者が委員会に出席すべきか否かが法案審議の過程において問題となったが、議席の割りふりは組合が自主的に決めるべき内部の問題であるとして、すべての職階別の代表者は委員会に出席することを要しないと解されている。ただ職階別の特別協定を締結する場合には、当該職階を最も代表する団体の代表者が出席するわけである。委員会における議席数は、労働大臣が決定し、各団体は、代表者間で割り当てられた議席数を分配する。

(ハ)　労使合同委員会は、通常、労働大臣の代理人が議長となって運営されるが、議長は労働問題の学識経験に基づく助言以外の影響を当事者に与えることができない。労使双方の委員は、それぞれ補佐人もしくは技術顧問を列席させることができる。

(ニ)　労使合同委員会は常設機関ではなく、協約が成立するとともにその目的を達成するわけであるが、しばしば協約によって改訂または解釈の権限をこの委員会に委ねている場合がある。このときは委員会は、当然に常設機関たる性格を帯びる。

(3)　協約の範囲

効力拡張をうけうる協約は、特定地域の特定職業活動部門（branche d'activité）の最も代表的な職業団体によって締結される。

(イ)　従ってまず第一に一九五〇年法のいう「職業活動部門」の意義が明らかにされねばならない。

一九三六年法は、協約法の適用領域を商工業部門（branche d'industrie ou de commerce）に限定していたが、一九四六年法はこれを商工業以外のものにも拡大したため、新たに職業活動部門という観念を導入し、一九五〇年法もこれをそのままうけついでいる。

一九三六年法は、商工業部門についてかなり広い職業分類を行ったのであるが、一九四六年法は、明らかに戦時中の労働憲章の影響をうけて、職業活動部門を狭く解し、約二〇の職業に統合している[1]。そのために多種多様な職業活動の複雑性から却って拡張の対象となる協約の締結が困難になっていたのである。

一九五〇年法は職業活動部門についてなんらの定義も与えていないが、一九四六年法の経験から、戦前の自由な広い解釈に立ち帰ったといわれている。(2) 現在では職業活動部門とは、同一もしくは関連職業を統合する職業活動の集団を指すと解され、繊維産業の労働協約(3)のように広汎な領域を有するものが拡張されている一方、例えば鉄道製作所(4)や製版・製図業(5)の労働協約のように極めて狭い適用領域を有するものも拡張適用されている。

（1）金属、建築土木、化学等に大きく分類されている。Droit Social. 1947, p. 367 et s 参照。
（2）Durand, op. cit., t, III, p. 620.
（3）一九五一年二月一日に拡張。
（4）一九五一年六月一六日に拡張。
（5）一九五一年四月七日に拡張。

(ロ)　各職業活動部門内においては、拡張の対象となりうる協約は一個しか締結することができない。換言すれば、効力の拡張をうけうる協約は、当該職業活動部門における全構成員、すなわち筋肉労働者、事務・技術職員、職長・主任級の従業員、高級職員等にひとしく適用される共通の協約でなければならないのである。従って一つの職階、例えば職員のみを対象とする協約は拡張をうけることができない。

一九三六年法においては、同一商工業部門においても各職階のもの（例えば労働者の組合、職員の組合等）が別個に協約を締結し、その中でも全国的に最も代表的な労使の団体の締結した協約は、効力の拡張をうけることができた。労働組合がこのように職階別に結成されている場合には、そのおのおのに協約の締結を認めれば、確かに、協約の締結を迅速ならしめ、かつそれぞれの特殊な労働条件を適切に規律し、独自の職業的利益を的確に擁護することができる。しかし少なくとも効力拡張の対象となる協約は、特定の職階に属するものの特殊的な利益の擁護を図るというよりは、「職業の法」として当該職業活動部門の労働者全体の共通の利益の擁護を目的とするものでなければならない。また職階別の協約を無制限に認めれば、同一職業部門内にありながら例えば経営協議会、福利厚生委員会、紛争処理機関等の各種の施設が併立し、その運営に大きな支障をきたす。さらに協約締結の際の労使合同委員会においても、各職階のものがそれぞれの利益を主張すれば容易に協議はまとまらないであろう。

そこで一九五〇年法は、各職業活動部門を一つの単位として、それぞれ一個の協約のみが効力拡張の対象となりうるものとし、右の協約には、当該職業活動部門全体に亘る普遍的な事項を規定すべき旨を命じている。それと同時に同法は、各職階に属する労働者に特有な労働条件を規律するために、本協約に付属する職階別の特別協定の締結を認めている。すなわち、各職階別の最も代表的な労働組合は、一般協約（Convention générale）の締結が終了した後に当該職階に固有の労働条件の規制を内容とする付帯協約を締結することができ、それは主たる協約と同一の条件で拡張されることができるのである。

(ハ)　一九五〇年法は、一九四六年のように、全国協約を優先的に締結すべきことを要求していない。従って協約当事者は、自由に協約の地域的適用領域を約定することができる。ただし、適用領域を特定の地方または地区に限った場合には、当該職業部門に全国協約がすでに存在するか否かによってその内容に法律上の制限が加えられる。すなわちすでに全国協約が締結されている場合には、地方・地区協約は、全国協約の規定の全部または一部を、当該地方または地区の特殊な労働条件に適合させることを主たる目的とするが、新たな規定や、全国協約よりも労働者に有利な規定を設けることは差し支えない。全国協約が存在しない場合には、地方・地区協約は、全国協約について法定する必要的記載事項並びに任意的記載事項をその内容に規定しなければならない。法定の要件を充たす地方・地区協約は拡張の対象となることができる。

(4)　協約の内容

一九五〇年法は、効力の拡張をうけうる全国協約に対して、かなり広汎な条項の挿入を命じ、このことによって協約が実質的にも職業全体に対して普遍的に妥当する法規範たる作用を営みうるように配慮している。

(イ)　必要的記載事項

労働協約に規定することを強制されている条項は、三六年法、四六年法に比してかなり枠がひろげられているが、通常、三つの系列に大別されている[(1)]。

(a)　第一は労働条件の基準に関する事項であり、いわゆる個別的労働関係に関するものである。この系列に属するものには、①賃金、②採用および解雇の条件、③解雇予告期間、④有給休暇、⑤技能者養成制度、⑥婦人年少者の特殊的労働条件等がある。

とくに賃金に関しては、具体的に、格付なき労働者または職員の職種別全国最低賃金と職種別職階制係数とを協約に定むべきことが要求されている。この両者の組合せによって、職種と職階に応ずる最低賃金が算出されるわけである。一方、フランスにおいては最低賃金法が制定されているから、協約に定める最低賃金がこれより不利なものであってはならないことはいうまでもない。さらに賃金については、困難・危険・非衛生的な労働に従事する者に対する割増賃金、婦人および年少者に対し同一労働、同一賃金の原則を適用する方式等が規定されるようになっている。

(b)　第二は、いわゆる集団的労働関係に関する事項である。この系列に属するものには、①団結権の自由な行使と労働者の言論の自由、②職場委員、経営協議会並びに右により管理される福利厚生事業の経理等がある。

従来は、この系列に属する規定は、「組合の自由（liberté syndicale）および労働者の言論の自由」となっていたのであるが、一九四六年の新憲法によって団結権、争議権が憲法上の基本権として改めて保障されるようになったため、五〇年法では右の規定を団結権（droit syndical）の行使の自由」と書き改めている。今日ではもはや「組合の自由と労働者の言論の自由」の原則に対しては争いがないが、法の規定が「団結権の行使の自由」となっているところから、労働者側は、従来のように企業内における組合活動の保障だけではなく、企業外においても組合の発達が期せられるような便宜を設けることを法は要求しているのであると主張している。すなわち、組合側は、団結権を絶対的な権利とみて、その自由な行使を妨げる一切のものに反対し、具体的にはつぎの諸点を要求しているのである。①組合のみが決定した方法によって自由に争議権が行使されること（争議権をなんらかの形で制限する平和条項は無効であること）、②組合員に対し、組合規約による大会・集会・委員会等に出席するために必要な便宜を供与すること、③組合の業務または政治活動をなすために企業を離れた組合員を再雇用すること、④労働の場所において組合費を徴集し、組合出版物を配布する自由を認めること、⑤解雇に関する紛争を協約当事者の代表をもって組織する地方的・全国的機関によって審査すること。勿論使用者がこれに対してかなりの抵抗を示していることはいうまでもない。協約の実際の条文は、これらをめぐっていろいろな形ででき上がっているのである。

なお、団結権の自由な行使と関連して、前記の「採用および解雇の条件」に関する規定がフランスにおいては単に保護法的な規制を行うばかりでなく、組合活動を理由とする解雇その他の不利益な取扱いを禁止するものとして機能していることをつけ加えておかなければならない。

（c）　第三は、協約それ自体に関する条項、ないしは協約当事者相互間の関係を規律する条項である。すなわち協約には、①協約の全部または一部の改正、変更、解除の手続、②集団的労働紛争の調停手続を規定すべきことが強制されている。

(ロ) 任意的記載事項

任意的記載事項にはつぎのようなものがあげられている。(a) 超過勤務時間、交代作業、夜間労働、日曜労働、祭日労働等の特殊的労働条件、(b) 作業能率による労働報酬の一般的条件、(c) 勤続および精勤手当、(d) 職業上の経費に対する補償、(e) 転勤手当、(f) 臨時工とその報酬の条件、(g) 労働争議仲裁手続、(h) 退職手当制度。[2]

(1) Durand, op. cit., t. III p. 662; Rivero et Savatier, Droit du travail, 1956, p. 234 等の分類に従った。

(2) 各種の具体的な協約の条文の分析は、Petit, Du contenu des conventions collecives de travail, Droit Social, juillet-août 1952. pp. 454-529; Aimot, op cit., Droit ouvrier, mars 1955. Ministère du travail, Analyse des principales dispositions des conventions collectives et accords des salaires intervenus en application de la loi du 11 février 1950, Revue française du travail, mars-avril 1951. p. 188 et s.

(5) 効力の拡張をうけうる条項

つぎに右のような必要的記載事項の全部を欠く協約は、当然に効力の拡張をうけることができないとしても、その一部を欠く協約はどうなるのか、或は必要的記載事項以外の協約の条項は拡張されるのであるかが問題となる。

まず一般論からいえば、協約のすべての条項が効力の拡張をうけうるわけではなく、「協約の諸規定は、労働大臣の命令によって、協約の適用領域に含まれるすべての使用者および労働者に対し、強制適用させることができる」(第三一条j)という条文の解釈から、拡張されうるのは、使用者と労働者との関係を規律する条項、換言すれば協約のいわゆる規範的部分のみであると解されている。[1] 従って協約署名団体相互間の関係を規制する条項は拡張されえないわけである。

使用者と労働者との関係を規律する条項の中でも基本的なものは、必要的記載事項として協約に挿入することを義務づけられているが、必要的記載事項はかなり広範囲に亘るため、協約当事者がそのすべてに亘って完全な合意に到達することは、実際問題としてかなり困難である。そこでしばしば必要的記載事項の一部を欠く協約や、或はその内容をパラフレーズした条項を記載する協約が現れる。

しかしながらこのように不完全な協約でも、労働関係の規制に重要な役割を果たしうることから、それが基本点において労働関係を集団的に組織づけ、拡張手続の精神に対応するものであるならば効力拡張の対象となりうるとされている。例えば賃金関係条項が完全に欠如している協約は拡張をうけることができないが、労働争議の調停手続を欠く協約等は効力の拡張を妨げず、また、賃金条項を欠く場合でも、少なくとも賃金決定の一般原則を規定し、具体的な適用条件の決定を下部協約に委任しているような場合には、拡張をうけることができると解されている。

（1） Durand, op. cit., t. III. p. 644 et p. 673.

(6)　協約拡張手続

(イ)　拡張手続は労働大臣の職権または最も代表的な職業団体の一つの申請によって開始される（第三一条・j）。すなわち労働大臣は、協約当事者の申請をまたずに、拡張手続を開始しうる権限を有しているわけである。しかし実際上は拡張手続は、職権によって開始されることは少なく、通常は、直接、労働大臣に提出され、或は県知事または労働監督官を通じて労働大臣に提出された関係職業団体の申請によって開始されている。

(ロ)　関係当事者の申請がなされた場合であっても、労働大臣は、拡張手続を開始するか否かを自由に決定する権限を有している。すなわち労働大臣は、事宜に適しないことを理由として当初から拡張手続に付することを拒否することができる。また拡張手続が開始された場合においても、当該協約が法定の要件（当事者の協約能力、代表性、協約の内容等）を充たすか否かを審査する権限を有している。

(ハ)　労働大臣は、第三者に周知させるため、拡張命令の公布に先立って、協約の拡張に関する意見を官報に公示しなければならない（第三一条k）。その際、法は、官報に協約の寄託された場所をとくに明示することを要求しているが、実務上の取扱いでは、通常、協約の日付、署名当事者、対象、人的地域的適用領域等が示されている。[1] 右の事項と並んで、労働大臣は、官報を通じ職業団体およびその他すべての利害関係者に対し、一五日以内に当該協約の拡張に対する意見を労働大臣宛に提出するように促さなければならない。[2]

（1）　法律では一五日以内となっているが、労働大臣はしばしばこの期間を延長している。

（2）　拡張手続の開始は、同時に県知事、労働監督官、関係商工会議所、協約署名団体に通知され、地方紙にも掲載される。

(ニ)　同時に労働大臣は、協約の拡張について労働協約高等委員会に諮問し、委員会は、当該協約の拡張が事宜に適しているか、法律上の要件を充たしているかを審査し、理由を付して労働大臣に答申しなければならない。ただし、労働大臣は、委員会の意見に拘束されることなく、拡張するか否かを最終的に決定する権限を有している。

(ホ)　労働大臣は、協約の内容を修正することができない。拡張を拒否することによって間接的に協約当事者に無形の圧力を加え、事実上、労働大臣または労働協約高等委員会が不適法と認める箇所の修正を当事者に行わせることがあるが、法的には修正を行わせるなんらの権限も有しないのである。このことは、拡張が協約を基礎として行われることの論理的な帰結である。

しかし労働大臣は、協約の部分的な拡張を行うことができる。すなわち、労働大臣は、当該協約の条項の中で、法令に抵触するもの、および協約の適用領域内における当該職業活動部門の事情に適応しない条項であってこれを除外しても協約全体の仕組みをくずすおそれのないものを、労働協約高等委員会に諮問した上で拡張の対象から除外することができる。

(ヘ)　協約の拡張は、労働大臣の命令の形式で行われる。拡張された協約の全文は官報に掲げられ、官報に掲載された日から効力を発生する。

(ト)　拡張命令に対しては、利害関係者は、権限踰越を理由として行政訴訟を提起することができる。[1]右の訴は、協約の適用領域が行政裁判所の管轄内にあるときは行政裁判所に、管轄をこえるとき（全国協約や地方協約であって数個の行政裁判所の管轄地域に亘る場合）は、参事院に提起する。いずれの場合にも参事院に控訴することができる（従って当初から参事院に訴が提起された場合には、参事院が一審と二審の裁判を行う）。さらに、拡張命令の公布後一五日以内に、当事者が拡張命令の執行停止の訴を参事院に提起し、参事院が拡張命令を無効とするに足りる重大な理由が存在し、かつ拡張命令の即時の施行が、企業の運営に重大な変更をもたらし、回復すべからざる事実上の状態を創出すると認めたときは、判決をまたずして拡張命令の効力は一時停止される。

（1）　右の行政訴訟では、例えば労働協約の存在、当事者の協約能力、最も代表的な職業団体の参加、協約およびその条項の有効性、部分的拡張における労働大臣の権限、利害関係者および労働協約高等委員会への諮問義務、拡張命令の形式等が争われる。

(チ)　拡張命令は、協約自体が解除または期間の満了によって終了すると同時に効力を失うが、労働大臣は、協約の全部または一部が、当該地域における当該職業活動部門のその後の状態に適合しないとみなしたときは、協約署名当事者の一方の申請または職権に基づき、労働協約高等委員会の理由を付した意見を聴取した上で、拡張命令の全部または一部を取り消すことができる。右の命令は、官報において公告しなければならない。

(7)　拡張命令の効果

(イ)　拡張命令は、協約の適用範囲を拡大する効果を生じるが、あくまでも協約を基礎とするものであるから、協約の定める適用地域および適用職業部門を変更することは許されない。換言すれば拡張命令は、単に協約の人的適用領域を拡大する効果を生ずるにとどまり、適用地域や職業部門を修正することはできない。従って命令によって、拡張された協約を適用地域外のものに適用させたり、他の職業部門に適用させたり、或は協約の適用領域内に属する特定の地域または特定の職種のものを排除したりすることは許されないのである。

拡張された協約は、協約の適用領域内に含まれるすべての使用者および労働者に適用される（第三一条j）。ここにいう労働者とは、広く使用従属関係の状態におかれている者を指し、従って養成工、家内労働者も拡張命令の適用をうける。また使用者には、企業規模の大小、国籍の如何を問わないから、中小企業、家内工業、手工業者(artisan)、外国人の経営する会社等も含まれる。結局、拡張命令によって新たに協約の適用をうける使用者および労働者としては、（a）協約締結前に当該組合（最も代表的な職業団体）を脱退することにより協約の適用を免れていた者（b）いかなる職業団体にも加入していない者（c）代表的資格を有しない他の職業団体に加入している者等が該当する。

(ロ)　拡張命令が発せられた後は、当該職業活動部門においては、当然に労働協約の定める基準が強行的に適用される。従って拡張された協約に違反する労働契約の条項は無効となり、協約の基準がこれに代わるのである。ただし、労働契約の条項が協約に抵触する場合であっても、労働者に有利な規定であれば差し支えない（第三一条c）。

(ハ)　拡張命令の適用をうける事業場においては、労働の行われる場所、並びに従業員の採用が行われる場所および入口に拡張された協約を掲示し、従業員に周知させなければならない[1]。右の協約掲示義務に違反する使用者に対しては、一、二〇〇フランないし三、六〇〇フランの罰金が課せられる（累犯の場合は罰金のほか、一日以上五日以内の禁錮）。

（1）ただし農業、自由業、家屋の門番、分散した場所で働く労働者または家内労働者に対しては、その居住地の市町村役場に掲示すれば足りる。

㈡　拡張された協約の適用をうける使用者が、協約の定める賃金よりも低い賃金を支払い、または諸手当に関する規定に違反した場合には、一、二〇〇フラン以上三、六〇〇フランの罰金に処せられる。罰金は、一人一罪とし、違法な条件で支払いをうけた労働者の数に応じて課せられる。累犯の場合には、違反者は一二、〇〇〇フラン以上二四、〇〇〇フランの罰金に処せられる。

㈭　協約違反は、以上のような刑事責任を発生させるばかりでなく、これによって損害を蒙ったものとの関係においては、民事責任をも発生させることについては改めて述べるまでもないであろう。

㈬　労働監督官および農業関係社会法規管理官（contrôleurs des lois sociales en agriculture）は、その権限の範囲内において拡張された協約の適用を監督し、かつ司法警察官と共同して協約の規定の実施を確保する任務を負う。

四　協約拡張制度の法的性格

拡張命令が発せられたときは、当該職業活動部門のすべての使用者および労働者に対し、拡張された協約の基準が強行的に適用されるが、これらの使用者および労働者は、適用領域が拡大された協約に服するのか、或は協約の内容に従って発せられた労働大臣の命令に服するのかが問題となった。すなわち拡張命令の法的性格をどのように理解すべきかが争われたのである。これは拡張された協約が、その後協約当事者によって変更または終了させられた場合に、労働協約の拡張命令がどのような運命にさらされるかという実際問題と関連して提起されている。

協約の拡張命令の法的性格については、とくにワイルマール時代のドイツにおいて論じられたところであり、学説は、契約説、法規説、制限的法規説をめぐって華々しく展開されている[1]。しかしフランスにおいては、協約拡張制度が初めて設けられた一九三六年法当時から、すでに契約説の観念に貫かれた立法措置がなされ、今日にまでうけつがれているため、立法論を除いては、法規説を主張する余地がなく、学説は殆ど契約説に統一されている。しかし一応説明の順序として法規説を簡単に紹介し、ついで契約説の立場に立った拡張制度の法的性格の分析に入ることにする。

（1）契約説を主張するものには Hück-Nipperdey, Lehrbuch des Arbeitsrechts, 1932, S. 305 ff.; Schnorr von Carlosfeld, Arbeitsrecht, 1954, S. 71.　法規説を主張するものには、Jacobi, Grundlehren des Arbeitsrechts, 1927. S. 106 ff.; Kaskel, Arbeitsrechts, 1932. S. 45; Potthoff, Arbertsrecht, 1929, S. 579 ff.　制限的法規説を主張するものには Sinzheimer, Grundzüge des Arbeitsrechts, 1927, S. 272; Oertmann, Deutsches Arbeitsvertragsrecht, 1923, S. 76. 79 ff. 等がある。

一九五〇年の審議の際に、国務大臣のテジャン氏は「協約の拡張行為は、法規命令である。それは協約を転形（transformer）すること、すなわち職業団体間で討議され、これまでは署名当事者以外には拘束力を有しない諸規定を第三者に拡張し、従ってそれを法規命令の諸規定（dispositions d'ordre réglementaire）に転向（convertir）させることにある。協約の拡張、それは適切にいえば規範設定行為（acte réglementaire）である[1]」と述べているが、これは法規説の立場を明快に示すものである。法規説によれば、拡張命令は国家的な法規を定立する法規命令であり、拡張命令が公布された後は、協約当事者はもとより、第三者もこの命令に拘束される。従って原協約（convention originaire）の修正・解除は、当然に拡張命令の修正・終了をもたらすものではなく、労働大臣の決定が改めてなされないかぎり、依然として効力を存続する。何故なら協約当事者という私人の行為によって労働大臣の命令を修正し、或は消滅させることができないからである。このような法規説は、ある意味においては拡張命令を最も素直に捉えるものであり、また実際問題としても、協約の修正や終了について協約当事者の恣意を排除する点において拡張命令の適用をうけるものの安定性を保障することができる。しかし他方において法規説の立場を貫けば、協約の統一性が破壊され、協約が職業社会の自治的な規範として生まれてきたという協約の本質が失われる。そしてなによりもフランスにおいては、協約の拡張は「当該協約の定める期間および条件において行われる」（第三一条・j第二項）旨の明示の規定が存在することから、立法論としてならばともかく、解釈論としては法規説を主張する余地がないのである。(2)

契約説によれば拡張命令は、単に協約の人的適用領域を拡大するにすぎない行政行為にほかならない。すなわち当該職業活動部門のすべての使用者および労働者に対して適用されるのは、あくまでも協約の規範であって、国家によって課せられた法規範ではない。協約の適用領域は拡張命令によって修正されるが、協約そのものの法的性質にはなんらの修正も加えられないのである。

(1)　J. O. Déb. parl. Ass. Na., 4 janv. 1950 p. 59, 2e col., cité par. Durand, op cti., t. III. p. 658.

(2)　なお制限的法規説も、拡張命令を法規命令と解するが、これを協約当事者以外の第三者との関係のみに限定する。すなわち協約署名団体の構成員は拡張命令後もそのまま協約に服し、第三者のみが拡張命令に服すると解する。従って協約の変更、終了は協約当事者に対しては効力を有するが、第三者に対しては直接的な影響を及ぼさないことになる。

契約説をさらに敷衍すれば、

(1)　まず拡張命令は、協約署名団体の構成員の法的地位に対していかなる影響をも与えるものではない。これらの者はすでに協約の規範に服しているのであり、拡張命令は協約の内容を修正し、或は新たな規定を挿入するものではなく、また拡張命令から除外された条項も依然としてこれらの者には適用されるからである。ただ拡張命令が発せられた場合には、労働監督官および農業関係社会法規管理官が協約の適用を監督する任務を負い、かつ協約違反に対しては、公法上の罰則が適用される。しかしこのことをもって公権力によって定立された法規が協約の規範に代わるとみることは許されない。拡張命令は、すでに職業の法として協約が有する規範的な性格を、新しい段階における法規範のヒエラルヒーの中に高めたものとみるべきであろう。協約署名団体の構成員に対して妥当しているのはあくまでも協約であって、拡張命令ではないのである。

(2)　同様に協約当事者以外の第三者に服従を強制する規範は、協約に含まれている規範であり、拡張命令の規範ではない。右の協約は、当該職業部門の最も代表的な職業団体によって締結されたものであるが故に、職業の法としての規範的な性格を有し、職業社会の全員に対して強行的に適用されるのである。このことは、

(イ)　拡張命令が協約の内容を修正しえないこと（すなわち労働大臣に与えられた権限は、労働関係を直接規律する権限ではなく、すでに存在する職業上の規範（une règle professionnelle préexistante）の適用領域を拡張する権限にすぎないこと）[1]、

(ロ)　拡張が当該協約の定める期間および条件において行われるものであるということという実定法の規定からも明らか

である。結局、拡張命令それ自体は、職業社会の構成員に直接適用されるいかなる規範をも含むものではなく、(2) 全構成員は、等しく拡張された協約の定立する職業の法に服するのである。

(1) この点で拡張命令という用語は、フランス法に関するかぎり極めて適切である。

(2) 通常、拡張命令は、当該協約の諸規定がすべての使用者および労働者に強行的に適用される旨を記載した僅か数行の極めて短いものである。このことは実務上の扱いにおいても協約の規範そのものが全構成員に適用されることを率直に認めたものといってよいであろう。またフランス法においては、行政庁が適法に制定された命令 (règlements) に違反する場合には、刑法典第四七一条第一五項の定める罰則が適用されるのであるが、一九三八年五月二日法によって拡張命令に対しては刑法の適用が排除されている。従って、拡張された協約の違反には、前述のような罰則が課せられているが、これは拡張命令違反を制裁するのではなく、協約違反を制裁するのであると解されている。

第三章　労働協約法の展開

一　戦後の社会経済情勢の変化と労働問題

一　政治経済の動向

1　第二次世界大戦の勃発とともに戦時統制立法の一環として一九三九年九月一日法により、労働協約法の効力は停止され、賃金統制と並んで戦時体制へと移行した。一九四〇年のフランスの敗北、ヴィシー政権の樹立とともに労働組合（ＣＧＴ、ＣＦＴＣ）は解散され、占領下の労働関係は、四一年に制定された全体主義的な労働憲章によって規制されることになった。労働憲章は、フランスのモットーである「自由、平等、博愛」の代わりに、「勤労、家族、国家」を説くものであった。しかし労働者たちは、これを「苦労、飢餓、警察」と揶揄し(1)、労働憲章を「奴隷憲章」と呼んだ。占領下の厳しい禁止にもかかわらず、ストライキやサボタージュが頻発した。それは経済的な要求を貫徹するというよりは、むしろレジスタンスとしての愛国的な行動であったということができる。地下にもぐったＣＧＴの闘士たちは、国外輸送反対、労働憲章反対の闘争を組織し、ストライキやサボタージュにより、ドイツの戦争能力を麻痺させることを狙ったのである。

2　一九四四年八月の解放とともに、労働憲章は当然に廃止され、戦時中解散を命じられていたＣＧＴ、ＣＦＴＣ等の労働諸団体が相次いで再建された。しかしドイツの占領から解放された当時のフランス経済は、ほぼ壊滅状態にあった。戦争による破壊、設備の老朽化、労働力と資源の不足により、工業生産高は戦前の三分の一にまで落ち込んでいた。解放後のフランスは、日独等の敗戦国とほぼ同じような出発点に立って大規模な経済の改革を行わなければならなかったのである。

一九四六年に制定された第四共和国憲法は、その前文において、一七八九年の人権宣言の精神を謳うとともに、社会国家の理念を強調し、労働権・団結権・争議権および労働者の経営参加権を認め、企業の社会公共化や社会保障の拡充を規定するなど、社会的ないし生存権的基本権を保障する旨を宣言した。これは、第五共和国憲法にもそのまま引き継がれている。このような憲法の社会国家の理念は、第一次大戦以降、ＣＧＴを中心とする革新勢力がフランス産業の近代化の手段として提唱してきたものであり、経済的には国家の強力な指導と計画主義を説くものであった。この思潮は、第二次大戦中のレジスタンス運動を通じて大きな影響力をもつようになり、戦後の経済改革も、国有化と計画経済を軸として進められることになった(2)。

まず一九四四年末から四五年五月にかけて、北部炭田とルノー自動車会社が国有化され、四六年には銀行、保険、電力、ガス、石炭の国有化が行われた。そして限定された資金・資源の有効な配分によって、石炭、電力、鉄鋼、運輸、セメント、農業機械等基礎的部門の優先的発展を目指す一種の傾斜生産方式がとられた。このような国有化と経済計画を通じた国家主導の再建政策により、フランスの経済復興は順調に進んだ。復興の進行につれて輸出も回復し、貿易収支も徐々に改善された。このようにして第二次世界大戦により甚大な経済的損失を被ったフランスは、一九五〇年代には早くも戦後の復興を成し遂げ、六〇年代には西欧随一の高度経済成長を記録するまでになった。このような経済発展を支えた要因は、一つには大量生産・利潤の増大を可能にしたヨーロッパ共同体ＥＣ（一九五八年成立）という巨大な市場が成立したからであり、他の一つは安価な未熟練労働力が旧植民地からの移民や外国人労働者によって確保されたからである。

㈠　ECの成立

第二次大戦中レジスタンスを指揮し、フランスをナチス・ドイツから解放したド・ゴールは、一九四四年から四六年には首相として、また五八年からの一〇年間は大統領として、フランスの栄光の回復に努めた。ド・ゴールは、第二次大戦後、政治・経済力を著しく低下させて米ソの谷間に沈んでしまったヨーロッパを統合し、その盟主としてフランスの栄光を取り戻そうとした。

まず戦後の復興に不可欠な鉄鋼の供給を確保するため、ロレーヌ地方の鉄鉱石とルール地方の石炭とを結びつけ、それを欧州六カ国が共同管理にあたるというフランスの外相シューマンの主導（シューマン・プラン）により、一九五二年には、仏、西独、伊、オランダ、ベルギー、ルクセンブルグによって、ECSC（欧州石炭鉄鋼共同体）が結成された。この延長線上に一九五八年には、同じ六カ国がEURATOM（欧州原子力共同体）とEEC（欧州経済共同体）を結成した。EECは、やがてEC（欧州共同体）へと発展し、七三年にはイギリス、アイルランド、デンマークが加盟し、八一年にはギリシャが、八六年にはスペイン、ポルトガルが加盟した。このような地域的拡大とともに、八九年秋以降のポスト冷戦とドイツ統合の動きにより不安定化するヨーロッパ秩序に新しい枠組みを導入するため、時のミッテラン大統領は、ECのEU（欧州連合）への昇格を提唱し、九三年には、マーストリヒト条約の発効によって、ヨーロッパの経済統合は、政治統合、さらには安全保障・共同防衛へと質的な拡大を遂げた。一方、EC加盟諸国は、八六年に単一欧州議定書を締結し、九二年末までに二八〇項目にのぼる非関税障壁の除去に努め、ヨーロッパ市場の統合を実現することを約束した。市場の統合は、決済手段である金融の統合を促し、一九九九年一月には、歴史的なユーロが誕生した。

(二) 労働市場の変化と雇用状況

一九五〇年代に始まり、六〇年代に飛躍的な成長を遂げたフランス経済を下から支えたのは、この時期に大量に導入された旧植民地からの移民労働者であった。一方、一九五〇年代後半より世界的規模で進行したマイクロエレクトロニクスの生産・応用技術の驚異的な発展は、「ＭＥ革命」として、鉱工業ないしは重化学工業を中心とする従来の産業構造を一変し、運輸、流通を初めとするサービス業へとその比重を移していった。また男性中心の肉体的労働を必要とする職業を減少させ、知的労働を増加させた。それとともにフランスにおいても女性の職場への進出が一段と進んだのである。

3　世界は一九七三年のオイル・ショックとともに低成長時代を迎え、フランスもまたこの「石油危機」を契機に高度成長の幕を閉じた。とくに七八年の第二次石油危機を境に成長の減速は著しく、失業率は一〇％を超え、インフレ、財政赤字、国際収支赤字などに直面する長い不況時代に入った。第二次オイル・ショック以降、アメリカ、イギリス、日本などの主要国は経済の活性化を狙い、小さな政府と規制緩和による新自由主義戦略を採用したが、ミッテランは、世界の体勢に抗して大きな政府（ケインズ政策）とディリジズム（介入主義）への回帰を断行した。失業問題の解決を狙い、公務員給与や社会保障給付を大幅に引き上げ、一層の国有化を進めた。しかし「ミッテランの実験」は、二年で失敗した。対外赤字の急増とフランの切り下げを引き起こし、かえって失業者は急増した。そこでドロール蔵相は、厳しい緊縮財政を断行し、インフレ抑止とフランの購買力維持を優先させる「競争的ディスインフレ（désinflation compétitive）戦略」をとることになった。

一九八六年の総選挙では、経済の悪化により与党が大敗し、社会党大統領の下でシラク首相が誕生した。大統領は軍事・外交を指揮するが、内政は首相が掌握するという「保革共存（コアビタシオン cohabitation）が始まった。フランスでは以後これが常態化し、今日まで三度繰り返されている。シラクは、次期大統領選挙までの二年間に世界の趨勢からの遅れを取り戻そうと、新自由主義改革を急いだ。企業・銀行の民営化や、それに伴う金融市場改革、工業製品価格の統制撤廃、解雇事前許可制の撤廃、労働時間の柔軟化などに着手した。ミッテランは、一九八八年の大統領選で再選されたが、ディリジズムへの回帰はあきらめ、競争的ディスインフレ政策が続行された。一九九二年末までにヨーロッパ市場経済の統合を実現するようにECから迫られていたから、フランスは経済のヨーロッパ化を進める以外に選択肢はなかったともいえる。

このようにして九〇年代に入ると、保革の間の政策の収斂が一段と進んだ。一方では経済がグローバル化へと向かい、他方では保革共存が繰り返されたからである。左右の激しい対立を特徴としてきたフランスでは、国有化と公的部門の役割、経済計画の有効性、福祉国家のあり方などをめぐる対立とあわせ、国家の主導体制そのものの根本的再検討が加えられる中で、フランスの政治は中道化に向かって大きな変貌を遂げつつあるとみることができる。

4　フランスが高度成長時代から低成長時代に入り、国有化から民営化へ、計画経済から市場経済へと移行し、さらに産業構造が大きく変化する中で、失業は年々増加して長期化し、構造的なものになった。とりわけ二四歳以下の若年労働者の失業率（一九九八年）は、男性で二二％、女性で三〇％と平均の二倍に達し、これに対処するために、国が社会保障費の公的負担や企業内研修補助金制度、職業訓練の拡充等の措置を講じてきた結果、政府の補助金付雇用者数は、一九七三年の一〇万人から九七年には二九〇万人へと急増し、雇用労働者の四分の一がなんらかの形で政府の支援を受けるようになった。またパート、派遣等の有期契約で働く不安定雇用労働者の数は、一九八二年の三一万人から九八年には九一万人へと三倍に増え、九九年には、従業員一〇人未満の小企業では、新規雇用の七割までが短期の有期契約労働者となった。(3) かつて戦後の高度経済成長を支えた移民労働者は、フランス人の嫌悪する「三K」の低賃金の職場にしか就労できないにもかかわらず、「失業の責任者」であるかのように「イミグレ」と蔑称され、いわれのない社会不安の中で排斥の対象となった。(4) 社会保障の分野においても、九〇年代には年金、医療、労災の各リスクの赤字が増大し、九四年には家族手当が戦後初の赤字へと転落した。その間、長期失業による貧困者層の増大は著しく、平均賃金の半分以下の貧困者層はフランス人一〇人に一人、総数六〇〇万人にも上るようになったのである。そのために歴代政府は、否応なしに雇用政策、社会保障の改革に取り組まざるをえなくなった。

もちろん労働者や農民、中小商工業者などの低所得者層は、経済の危機的状況から来る生活難に不満を有しているから、国政の選挙では、その時に応じ左翼政権や保守連合が成立し、いわゆるコアビタシオンが繰り返されている。また散発的ではあるとはいえ、しばしばストライキも発生した。しかし組合の組織率は著しく低下しており、争議の件数も七〇年代に比して、八〇年代以降は三分の一程度に減少している。(5) フランスのストライキは、伝統的にCGT、CGT-FO、CFTCなどの代表的組合が共同で呼びかけ、それに従業員が参加するという形をとっているから、組合の加入率が少なくても労働者の欲求を組織することができれば、特定の要求を実現するためのストライキが随時行われるわけであるが、その際の争議委員会が、かっての「闘争委員会（comité de lutte）のように紛争を激発させることによって体制の変革を狙うものから、八〇年代以降は、要求を出し、交渉し、成果をあげることを目標とする組織（調整委員会 coordinations）へと変わっていったといわれている。(6)

保守政権は、経済の活性化による雇用の拡大を意図して、規制緩和による労働市場の硬直化の見直しを進めようとするが、社会党政権に替わるとその揺れ戻しから、労働者の保護、権利の拡大が進められる。しかし九七年の総選挙で、シラク保守大統領のもとで左翼連合政府が誕生するという第三次コアビタシオンを迎えると、政府は、社会保障の改革と緊縮財政の続行を決断し、これとの均衡を図るためにワークシェアリングを進めるとの公約に基づき、労働時間の週三九時間から三五時間への短縮と弾力化が行われることになった。フランスは、アジアとロシアの経済危機の影響をあまり受けなかったこともあり、九八年以降は他の主要国を上回る経済成長率を達成し、失業率も二〇〇一年には、九％を切るまでに回復している。

(1) J・H・オルデンブルック『フランス労働運動史』坂本訳、八三頁。
(2) 原・工藤『現代ヨーロッパ経済史』有斐閣、九〇頁は、「戦後の計画は、再建・近代化にとって欠かせないアメリカの援助の獲得に合理的根拠を与えることを一つの動機にしていた」と指摘している。
(3) 田中他著『現代ヨーロッパ経済』有斐閣、二五五頁。
(4) 服部・谷川『フランス近代史』ミネルヴァ書房、二六五頁。
(5) 佐藤香『フランスの労働運動』一三三頁。なお、最近の組合の組織率や争議の発生件数等の統計については、同書二四七頁以下の「統計資料」参照。
(6) 同右、一三四頁。

二　新しい労働問題の発生と労働法制の動向

一九六〇年代にフランスは、史上類をみない高度経済成長期を迎えたが、労働力不足を補うために、旧植民地からの移民労働者および周辺諸国からの外国人労働者を大量かつ集中的に受け入れた。一方、一九五〇年代後半より世界的規模でおきてきた驚異的なマイクロエレクトロニクスの技術的進歩は、従来の重工業中心の産業構造を変化させただけではなく、男性労働者の肉体的労働を必要とする職種を減少させ、技術系・事務系労働者による知的労働へとその態様を一変したのである。またサービス業を中心とする第三次産業の発達、パートタイム労働、フレックスタイム制、在宅勤務といった雇用ないし労働形態の変化は、女性の就労に都合の好い環境を創り、大量の女性労働者が職場に進出した。しかし高度成長期の歪みや潜在していた問題は、経済の低成長ないしは不況期を迎え、失業と社会不安が世を覆うようになると、もはや放置することのできない問題として解決を迫られるようになるのである。

1　まず高度成長期の一九六八年五月には　パリ大学の学生の暴動・デモに端を発し、労働者のゼネストにまで発展した「五月革命」が発生している。この「社会的騒乱は、若い学生および労働者の日頃の鬱積した不満の爆発であり、既存の権威体系への反抗、新しい世代の若者の価値の主張として、同じような状況の中に置かれていたヨーロッパおよび世界各国の同世代の者に大きな影響を与えた。伝統的に中央集権的体質が強固なフランス社会では、職場・教育現場でも官僚的管理化が行き渡っていた。ＭＥ革命の中での経済の高度成長により、技術者・事務労働者層の急増と大学生の非エリート・大衆化という「社会の流動化」現象が生じ、疎外感を深めた若者達が、「自主管理」をスローガンに分権的社会の実現を望んだのである。

この「五月革命」は、左翼革命の勝利を恐れる保守層の危機感をあおり、六月の総選挙では、ド・ゴール派が議席の八割を占めたため、短期的には敗北に終わっているが、既存の諸制度や組織を変革する重要な契機となったということができる。

2　政府は、五月革命後、労働法制の見直しに着手したが、七一年と七二年の組立ラインの労働者の激しいストライキが社会の関心を集めたこともあり、まず肉体労働者の労働時間、安全衛生、作業環境、作業組織、技能向上等の問題が改革の日程にのぼった。

労働法の次元における最も重要な変革は、七六年五月のゼネストを契機とするオルー改革である。七〇年代前半に低成長期にはいり、後半に入ってからの経済危機の深刻化にともない、企業の再編成（restructuration）が行われ、失業の増加、雇用不安が広まったが、一方では、過度の法的規制が企業に負担を課し、自由な企業活動や労働市場を歪めるものとして、規制緩和を求める声も高まっていた。その中で行われた八一年五月の大統領選挙では社会党のミッテランが選ばれ、同年六月の国民議会選挙でも社会党を中心とする左派が過半数を獲得して左派連合政権が成立した。八一年九月、時の労働大臣J・オルーは、ミッテラン政権の重要な施策の一つである労働者の権利の拡大を図る立法の指導原理と骨子を示した「労働者の諸権利（les droits des travailleurs）」と題する報告書（Rapport Auroux）を大統領と首相宛に提出した。報告書は、基本的な考え方として、第一に労働者が「対立を助長し、また閉鎖性を強固にする仕組みを強化することをやめ、社会における自らに相応しい地位を占め、直接にまたは企業における労働条件の交渉を通じて、自らの日々の生活に能動的に取り組むことを可能にすること」、第二に、「われわれが直面している困難な経済環境において不可欠な、労働者の革新と適応の能力を解き放って、労働者の新しい権利の承認と企業の様々な均衡とを共存させることである。」と述べている。すなわち同報告書は、労働者の保護と権利の拡大を第一の目的とするものであるが、同時に労働者が主体性をもって企業活動に関与・参加し、企業の経済活動に活力を与えることにより、フランス経済の困難からの脱出を図ろうとするものであった。

このオルー報告書に基づいて制定された①企業における労働者の自由に関する一九八二年八月四日法、②従業員の代表制度の発展に関する一九八二年一〇月二八日法、③団体交渉および労働争議の調整に関する一九八二年一一月一三日法、④衛生安全労働条件委員会に関する一九八二年一二月二三日法が、いわゆるオルー法（lois Auroux）と呼ばれるものであるが、この他にも⑤労働時間および有給休暇に関する一九八二年一月一六日のオルドナンス、⑥一時的労働に関する一九八二年二月五日のオルドナンス、期間の定めのある労働契約に関する一九八二年二月五日のオルドナンスなどが制定されている。これらは、「企業内における労働者の市民権の確立」という理念の下に制定されたものであり、労働法典の約三分の一を改めるものであった(1)。

(1)　企業における労働者の自由に関する一九八二年八月四日法は、従来、使用者が大幅な権限をもっていた就業規則制定権並びに懲戒権を制約するとともに、企業内における労働者の意見表明権を明確にするものである。すなわち、①二〇人以上の企業もしくは事業場に対し、就業規則の作成義務、企業委員会（または従業員代表）の意見聴取義務、監督官庁への届出義務を課し、就業規則の記載事項を、安全衛生に関する規則の適用諸措置と懲戒に関する一般的・恒常的規則に限定し、かつ就業規則は、法令および協約・協定に違反してはならないこと、労働者の人権並びに個別的集団的自由に不当な制約を課してはならないことを明確にしている。また、②使用者の懲戒権の行使について、懲戒処分の性質、段階、手続を明示する義務を課し、「罰金」その他の金銭的制裁処分を禁止することにより、使用者の恣意的な懲戒権の行使に大きな制約を加えた。さらに、③労働者に自己の労働の内容・編成および当該企業内の労働条件の改善に関し、労働時間内に、労働の場所で、直接、意見を表明する権利（droit d'expression）を認め、これに対しては労働時間として賃金が支払われること、これを制裁または解雇の理由とすることはできないこと等を定めるものである。

(2)　従業員代表制度の発展に関する一九八二年一〇月二八日法は、企業内での使用者の権限行使に従業員が参加・関与する組織としての従業員代表機関（企業委員会、従業員代表委員等）の法的基盤の強化を目的とするものであり、労働者が自ら選出した代表者を通じて企業経営に積極的に参加することにより、企業経営の民主化を図ろうとしている。

(3)　団体交渉および労働争議の調整に関する一九八二年一一月一三日法は、使用者に一定の団体交渉義務を課すことにより、労働者の団体交渉権を明確にし、企業別協約の新設をはじめ、協約の拡張制度等に重要な改革を行った。

(4)　衛生安全労働条件委員会に関する一九八二年一二月二三日法は、①労働者の職場での安全衛生の確保および労働条件の改善を図るための従業員代表機関として労働安全衛生・労働条件委員会（comité d'hygiène, de sécurité et des conditions de travail）を設置し、かつ、②労働者に自らの生命・健康に対する重大で差し迫った危険が職場で発生した場合には自らの判断で職場を離れる権利（droit de retrait）を認め、労働者の職場における生命・健康の権利の確立を図ることを目的としている。

3　さらにオルー改革は、これまで増加の一途をたどってきた有期契約労働者、派遣労働者、パートタイム労働者等の不安定就業労働者を保護するために、一定の法的規制を設けている。すなわち一九八二年二月五日のオルドナンスは、有期労働契約および派遣労働契約の利用を、一時的な職務として法令上定められた場合に限定（利用事由の限定列挙）するとともに、有期契約労働者や派遣労働者が期間の定めのない契約による正規雇用労働者と同様の権利や利益を享有しうることを保障し、労働者の雇用の不安定化、外部化を制約しつつ、有期契約労働者並びに派遣労働者の法的地位の保護を図った。また一九八二年三月二六日のオルドナンスは、パートタイム労働に関する従来の一九八一年一月二八日法を全面的に改正して、パートタイム労働者の平等権の保障、労働時間の配分変更や所定時間外労働の規制等を行い、パートタイム労働者にもフルタイム労働者と同等の法的地位を保障することとしている。

4　一九八六年三月の国民議会選挙では保守連合が勝ち、社会党のミッテラン大統領の下での保守系のシラク内閣という第一次保革共存が成立すると、労働力の利用に関する規制の緩和が一層進められることになった。この政策は、①国家による規制に代わって労使自治（協約）による規範の設定を拡大すること、②雇用形態の多様化を容認し、使用者の労働力利用の選択肢を拡大することという二つの方向で進められた。そして柔軟化政策の第二の方向である使用者の労働力利用の選択肢の拡大は、とくに非典型的雇用に関する法規制の緩和という形で進められた。すなわち一九八二年二月五日のオルドナンスによってその利用に厳格な規制が加えられていた有期労働契約および労働者派遣について、一九八五年七月二五日法、および一九八六年八月一一日のオルドナンスにより、有期契約労働者や派遣労働者に対する平等権の保障等の規定は維持されているものの、有期労働契約および労働者派遣の利用事由の限定列挙方式が例示的列挙方式に改められ、かつ契約の利用期間の制限が緩和される等、使用者が広くこれらの雇用形態を利用できるように改められた。

5　労働法の弾力化・柔軟化を象徴するものとして挙げなければならないものに、経済的解雇の行政許可制の廃止がある。一九七五年一月三日法により設けられた経済的理由による解雇の行政許可制は、行政庁の事前のコントロールによって企業活動を過度に制限するものとして、使用者側から強い批判をうけていたが、一九八六年七月三日法および同年一二月三〇日法により全面的に廃止された。もっとも許可制の廃止に代わり、行政庁への経済的解雇の報告義務が課せられ、さらに一九八九年八月二日法および一九九三年一月二七日法により、従業員五〇人以上の企業における一〇人以上の経済的解雇については、従業員代表と協議して社会計画（plan social）を作成する義務が課されることとなっている。この社会計画には、解雇回避措置（労働時間短縮・調整、配転、早期退職）や再就職促進措置（再就職斡旋、職業再訓練助成、求職・転職助成等）等を記載すべきことが定められている。

6　以上のように、戦後、とくに一九七三年以降の経済の低成長時代に展開されたフランスの労働法制は、その対象および規制の方法の点で大きな変化をみせている。

(1)　まず従来からの労働保護法制については、労働時間の短縮、労働災害の防止、作業環境、組立ラインの廃止を含む新しい作業組織と技能の向上など「労働の人間化」が一段と前進している。

(2)　ＭＥ革命による産業構造や労働の態様の変化に対応し、労働時間の弾力化、雇用の弾力化、法的規制の弾力化が進められた。従来の中央集権的で硬直的画一的規制から分権的で柔軟な規制へと変わっていったのである。[2]企業レベルでの団体交渉および従業員参加の重視と、企業別協約・協定による労働条件の設定、いわゆる「適用除外協定」の承認などはその一例である。

(3)　一方において、とくに高度成長期以降、急増した移民・外国人労働者、パートタイム労働者、派遣労働者等の不安定雇用労働者の問題が大きな課題となり、これらの労働者に対する規制と保護に関する法が制定されている。

(4)　他方、企業活動の自由と労働市場の自由を確保するための規制緩和が進められ、経済的理由による整理解雇に一定の自由を認めるとともに、雇用の確保や職業訓練に労働行政の力点が移されているのが特徴的である。

（1）　オルー改革については、保原「オルー法とフランス労働法の新展開」日本労働協会雑誌三〇二号三七頁以下、大和田「フランスにおける労働法制改革の動向」日本労働法学会誌六三号一三五頁以下、葉山「企業内の市民権――フランス労働法典の大改正（上）」経済評論三二巻七号七四頁以下、同「二一世紀の企業を求めて――フランス労働法典の大改正（下）」経済評論三二巻八号八四頁以下、水町『労働社会の変容と再生』一一九頁以下、Lafarage, Leandri,

Lebrette, Geniest, Socquet, Lafont『lois Auroux-Commentaires, solutions pratiques』, 1984 等参照。

（2）これらの弾力化の諸相については、Centre de Recherche de Droit Sosial『Flexibilité de droit du travail』1986, 水町・前掲書、一三四頁以下参照。

二　企業内における組合活動と経営参加

一　経営参加

(一)　経営参加権の形成過程(1)

1　フランスでは、元来、労働組合は、特定職業の特定地域の労働者を組織するものとして企業外において生まれてきたものであり、狭い地域的な労働市場を独占することによって、使用者ないし使用者団体との交渉力を強化することができたのである。使用者も、労働組合が企業内で活動することには好意的でなく、また法的にも企業内で労働組合が活動する自由は保障されていなかった。

2　しかし企業内に常設的な工場委員会を設け、労使間の対立と摩擦を緩和しようとする試みは、一八八四年に労働組合法が制定された直後から現れている。すなわち一八八九年の九月から一〇月の二ヶ月にわたって行われたサオーヌ・エ・ロワール県ル・クルゾオ市のシュナイデル金属工場のストライキは、一九世紀最大のストライキといわれているが、時の首相ワルデック・ルソーの仲裁によって収束した。そのときの解決条件は、①労働組合の自由を尊重すること、②ストライキの故をもって労働者を解雇しないこと、③労働組合に加入する労働者に対し、差別待遇を行わないこと、④企業主と労働者の代表委員が定時に会合し、合議すべき工場委員会（conseil d'usine）を設置することとなっており、工場委員会は被用者の要求を直接使用者に提出し、新しい紛争の発生を未然に防止することを任とした。この裁定に基づいて設置された工場委員会がフランスにおける従業員代表制度の最初のものであるといわれている。(2) しかしこの構想は、あまり普及せず、第一次大戦までには僅かに一七の企業において設置されたにすぎない。(3)

第一次大戦に突入すると生産増強という要請から、軍需大臣アルベール・トーマは、国防を阻害する紛争の発生を避けるため、一九一七年二月から九月までの一連の通達により、常設的従業員代表制の設置を勧告し、これによって三四七の事業所に従業員代表が相次いで設置された。しかしながら従業員代表の役割は、例えば一九一七年九月五日の通達によっても明らかなように、従業員の個々の要求を使用者に伝達するとともに、賃金、安全衛生の適用に関する紛争に介入し、解決を図る点に主眼がおかれ、極めて限られた権限しか与えられていなかったため、戦争末期になるにつれて設立数は減少し、戦後は労使双方の敵意と警戒心から衰退の一途を辿った。労使双方が従業員代表制に積極性を示さなかった理由として、つぎの点が指摘されている。(4)

使用者側は、従業員代表が被用者を教唆・扇動することにより絶えず要求を出させ、かえって紛争の原因を醸成する危険性があるとした。またロシア革命の影響により労働運動が先鋭化し、共産党の勢力が日増しに活発化した当時の社会騒乱期にあって、従業員代表が労働者階級の代表として使用者の企業運営の権限に真っ向から対立し、これを脅かすものとなり、やがてはソビエト・ロシアへの「第一営地」(une première étape) に転化するのではないかということを恐れた。(5)

確かに労働組合側の従業員代表制に対する態度の中には、「労働者管理 (contrôle ouvrier)」の思想が漂っていたことは否定しがたいところである。しかし労働組合側も、一般的には従業員代表制が組合のライバルないしは労使協調機関に陥らないかという点を恐れ、むしろ警戒心をもっていたのである。

3 フランスの労使関係は、一九三六年の人民戦線内閣の出現を契機として大きな変遷を示している。労働組合は、急成長を遂げ、名実ともに使用者陣営に対立しうる一大勢力となった。一九三六年の五月から六月にかけて行われたゼネストは、賃上げと人民戦線綱領の即時実施を要求するものであったが、人民戦線内閣初代の首相レオン・ブルムの斡旋によって終結し、有名なマチニヨン協定が締結された。争議解決の条件ともいうべきマチニヨン協定の内容は、つぎつぎと立法化され、従業員代表制も新しい装いの下に登場した。すなわち一九三六年六月二四日の労働協約法は、従業員代表制の設置を協約の必要的記載事項とし、協約の締結により企業に従業員代表制が設置されることを期待したのである。かつて労働組合は、従業員代表制に対して必ずしも好意的ではなかったが、従業員代表制を受け入れるようになったのは、組合の勢力が増大し、従業員代表は労働組合と共同戦線をはりうるという確信が強まったこと、実質的に従業員代表の選任に際し、労働組合の有力分子を送り込みうるという自信を持つにいたったからである。

しかし一九三六年法の下における従業員代表制は、あくまでも任意的なものであり、しかも従業員代表の権能は、第一次大戦中に設けられたものをそのまま踏襲し、労働者の個々の要求を使用者に伝達するものにすぎなかった。労働者側は、この点に不満をもち、その権限の拡大を要求した。しかし使用者側は、従業員代表制による労使関係の平和的な維持と協力を期待し、かえって紛争が醸成された(6)。

一九三八年一一月一〇日法は、以上のような労使の不満を緩和するためのものとして制定され、従業員代表制に初めて法的根拠を与えた。同法により、一〇人以上の被用者を使用する商業、工業の事業所においては、労働協約が締結されていない場合であっても、必ず従業員代表制を設置すべきものとされた。同法は、さらに委員の選出方法を明確にし、その権限を拡大した。すなわち単なる個別的要求の伝達にとどまるだけではなく、労働者に関する諸問題について使用者と協議する権限を与えたのである。しかし、三八年法制定後間もなく、フランスは第二次世界大戦に巻き込まれ、戦時体制へと移行した。従業員代表制も一九三九年一一月一〇日命令により、かなりの修正が加えられ、戦時中にかぎって、その権限も再び個別的要求の伝達に限定されたが、フランスの敗北、ヴィシー政権の樹立とともに廃止された。

4　ナチス・ドイツとの休戦後、ヴィシー政府は一九四一年に労働憲章（charte du travail）を制定し、新たな全体主義的構想の下に事業所社会委員会（comité social d'établissement）を設置した。当初の構想は労使共同体的理念の下に各企業毎に使用者、技術者、労働者三者の協力組織として事業所社会委員会を設け、職業上の共通問題の処理および企業内の福利厚生施設の共同運営を行わせるとともに、これを底辺としてピラミッド型に地方社会委員会、全国社会委員会を構成し、職能代表的な役割を果たさせることを目差したのであるが、各事業所毎に社会委員会が設けられただけでピラミッドの頂点は実現されなかつた。しかし社会委員会は、①商工業のみならず、労働憲章の適用される自由業においても設置されること、②被用者の要求の単なる伝達機関にとどまらず、労使の社会的、職業的協力の実現を図るとともに被用者およびその家族の生活条件の改善に努めることを目的としている等の点で、マチニヨン協定による従業員代表制よりは大きな権限を有し、後の企業委員会法にその限りでの影響を及ぼしたということができる。しかしながら社会委員会の主たる任務は企業の福利厚生施設の運営に向けられ、労働者達が「ポテト委員会」(7)と名付けたことからも窺われるように、実際には食料品の配給業務程度のことしか行わなかったようである。

5　アルジェリアに樹立された仮政府は、戦時生産増強の必要性からイギリス、カナダ、オーストラリア、アメリカ等で実施された生産委員会の例に倣い、労使合同の生産委員会を軍需関係の事業場に設置させた。この委員会は、労働組合との競合を避けるために生産の技術的部面のみに関与しうるものとし、かつ使用者の諮問機関としたのである。生産委員会は、企業における生産方法の改善および合理化を図るために従業員の企画提案等を検討し、適当と認めるものは事業主に提示して、採用を勧告することを任務とした。したがって生産委員会の主たる目標は生産の増強にあり、社会問題および企業の財政管理等についてはふれるところがなかつた。

その間フランス本国におけるレジスタンス運動が活発化し、CGT、CFTCを中心として地下の全国レジスタンス協議会が設立されたが、この協議会は、フランス解放の日の行動綱領を準備し、その中で従業員代表制の復活、労働者の企業経営および経済計画への参加を謳っている。ナチス・ドイツの敗北、フランスの解放と同時に占領軍のために協力してきた経営者達の一部は逮捕され、あるいは労働者による報復を恐れて逃亡し、工場もまた戦争により破壊されていた。戦後のこのような異様な雰囲気の中から、労働者達は工場や機械を守り、生産を再開するために立ち上がらざるをえなかった。労働者は、解放委員会あるいは労働組合のイニシアティブと指導の下に企業内に委員会を設置し、企業の生産管理を行うまでに発展していった。新共和国の樹立とともに労働憲章は廃止され、当然の結果として社会委員会も廃止されたが、その日をまつまでもなく、解放と同時に社会委員会は労働者から見捨てられてしまっていた。戦後、いわば自然発生的に各企業に設置された委員会は、例えば愛国委員会、生産委員会、管理委員会等さまざま名称をもって呼ばれたが、中でもリヨンのベルリエ工場、後に国有化された北仏の炭坑、マルセイユのノード製鋼工場等の委員会が、大幅な労働者の経営参加を認めるものとして著名である。これらの社会事情を背景に一九四五年には企業委員会（comité d'entreprise）に関するオルドナンスが制定された。

一九四六年のフランス共和国憲法前文は、「すべての労働者は、その代表者を通じて労働条件の集団的決定並びに企業の管理に参与する」旨を定め、経営参加の理念を明確にし、これは第五共和国憲法にも引き継がれている。一九四五年の企業委員会に関するオルドナンスは、一九四六年法および一九四七年法により修正整備され、その後も数次の改正によって企業委員会の権限を拡張しつつ今日にいたっている。

企業委員会法はマチニヨン協定の従業員代表制を併存する形で存続させた。したがって経営参加の制度としては、企業委員会と従業員代表制があるが、機能的には、企業委員会が、いわば経営上の機関として事業主体性が強いのに反し、従業員代表は企業内における従業員の個別的あるいは集団的な特定の具体的利益を擁護することにあり、むしろ労働組合的な色彩の方が濃厚であるということができる。

6　フランスは一九六〇年代には、早くも西欧随一の高度経済成長を遂げたが、一九五〇年代後半から世界的規模で起こってきた「ME革命」による産業構造の変化や技術革新に対応して、新技術・情報の導入・処理、企業における労働組織の再編成、職業訓練等、これまでの産業別、地域別の横断的な労働組合との対応では解決することのできない個々の企業や事業所の経営ないし労使関係の問題が増加した。また労働組合側でも、企業内における組合活動なしには労働条件や生活条件の改善、向上はありえないことを認識して、企業内の組合活動や企業経営への関与・参加に積極的に取り組むようになった。このような社会経済状況の変化の中から個別企業や事業所における被用者の組織的活動、ないしは労働組合の活動が重視されるようになった。

「一九六八年五月」の騒乱の代表的な成果としてあげられるのが、企業内での組合活動権の行使を承認した一九六八年一二月二七日法である。同法は、それまで主として企業外の地域的・職業的レベルで活動してきたフランスの労働組合（「代表的労働組合」）に対して、各企業に組合支部（section syndicale）を設置し、被用者の中から組合代表委員（délégués syndicaux）を選出することを認めた。企業内には、「従業員」の代表機関として「企業委員会」・

「従業員代表」が設置されているが、これと並んで組合支部の設置とその活動のための組合代表委員の選出を認め、企業内における組合活動を積極的に促進しようとしたのである。

さらに一九八二年八月四日法は、労働者に対し、その労働の内容、労働行使の条件および労働の組織について直接かつ集団的に意見を表明する権利を認めている。すなわち労働者は、職階上のルートや従業員の代表機関を通じた意見表明に加えて、一定の労働者のグループの意見表明という形での労働者の経営への参加の制度が創られたのである。この場合の意見表明を行う集会の規模、組織および長さ、意見表明の自由を確保し、その要望や意見を使用者に伝達するための措置等は、二〇〇人以上の労働者を使用する企業では、代表的組合との協定により、二〇〇人未満の企業で組合との交渉が行われないときは、企業主は、労働組合・企業委員会・従業員代表に対し、意見表明権の行使の方式について、諮問しなければならないように定められている。「この制度は、労働者に直接的な『参加』を許すとともに、生産を増大し、かつ、労働の質を改善することによって企業の競争力をも高めようとするもの」[8]であるとすら評価されている。また同法は、企業委員会・従業員代表制の実効性を高め、従業員による企業のコントロールを強化するため、①使用者による企業委員会・従業員代表委員への情報提供の事項および機会を拡充し、②企業グループを形成している企業についてはグループ委員会（comité de groupe）を設置して経済的実態に適合した情報提供を行うべきこと、③企業委員会による情報処理と議論の効率化・高度化を図るため、専門的事項については企業委員会に専門家の参加を認め、かつ委員にも職業訓練の機会を与えてその能力向上を図ることにより、従業員が企業情報を共有して企業改革のためにその知識・能力を発動できるよう環境の整備を図った。

このように今日では、企業委員会委員と従業員代表委員と組合代表委員の三者が労使の協力と労働者の利益擁護とを調和させつつ活動しているといってよい。

（1）外尾「フランスの経営協議会」（季刊労働法一一号一二八頁以下）、昭和四一年度日本労働協会欧州派遣団報告『フランスにおける労使関係』第一編「企業委員会制度と従業員代表制度」（日本労働協会）参照。
（2）学説（Durand et Jaussaud, Traité de droit du tuavail,t.1 p.455.）では、一八八五年にカトリックの工場主であるレオン・アルメルが、マルヌ県のヴァル・デ・ボァにある自己の工場に常設的な労使協力機関として工場委員会（conseil d'usine）を設置したのが最初の試みであるとされているが、当時は一八八四年法により、これまで非合法であった労働組合が初めて法認された結果、急速に勢力を拡大し始めた時期であり、カトリック教徒であったレオン・アルメルが、カトリック的社会協同体の思想に基づいて、労使の対立を緩和し、紛争を未然に防止するために設置したものであって、労働者代表も使用者の指名によるものであるから、従業員代表の起源をみるのは妥当ではないといわれている。（日本労働協会『フランスにおける労使関係』一二一頁および一二四頁注2）。私も、かって「フランスの経営協議会」（季刊労働法一一号一二八頁以下）において、デュランの学説に依拠しつつ、紹介しているが、このように改めることにする。
（3）Durand, Précis de législation industrielle, p. 128.
（4）Durand et Jaussaud, Traité de droit du travail, t.1 p. 455-457.
（5）長岡保太郎「仏国に於る工場委員会制度」社会政策時報一七号。
（6）Amiaud, Cours de droit du travail, 1951. p. 467.
（7）W. Galenson, Comparative Labor movement. 1952. p. 389
（8）ヴェルディエ「フランス労働法における最近の発展と課題」日本労働協会雑誌三六〇号三六頁。

二　企業委員会

1　目　的　「企業委員会は、企業の管理および経済的財政的発展、労働の組織、職業訓練並びに生産技術に関する決定において、被用者の利益を常に考慮しつつ、被用者の集団的意見表明を確保することを目的とする」

（L四三一の四）。また従業員代表は、「使用者に対し、賃金、および社会的保護（protection sociale）・安全・衛生に関する労働法典その他の法令、並びに企業に適用される労働協約・協定の適用に関するすべての個別的集団的要求を提出し」、「労働監督機関が監督の任務を負う法令の規定の適用に関するすべての苦情および所見を伝達する」任務を有する（L四二二の一）。

2　適用範囲　常時、五〇人以上の被用者を雇用するすべての工業、商業、農業、官公庁、自由業およびその他の組合ないし団体においては、企業委員会・従業員代表を設置しなければならない。

(1)　企業委員会は、企業（entreprise）単位に設けられ、当該企業が数個の事業所を有する場合には、各事業所毎に事業所協議会（comité d'établissement）が設置され、上部組織として中央企業委員会（comité central d'entreprise）が設けられる。また企業グループが形成されているときには、企業委員会とは別個に「グループ委員会」（comité de groupe）が設置される。五〇人未満の被用者を雇用する企業においても、協約または協定により企業委員会を設置することができる。

(2)　常時一一人以上の被用者を使用する事業所には、必ず従業員代表を設けなければならない。一一人未満の被用者を使用する事業所または団体においては、協約により従業員代表を設置することができる。

(3)　①期間の定めのない労働契約の下にある労働者、家内労働者、保護企業等に使用される身体障害者は、全員、企業の人数に算入される。②労働時間が一週間二〇時間以上、または一ヶ月八五時間以上のパートタイマーは、全員、企業の人数に算入される。労働時間がその限度に達しない労働者については、労働契約上の総労働時間を、法定労働時間で除し、また右の労働時間が法定労働時間を下回るときは、その合意による労働時間で除して、人数を計算する。③有期契約の労働者、および外部の企業を通じてその企業に使用される労働者は、一時的な労働者

(travailleur temporaire) をも含めて、それ以前の一二ヶ月間にその企業に勤務した時間に比例して、企業の人数に算入される。

3　構　成

(1)企業委員会は、企業主またはその代理人、および従業員を代表する正副委員より構成される。委員の数は、企業の従業員数に応じてつぎのように定められている。

従業員数		正委員の数	副委員の数
五〇人から	七五人まで	三人	三人
七六人	一〇〇人	四人	四人
一〇一人	五〇〇人	五人	五人
五〇一人	一、〇〇〇人	六人	六人
一、〇〇一人	二、〇〇〇人	七人	七人
二、〇〇一人	四、〇〇〇人	八人	八人
四、〇〇一人	七、〇〇〇人	九人	九人
七、〇〇一人	一〇、〇〇〇人	一〇人	一〇人
一〇、〇〇〇人以上		一一人	一一人

委員の数は、当該企業における関係労働組合との集団的協定により増加することができる。

なお三〇〇人未満の被用者を雇用する企業にあっては、「代表的な組合」の指名する組合代表委員は、当然に企業委員会、事業所委員会および中央企業委員会における組合代表者 (représentant syndical) となる。三〇〇人以上の企業においては、それぞれの委員会に別個の組合代表者を各一名ずつ当該企業の従業員の中から選んで出席させることができる。ただしこれらの委員会に出席する組合代表者は、副委員と同様に議決権をもたず、諮問権（発言権）のみ有する。

(2)　従業員代表委員の数は、つぎのように定められている。

従業員の数	正委員	副委員
一一人から　二五人まで	一名	一名
二六人　五〇人	二名	二名
五一人　一〇〇人	三名	三名
一〇一人　二五〇人	五名	五名
二五一人　五〇〇人	七名	七名
五〇一人　一、〇〇〇人	九名	九名

以下従業員五〇〇人を増す毎に正委員一名、副委員一名を加える。

4　選　挙　企業委員会・従業員代表制を労働組合と別個の機関とし、これと無関係に委員を従業員の中から選出するとすれば、労働組合と敵対する機関となり、あるいは使用者の権力に屈従して御用化する恐れがある。しかし企業委員会・従業員代表制を労働組合に直結させ、委員の任命を労働組合に一任すれば、団体交渉の機関と化し、本来の目的が阻害される恐れがある。そこで企業委員会法はこれらの主張を妥協させ、「最も代表的な労働組合」の作成する候補者名簿について従業員の行う投票により委員を選出するように定めている。

(1)　選挙権者　①企業における種々の職種の従業員を代表させるために、企業委員会委員・従業員代表委員の選挙に際しては、工員（ouvrier）と下級職員（employé）の選挙会、および技師（ingénieur）、課長・係長（chef de service）、技手（technicien）、職長（agent de maîtrise）等の職制管理職（cadres）の二つの選挙会（collège）が設けられる。企業の実態に即し、職種による委員数の配分、および異なった選挙会への従業員の配分等は、企業主と関係労働組合との集団的協定により定めることができる。

②フランス国籍を有する一八歳以上の男女の被用者であって、六ケ月以上当該企業に勤務し、政治上の選挙権の剥奪をうけるような刑罰に処されたことのない者、並びに五年以上フランスにおいて労働し、右に掲げる条件に適合する男女の外国人労働者は、企業委員会委員の選挙権を有する。従業員代表の選挙については、国籍の条件はない。

(2)　被選挙権者　原則としてフランス国籍を有する二一歳以上の読み書きの能力を有する者であって、一年以上当該企業に勤務する者。

(3)　選出方法　選挙の方法は、一九四七年法により比例代表制に改められた。これは企業における労働組合の多数派の専制を抑え、小数派を保護するためのものであるといわれている。

選挙は、各選挙会毎に正委員の選挙と副委員の選挙とが別個に行われるが、当該企業における「最も代表的な労働組合」（当該企業に労働組合が存在しない場合には、当該地区における「最も代表的な労働組合」）の作成した名簿に基づき、秘密投票によって行われる。「最も代表的な労働組合」の概念については、次節の「団体交渉」のところで述べるが、現在、「最も代表的な労働組合」の資格を得ているのは、CGT、CGT-FO、CFDT、CFTC、CGCの五つの全国組合である。全国次元で代表的と認められる組織に加入している組合は、企業において代表的とみなされる。

(4)　委員の任期　企業委員会委員の任期は二年であり、従業員代表の任期は一年であるが、再選を妨げない。

委員の任期は委員の死亡、退職、雇用契約の終了または被選挙権の喪失によって終了する。

5　委員の職務の執行および身分保障

(1)　企業委員会委員が委員会に出席した時間は、労働時間とみなされ、賃金が支払われる。従業員代表委員が使用者と会合する時間も同様である。さらに企業主は、委員がその職務を遂行するのに必要な時間を就業時間中に与えなければならない。右の時間は、四六年法により、企業委員会委員は月二〇時間、従業員代表委員は月一五時間と定められているが、労働協約によりその時間数を増加しうる。委員が職務執行のため必要とするときには、企業外に出ることができ、使用者はこれを妨げてはならない。

(2)　使用者側の不当な圧力を排除するため、企業委員会法は、委員の解雇については企業委員会の同意をえなければならない旨を定めている。解雇保護は、正副委員の双方について任期中に適用されるばかりではなく、任期満了後も六ヶ月にわたって適用される。また解雇保護は、委員に対する個別的解雇のみならず、経済的理由による集団解雇にも適用される。

企業委員会は、使用者の請求に基づき、関係委員を審問したのち、秘密投票による多数決で、同意を与えるか否かを決定する。企業委員会が同意を与えないとき、あるいは被用者数が五〇人に満たないために企業委員会が存在しないときには、使用者は、解雇の請求を労働監督官に行わなければならない。労働監督官は、一五日以内に解雇の許否を決定する。労働監督官の決定に不服のある当事者は、労働大臣に審査の申立をするか、行政裁判所に処分取り消しの訴えを提起することができる。

ただし委員に重大な有責行為（faute grave）が存するときには、使用者は、企業委員会または労働監督官の最終決定を停止条件として直ちに停職処分（mise à pied）に付すことができる[1]。

6　職務と運営

(1)　企業委員会の職務　　企業委員会は、四五年法により、福利厚生施設の運営等の社会的領域においては決定権をもち、企業の管理運営等の経済的領域においては諮問権をもつものとされている。すなわち使用者の企業運営に対する最終的な責任と権限は認めつつも、従業員に大幅な経営参加を認めることにより、「従業員の雇用および労働の集団的条件並びに生活条件の改善のために経営者と協力する」ことを目的としているのである。この基本的な枠組みは変わらないが、その後の数次にわたる改正により、企業運営についての情報の提供と諮問の範囲が拡大し、それにつれて企業委員会の企業経営に対するコントロールの度合いも強まっている。

イ　経済的職務　　企業委員会は、「企業の組織、管理、一般的運営」、具体的には、つぎのような事項について報告を受け、諮問を受けることとされている。

a　労働者数、労働時間、雇用・労働条件、職業教育や職業訓練。

b　当該年度における営業成績（総売上高、生産・販売等の総量、平均給与の動向）および次年度の営業計画。

c　各四半期ごとの生産計画の実施状況、従業員の雇用状況、企業活動等。

d　企業委員会は、適切な時期に労働者の削減計画についての諮問を受け、その計画の実施および適用方法について意見を提出するものとする。この意見は、管轄行政機関にも提出される。

e　企業委員会は、使用者が価格の値上げを行う場合に諮問をうけ、意見を表明し、さらに業種もしくは製造工程の変更に際し調査を行うことができる。

f　企業委員会は、企業の生産を増加し、生産物の改善を行う目的でなされたすべての提案を調査、研究し、必要と認めるものについてはその提案の採用を使用者に対し勧告する。

g　さらに企業が株式会社である場合には、つぎのような権限が企業委員会に対し認められている。①経営者は、株主総会に提出すべき損益勘定、貸借対照表、監査役の報告書等の文書を、株主総会開催前に企業委員会に提示しなければならない。②企業委員会は、監査役の出席を求め、右の文書の各項目および企業の財政状態につき説明を聴取し、所見を述べることができる。企業委員会の意見は取締役会の報告とともに株主総会に提出される。③企業委員会は、会社の計算書類の検討に際して公認会計士を委嘱することができる。公認会計士の報酬は会社の負担となっている。④企業委員会は、二名の委員を代表者として諮問的資格で取締役会に出席させることができる。右の委員のうち、一名は技術者、職長等の監督的職員に属する者から選任し、他の一名は労働者および俸給被用者中から選任しなければならない。

ロ　社会的職務　社会的職務とは、使用者と共同して従業員の労働条件および生活条件に関する諸規則を改善すること、および労働者とその家族のために設けられた福利厚生事業の運営を監督し、またはその運営に参与することをいう。

a　労働条件の改善　賃金、労働時間等の労働条件の決定は、労働組合と使用者との団体交渉により行われ、またその具体的適用より生ずる紛争は従業員代表により解決される。したがって労働条件の改善に関して企業委員会の果たす役割は、企業全体の経済的見地から法令または協約により設定された基準を検討し、当該企業の具体的実情に即応させることである。すなわち賃金、労働時間、時間外労働、有給休暇、作業設備、安全衛生等に関し、企業の実情に即した改善策を提案することになっている。就業規則の作成届出に際し、企業委員会の意見を聴取し添付する義務が課せられているが、このことも企業委員会の社会的職務の一部と考えてよいであろう。

b　福利施設の運営　福利厚生施設の運営を使用者の恣意と恩情主義から切り離し、その計画、運用、管理に企業委員会を参加させることにより、福利厚生施設のもつ社会的意義と機能を充分に発揮させるように配慮されている。企業委員会の取り扱うべき福利施設は「従業員とその家族の利益のために企業内に設立されたもの」となっているが、具体的には①年金制度および共済組合のような貯蓄および相互扶助制度、②売店、消費者協同組合、住宅、貸付地、託児所、日曜学校等の生活条件を改善するための施設、③休暇利用施設、スポーツ施設、④養成工および職業訓練のための施設、図書室、研究会、一般教養、家庭科学のための設備等の職業的、教育的性格を有する諸施設、⑤医療設備その他の厚生事業となっている。以上の制度は、社会保障や家族手当、労働災害補償等、法的に使用者の義務とされている諸制度とは別個のものであり、これらは社会保障法の特別の規定にしたがって運営される。以上のような福利施設の管理に対する企業委員会の参加の形式には、直接管理、共同管理、管理の監督の三つがあり、例えば売店、託児所、保養所等は直接管理を行い、スポーツ施設、協同組合等は共同管理を、共済組合、社宅、養成工のための学校、職業訓練のための施設等については管理の監督を行う。

以上の福利厚生施設の基金は、主として使用者の負担金、寄付金、公共団体の補助金等によって賄われているが、そのほか、施設の利用費、動産、不動産からの収益、労働組合からの寄付金、企業委員会が行う催物からの収入等が挙げられる。財政的基礎を確実にし、管理の実を挙げるために、企業委員会には法人格が認められている。企業委員会は、委任された資金を福利施設間に配分し、各施設はそれに基づいて予算を組み、運営を行う。各会計年度の終わりに企業委員会は決算報告を作成し、従業員に公表しなければならない。その際、公認会計士の監査を受けることとなっている。

(2)　企業委員会の運営　委員会は少なくとも月一回、企業主の召集により開催しなければならない。ただし委員の過半数の要求に基づいて二回以上の会合を開くことができる。日時は企業主および書記がとり決め、会議の三日前までに各委員に通達される。委員会の運営に必要な場所、什器、消耗品および事務員等の便宜は、当該企業が供与することになつている。

委員会の議長には企業主が就任するが、企業主を欠く場合、もしくは委員の過半数の要求により、労働監督官が主宰し、議長となって運営することができる。書記は正委員の中から選任される。副委員は諮問的資格で会議に列席し、正委員に事故があった場合には、これと交替する。

企業委員会は、特別の問題を審議させるために専門委員会を設置することができる。専門委員会には企業に所属し、委員会の選任する者以外の技術者および専門家を出席させることができる。

企業委員会の決定は、多数決により行われる。したがって議長、すなわち企業主がキャスティング・ボートを有しないことは明らかである。委員会の議事は、書記により議事録に作成され、企業主および委員に配布されるほか、重要部分は掲示板、パンフレット、会報等によって従業員に周知される。

企業委員会の決定は、法的拘束力を有するものではないが、使用者の企業運営に関する権限に圧力をかけ、いわゆる経営権と経営参加権の調和を図ろうとしているのである。すなわち使用者は、自己の自由裁量によって委員会の決議の一部または全部をとりあげることができるが、次回の会合においては、その措置につき報告をしなければならない。右の報告は議事録に記載される。使用者が委員会の決定を実行しなかった場合には、協議会は同一内容の提案を再び決定することができるが、なおかつ使用者がこれを採択しない場合には、産業生産監理官（inspecteur général de la production industrielle）に対し異議の申立をすることができる。生産監理官は、提案を検討した上で使用者に対し、実施を要請する。右の提案が経済問題に関するものであるときは、委員会は関係職業組織委員会また関係当局（comité d'organisation ou l'office professionnel）に異議の申立を行うことができ、組織委員会または当局内に設けられた労使合同協議会（conseil consultatif）の審議決定をうける。右の決定は拘束力を有し、使用者はこれに服さねばならない。

(三)　従業員代表制

1　従業員代表の職務　従業員代表は、「賃金、社会的保護（protection sociale）・安全衛生に関する労働法典その他の法令および労働協約・協定の適用に関するすべての個人的または集団的要求を使用者に提出し」、また「労働監督官に対し、労働監督官がその任務とする法令の規定の適用に関するすべての苦情および所見を伝達する」ことを任務として、従業員数が一一人以上の事業所において選出される。

企業委員会が五〇人以上の被用者を使用する企業に設置されるのに対し、従業員代表は一〇人以上の被用者を使用する企業に設置される。一〇人から四九人までの企業委員会が設けられていない事業場にあっては、従業員代表は、企業委員会に代わるべき職権も与えられているため、小工場においては従業員代表本来の職務のほかに、企業委員会に代わる重要な機能をも営むわけである。

従業員代表の職務はつぎのようなものである。

(1)　賃金率、職階制、並びに労働者保護、安全衛生、社会福祉に関する諸法令の適用について満足をえられなかったすべての個人的および集団的要求を使用者に提出すること。ただし被用者自らが使用者に苦情を申し出る権利を奪うものではない。

(2) 労働監督官に対し、当該監督官が監督の責任を有する法令の適用に関するすべての苦情および観察を通報すること。

(3) 労働監督官の臨検に際し、監督官と同行すること。

(4) 企業委員会が存する場合には、企業委員会の権限内のすべての問題に関し、被用者の提案および意見を委員会に対して伝達すること。

(5) 企業委員会が存しないときは、生産能率および企業の一般的運営の改善に関するすべての提案を使用者に対して伝達すること。

(6) 企業委員会が存在しない場合には従業員代表は使用者と協同してすべての福利厚生施設の適切な運営を行うこと。

(7) 一九四一年八日四日命令による安全委員会（comité de sécurité）が設置されていない場合には、産業安全に関する法令の実施を確保し、災害または職業上の疾病について適切な措置を要求すること。

2 運　営　使用者は、月一回以上、定期的に委員との集団的会見に応じなければならない。右のほか緊急の場合には、代表委員または使用者の要求により臨時に集団的会見を行うことができる。以上の会見のほかに代表委員は、その職務の性質上、職種別、工場別に個別的会見を行う。企業が株式会社であって、代表委員の要求が取締役会の決議事項に関するものであるときは、取締役会は、従業員代表の要求により代表委員との会見に応じなければならない。従業員代表は、必要に応じ労働組合代表の援助を求めることができる。

四　むすび

フランスの企業委員会は、歴史的にみて、英米の生産委員会とワイマール・ドイツの経営協議会の長所を巧みに採り入れたかなり進歩的な制度であるということができるが、いかに完備した機構を法令の面で整備したとしても、法の理念が直ちに実現されるものではなく、これを動かす現実の労使関係の力ないしは外部の社会経済的要因に引きずられていくことは当然である。労使間に利害の対立が存する以上、使用者側はこの種の制度に警戒を示すし、労働組合側も、当初は使用者側の恐れるように「共同決定機関」としての期待を抱いたが、経済的領域における権限が諮問権にすぎないことが明らかになるにつれ、運動を福利厚生施設の管理や生産報償による分配の問題へとすり替えられることを恐れ、労使協力の機関に本能的な警戒心を示し始めたのである。企業委員会法制定当時設置された企業委員会は、一万六千、関係被用者数は四〇〇万といわれたが、僅か四年後の一九四九年四月には九、三五〇、関係被用者数二五〇万人と減少し、その中には名目的に存在しているにすぎないものも相当数含まれているとさえいわれた(2)。企業委員会制度は社会の「心理を映す鏡」にすぎず、「それ自身労使の社会的平和と理解を生み出すものではない」。「それはただ、すでに正しいとせられている関係を改善しうるのみである(3)」といわれているのはその間の事情を物語るものであろう。

しかし実質的には、労働組合は企業委員会委員の選挙と運営を通じて企業の中に入り込み、企業委員会は労働組合の有力な武器として不断の組合活動の根拠地となっていた。一九四七年、四八年のストライキに際してはストライキ委員会としての様相を示したし、ＣＧＴの闘争方針によれば、労働者を動員する機関としての役割を担うとすら考えられていたのである。

また組合側は、企業委員会を通じて企業経営についての的確な情報を得ることができたし、被用者の声を経営者側に伝達し、ある意味では産業民主主義を押し進めることができたということもできるであろう。

さらに企業を取り巻く経済情勢には大きな変化が生じている。世界的規模で起きた技術革新は、生産様式、経営方式を一変し、従来の経営管理、労務管理は維持できなくなった。個々の業務はこれを担当する労働者の技能と裁量に任せなければならない分野が増大し、労働時間の短縮と弾力化がこれに拍車をかけた。もはや労働者の声を無視しては経営は成り立たなくなってしまったのである。

以上のような要因から、フランスでは、企業内での組合活動を認める一九八二年法が制定され、労働組合代表委員が企業委員会に参画し、また企業委員会・従業員代表制と並んで企業内に組合支部の設置が認められ、一定の組合活動の自由が認められるようになったのである。労働者の経営参加と企業内の組合活動が車の両輪のようにうまく機能するかどうかは今後のフランスの労使関係の動向による。

（1）　このような停職処分を正当化する「重大な有責行為」は、一般労働者の解雇理由となりうる有責行為よりはさらに重大な性質のものでなければならないとされている。Soc. 3 juin 1957., Dr. Soc. 1957.

（2）　George Lefranc, Les expériences syndicales en France, de 1939 à 1950. , p. 327., 日本労働協会『フランスにおける労使関係』二三二頁。

（3）　P. Chambellaud, Les comité d'entreprise. 1949. p. 213.

二　企業内組合活動

(一)　概　説

1　西欧諸国の労働組合がそうであるように、フランスでも労働組合は、企業外の地域的職業的な横断組織として発達してきたものであり、労働市場が特定の地域ないし職業に限定されているときには、その方が組合の交渉力を強める上において好都合であった。したがって労使双方とも、労働組合が企業内で活動することには必ずしも好意的でなく、また法的にも企業内で労働組合が活動する自由は保障されていなかった。

しかし資本制経済のすさまじい発展により、産業の規模が拡大し、大都市が形成され、各所に巨大企業が輩出すると、労働市場の様相は一変した。狭い地域の労働者街は消滅し、労働者の住居は新しい産業都市に拡散した。通勤圏が広域化したため、そもそも居住地域を中心に組合活動をすることなどは考えられなくなった。また企業間の格差が著しく、横断的・地域的な職業別組合活動では、企業における多種多様な労働者の利益を守ることが困難になってきた。これに加えて技術革新による産業構造の変化は、新しい業種の労働者を生み出しただけではなく、労働の態様および雇用形態を複雑化し、労働組合も企業の中に入り込まなければ、到底、労働者の利益を擁護することができなくなったのである。また企業の側においても、労働者側の主体的な協力なしには近代的な経営管理が成り立たなくなり、企業内の組合活動を認めることにこれまでのような抵抗を示さなくなってきた。

2　このような風潮をうけてCGTは、解放後の一九五五年以来大会の度にこの問題に関する決議を行い、CFTCも一九五八年には企業内組合活動に関する法案を作成している。とくに政府の諮問機関である経済社会会議が一九六二年の総会に提出した「社会開発の発展のためにとらるべき措置」という報告書において、「企業における組合支部を承認すること」が第一条件である旨を述べたのを契機として、論議が活発化し、CFTCは一九六三年二月に、CGTは同年五月の大会でこの問題に関する法案を採択し、共産党も同年五月には法案を国会に提出するにいたっている。また経済社会会議も一九六四年七月九日には企業内組合活動に関する具体的な意見書を総会に提出している。(1)

3 もちろんフランスにおいても、憲法を初め各種の法律で、組合加入の自由、組合活動の自由が保障されており、企業内組合活動を禁止する法令は存在しない。しかしフランスでは、伝統的に一八八四年法によって法認された組合権（droit syndical）は、公法上の自由としてとらえられており、労働組合も通常の法人以上の特権をもつものとは考えられていなかったから、団結権行使の自由とは、一般に企業外の組合活動の自由を意味するものであって、企業内に組合支部を設置する自由、組合活動をする自由は、労働協約法（一九四六年法および一九五〇年法）による事業所協定（accord d'établissement）によって労使が合意している場合、企業委員会・従業員代表の選出・運営に関与する場合等、特別法によって許容されないかぎり、これには含まれないとされたのである。(2) このように法的な禁止はなく事実上の問題であるから、企業内に組合支部を設置し、あるいは組合活動を行うことは不可能ではないが、ほとんどの場合、使用者の一方的に制定する就業規則によって禁圧され、極めて僅かな例外を除き、組合活動は企業外においてしか行うことができなかったのである。(3)

しかし労使の力関係からすれば、団体交渉を通じての企業内組合権の実現は極めて困難であり、組合が企業内での地位を確保し、拡大するためには、立法的要求に向かわざるをえなかった。一九六六年の日本労働協会欧州派遣団報告は、(4) 労働組合側が企業委員会制度に対して、情報の獲得と企業内における従業員の意見（要求）の提出という面では一定の評価をしつつも、「企業活動の経済的領域について諮問権しか認められていない企業委員会制度にはそれ自体として限界がある」」、「企業レベルにおけるあらゆる従業員利益代表制度は、まさに企業内組合活動の容認、具体的には企業における組合支部の法認なくしては、完全なものではありえないのであって、真の労働者の利益を守りうるのは企業委員会ではなくて、組合であるという本質を忘れるべきではない、というのが、多かれ少なかれ共通的に総同盟において聞かれる意見である。」と述べている。

これまでにみてきた各労働組合や政党の意見や法案、あるいはすでに企業内組合活動を認める企業協定にほぼ共通してみられる部分の骨子は、①企業内の組合支部の承認と企業内組合活動のための便宜の供与、②従業員の中から選任される組合代表委員の設置とその活動のための便宜の供与、③組合代表委員の身分保障である。労働組合側の長年の要求が、このような形で煮詰まってきたのである。企業内組合活動の法認は、歴史的な流れであり、もはや時間の問題であり、あるいは組合運動の論理的な必然でもあったということができる。

4　そしてこの問題は、一九六八年の「五月革命」を契機に一挙に実現されることになった。パリ大学の学生の大学紛争に端を発したデモ・暴動は、やがて一、〇〇〇人におよぶ全産業的規模での労働者の工場占拠とゼネストに発展し、五月下旬にはド・ゴール体制打倒の政治的社会騒乱へと発展した。ド・ゴール政権は、パリのグルネル街にある社会省の庁舎で、政・労・使の代表による休戦会談を呼びかけた。会談は、ポンピドー首相を議長とし、労働組合側および使用者団体側の各代表者が参集して開催され、労働組合側の要求の多くは相当程度認められたのであるが、賃金の購買力の保障、社会保障に関する政令の撤廃等については妥協点を見いだすことができず、結局、CGT代表は、これを不満として協定には調印しなかった。したがって、この会談の協定案として首相によって提示された「議定書」は、「協定案」にとどまるものであるが、「企業内での組合権の承認」とその立法化の約束は、通常「グルネル協定」として知られている。この協定には、①全国レベルの代表的な労働組合組織を基盤とした企業内の組合または組合支部結成の自由の保障、②組合代表者は、従業員代表委員および企業委員会委員に対する保護に類似した条件で保護されること、③企業内の組合組織および組合代表者の権限等が明記されている。(5) これを受けて一九六八年一二月二七日には「企業内での組合活動に関する法律」が制定された。同法は、フランス労働法上初めて企業内における労働組合組織の存在および活動を承認する画期的なものであった。

同法は、すべての企業において組合権の行使が認められることを宣言し、かつ五〇人以上の被用者を使用する企業においては、「企業内の代表的な組合」が組合支部（section syndicale）を設置し、組合代表者（délégués syndicaux）を指名することを認め、さらに一定の企業内での組合活動の権利を保障するものであった。

同法は、「政府にとってはド・ゴール政権の年来の政策目的である『労働者参加』participation の延長上に位置づけられるものとして、労働組合にとっては企業レベルでの組織拡大およびさらなる要求実現の重要なテコとして、また使用者にとっては労働組合の政治的・イデオロギー的性格を弱め、その企業利益への同化と企業内労使関係の安定化を期待せしめるものとして、いわば三者三様の思惑と期待の上に成立したものであることに留意すべきである。」といわれている。(6)

その後、同法は、オルー法の一環としての一九八二年一〇月二八日法によって拡充され、今日にいたっている。

（1）　保原「フランスの企業内における組合活動」日本労働協会雑誌九一号二五頁。CFTCの法案、共産党の法案、および一九六四年七月九日の経済社会会議総会に提出された企業内組合活動に関する意見書（要約）については、右論文の末尾に訳文が紹介されている。

（2）　J.-M.Verdier, droit du travail, pp. 51-52, 1986.

（3）　S.Confida, Guide pour l'action syndicale dans l'entreprise, 1981. p. 21. 少数の例であるとはいえ、一九五〇年代から六〇年代にかけて一部の企業においては、企業内の組合活動に関する協定が締結されている。保原・前掲論文二九頁は、ピエール・オリエ教授の所説を紹介し、一九六三年二月現在、企業内組合活動に関する企業協定は六二あり、①事務所の供与、企業内での組合費徴収の自由、組合代表委員の承認、組合活動家の身分保障等、組合に対してなんらかの便宜を与えるものと、さらに進んで、②企業内における組合権の承認、組合支部の承認を規定するものに大別されるという。なお同論文は、一九六三年一二月一一日のルベ「プラスチック」、プネル・エ・フリポ事業場の企業協定（抜粋）、一九六四年一〇月二〇日のルベ＝トゥルクゥエ（roubaix-tourcoing）織物業の協約（抜粋）訳文を掲載している。

（4）　日本労働協会『フランスにおける労使関係』六八頁。

（5）　保原「フランスの企業内の組合活動に関する法律」日本労働協会雑誌一〇二号四七頁に全文が紹介されている。

（6）　盛「フランスにおける企業レベルの労使関係と法」蓼沼編『企業レベルの労使関係と法』三五三頁。

(二)　企業内組合活動に関する法制の概観（1）

1　企業内組合活動の自由　まず労働法典L四一一―一条は、「組合権の行使は、すべての企業において、共和国憲法により、特に労働における個人の自由に関して保障された権利と自由が尊重される範囲で承認される。労働組合は、本章の規定に従って、企業内で自由に組織することができる」と定め、企業内組合活動の自由を一般的に保障している。さらに、組合への加入、不加入、組合活動を理由とする、採用、労働条件、懲戒、解雇に関する個別的取扱、組合に対する圧力手段の行使または差別的優遇措置は、私法上権利濫用とされ、損害賠償の原因となること（L四一二―二条）、同時にこれらの行為は労働刑法上の違法行為として刑罰の対象となること（L四六一―三条）を明らかにしている。

2　組合支部（section syndicale）の設置　企業における「代表的な組合」は、企業内に組合支部を設置することができる（L四一二一—六条）。一九六八年法では、組合支部の設置は従業員五〇人以上の企業においてのみ認められていたが、一九八二年一〇月二八日法は、従業員数の制限を撤廃し、すべての企業において組合支部を設置することを可能にした（L四一二一—四条）。組合支部の設置については、特別の手続は必要とせず、使用者に通知するだけでよい。

3　組合支部の権限（prérogatives）　組合支部の任務は、一般の労働組合と同じように構成員の「物質的、精神的利益」を擁護することにあるが、この任務を遂行するために、組合支部にはつぎのような権限が認められている。

(1)　組合事務所（locaux syndicaux）の供与　①二〇〇人以上の被用者を雇用する企業または事業所においては、企業主は、組合代表の任務の遂行に適した共用の場所（local commun）を自由に使用させるものとする（L四一二一—九条一項）。②一、〇〇〇人以上の規模の企業または事業所においては、各組合支部毎に職務遂行に必要な設備を備えた適当な場所を提供する（同条二項）。代表的組合が複数あるときは、当然、組合支部も複数設けられるが、被用者二〇〇人以上の企業においては、組合事務所は共用でもよいが、一、〇〇〇人以上の規模の企業では、各組合の支部毎に単独の事務所を供与すべきことが定められている。なお組合事務所と企業委員会・従業員代表の事務所との共用は、原則として認められていない。(2)　なお右の共用または単独利用の場所の設備および利用については、企業主との協定によって定められる（同条三項）。

八二年法による重要な改正は、組合支部は、組合事務所内（企業主との協定がある場合には、企業内の他の場所）で開催される会合に外部の組合関係者（personnalités syndicales）を自由に招待できる旨定められたことである（L四一二一—一〇条二項）。

(2)　組合支部の集会　組合支部の組合員は、企業主との協定の定めるところにより、構内の労働が現に行われていない場所で、勤務時間外に、月に一回集会を開くことができる（L四一二一—一〇条一項、四項）。企業内での組合集会には、企業主との協定により、当該企業の従業員でない外部の組合関係者、並びに組合以外の外部の者を参加させることができる（L四一二一—一〇条二項、三項）。

(3)　組合費の徴収　組合費の徴収は、企業内で行うことができる（L四一二一—七条）。六八年法では、時間外かつ就労の場所以外の所において行うという限定が付されていたが、八二年法ではこれが撤廃された。組合費の徴収は、原則として組合代表委員が行うが、組合員もこれを行うことができる。ただし組合代表以外の組合員が組合費を徴収するときには、自己および同僚の組合員の就労の場所および労働時間外に行わなければならない。使用者が組合費を給与から控除することは禁止されている（L四一二一—八条）。

(4)　掲示板の利用　組合支部は、組合の通信連絡事項を、従業員代表または企業委員会の掲示板とは別個に、その用途のために設けられた掲示板に、自由に掲示することができる。掲示板は、企業主との協定に基づいて定められた様式に従って、各支部毎に設置される。組合支部は、右の掲示物の写しを企業主に送付するものとする。（L四一二一—八条一～三項）。ただし掲示物の使用者への提出は、全く形式的なものであって、事前の許可制を許すものではなく、使用者は拒否権を有するものでもない。

労働者派遣企業（entreprises de taravail temporaire）においては、掲示板に掲示された組合の通信連絡事項は、一ヶ月に一回以上、派遣企業の負担によって配布または郵送により派遣労働者に届けられなければならない（L四一二一—八条六項）。

(5)　また組合支部は、組合の出版物、ビラ等を企業内において出退勤時に従業員に自由に配布することができる（L四一二一—八条四項）。組合代表委員だけではなく、組合から委任を受けた組合員も出版物、ビラ等を配布することができる。

掲示物、出版物、ビラ等の内容は、組合が自由に決定することができるが、法の定める職業組合の目的に適合するものでなければならない。

したがって専ら純粋に政治的宣伝としての性格を有するもの、企業内でトラブルを惹起する有害もしくは中傷的性格有するものは、組合の目的に適合する文書とは認められない。

3　組合代表（délégués syndicaux）

(1)　五〇人以上の被用者を雇用する企業において組合支部を設置する各代表的組合は、L四一二―一三条の定める範囲内で、一または複数の組合代表を指名するものとする（L四一二―一一条）。組合代表の数は、それぞれの企業または事業所の規模にしたがい、デクレにより、被用者①五〇人以上、九九九人まで、一名、②一、〇〇〇人以上、一、九九九人まで、二名、③二、〇〇〇人以上、三、九九九人まで、三名、④四、〇〇〇人以上、九、九九九人まで、四名、⑤それ以上、五名、と定められている（R四一二―一条～R四一二―三条）。また被用者五〇人以上の事業所を二以上有する二、〇〇〇人以上の被用者を雇用する企業にあっては、代表的組合は、事業所組合代表とは別に一名の中央組合代表を指名することができ、五〇人以上を雇用する事業所を二以上有する二、〇〇〇人未満の規模の場合は、事業所組合の中の一名を中央組合代表の職務を執行させるために選任することができる（L四一二―一二条）。

(2)　組合代表および中央組合代表は、就業時間中に、つぎに掲げるような一定の時間を職務の執行するために使用することができる。右の時間は労働時間とみなされ、通常の賃金が支払われる（L四一二―二〇条）。

五〇～一五〇人規模の企業または事業所　……月一〇時間以下

一五一～五〇〇人規模の企業または事業所……月一五時間以下

五〇〇以上の規模の企業または事業所　……月二〇時間以下

(3)　また組合代表および中央組合代表は、その職務を執行するために前記の有給の活動時間中、企業施設外に外出することができ、また企業内施設を自由に巡回し、必要な連絡、とくに職場における被用者との接触を図ることができる。ただし、業務の遂行を著しく妨げてならない（L四一二—一七条三項）。

(4)　組合代表委員の身分保障　組合代表委員には、企業委員会委員、従業員代表委員と同様の解雇からの保護が与えられている。

（1）　六八年法については、保原「フランスの企業内の組合活動に関する法律」（日本労働協会雑誌一二〇号・一二一号）、田端「フランス『六八年法』と企業における組合権の行使」（季刊労働法一一七号四七頁以下）参照。

（2）　G.Guery, Pratique du droit du travail.1985, p. 304.

三　団体交渉権の確立

一　団体交渉制度の形成過程

1　フランスにおいては団体交渉は、伝統的になんらかの問題が発生したとき、あるいは労働者側の要求を実現するために、争議行為の圧力を背景に緊迫した状況の中で行われるのが常であった。すなわち団体交渉は、やむを得ず間欠的に行われていたにすぎなかったのである。こうした状況は、必然的に労使の緊張関係ひいては社会的不安を醸成する。そのために国としても、可能な限りの手段を用いて団体交渉を促進するように努めてきた。これまでにみてきたように企業内に労使の恒常的な接触機関として企業委員会、従業員代表制を設け、企業内に組合の支部の設置や組合活動の自由を認めるといった一連の立法措置は、このような国の政策の現れとみることができる。労使間の団体交渉を促進させるという考えは、一九六七年八月三日、ポンピドー首相が代表的な労使の団体に対し、雇用問題につき団体交渉を開くよう呼びかけた勧告文の中にも明確に示されている。また一九六九年七月一六日には、時の首相シャバン・デルマスが演説の中で、フランスに新しい社会を建設するためには、「合意に基づく政策」が不可欠であるとして国民の努力を呼びかけているが、それは労使間における団体交渉促進の別の形での表現とみてよいであろう。

その後の一九七一年七月一三日法は、国家の介入ではなく、団体交渉を中心とした労使の自治によって社会的な問題を解決していくという方向性を明確にするため、①労働者の団体交渉権の保障、②代表的労働組合の排他的交渉権限の承認、③団体交渉の対象事項の拡大（単なる「労働条件」から「雇用および労働条件、並びに社会的保障（garanties sociales)」へ）、④独立した交渉レベルとしての企業別交渉の承認、⑤労働協約のない職業や地域に協約の効力を及ぼすことを可能とする労働協約の拡大（élargissement）手続の創設等を定めた。

このような国の政策と、六八年「五月事件」の影響により、七〇年代に入って労使間の自主的な団体交渉は著しく進展している。例えば私企業部門における全国労働協約は、七一年一月には二六六であったが、七二年六月までの一年半の間に二八三協約に増えた。なお全国協約の付属協定は、七一年一月には三、九五六であり、七二年六月には、四、五九五となっている。地方協約は、同じ時期に一八五から二〇一に増加し、その付属協定は、二、九四五から三、四〇七に増えている。地区協約は五〇二から五二六にとどまるが、その付属協定は、六、七七三から七、四五三に増加している。[(1)] このような団体交渉活性化の要因は、社会経済情勢の変化にともない、労使両当事者の姿勢に決定的な変化が生じたこと、労働者の経営参加の促進と企業内組合活動の自由の承認という立法政策の変化により、企業内における情報の入手と要求の伝達という労使の接触と団体交渉が慣習化してきたことを意味するものである。

2　さらにオルー法の一環としての一九八二年一一月一三日法は、団体交渉を労使関係を規律する重要な形態とすることを目的として、団体交渉とくに企業レベルにおける団体交渉権の確立を初め、いくつかの重要な改革を行っている。すなわち、

(1)　団体交渉が行われないか、あるいは打ち切られて協約の空白が生ずるのを避けるために、当事者は一定の場

合、新たな団体交渉を義務づけられ、かつ団体交渉を促進するため、一定の期間にわたって、破棄された協約の余後効が認められることになった。また企業レベルでは、団体交渉のための組合代表者の構成を定め、また団体交渉を効果的ならしめるために必要な情報を組合に事前に伝達する義務を使用者に課している。

(2) 同法は、さらにアメリカ法にならい、使用者に団交応諾義務を課している。すなわち、①企業レベルでは、少なくとも企業内での賃金、労働時間の長さおよび編成について年に一度、②産業レベルでは、賃金については毎年、職業分類については五年ごとに交渉することが義務づけられた。すなわち賃金および労働時間については、使用者はみずから団交開始の手続をとり、最小限必要な情報を組合に提供すべきものとされ、団体交渉義務違反には刑事制裁が科せられることになったのである。従来は、企業レベルでの賃金等の団体交渉を使用者は拒否していたのであるが、この改正により約六、〇〇〇の集団的企業協定が締結されたといわれている。[(2)]

八二年法による改正により、従来、主として産業レベルで展開されてきた団体交渉の比重は企業レベルへ移行し、各企業における多様な状況に応じた柔軟な団体交渉が行われることになった。同法を契機として産業レベルにおいては基本的な枠組み協定(accords-cadres)が締結され、その具体的内容は企業レベルの団体交渉によって決められるという体制ができあがったのである。[(3)]

3 団体交渉の動向として見逃してはならないものに公企業部門(公営企業、国有企業)における団体交渉の展開がある。公企業の労働者も原則として労働法典の適用を受けるから、民間企業の労働者と同様に組合を通じて団体交渉を行い、労働協約を締結することができるが、特別身分規程(status spéciaux)に服する企業(①フランス国鉄、フランス航空等の運輸部門、②フランス電気、フランスガス等のエネルギー部門、③フランス銀行等)では、特別身分規程が労働協約に代わるものとされ、労働協約法の適用が除外されていた(旧労働法典一編三一条0)。これらの公企業でも、従業員身分規程の適用と従業員の職務に関する問題を検討する人事委員会、生産の技術的問題を審議する生産委員会、安全衛生管理のための従業員代表制、福利厚生を扱う社会委員会等の労使合同委員会が設けられている。(4) 従業員の「最も代表的」な組合は、これらの委員会委員を通じて事実上影響力を発揮するだけでなく、自己の指名する組合代表により、中央、地方・地区、事業所の各レベルで従業員の労働条件につき使用者側と討議を行い、従業員身分規程の解釈やその改正のために企業の最高責任者と討議を行っていた。特定の公企業について定められた身分規程は、従業員の雇用の安定、身分保障、組合の代表権および企業運営への組合の参加などの点で、一般私企業における労働協約の内容を上回るものが多く、これらの身分規程が民間企業の協約を長い間リードする役割を果たしてきた。(5)

しかしながら、身分規程が事実上の団体交渉により制定され、協約との類似性をもつとしても、規程の改正は政令によって公布施行されることから、労使の交渉はなにがしかの制約を免れない。とくに賃金については、企業経営責任者と組合との間でまとまったとしても、大蔵大臣が主宰する給与調整連絡閣僚委員会で検討されるため、国の経済政策により賃金の上昇にはブレーキがかかりがちであった。とくに高度成長期に入り民間企業の賃金が急激に上昇すると、公企業と民間企業との賃金の格差が顕著なものになり、このことに起因する大規模な争議が頻発した。

このような公企業における労使交渉の態様は、「六八年五月事件」を契機に大きく変わった。政府は、いわゆる「進歩政策」を宣言し、公企業についても団体交渉を積極的に推進し、賃金その他の労働条件は、それぞれの企業の責任者と労働組合の団体交渉に委ねられることになった。その結果として生まれた「進歩契約（contrats de progrès）」(6) と呼ばれる労使協定は、法的な意味では労働協約とはいえないとしても、公共部門の占める地位の大きさから、その後の団体交渉の発展に重要な役割を果したのである。

4　このような団体交渉制度の改革により、従来の全国、地方、地区、事業場協定という中央集権的なヒエラルヒーをもった協約・協定は、労使関係の基本的な枠組みを構築する基本協約と、それを補完し、あるいは労働の実態に即した「生ける法」を創設する分権的な企業協約という二つの流れに別れつつも、両者があいまって労使関係ひいては企業活動を活性化するという機能を果たすことが期待されることになったのである。

(1)　①全国、地方・地区の職業部門という上部レベルでの団体交渉を制度化し、労使両団体間の基本的な合意を形成しようという動きは、全職域にわたる多くの全国協約ないし宣言となって現れている。例えば①雇用問題に関する六九年二月一〇日の協定、②職業訓練に関する七〇年七月九日の協定、③月給制採用に関する七〇年四月の労使両団体の共同宣言、④女性労働者の産前産後休暇中の特別手当に関する七〇年七月の労使両団体の共同宣言、⑤六〇歳以上の失業労働者の所得保障に関する七三年三月の協定等がそうである。

七三年二月一二日には、フランス使用者全国会議ＣＮＰＦの社会委員会委員長は、労働組合に対し、労働条件の改善について意見交換をしたい旨の申し入れをしている。論議の対象となっている当面の問題（労働時間短縮、経営参加、月給制、賃金スライド、雇用問題の改善、労働者の購買力の増加など）の性格から、頻繁に、かつ定期的に団体交渉を必要としているからである。(7)労働者の理解と協力なしには経営が不可能となってきていることを示すものといってよいであろう。

(2)　しかしながら一九八二年法は、主として労働時間とその編成、および割増金の配分に限られるものではあるが、集団協定によって法律の適用除外を認めることができるというこれまでのフランス法には存在しなかった可能性に道を開いている。それは雇用の弾力化の流れにそうものとみることができるが、法律の規定より不利な条項を協定に定めることを可能にしたのである。しかし適用除外協定が職業レベルで他の代表的組合によって締結されても、企業内の多数派組合が反対すれば、その協定は当該企業では効力をもたないとされている。

(3)　さらに八二年法の重要な改正の一つは、従来存在していた労働協約高等委員会に代えて団体交渉全国委員会(Commission nationale de la négociation collective)を設置したことである。労働協約高等委員会が、純粋に協約の拡張と最低賃金のみを扱うとされていたのに対し、団体交渉全国委員会は、その他に団体交渉全般も扱うこととされた(L一三六―一、二条)。

団体交渉全国委員会は、労働大臣またはその代理人、農業・経済大臣またはその代理人、参事院社会部長、同数の全国的次元において「最も代表的」な労働組合団体および農業、手工業、公企業を含む「最も代表的」な使用者団体の代表者をもって構成され、①団体交渉の発展を促進するすべての提案、とくに部門別協約に定める内容を具体化させることを目的とした提案を行うこと、②団体交渉に関連する法律およびデクレの草案について意見を表明すること、③協約・協定の拡張・拡大およびその廃止に関して労働大臣に意見を具申すること、④協約・協定の条項の解釈について意見を表明すること、⑤最低賃金の決定に関して労働大臣に意見を具申すること、⑥協約・協定により決定された公企業における賃金率の動向を含む実質賃金および最低賃金の動向を監視すること、⑦団体交渉の年次報告を検討すること、⑧同一労働同一賃金の原則および平等取扱の原則の協約への適用を監視すること、並びに平等原則を促進する提案を行うこと等を任務としている。

(1)　ニコル・カタラ「最近のフランスにおける労働関係法の動向」日本労働協会雑誌一七三号五五頁。

(2)　ヴェルディエ「フランス労働法における最近の発展と課題」日本労働協会雑誌三六〇号。同時にヴェルディエは、このような使用者側の態度の変化には、組織労働者の減少により弱体化した組合との企業レベルでの団交に、使用者が優位な立場に立てることを感じたからであると指摘している。

(3) 水町『労働社会の変容と再生』一二三―四頁。

(4) 公企業における従業員の利益代表機関と一九六九年以前の団体交渉方式の実例については、日本労働協会昭和四一年度欧州派遣団報告『フランスにおける労使関係』八〇頁以下および一六五頁以下参照。

(5) 山口（俊）「フランスにおける官公労働者の団体交渉権について」公企労研究一八号四七頁。

(6) 岩井「フランスの公共企業における『進歩契約』について」八幡大学論集二六巻二号九四頁。

(7) ニコル・カタラ「最近のフランスにおける労働関係法の動向」日本労働協会雑誌一七三号五六頁。

二　団体交渉制度の法的枠組み

(一) 概　説

憲法前文は、「すべての労働者は、その代表を通じて労働条件の集団的決定と企業の管理に参加する」と定めて、団体交渉権および労働協約締結権を保障しているが、これに基づいて労働法典第四編第一章職業組合、および労働法典第一編第三章労働協約が制定されている。労働協約および集団的協定締結のための団体交渉を行う権限は、右の職業組合法の定める労働者の団体（organisation de salariés constituée en syndicats. 以下「労働組合」という）に認められている（L四一一―一七条）。したがって団体交渉には、適用領域を初め、労働協約のそれと共通する部分が多い。ここでは、団体交渉義務、当事者、手続の問題を見ていくことにする。

㈡　団体交渉義務

⑴　部門別協約に係る団体交渉義務　部門別協約または協定に拘束される団体は、賃金に関して少なくとも年一回、職務分類（classification）に関しては、その改訂の必要性を検討するために少なくとも五年に一回、団体交渉を行わなければならない（L二二三二―一二条一項）。

イ　団体交渉義務者は、部門別協約または協定に拘束される使用者団体および労働組合である。したがって、協約の原署名者だけではなく、原署名団体に加入する団体および当該協約に事後に加入する団体（adhérents）も含まれる。

ロ　賃金については、当該部門の経済動向、雇用状況、単年度および数年度の展望、とくに有期契約および一時的労働の役割に関する予測、職種別および性別の平均実質賃金の動向を検討すべきものとされている。このために、使用者は、交渉開始の一五日前までに労働組合に対して報告書を提出するとともに、交渉の過程においても必要な情報を提供しなければならない（L二二三二―一二条二項）。

ハ　職務分類に関しては、少なくとも五年に一回はその改訂の必要性について検討すべきこととされているが、改訂が必要であると認められる場合には、随時団体交渉が開始される。

⑵　企業別協約に係る年次団体交渉義務

イ　一もしくは数個の代表的組合の支部（section syndicale）が設置されている企業においては、使用者は、毎年少なくとも一回、実質賃金および労働時間と時間の編成、とくに労働者側の要求がある場合にはパートタイム労働の配置について交渉しなければならない（L二二三二―二七条）。この団体交渉の際に、両当事者は、企業における雇用の動向、とくに社会保障法典L二四一―六条一項により家族手当の控除が一部ないし全部免除されている被用者の数、有期契約労働者の数、一時的労働の役割、日雇労働者の数、単年度および数年度にわたる雇用の見通しについて検討するものとされている。この団体交渉は、また一時的労働の創設もしくは削減についても行うことができる。

ロ　使用者は、自ら交渉を発議する義務を負うが、前回の交渉後一二ヵ月を超えて使用者から交渉の発議がない場合には、代表的組合の要求に基づき、要求の日から一五日以内に団体交渉を行わなければならない（L一三二―二七条一項、L一三二―二八条一項）。労働組合から団体交渉の要求があったときには、使用者は、八日以内にその旨を他の代表的組合に通知すべきものとされている（L一三二―二七条一項）。

ハ　右の企業が複数の事業所（支店、工場、営業所等）または別個の事業所の集団によって構成されている場合には、団体交渉は、これらの事業所または事業所集団のレベルで行うことができる（L一三二―二七条二項）。

ニ　以上の団体交渉義務違反および職業訓練制度についての使用者の団体交渉義務（L九三二―一条、L九三二―四条）違反に対しては所定の刑罰が科せられる。（L一五三―二条）[1]。

㈢　団体交渉の当事者

1　交渉権者　(1)協約または協定締結のための団体交渉を行う権限を有する者は、(イ)使用者側については、一または数個の使用者の組合団体（organisations syndicales d'employeurs）、その他の使用者団体または一人もしくは数人の使用者であるが、一九〇一年七月一日法に基づく社団（association）としての使用者団体も、団体交渉については、組合団体とみなされ、団体交渉権限が認められている（L一三二―二条）。したがってフランス経営者全国協議会CNPF（Conseil National du Patronat Français）は一九〇一年法による結社であるが、協約能力をもつことになる。

(ロ)　労働者側については、全国的次元で代表性を認められた一または数個の労働組合（organisation de salariés constituée en syndicats）、もしくは右の組合に加盟する労働組合、および当該協約の適用範囲で、その代表性が証明された労働組合とされている（L一三二一―二条）。

(2)　労働組合の代表性（représentativité）の概念は、一九三六年法において初めて用いられ、その後の協約法において引き継がれてきたものであるが、その評価基準は、一九五〇年法以来、①組合員数（les effectifs）、②独立性（l'indépendance）、③組合基金（les cotisations）、④組合の経験と年功（l'expérience et l'ancienneté du syndicat）、⑤被占領下の愛国的態度（l'attitude patriotique pendant l'occupation）[2]によるものとされている（L一三二一―二条）。代表性の評価と決定は、労働大臣によってなされるが、この決定に異議があるときは、行政裁判所に訴えを提起することができる。現在、全国レベルで代表性を有するとされている組合は、つぎのとおりである。

①　フランス労働総同盟ＣＧＴ（Confédération Générale du Travail）

②　労働総同盟―労働者の力ＣＧＴ-ＦＯ（Confédération Générale du Travail-Force Ouvrière）

③　フランス民主労働総同盟ＣＦＤＴ（Confédération Française Démocratiques du Travail）

④　フランスキリスト教労働総同盟ＣＦＴＣ（Confédération Française des Travailleurs Chrétiens）

⑤　管理職総同盟ＣＧＣ（Confédération Générale des Cadres）

(3)　フランスでは、伝統的に団結自由の原理により組合複数主義（pluralisme）がとられているため、ある産業・職業部門または企業内部に、複数の代表的組合が存在する場合、使用者は、そのうちの特定の組合とのみ団体交渉を行うことは許されない。したがって当然、特定の労働組合が使用者との協定によって排他的な交渉団体となることは許されないわけである。

(4) 企業が、当該企業の構内で、または企業活動として管理を引き受けている作業現場で、一または複数の外部企業の労働者を使用する場合には、これらの外部企業における代表的労働組合の代表は、企業別交渉に際し、意見を述べることができる（L一三二一―一一条）。

2 交渉担当者　(1) 交渉担当者（négociateur）は、労使それぞれの団体の名において協約を締結する権限を与えられた団体の代表者であるが、この権限は、当該団体の規約、特別決議、またはすべての構成員の書面による委任に基づき付与されるものとされている（L一三二一―三条）。この要件を満たさない交渉担当者の署名した協約は、無効とされる。

(2) 企業別交渉の当事者である各労働組合の交渉代表には、組合代表者一名、組合代表者が複数選任されているときは少なくとも二名を含まなければならない。各労働組合は、使用者との協定により定められた数に応じ、当該企業の被用者を代表に含めることができる。協定がない場合には、交渉代表に加わる被用者の数は、組合代表の数を超えることができない。ただし企業内に組合代表を欠く企業においては、二名の被用者を交渉代表に含めることができる（L一三二一―二〇条）。

(3) 組合側の交渉に参加する被用者には、交渉に要した時間は通常の労働時間として賃金が支払われる（L一三二―二〇条三項）。

なお、各企業内に設置された組合支部の組合代表委員には、その職務の遂行に必要な組合活動のための時間が認められているが（L四一二―二〇条）、この組合活動のための時間のほか、企業内団体交渉の担当者には、その準備のために、被用者五〇〇人以上の企業においては、一年につき一〇時間、一、〇〇〇人以上の企業においては一年につき一五時間を超えない範囲で、追加的な時間が組合支部毎に認められている（同条四項）。これらの組合活動および団体交渉の準備のための時間は、労働時間として扱われ、賃金が支給される（同条五項）。

なお部門別協約については、交渉担当者にかかわる権利としての団体交渉のための欠勤の態様、報酬等が必要的記載事項とされている（L一三二一―一七条一項）が、団体交渉の時間に対応する報酬の支払いが義務づけられているわけではなく、交渉担当者が企業の従業員であるときには、部門別協約において、職場離脱の権利の行使の方法のほか、賃金の維持または損失に対する補償、出張手当に関する規定を設けることが義務づけられている（L一三二一―一七条）。また同条は、当該協約により設立される労使合同委員会の労働者側委員の利益のために、交渉担当者の場合と同様の規定を定めることを義務づけている。

(四)　団体交渉の手続

1　部門別協約の団体交渉については、使用者に対し、毎年行われるべき賃金交渉に関して、当該部門の必要な情報を一五日前までに労働組合に提供すべきことが義務づけられている（L一三二一―一二条）ほかには別段の定めはなく、団体交渉の手続、態様については、当事者間の協約による。

2　企業別協約締結のための団体交渉について、法は、交渉の目的および周期並びに当該企業または事業所の組合代表に提供されるべき情報は当事者間の協定により定めるとしている（L一三二一―二二条）ほか、義務的年次交渉に関しては、次のように規定している。

(1)　使用者は、労働組合の要求後二週間以内に年次交渉のための会合を招集しなければならないが、第一回目の会合には、会合の場所と日時並びに使用者が組合代表および交渉担当者となる被用者代表に対して提供すべき情報および手交の日が明確に定められなければならない。この情報は、雇用、職務分類、支払われる賃金、労働時間とその編成に関する男女の状況の比較分析が可能なものでなければならない。またそのような状況についての理由も明らかにする必要がある（L一三二一―二八条）。

(2)　団体交渉の進行中、使用者は、緊急の場合を除き、交渉の対象となっている事項について一方的な決定を行うことができない（L一三二一―二九条一項）。

(3)　定められた交渉期間の終了時までに、いかなる協定も締結されなかった場合には、交渉の最後の状態における当事者双方の提案と使用者が一方的に適用しようとする措置を記録した議事録（procès-verbal）が作成される（L一三二一―二九条二項）。この議事録は、県労働局および労働審判所書記局に寄託しなければならない（L一三二一―一〇条）。使用者側の交渉における最終提案と交渉の終了に伴い使用者がとろうとする措置は、同一のものである必要はなく、後者が前者より後退した内容のものであっても差し支えないとされている。

3　拡張・拡大可能な部門別協約もしくは職業別または職業間協定、付属協定締結のための団体交渉は、当該適用範囲における代表的な使用者団体と労働組合の代表者によって構成される合同委員会で行われる。労働大臣は、右の代表的な労使の団体の要求もしくは職権により、その代理人が主宰する同じ構成員からなる合同委員会（commission mixte）を招集することができる（L一三三一―一条）。この場合、二以上の団体からの要求があるときには、労働大臣は、必ず合同委員会を招集しなければならない。労働大臣またはその代理人は、団体交渉を促進するために積極的に関与するが、署名を強制する権限をもつものではない。労働大臣は、全国レベルで代表性を有する団体に加盟していない団体の代表性の有無を決定する必要が生じたときには、そのための調査を行う（L一三三一―二条）。また右の合同委員会を構成する代表の数に争いがある場合には、団体ごとの代表者の最大数を定めることができる

（L一三三一―四条）。

（1）　刑罰は、一年以内の禁固および二万五千フラン以内の罰金、またはこれらのうちのいずれか一つである。再犯の場合には、禁固の期間は二年、また罰金の額は五万フランまで拡大される（L四八一―二条）。

（2）　この基準は、戦後間もなく制定された五〇年法に由来するものであるから、現在では、「時代遅れ」のものであり、意味がないといわれている。Y. Delamotte, Le droit du travail en pratique. 1984, p. 216.

四　労働協約法の改革

一　戦後の労働協約法制の推移

1　フランス解放後、一九四六年一二月二三日法により、新たな労働協約制度が復活した。しかし戦後の経済再建のために統制経済は依然として続けられ、その一環としての賃金統制も引き続いて行われたために、賃金は団体交渉の対象とはならなかった。一九四六年法の下においては、各産業部門における「最も代表的な組合」のみが協約を締結することができた。全国協約、地方協約、地区協約、事業所協定は、それぞれが明確なヒエラルヒーを有し、下部協約は、全国協約の枠内において、その具体的適用条件を定めうるにすぎなかった。しかも一九四六年法においては、協約は、労働大臣の承認（agrément）をえて初めて効力を発効するとされていた。労働大臣は、協約の内容は変更することができないが、承認を与えるか否かの自由を有し、かつその一部のみを承認することもできた。そして協約は、拡張手続を経ることなく、労働大臣の承認とともに、協約署名団体の構成員であるか否かを問わず、当該産業部門全体に自動的に適用されたのである。全国協約には必要的記載事項が法定されていたから、全国協約を頂点とする「職業の法」がこのような形で形成されていたのである。一九四六年法は、協約に対する国家権力の関与の拡大と協約の職業法的役割の強化をその特徴とする。しかし、このことは同時に、協約の柔軟性を失わせる結果ともなったのである。

2　一九五〇年二月一一日法は、一九四六年法に対する批判の集積の中から生まれた。戦後のフランス経済は、その復興の度合いに比例して、計画経済から自由主義経済へと移行した。すなわち価格、賃金および生産物の分配についての厳格な統制の維持を目的とする計画経済は、生産の漸次的な上昇につれてつぎつぎと緩和され、価格と取引の自由へと復帰していった。それとともに賃金統制撤廃の要求が労働者側から出てきたのは自然のなりゆきである。自由な団体交渉による賃金その他の労働条件の決定を要求する労働者の声は、「生産の増大は、同時に、解放以後遂行されてきた近代化および設備改善の努力と、生産性についての考え方が、国際的にも国内的にも強調されている時期における労働者の努力の増大に由来するものである。」、そうだとすれば「必要な生産の努力を、労働条件の改善によって勇気づけることは論理的であり、かつ正当である」[(1)]として、新しい労働協約法が制定されたのである。

3　一九七一年七月一三日法制定の国民議会でのマルスネ（Marcenet）氏の立法理由の報告は、「この法案は、過去二〇年間の経験の実りを実定法に移し植えようという配慮によるばかりでなく、社会的当事者（partenaires sociaux）間での直接的交渉をもって社会的政策の扇の要にしようとする国の政策の一つの方向を表現するものである。その役割の増大を期待すべき手段の近代化を意味するものである。」と述べている。[(2)]五〇年法により、初めて企業レベルでの「事業所協定」を締結することができるようになったが、事業所協定は、職業別協約の適用あるいは賃金決定を行うものとされて、職業別協約のヒエラルヒーに包摂されていた。

企業別協約という概念が法的に認められるようになったのは、一九七一年法、およびにオルー法の一環として制定された一九八二年法においてである。企業別協約は、オルー法により創設された団体交渉義務によりその重要性を増大させた。フランスのように、大部分の労働者が、組合が弱い基盤しか持たない中小企業に雇用され、職業部門別交渉がすでに根付いているところでは、団体交渉義務を職業部門レベルに位置づける方が自然であったかもしれない。しかし立法者は、伝統的な職業部門レベルでの交渉方式を維持しながらも、団体交渉レベルの比重をむしろ企業に置いたのである。企業は、労働時間と労働時制に関する義務的団体交渉の唯一の場となり、毎年の賃金に関する義務的団体交渉を産業部門とともに行う場となった。そして適宜あるいは五年毎に行われる職務分類の改訂のみが産業部門レベルの義務的団体交渉事項とされたのである。このような団体交渉の分権化という政策の変遷と法的整備により、八〇年代前半に労使交渉は企業レベルを中心に著しく促進され、八三年から八四年にかけて、労働者一万人を雇用する一〇八業種（全労働者八七〇万人）のうち、約九〇％の部門で一回以上の団体交渉が行われ、協約適用対象労働者数は、年間で五〇万人増加したといわれている。[3] また八四年度の労働省の調査においても、全国レベル、産業レベルの団体交渉の減退に対し、企業レベルの交渉が増加し、交渉が義務づけられている企業の約六六％（前年は四二％）に当たる六、七六八の企業が義務を遂行し、そのうち六、三三七の企業が協約を締結している。[4]

労働協約の分野では、とくに労働時間規制の柔軟化をめぐって注目すべき法改正が行われた。一九八二年一月一六日のオルドナンスは、労働協約により労働時間に関する法令の例外、例えば、一日の最長労働時間を法定の一〇時間から一二時間に延長することや、週三九時間の法定労働時間の例外として一年単位の変形労働時間制の導入を一定範囲で許容したが、一九八七年年法は、①労働時間の柔軟化のための要件を緩和しつつ、さらにサイクル労働制や交替休日制等の措置を導入することによって、労働力の効率的な配置と操業時間の延長を可能にするとともに、②一九八六年二月二八日法がこのような適用除外協定の締結を部門別協約に限定したのに対し、一九八七年法は企業のレベルの協約にも拡大し、企業交渉による柔軟な労働組織編成の道を開いた。

(1) 一九五〇年法審議の際の国民議会におけるモアザン氏の報告。Kréher, Conventions collectives et conflits collectifs du travail, 1950, p. 26.
(2) M．デスパックス「最近のフランスにおける団体交渉と労働協約の問題」ジュリスト四九七号七七頁。
(3) 平井「一九八五年の主要交渉・主要協約」日本労働協会雑誌三二一号七〇頁。
(4) 佐藤（清）「オールー法以後における企業内労使関係の展開」日本労働協会雑誌三三二号五六頁。

二　現行労働協約法制の概要(1)

㈠　協約・協定の概念と適用領域

1　協約・協定の対象　一九一九年法は、「労働協約とは、労働条件に関する契約（contrat）」をいうと定義し、一九五〇年法も「労働協約とは労働条件に関する協定」をいうとして、その対象を労働条件に限定していたが、一九八二年法は、労働協約および協定は「労働者の雇用および労働条件、並びにその社会的保障（garanties sociales）の総体（ensemble）」を取り扱うことを使命とすると規定し、協約・協定の対象を労働者の利益にかかわるほとんどすべての事項に拡大している。

2　適用領域　労働法典L一三二条—二の定める労働協約法の適用範囲は極めて広く、商工業部門のみならず、農業、自由業、官公署および司法事務所、家事使用人、住宅用または非住宅用もしくは併用の不動産の守衛または管理人、家内労働者、保母、民法上の組合・職業組合・協同組合・公の機関としての性格を有しない社会保障機関、およびその目的および形態のいかんを問わず私権を有するすべての団体の被用者がその適用領域に含まれる。さらに同法は、特別の法令による別段の定めのない限り、工業的商業的性格を有する公企業および事業所、並びに行政的性格と工業的商業的性格を有し、同時に公共のサービスを提供する公の事業所にも適用される。

3　協約・協定の種別　(1)労働協約（convention collective）および協定（accord collectif）は、使用者と労働者との集団的労使関係の決定に関し、労働者の雇用および労働条件、並びにその社会的保障（garanties sociales）の総体について定めるものである（L一三二―一条）が、労働協約とは、右に掲げた雇用、労働条件および社会的保障のすべての問題を取り扱うものをいい、それらの事項の一もしくは数個の問題を取り扱うものを協定と呼んでいる（L一三二―一条）。しかし、以下の本稿では、煩を避けるため、正確には「協約または協定」というべきところを、原則として、単に「協約」とのみ表記することにする。

(2)　協約は、特定の職業ないし産業部門（例えば金属、化学）について締結される部門別協約（convention collective de branche）と、特定の企業において締結される企業別協約（convention collective d'entreprise）に大別することができる。

(イ)部門別協約は、①特定の職業ないし産業部門を適用範囲とするものと、②複数の職業ないし産業にまたがって適用される「複数職業間協定（accord interprofessionnel）」に分けられ、かつ、その地域的適用範囲が、全国、地方、県、地区のレベルに分けられている。さらに部門別協約は、一定の要件のもとに「拡張」ないし「拡大」することにより、より広い範囲のものに適用させることができる。　(ロ)個別企業ないし事業所に適用されるものは、企業別ないし事業所別協約と企業別ないし事業所別協定に分類することができる。

4　被用者（salariés）　特定の企業ないし事業所に雇用される者を一般に被用者といっているが、被用者には、労働者（ouvriers）、事務職員（employés）、技師（ingénieurs）、技術者（techniciens）等、さまざまな職位職階の者が含まれる。本稿では、労働法典等の引用の場合には、被用者という用語を用いたが、あまり厳格には区別せず、わが国で広く使われている「労働者」ないし「従業員」という用語を用いた場合もある。

二　協約の成立

1　要件および周知義務　労働協約は、フランス語で書かれ、書面に作成されなければならない（L一二三二―二条）。署名については、とくに定めはないが、法律自体が「署名当事者（parties signataires）」という用語を用いていることから、協約の締結には両当事者の署名が当然に必要とされているといってよい。協約は、県労働局および労働審判所に寄託することを要し、寄託された日（別段の定めがあれば定められた日）から効力を発生する。協約の適用を受ける使用者は、企業委員会（複数の事業所を持つ企業においては、それぞれの事業所委員会）、従業員代表、並びに組合代表に協約またはその写しを交付するとともに、各事業所に掲示し、被用者に周知させなければならない（L一三五―七条、R一三五―一条）。

2　協約への加入　労働協約は、当初の署名団体のみに限定されるものではなく、協約締結のための団体交渉を行う権能を有する使用者団体または労働組合が、当該協約のすべての条項に同意する場合には、事後に労働協約に加入する（adhérer）ことにより、当初の協約締結団体と同様の権利・義務を取得することができる。加入の方法および効果には、つぎの二つがある。

(1)　労働協約の適用領域を変更しない加入　当該協約の適用領域において代表性を認められた使用者団体また

は労働組合の加入が、当該協約の適用範囲を変更するものでない場合には、加入は一方的になしうる。しかし加入する団体は、①当該協約の条項全体について加入すること、②当該協約の署名当事者のすべてに加入する旨の通知をすること、③加入通知書を県労働局および労働審判所書記局に寄託することが必要である（L一三二一―一五条、L一三二一―九条）。この要件を満たす加入団体は、例えば労使合同委員会に参加し、協約により設置された制度の管理運営に参画し、また当該協約の修正または改訂のための団体交渉の当事者となることができる（L一三二一―一五条）。

(2) 労働協約の適用範囲の変更をもたらす加入　右の加入が、従来の適用範囲に含まれていない地域的または職業的分野にその協約を適用させる目的をもつ場合には、加入は一方的にすることができず、加入を希望する団体と協約の署名団体との間の協定の形式をとらなければならない。当該協約の署名団体が、このような形での加入を承認すれば、協約の適用範囲は、結果として修正されることになる。なお、右の協定は、一般の労働協約と同様の条件に従って寄託されることが必要である（L一三二一―一六条）。

3　協約の期間

協約は、期間を定め、もしくは期間を定めないで締結することができる。ただし期間の定めのある協約を締結するときは、その期間は五年をこえることができない（L一三二一―六条）。

㈢ 協約の内容

1　共通規定　協約は、①地域的・職業的適用範囲（L一三二一―五条）、②更新または改正の形式並びに時期（L一三二一―七条）、③期間の定めのない協約の破棄の条件、特に予告期間（L一三二一―八条）を定めなければならない。

2　部門別協約、職業別協約、複数職業間協約　部門別協約または職業別協約は、年一回の賃金交渉、四年に一度の職務分類の検討が義務的団体交渉事項とされている（L二二三二—一二条）ほか、休暇権の行使の様式、賃金の喪失に対する補償またはそれを維持する方法に関する条項、並びに団体交渉および協約により設置された労使合同委員会の会合に参加するために招集された労働者の出張旅費の補償に関する条項が必要的記載事項と定められている（L二二三二—一七条）。

3　企業別協約

企業別協約の内容も、共通規定が適用されるほかは特に必要的記載事項が定められているわけではないが、特異な点は、企業別協約には、法令または部門別協約等の規定より労働者に不利となる例外（適用除外規定）を定めうるとされている（L二二三二—二四条）ことである。この点については、「協約の効力」のところでみていくことにする。

4　拡張可能な部門別協約については、必要的記載事項（L二二六一—二二条）と任意的記載事項（L二二六一—二三条）が定められている。これらの事項の一部だけについて協約を締結することもできるが、その場合には、職業別協定または複数職業間協定として拡張されることになる。

⑴　必要的記載事項はつぎのとおりである。

a　組合権の行使と労働者の言論の自由。

b　従業員代表、安全衛生・労働条件委員会、企業委員会、およびこれらの委員会により管理される社会的文化的活動の財政。

c　職務分類および格付けの方法、特に一年以上前に発行されたものであることを条件とする職業資格証明(diplômes professionnels) およびこれと同等のものに関する評価の方法。

d　職種毎に適用される賃金の以下に掲げる事項、並びにこれらの賃金の改訂手続および時期。①無資格の労働者に対する職業別最低賃金、②各種の職務分類に対応する職階制賃金計数、③肉体的・精神的に危険かつ非衛生的な苦痛な労働に対する割増金、④　L一三二―一二条二項の適用により生じる特定の状況を考慮にいれた「同一労働同一賃金」原則の適用の様式、およびこのような問題から生じうる難点の規制手続。

e　有給休暇。

f　労働者の採用条件、ただし労働者による労働組合の自由な選択を害するようなことを定めることはできない。

g　労働契約の解除の条件、とくに解雇予告期間および解雇予告手当。

h　当該部門の範囲内における養成工制度、職業訓練および常設の職業教育の組織と運営に関する条項、特に身体障害者に対する特別条項を含む。

i　男女間の職業上の平等および確認された不平等を是正するためにとられる手段。これらの手段は、とくに採用、職業訓練、昇進および労働・雇用条件に適用される。

j　フランス人労働者と外国人労働者との間の、特に採用における平等な取扱い。

k　L三二三―九条に定める雇用義務の適用により、職業を遂行しているすべての身体障害者の労働権を具体化するのに適切な諸条件。

l　部門における必要な範囲内で、①妊娠または哺乳中の女性労働者の特別条件、②パートタイム労働者の雇用および報酬の条件、③家内労働者の雇用および報酬の条件、④外国での勤務を命じられた労働者の保護、⑤外国企業に勤務する労働者、特に一時的労働に従事する者の雇用条件、特許に関する一九六八年一月二日法一条二項の規定により使用者に帰属した発明の著作者についての条件。

m　協約に拘束される使用者と労働者との間に生じるおそれのある集団的労働紛争を調整するための協約上の斡旋手続。

(2)　拡張可能な部門別協約の任意的記載事項は、つぎのとおりである。ただし、これに限定されるものではない。

a　特別な労働条件（①超過勤務時間、②交替制労働、③夜間労働、④日曜労働、⑤祝祭日労働）。

b　出来高給の一般的条件、ただし危険、苦痛、非衛生な労働を除く。

c　勤続手当および勤勉手当。

d　出張手当等の職務手当。

e　退職に伴う付加的諸利益（régime complémenntaire）に関する事項。

(四)　協約の効力

1　法令および協約相互間の関係　協約は、法律および命令よりも有利な規定を定めることができるが、法律および命令の公の秩序の規定に違反することはできない（L一三二―四条）。すなわち労働協約は、本来、労働者の労働条件の改善を目的とするものであり、労働条件についての保護法令は最低基準であるから、法の理念からしても協約がこれを上回る労働者に有利な基準を設けるのは当然であるとされているのである。しかし国のいわゆる「絶対的公序」（ordre public absolu）には、たとえそれが労働者に有利なものであっても反しえない。したがって、例えば、国の物価統制など経済政策の必要性によって制定された法令に反する賃金のスライド条項などが無効とされたことがある。

部門別協約、職業別協約もしくは複数職業間協約は、より広い地域またはより広い職業分野を対象とする協約に基づき労働者に適用されている規定よりも、労働者に不利な規定を含むことができない。すでに締結されている協約よりも上位のレベルの協約が締結される場合には、当事者は、労働者にとって不利な従前の協約または協定の条項を修正しなければならない（一三二―一三条）。特定の協約条項が有利か不利かの点については、「協約条項の評価は、使用者の利益ではなく、労働者の利益の観点からなされるものであり、また労働者の利益は、個別労働者の特定の利益ではなく、労働者の集団の利益の観点からなされるものである」（破毀院社会部一九七二年一〇月一八日判決、一九八四年一月二五日判決）とされている。

2　適用除外協定（accord dérogatoire）　企業別・事業所別の協約の賃金条項には、賃金総額の上昇が少なくとも関連労働者に対する協約に基づいて合意された賃金引上率の上昇と等しいこと、および職階別最低賃金が尊重されることを条件として、当該企業に適用される部門別協約、職業別協約もしくは複数職業間協約に基づき定められた賃金引上率に関する特別の適用方法を定めることができる（L一三二―二四条）。すなわち部門別協約または職業別協約による賃上げの結果としての賃金総額が遵守されるかぎり、それを各企業に適用する企業別・事業所別協定の賃金条項が、一定の被用者については部門別協約等の規定より不利なものを定めることが認められているのである。したがって例えば、特定の職階層には部門別協約の賃上げ率より低率のものを定め、その代わりに他の職階の被用者の賃上げ率を高いものにすることも可能である。

さらに、拡張可能な協約、または企業別・事業所別の協約には、週労働時間の編成および配分、並びに休息の期間、失われた労働時間の回復の方法等につき、労働時間に関する法令の規定に反する定めをすることが認められている（L二二二一―二条三項）。ただし、このような企業別協約は、当該企業における従業員の過半数の支持をえた「代表的な組合」が締結することを要する（L一三二一―二六条、一九八二年一月一六日オルドナンス四一号二七条）。

3　**労働協約の規範的効力**　ドイツを初めとする多くの国では、協約は、使用者とともに、締結当事者である労働組合の組合員に適用されるのが原則であり、組合員は、協約による労働条件の改善の成果を組合員であるが故に享有しうるのである。そして、このことが労働者を組合に惹きつける要因の一つともなっている。

しかしフランスにおいては、「使用者が協約または協定の条項に拘束されるときは、これらの条項は、より有利な規定がある場合を除き、その使用者が締結した労働契約に適用される。」（L一三五―二条）。すなわち使用者が協約署名団体に加盟していれば、協約は、その企業の全被用者に自動的に適用される。したがって当該協約は、協約当事者である労働組合に加入していない被用者に対しても、また署名を拒否した他の代表的組合の組合員である被用者に対しても適用され、逆に使用者が署名使用者団体に加盟していなければ、被用者が協約の署名当事者である組合の組合員であっても、適用されないわけである。このように契約の相対性の原則に反し、協約に自動的効力が認められている点が、一九一九年法以来のフランス協約法に特有な制度であるが、元来、組合の組織率が低いところで、非組合員をも巻き込んで労働争議を闘い、獲得した成果を一〇〇％の労働者に享有させる手段として生まれてきた制度であり、労働条件の最低基準を「職場の法」として確立する方法でもあったのである。

協約に認められている規範的効力は、自動的効力（effet automatique）と強行的効力（effet impératif）とから成り、協約の署名当事者である使用者の雇用する被用者との労働契約を即時、強行的に規律する。すなわち協約締結後に雇用された労働者との労働契約はもとより、すでに雇用している労働者との労働契約にも即時適用され、協約を下回る労働契約の部分は、協約の内容に置き換えられる（substitution）。ただし、労働契約に協約より有利な定めがある場合にはこの限りではない。

4　部門別協約の労働者への適用　部門別協約は、企業の活動分野が当該協約の適用範囲に含まれているときには、企業の全被用者に対し、その職種のいかんを問わず適用される。ただし当該協約において、特定の職種には適用しない旨を定めているときには、その職種の労働者には適用されない。労働協約が、その適用範囲に入る職種の定義を付属協定に委ねているときには、付属協定に明示されない職種の労働者には、その協約は適用されない。

5　部門別協約の使用者への適用

(1)　使用者が部門別協約の署名団体に加盟しており、その企業が当該協約の地域的、職業的適用範囲に含まれる場合には、使用者は、当然にその協約の適用を受ける。使用者が協約署名団体の構成員でない場合には、その協約の適用を受けないが、企業の合併（fusion）、譲渡（cession）、または分割（scission）による使用者の変更の場合、および使用者の署名団体からの脱退の場合に問題が生じる。協約の適用に関する争いが企業の合併、譲渡、分割または活動分野の変更を理由として生じた場合には、新使用者には、適用されるべき新しい協約条項を策定するために団体交渉をなすべき義務が課せられ、新協約が締結されないかぎり、従来適用されていた協約が一年にかぎって適用される（L一三二一—八条七項）。この期間内に協約が締結されなかったときには、被用者は従来の協約の適用により受けていた個人的利益をその後も保持する（L一三二一—八条六項）。

使用者は、協約署名団体から脱退することにより協約上の義務を免れることができない（L一三二一—一条三項）。ただし脱退が協約締結以前になされた場合には、協約の拘束力は及ばないし、脱退後に使用者団体により締結された協約の付属協定（avenants, 例えば賃金協定）の適用も受けることはない（破毀院社会部一九七九年四月四日判決）。

(2)　部門別協約は、企業の経済活動が協約上定められた適用範囲に該当する場合に適用されるが、企業がその活動分野を変更した場合に問題が生じる。しかし、この場合も企業の合併、譲渡等による使用者の変更の場合と同様に扱われる（L一二三二―八条七項）。なお企業活動の変更を機に使用者が従来所属していた使用者団体を脱退し、別個の部門別協約の署名者である使用者団体に加盟する場合には、その協約が従来の協約に代わって適用される。

(3) 部門別協約は、協約が定める地域的範囲に存在する企業または事業所に適用される。一企業が複数の県にわたって事業所をもち、それぞれの県に異なる協約が存在する場合には、その企業は、異なった協約を異なった事業所に適用することになる。

(4) 使用者が協約署名団体に加盟していないときは、協約の適用を受けないが、使用者側については個々の使用者も協約締結能力をもつため、当該企業の経済活動がその協約の職業的、地域的適用範囲に含まれているときには、使用者は、協約の署名当事者へ通知し、県労働局および労働審判所書記局へ寄託することにより、協約の適用を受けることができる（L一二三二―九条）。

6　協約の競合

(1) 企業が複数の経済活動を同一事業所において行い、複数の協約が競合するときには、当該企業の主要な経済活動を適用領域とする協約のみが全従業員に適用される。なにが主要な経済活動であるかについては、法律上の規定はないが、判例では、それぞれの活動分野の売上高、労働者数等が考慮されている。

(2) 同一企業が異なる事業所で、異なる経済活動を行っている場合には、各事業所に、それぞれの活動分野に応じた協約が適用される。しかし事業所がその企業の主要な活動を営む場所に付属しているような場合には、後者に適用される協約が従業員全体に適用される（例えばスーパーマーケット内のカフェテリア）（破毀院社会部一九八二年六月一六日判決）。

(3)　特定職業部門の全国協約、地方協約、地区協約や企業別協約、あるいは複数職業間協約のように地域的・職業的に適用範囲の異なる複数の労働協約が重層的に一つの企業に適用される場合には、適用範囲の狭い労働協約は、適用範囲のより広い協約によって労働者に付与されている権利を制限することはできないから（L一三二―一三条）、労働者には、これらの協約中の有利な条項が適用されることになる。

7　有利原則　協約と法令との関係、協約と労働契約との関係、および重層的に適用される協約相互間の関係において、フランスでは有利原則が認められている。団結活動が主として労働条件の改善を目的とし、労働者に有利な成果が協約に結実していたときには、有利原則はほとんど問題とならなかった。しかし、協約が、交渉、妥結、署名という本来の意味での契約の形態を強めるようになると、労使間の取引の結果、協約は必ずしも労働者に有利に締結されるとはかぎらならなくなる。とくに景気の低迷と深刻な雇用状況の中で、適用除外協定や協約の不利益変更が一定の歯止めがあるとはいえ、法的に認められてくるようになると、有利性の原則も再考を迫られるようになるのである(2)。

有利性の判断をするとき、判例学説ではつぎの点が前提とされている。第一は、複数の協約が競合し、いずれも等しく適用される場合には、反対の特約のないかぎり、同じ目的をもつ利益の累加は排除されるという非累加の原則がとられていることである。なぜならば、累加を前提とするのであれば、そもそも他との比較の上に立つ有利性は問題にならないからである。第二は、複数の規範を比較する場合、総体的ではなく、「同じ目的もしくは同じ原因にかかわる利益相互の比較」を行わなければならないということである。なぜならば総体的比較を行う場合には、一つの規範に含まれる利益と不利益が相殺的関係におかれ、ある点での有利な規定が、他の点で不利な規定を容認する論拠となりかねないからである。

以上を前提としたうえで、判例学説は、法律と協約、あるいは協約相互間の比較の場合には、個々の労働者の個別的利益ではなく、労働者集団全体の利益が比較の対象となると解している。したがって労働者集団全体にとって有利とされる協約の条項は、たとえ労働者個人にとって不利となる場合であっても適用される。しかし、競合する規範が協約と労働契約である場合には、個別労働者ごとに個人的利益との関係で評価すべきであるとされている。したがって労働者の利益が本来個別的な労働契約に由来するものであるときには、協約の規範によっては影響を受けないということになる。

8　協約の不利益変更　特定の職業ないし地域における協約の一部または全部が改訂されたときには、関係企業の労働者には新しく改訂された協約が適用されるのが原則である。通常は労働者にとって有利に改訂する場合が多いが、協約が不利益に変更され、旧協約上の利益を維持する旨の明文の規定（既得権維持条項）がないときには争いが生じる。この点については、一九九二年一二月三一日法（L一三二一―七条）により、つぎのように定められた。①協約改訂のための協定に署名できる代表的組合は、当初の協約の署名当事者および事後協約に加入した組合に限定される。部門別協約および全国職業間協約については、協約加入は改訂交渉の開始前になされることが必要である。②当初の協約の署名当事者の一部により改訂された協約も、それが労働者にとって有利か不利かを問わず、原則としてその適用対象である労使を拘束する。③協約に定められた労働者の個別的・集団的権利を縮減し、または廃止する協約改訂については、それに反対する代表的組合が拒否権を行使することによって、その発効を阻止することができる。その要件は、協約のレベルによって異なり、企業別協約は適用除外協定の許否制度と同一であり、部門別協約および全国職業間協約は、署名・加入組合の過半数の反対が必要である。しかし、「実際にその条件を満たすことはかなり困難であり、結果的に少数組合による協約の不利益改訂が容易になされうることになったこと

は否定できない。」といわれている。(3)

9　企業別協約　企業内における組合活動の自由、団体交渉権の法認の結果、当然に企業別協約（企業別の協約・協定、および事業所別の協約・協定）が締結される。

(1)　企業別協約は、当該企業に適用される部門別、職業別、または複数職業間協約の諸規定を、当該企業または事業所に特有の諸条件に適合させることができる。企業別協約は、新たな条項、または労働者により有利な条項を含むことができる。部門別、職業別、または複数職業間協約が、企業別協約締結後に適用される場合には、これらの協約の規定がそれに応じて適用される（L一三二—一三条）。

(2)　労働協約は、複数の代表的組合の一つしか署名しなくても有効に成立するが、企業別協約のうち、賃金や労働時間の特例を定める「適用除外協定」については例外的に当該企業における被用者の過半数の支持を得ている多数派の「代表的な組合」には、少数派である他の「代表的な組合」によって締結された「適用除外協定」に反対する権利（droit d'opposition）が認められている（L一三二—二六条）。

このような拒否権を行使できるのは、最近行われた企業委員会の選挙（企業委員会の選挙がないときは従業員代表の選挙）において有権者総数の過半数の票を得た代表的労働組合であって、当該企業協約に署名しなかったものに認められる。反対の表明は、当該企業協約の署名の日から八日以内に、文書で理由を付して行わなければならず、また当該協定の署名当事者に通告しなければならない。反対が表明された条項は、記載されなかったものと見なされる（L一三二—二六条二項）。

(五) 協約・協定の拡張と拡大

1 沿革

労働協約の拡張制度は、一九三六年法に始まるものであり、特定の職業部門内の最も代表的な労使の団体によって締結された協約の効力を、その職業活動部門内のすべての使用者と労働者にも拡張して適用しようとするものであり、協約を当該職業部門における一種の法規とすることを目的とする。この制度は、一九四六年法では、自動的効力拡張制度とされたが、一九五〇年法では一九三六年法のシステムを受け継ぎ、協約が拡張適用の対象となるためには、当該協約が全国、地方、地区を地域単位とする最も代表的な労使の団体の間で締結され、一定の職業活動部門を適用範囲とし、かつ法の定める一定の必要的記載事項をもつものでなければならないとされた。そして五〇年法は、「最も代表的な」団体の定義と判断基準を明確にするなど、従来争いや批判の多かった点を修正した。

2 拡張・拡大の定義

協約の拡張（extension）とは、一定の条件のもとに、労働協約または協定に定められた職業的地域的適用範囲に含まれるすべての使用者および労働者に対し、その効力を及ぼすこととする行政行為であり、協約の拡大（élargissement）とは、すでに拡張された労働協約または集団的協定の効力を、その職業的地域的適用範囲外にある使用者および労働者にも及ぼすこととする行政行為である。

3 拡張・拡大可能な協約

(1) 拡張・拡大の対象となるのは、協約および協定だけでなく、それらの付属協定（avenants, annexes）も含む（L一三三一一条）。拡張・拡大可能な協約・協定には、その適用範囲を明確に定めておかなければならない（L一三三一五条）。なお地方または地区レベルの部門別協約は、全国的協約がない場合にのみ、拡張・拡大の対象となりうる（L一三三―六条）。

⑵　拡張・拡大の対象となる協約および協定は、労使ともに代表的な団体（organisations syndicales représentatives）と認められたものが締結したものでなければならない（L一三三―一条）。

⑶　①協約・協定がすべての労使の代表的団体の署名したものではなく、②必要的記載事項のすべてを含むものでもなく、また③当該部門のすべてではなく、一または複数の職業分野しか対象としないものであっても、労働大臣は、団体交渉全国委員会（Commission nationale de la négociation collective）における二以上の使用者団体または二以上の労働組合の反対がなく、同委員会の理由を付した賛成が表明される場合には、当該協約・協定を拡張することができる（L一三三―一一条）。

その際、異議申立がある場合には、労働大臣は、団体交渉全国委員会に対し、関連する条項の適用範囲および拡張した場合の結果を明らかにする報告書を提出し、協議の上、同委員会の新たな意見に基づき、拡張を決定することができる（L一三三―一一条二項、三項）。この場合、労働大臣の決定は、理由を明示することが必要とされている。この労働大臣の決定に対しては、越権行為（excès de pouvoir）を理由に行政訴訟を提起することができる。

4　拡張の手続

⑴　拡張手続は、当該適用範囲における代表的な労使の団体の一つの申請または労働大臣の職権によって開始される。当事者の申請があった場合には、労働大臣は、遅滞なく手続を開始する義務を負う。手続開始の申請は、全国協約または協定の場合には、労働大臣宛に、地方、県、地区レベルの協約・協定の場合は、県労働局長宛に提出する。

⑵　協約の拡張について利害関係を有する団体および個人の意見を聴取するため、拡張・拡大に関する情報は予

め官報に公示される（L一三三二―一四条一項）。利害関係者が意見を提出する場合には、官報に公示された日から二週間以内に行わなければならない（R一三三二―一条）。拡張の対象となる協約・協定は、労働省の広報に公表される（同条）。

(3)　労働大臣は、拡張の決定前に、団体交渉全国委員会の理由を付した意見を求めなければならない（L一三三二―八条）。ただし同委員会の意見は、最終的な権限を有する労働大臣を拘束するものではない。

(4)　労働大臣は、協約の全部について拡張することを義務づけられているものではなく、現行法令に抵触する条項および当該協約の適用範囲にある産業活動部門の現状に適合しない協約の条項を拡張の対象から除外する権限を有する。ただし労働大臣は、法令に照らして不備のある協約の条項も、法令の規定の適用を条件に拡張することができる（L一三三二―八条四項）。この場合にも、団体交渉全国委員会の意見を聴取することが必要である。また部門の現状に適合しない協約条項の除外に関しては、その他に、その除外によって協約全体の調和が変更されないことが必要とされる（L一三三二―八条四項）。

なお協約の適用範囲に関しては、判例は、労働大臣に対し、協約自体に定められた適用範囲の定義に拘束されることなく、一定の活動分野を拡張の対象から除外する権限を認めている（コンセイユ・デタ一九六〇年三月四日判決、同一九六二年三月二日判決）。

(5)　協約の拡張は、労働大臣の命令（arrêté）によって行われ、官報に公示される。拡張適用の期間は、当該協約・協定の定める有効期間である（L一三三二―八条三項）。したがって拡張命令は、協約が効力を失う日に失効する（L一三三二―一五条）。拡張適用の効果は、当該協約の適用範囲にあるすべての労働者および使用者に対し、協約の効力を及ぼすことである。

拡張された協約も、署名当事者間の契約としての性質をもつから、当事者はこれをいつでも破棄することができる。

(イ) 拡張適用されている協約のすべての署名者が破棄通告をする場合には、当該協約は効力を失う。L一三二一―八条は、破棄通告された協約が一年間は暫定的に効力を維持することを定めているため、当該期間（協約がそれより長い期間を定めているときはその期間）の経過により、拡張命令は効力を失うことになる（L一三二一―一五条）。

(ロ) 署名当事者の一団体だけが破棄の通告をした場合には、協約自体は、他の署名団体の間では効力を有するが、その団体が使用者団体で、協約の適用範囲における産業部門または職業部門の唯一の代表団体である場合には、当該活動分野は協約の適用範囲から除外されることになり、協約の破棄通告をした当事者に対し、その意思にかかわりなく、協約上の義務を課すことはできない。

(ハ) 協約の改訂について、法は特に規定していないが、L一三三三―九条一項は、付属協定の拡張適用に関して定めており、付属協定は協約改訂の手段として用いられるものであるので、改訂された協約の拡張適用は、付属協定の拡張によりなされるといってよい。

(6) 労働大臣は、代表的な団体からの請求または職権により、協約が当該適用範囲の一または数個の職業部門の現状に適合しないことを理由に、協約・協定またはその中の特定の条項の拡張適用を終了させるため、当該命令を廃止することができる（L一三三三―一六条）。この場合の手続は、拡張開始の手続の場合と同様である。拡張適用廃止の命令は、官報に公示されたときから効力を生じ、対象となっている労働者および使用者を拡張適用前の状況に戻すことになる。すなわち協約の署名当事者たる団体に加盟する使用者は、引き続き当該協約の適用を受けるが、拡張命令に拘束されていた使用者は、当該協約の適用を免れる。

(7)　労働大臣は、拡張された協約の付属協定を、協約と同様の拡張手続に従って拡張することができる（L一三三―九条一項）。協約の拡張適用があれば、その後に締結される付属協定は、自動的に拡張適用されるものではなく、改めて拡張手続をとる必要がある。なお付属協定の拡張は、協約と異なる適用範囲を明確に定める必要がある場合を除き、当該協約の適用範囲内で効力を有する（L一三三―九条二項）。なお賃金に関する付属協定（avenant）の拡張手続については、団体交渉全国委員会における審理について別個の迅速審査手続（procédure d'examen accéléré）が定められている（L一三三―一〇条、R一三三―二条）。

5　拡大手続

(1)　沿　革　これまでにみてきたように協約の拡張制度は、一九五〇年法によりさらに整備されたのであるが、協約が適用されない産業分野が広く存在していたため、協約の効力をこれらの分野にも広く付与する手段として認められてきたのが「協約の拡大」の概念である。すなわち、まず一九六七年九月二七日オルドナンスは、すでに拡張適用されている部門別協約を協約の地域的適用範囲外にある地域にも拡張適用する権限を労働大臣に認め、ついで一九七一年七月一三日法は、これを他の職業分野においても拘束力を有するとする権限を労働大臣に与え、さらに一九八二年一一月一三日法は、複数職業間協定の拡大適用を認めるとともに、拡大適用の手続、方法を修正し、整備した。

(2)　拡大適用の要件　イ　拡大適用は、特定の職業活動部門または地域的範囲において、労使の組織の欠如ないし組織活動の不能により、労働協約の締結が永続的に不可能な状態にあるときに行われる（L一三三―一二条）。部門別協定が少なくとも五年間締結されていない場合、または部門別協約が存在しないときには、ここにいう労使の「組織の欠如ないし組織活動の不能」の状態にあるとみなされる（L一三三―一三条）。

ロ　労働大臣は、利害関係を有する代表的団体からの請求または職権により、すでに拡張された協約・協定およびその付属協定を、①地域の経済的諸条件が類似している他の異なった地域に、また、②雇用条件が類似している他の職業分野に、さらに、③複数職業間協定を、その適用範囲に含まれていない他の職業活動部門に拡大適用することができる（L一三三一―一二条）。

(3)　拡大適用の決定および廃止の手続　　拡大適用の手続は、おおむね拡張適用の手続と同様である。すなわち、

イ　労働大臣は、拡大適用の命令を発する前に、その旨を官報に公示し、利害関係を有する団体または個人の意見を聴取しなければならない。

ロ　拡大適用は、団体交渉全国委員会の過半数による理由を付した書面による反対の意思の表明がないときに限り、可能となる（L一三三一―一二条）。

ハ　拡大適用命令は、関係する拡張適用命令が効力を失う日、または地域もしくは職業的適用範囲において協約または協定が締結されたときには効力を失う（L一三三一―一五条）。

ニ　労働大臣は、利害関係を有する代表的な団体からの請求に基づき、または職権により拡大適用の対象となっている地域的または職業的適用範囲の全部または一部について当該命令を廃止することができる（L一三三一―一六条）。

㈥　協約の終了

1　期間の定めのある協約は、有効期間の満了により終了するが、反対の特約がないかぎり、期間の定めのない協約として引き続き効力を有する（L一三二一―六条一項）。

2　期間の定めのない協約については、署名当事者は、いつでもこれを破棄することができる。ただし協約に定められた破棄手続、予告期間（協約に定めがない場合は三カ月前）を遵守しなければならない。また破棄をしようとする者は、その旨を他の協約署名当事者に通知し、かつ県労働局および労働審判所書記局に寄託（届出、公示）することを要する（L一三二一―八条）。

(1)　破棄が署名使用者（団体または個人）の全部、または署名労働組合の全部からなされている場合には、利害関係者の一方の要求により、新協約締結のための団体交渉が三カ月以内に開始されなければならない。新協約が締結されるまでの間は、破棄の寄託後一年間（協約がそれより長い期間を定めている場合には、その期間）にかぎり、従来の協約が適用される。右の期間内に新協約が締結されない場合には、関連企業の労働者は、協約上既得の個人的諸利益（avantages individuels acquis）を期間経過後も保持することができる。

(2)　署名当事者の一部からの破棄の場合には、他の署名当事者間の協約の効力にはなんらの影響もない。一または数個の労働組合から破棄がなされても、その協約に拘束される企業に雇用されている労働者には、協約は依然として適用される。労働組合からの破棄の効果としては、破棄後、一年間（または約定の期間）の協約存続期間終了後に、署名団体としての権利義務が消滅することである。したがって、例えば、協約により設けられた労使合同機関の議席は失われる。

使用者からの破棄の場合も、その破棄の通告をした使用者団体に加盟する企業には、破棄された協約が一年間暫定的に適用されるが、その期間経過後も、労働者は協約による既得権を保持することになる。

(3)　労使を問わず署名団体のいずれか一方からの、協約の適用範囲に含まれる地域または職業分野に関する条項の破棄の場合には、破棄により協約が失効することにはならないが、破棄通告をした団体により代表されていた職業的または地域的適用範囲は結果として変更されることになる（L一三二一―一四条）。

（1）この項の執筆にあたっては、注に掲げる論文のほか、つぎのような文献を参照した。
○労働省労政局労働法規課『フランスの労使関係法制』。
○B.Teyssie, Droit du travail. 1980.
○N.Alilprantis, La place de la convention collective dans la hiérarchie des normes. 1980.
○D.Weiss, Les relations du travail. 1983.
○G.Guery, Pratique du droit du travail. 1985.
○J.-E.Ray, Droit Droit du travail. 1997.
○J.-C.Javillier, Droit du travail. 1988.
○J.-M.Verdier, Droit du travail. 1988.
○M.Despax, négociations, conventions et accords collectifs. 1989.
○J.Pélissier, Droit du travail. 2000.
○Daloz, Code du travail. 2001.

（2）奥田「フランス労働法における『有利性』の原則」季刊労働法一七八号一一二頁。

（3）盛「労働協約改訂と労働条件の不利益変更」労働法律旬報一三二八号八〇頁。

五　労働法の変容と労働協約

(一) 戦後労働協約法の展開

1　一九二九年に、ジョルジュ・セルはその著『労働者法』の中で、労働立法の特色として、ドイツの「後見的(家父長的)国家主義(l'étatisme paternaliste)」、イギリスの「自立的組織主義(l'organicisme autonome)」、フランスの「政治的介入主義(l'interventionisme politique)」を指摘し、ドイツの社会立法は獲得されたものというよりは、付与されたものであり、イギリスは労働協約の一般化と労働組合の組織に基礎をおいていたのに対し、フランスの「労働者の法」は、中央集権化された国における高次元での闘争において獲得されたものであると述べている。すなわち労働者が要求を掲げて闘ったのは国家に対してであり、このことは、労働法が中央集権的であり、労働者階級の法であることを示すものであるとしている(1)。またその後四〇年近く経った石崎、山口(俊夫)両教授を中心とする日本労働協会「昭和四一年度欧州派遣団報告」も「フランスの労働関係に関する諸制度は、伝統的な民主主義思想とフランスのサンジカリズムの投影とによって、おおむね立法形式、すなわち法律で定められるのが常例であって、欧州の他の諸国にみられるように直接に慣習または労働協約の方式で定立されることは、少ない(2)」と述べている。確かにフランスでは、労働法の歴史をみても、その節目、節目に、労働運動の盛り上がりがあり、大きな争議ないしは社会的な騒乱があって、政治的な解決という形で、労働者の要求が容れられて立法化され、労働者の権利ないし社会的地位がその度に大きく前進している。組合の組織化が遅れている中小企業が圧倒的に多く、大企業においても労働組合の組織率が低く、組合自体が伝統的に多様な横断的な職種別ないし職業別組合の形態をとり、しかも組合が政治的イデオロギーによって四分五裂しているフランスにおいては、企業における労働組合の日常活動の積み上げによって労働協約を締結し、それを母体に労働立法による労働者の権利の体系を創り上げていくということは、所詮望むべくもなかったのであろう。しかし、地下のマグマが時として大きな噴火を起こすように、少数であるとはいえ殉教者的な労働組合の活動家が、企業における労働者の要求を組織し、争議を指導し、それが地域社会ないし全国的な大争議へと発展し、時の政府を巻き込んで、結局、労働者の要求が立法という形で実現されているのである。経済的要求に関する限り、法は最低基準として機能し、着実に全体としての労働条件の改善と労働者の地位の向上が達成された。

このような労働運動や労使関係がフランスの政治的経済的環境の中から必然的に生まれてきたものであるとしても、間欠的に発生する労使の緊張関係や社会的不安が安定的な経済の発展を阻害するというマイナスの要素をもつことは否定することができない。戦後の労使関係ひいては労働法は、無意識的にこの点の軌道修正の道を歩んできたように思われる。

2　戦後のフランス経済も高度成長期から次第に低成長期へ向かっていったが、それとともに労使関係も大きな変容を見せている。そこでのキーワードは、規制緩和であり、弾力化であった。弾力化の概念は、もともと経済分析および市場変動への企業の対応の必要性から生まれたものであるから、法的には必ずしも明確な内容をもつものではないが、経済変動につれて企業の側では、経済的環境に柔軟に対応するため、不安定雇用を利用したり、人員の削減を行い、あるいは雇用条件の変更を行うなど企業経営の弾力化を目指し、その過程で解決を迫られる多様な新しい法律現象を生んだ。法は、元来、安定性を理念とするものであるから、柔軟性弾力性になじむものではない。

したがって弾力化の要請は、主として使用者の側から、経済的自由の確保、規制緩和（déréglementation）の要請として現れてくる。フランスにおける弾力化の主要な動きは、労使関係のシステムから、中央集権性と統一性を排除しようとするものであり、現象的には、雇用形態の多様化、労使を社会的パートナーとする労働協約の発展であった。

このような中で、労働政策の比重は中央集権的な国家の立法による統一的な規制から、労使両団体という社会的パートナーによる自主的な団体交渉と協約を通じる、より分権的民主的な法の設定へと移っていった。すなわち、従来企業外で職業別産業別に行われてきた団結活動の自由を保障するという基本的枠組みは残しながらも、企業経営への労働者の参加、企業内の組合活動の自由、企業別団体交渉、企業別協約締結の承認という経済の動向、労使関係の変化の実態にあわせた労働法の変容が行われたのである。

3　経済が高度に組織化された現代においては、労使関係は、単なる利潤の分配だけではなく、産業構造の変化、企業の組織の変化を見通した「現在の経費と将来の投資をどのように調整するか」という企業経営の問題、そして社会的には雇用の維持のための責任をどのように負担するかという問題の解決に迫られる。これらの問題は、労使のコンセンサスなしには解決できない。これまでのような中央の統一的交渉だけではなく、地域、企業に密着した分権的かつ現実の状況に柔軟に対応しうる労使間の交渉とルールの確立が必要になってくるのである。

もともと労働組合の影響力が企業内に入り込むことに好意的でなかった使用者が、企業レベルの団体交渉、協約の締結を受け入れるようになったのは、使用者自身、労働者の協力なしには企業経営が成り立たなくなったことを認めざるを得なくなったからである。

（1）　G.Selle, Le droit ouvrier, 1929, pp. 212-216.

（2） 日本労働協会『フランスにおける労使関係』三頁。

(二) フランスの労働協約法の特色

1 フランスの労働協約法の大きな特色の一つは、労働者側の協約当事者が「一または複数の全国的な次元で代表性が認められた労働者の団体」(organisations syndicales de salariés reconnues représentaives au plan national)（L一三二―二条）とされていることである。フランスの協約法において、「最も代表的な職業団体」(les organisations syndicales des ouvrières les plus représentaives）という概念が初めて用いられたのは、一九三六年法においてであるが、一九五〇年法において判断基準その他が明確にされ、現行法にも引き継がれている。[(1)] 三六年法制定当初は、「最も代表的な職業団体」とは唯一の労働組合を指すのではないかという点について争いがなかったわけではないが、労働省の有権的解釈により、同一職業に数個の代表的な組合が存する場合には、それぞれが協約当事者となるとされるようになり、今日にいたっている。すなわちフランスでは、代表制が認められた複数の労働者の全国中央組織と、これに加盟している地方、地区、企業レベルの下部組織が、それぞれのレベルにおける団体交渉権限を有し、協約締結権限を有する。アメリカでは、ＡＦＬとＣＩＯの熾烈な争いの中から、排他的交渉団体の制度が創られたが、フランスでは、組合複数主義がとられ、相異なる思潮を等しく代表させ、ひいては個人の思想信条を尊重する制度が創られたのである。

しかし、フランスで団体交渉がしばしば長期にわたって延引するのは、使用者側が複数の労働組合と交渉することを義務づけられていることに起因する。また組合間に明示黙示の競り合いがなされ、早期妥結を一層困難にする危険性があることも指摘されている。[(2)]

2　フランスの協約法では、協約が、協約当事者の締結する契約の形態をとりながら、適用は法規範と同じであり、実質的には「職業の法」を定立している点が特徴的である。すなわち、使用者が署名団体の構成員であれば、協約は、相手方である署名労働組合の組合員であるか否かを問わず、使用者の雇用する全被用者との労働契約に自動的に適用される。協約は規範的効力を有し、労働者に有利な契約条項でないかぎり、当該労働契約は協約によって規律される。このことは、使用者が、協約締結後、署名団体に加入したときも、また使用者が署名団体を脱退したときでも同じである。

3　協約法は、五〇年法から八二年法へと発展するにつれて、その適用分野を拡大しただけではなく、協約の拡張・拡大制度により、拡張・拡大可能な労働協約ないし協定の効力は、当該協約の適用領域にあるすべての労働者および使用者に適用されることが認められている。すなわち一九八二年法は、労働協約の拡張・拡大制度の要件を緩和し、これまで労働協約によってカバーされてこなかった多数の労働者、特に組合支部の存在しない中小企業の労働者にも協約による最低限の保護が及ぶように制度の改正を行った。

また一九九五年一〇月三一日の全国複数職業間協定およびこれを法制化した一九九六年一一月一二日法は、組合代表委員が存在しない中小企業においても企業別交渉、企業協定の締結が行われるようにするため、部門別協約の定める条件にしたがって、従業員から選出された代表者、または代表的労働組合により特別の委任を受けた者に対しても、団交権を認め、そこでの企業協定、いわゆる「非典型協定（accords atypiques）」が労働協約と同一の効力を有することを認めた。(3)

4　さらに企業別協約には、いわゆる適用除外協定が認められ、労働条件の切り下げが、組合との合意という形で認められている点も、フランス協約法の特色である。ただし企業別協約については、従業員の多数の支持を得ている多数派組合に許否権が認められているから、多数派の代表的な組合でなければ、適用除外協定は締結することができない。したがって間接的であるとはいえ、多数の労働者の規範意識が反映されるような仕組みになっているということができる。

（1）この点についての詳細は、本巻「第二章　労働協約の拡張制度」（六　一九五〇年法の項）参照。
（2）山口（俊夫）「各国における団体交渉の形態」（新労働法講座3）一〇四頁。
（3）一九九六年法六条の合憲性については、奥田「組合代表がいない企業における協約交渉を可能にする法規定の合憲性」労働法律旬報一四一八号二〇頁以下参照。

㈢　労働協約の機能と役割

1　フランスでは、全国レベルで代表性が認められたCGTを初めとする五つの労働団体が団体交渉権および協約締結権を有し、それぞれの全国中央組織、産業別職業別組織、企業別組織が、複数の産業・職業にまたがる複数職業間協約、部門別協約、企業別協約を締結している。全国複数職業間協約は、合意された内容が労働条件、雇用条件等にかかわる基本的な「職業の法」として機能し、その後の立法またはデクレに取り込まれることによって、立法化を推進する役割を果たしている。そしてその法令の具体的な適用と補完は部門別協約が引き受け、さらに企業別協約によって柔軟な適用が行われている。団体交渉権の確立や企業内組合活動の自由、企業別協約の承認などが法制化されていったのは、経済環境の急激な変化により、時代に即応しなくなった産業構造、企業組織の再編には、団体交渉による調整が不可避であることを示すものであろう。

代表性を有する労使両団体の全国交渉、全国協約の締結は、これまでの介入主義から社会的対話（dialogue social）

の重視、ネオリベラリズムに基づく「契約的政治」（politique contractuelle）の推奨に転換した政府の奨励や、それに呼応した使用者団体の積極的な対応によるところが大きいが、同時に労働組合にとっても、「複数組織の分断・対立と低組織率という状況の下で具体的成果を獲得するための極めて有効な手段であった」といわれている(1)。

このように法律自体が全国レベルの協約（全国複数職業間協定）に基づいて制定される、いわゆる「交渉に基づく法律（lois négociées）」の二、三の事例をみていくことにする。

2　協約による法の創造的機能

(1)　フランスでは、一九四五年以来企業が労働者を集団的に解雇する際には、行政機関の許可をえなければならないことになっていたが、許可を求められた際に、行政機関がそれを拒否する例は少なく、雇用の保障には必ずしも役に立つものではないといわれていた。労使両団体は、一九六九年二月一〇日、全国レベルで雇用保障に関する協定を締結し、特定の職業ないし全職域レベルで労使合同委員会を設け、失業の予防、労働者の能力開発等の問題を検討することになった。

これをうけて制定された一九七三年七月一三日法は、使用者による解雇権の濫用の危険性を防止するため、各企業で集団解雇がなされる場合には、使用者は、事前に理由を付して企業委員会に通知しなければならず、解雇の実体的要件として「現実かつ重大な理由（cause réelle et sérieuse）」を課した。

(2)　労使関係を柔軟に経済社会の動向に合わせる方策の一つとして、経済の高度成長期に、貨幣価値の下落に伴う購買力の低下から所得を守るため、集団協定による賃金決定方式に賃金スライド制と月給制の採用がみられるようになった。物価の変動にあわせて自動的に賃金をスライドさせる協定は、一九五八年一二月三〇日法により禁止されているが、それにもかかわらず、多くの賃金協定は実質的に賃金スライド制を採用するようになった。これらの協定の多くは、定期的に、あるいは物価の変動がある一定の線を越えた場合には賃金交渉を行う旨を定め、いわば協約上の団体交渉義務を定めるものであるから、法の規定には違反しないとするものであったが、六八年頃からはさらに一歩進め、賃金を物価の変動に自動的にスライドさせる協定が、私企業部門で増加していった。すなわち物価が各年度末において予測以上の上昇率を示したときは、賃金率もその分だけ自動的に引き上げられるというものである。

このような労使協定の増加にともない、一九六九年の暮れから翌年にかけて、政府は、公務員組合、および電気、ガス、国鉄、石炭等の国有企業従業員組合と一連の団体交渉を開き、「進歩契約（contrats de progrès）」と呼ばれる協定を締結し、物価上昇指数が一定の線を越えた場合には、賃金の増加を保障することを約したのである。

(3)　月給化（mensualisation）

月給制の採用は、一九七〇年四月二〇日の使用者の代表的団体であるフランス経営者全国協議会CNPFと主要な労働組合（CGT、CGT-FO、CFDT、CFTC）の共同宣言の中で採択され、各職場レベルでの労使協定により、各産業の私企業部門で働く約六百万人の労働者に逐次適用されていった。この月給化に関する協定の進展により、一九七七年一二月一〇日には、月給化に関する全国複数職業間協定が締結され、さらに一九七八年一月一九日に同協定は法制化され、全国一律に月給制の原則が制度化されるようになった。

この協定は、適用をうける労働者に対し、報酬を月の労働可能日数の多寡にかかわらず一定額の月給として支払うべきことを定めるものであり、それまで時給・日給等の作業単位で報酬を受けていたブルーカラー労働者にもホワイトカラー労働者と同様の安定的な月給による報酬の支払いを保障するものであった。基礎的基本賃金が保障されるということは、祝祭日ないしは病気のときでも給与が支払われること、勤続年数に対応した勤続給がつくこと、解雇・定年退職に一定の補償金が支払われることなど、これまで職員や管理職にのみ認められていた利益がブルーカラー労働者にも与えられることを意味し、従来の身分的差異の解消につながったのである。

(4)　労働者の職業訓練のため、労使両団体は七〇年七月九日、全国レベルで、全職域にわたる職業訓練に関する協定を締結し、この協定の重要な部分は一九七一年七月一六日法に取り入れられた。同法により、労働者に一定の条件の下で認められる職業訓練のための特別休暇の制度が設けられ、企業主は、全従業員の二％を限度としてこの特別休暇を与えなければならない旨が定められた。同法は、フランスにおける職業訓練制度の充実と発展に重要な意味をもつものである。

(5)　このほか有期労働契約および労働者派遣に関する一九九〇年三月二四日の全国複数職業間協定を法制化した一九九〇年七月一二日法等がある。

3　協約による法の補完的補充的機能

労働協約は、制度を定立する機能を営むだけではなく、運用の面においてもこれを補完し、発展させる役割を果たしている。すなわち労働協約は、抽象的一般的な法を、具体的個別的な労使関係に適応させるだけではなく、流動的に変化してやまない経済環境に適応させるために法を補完する作用を営むのである。

労働協約によって法律規定の例外や法律の具体的適用条件を定めることが認められた例として、労働時間に関する協約をあげることができる。一九八二年一月一六日法以降の一連の労働時間法（特に一九八七年六月一九日法）は、本来強行的な効力をもつ労働時間の法的規制に対して、これに抵触する協定の締結を認め、労使の合意により産業や企業の実情に即した労働時間の編成を行うことを許容した。

また、二〇〇〇年から（被用者二〇人以下の事業所では二〇〇二年から）、法定労働時間を週三五時間に短縮することとした一九九八年六月一三日法（第一次オブリー法）、二〇〇〇年一月一九法（第二次オブリー法）では、労働時間短縮の具体的実施方法（労働時間の編成や賃金の取扱い等）については、基本的に労使の交渉によって決められるべきものとされている。

このように、きめ細かな具体的な労使関係の生ける「職業の法」が形成されつつあるのも、最近のフランス協約法の特色として指摘してよいであろう。一九九六年に署名された全国協約は三つあるが、その付属協定（avenants）は五四、部門別協定とその付属協定（Accords de branche et avenants）は、一〇三〇、企業協定は九二七四におよび、しかも「絶えず上昇しつつある」といわれている。(2)

（1）盛「フランスにおける企業レベルの労使関係と法」蓼沼編『企業レベルの労使関係と法』三四三頁。

（2）J-E Ray, Droit du travail, Droit vivant, 1997, p. 381.

四 若干の問題点

フランスの労働協約が、社会経済情勢の変化に柔軟に対処するため、産業別の全国、地方、事業場協定という従来の固定的なヒエラルヒーの体系を崩し、産業部門別協約を基礎におきながらも、その上で企業別交渉、企業別協約の締結を容易にし、活発化するという企業に重点をおく体系へと組み替えられていったことを見てきた。国の計画経済から脱して、企業が自由な市場経済に巻き込まれた以上、グローバル化した経済の基準の中で、競争条件を平準化するためにも、国あるいは上部協約の規制を緩和し、平等、あるいは少しでも有利な立場に立つことは、各企業の至上命題となったのである。戦後、特に高度成長の終わった七〇年代以降、労働協約法は、このような経済的条件に合うような法制度を構築する方向に向かって進んできた。

特に一九八二年法により、労働時間および労働時制に関して適用除外協定（accords dérogatoires）が認められたことにより、企業協約の性格は大きく変わった。すなわち、それまでは、協約は社会的公序（ordre public social）よりも有利なかぎりで抵触が認められ、この有利原則は協約相互間においても維持された（Ｌ一三二一―四条）。したがって適用範囲のより狭い企業協定は、適用範囲のより広い地域的な部門別協約の規定を労働者に有利な場合に限り、修正しうるにすぎなかった（Ｌ一三二一―一三条）。しかし、八二年法が適用除外協定を容認したことにより、従来の階層的秩序が破られ、それが労働者にとって不利なものであっても、当事者の合意により、法令または上位の協約を排除しうるようになったのである。しかも一九九五年一〇月三一日の全国複数職業間協定は、部門別協定の任意的性格を増大させ、多くの点について、部門別協定は企業別協定が存在しない場合のみ適用されることを認めた(1)。

これらの適用除外協定は、主として労働時間と労働時制にかかわるものであるが、一般には「ギブ・アンド・テイク」協定（accords "donnant-donnant"(2)）と呼ばれている。この「ギブ・アンド・テイク」協定は、協約が基本的に契約的性格を有することを示すものであるが、同時に、労使の力関係によっては、上部協約により労働者に付与された権利を返還させる可能性をも示唆するものである。事実、協約の中には、賃金の領域において一定の利益を削減する「ギブ・アンド・テイク」協定すら数多く見られるといわれている(3)。このような「ギブ・アンド・テイク」協定は、しばしば解雇の回避策として、すなわち雇用の維持と賃金カットとを対価的な交換関係として、労働者に犠牲を強いるのである。

このようにしてフランスの協約制度は、企業交渉、企業協定に比重を移してきたのであるが、最近の不況により、労使双方とも、そもそも「挽くべき小麦」がなく、労働の量的分配（賃金）の問題は団体交渉の話題（対象）とはならず、組合も使用者も解雇を避けるための緊急の措置（新しい仕事の開発、新しい技術の導入、職業訓練）、法によって課せられた時短の組織への適応等について話し合うようになったといわれている。今よりわずかばかり前の一九八〇年代に、誰が一〇年後に「生きるための協定 Accord à vivre」をあのルノーの組合が締結することを予測しえたであろうか。

「新たな不確実性の原則は、賃金交換方法に拡大されることになった。収入はいつ何時でも減じられうることになり、（特に雇用保障の対価として?交渉された賃金の減額）、他方、労働時間に関する規制は変動的（例えば一年変形ワークシェアリング、間欠的労働、強いられたパートタイム労働、部分的失業等により）なものとなり、あるいは次第に消滅していくのである（待機労働）」[4]。

（1）M.-L.Morin, L'articulation des niveaux de négociation dans l'accord interprofessionnel sur la politique contractuelle. Dr. soc. 1996. 11.

（2）R. Soubie, Quelques observations sur les accords "donnant-donnant". Dr. soc. 1985, 614.

（3）J.-C. Javillier, Négosiations et accords d'entreprise en matière de rémunération. Dr. soc. 1988. 68., spéc. n. 22 s.

（4）アラン・シュピオ（川口訳）「フランス労働法における弾力化」（日本労働研究雑誌四四〇号六四頁）。

第四章　労働協約の内容

中国中西部油田区域内

一　労働協約法成立後の労働協約

一　一九一九年法以降の労働協約

一九一九年に初めて労働協約法が成立した。同法の特色は「市民法の原理——契約の自由、労働の自由——と矛盾しない範囲で協約に法的効力を与えた点にある」(1)といわれている。同法は協約の当事者たる団体の構成員に対してのみ規範的効力を認めるものであり、協約の拡張に関する規定を欠くために甚しく協約の目的から隔っている(2)という批判をうけている。

（1）恒藤（武）「フランスにおける労働協約法の発展に関する一考察」同志社法学二六頁。

（2）L. Duguit, Les transformations générales du Droit privé, 2e éd. pp. 135-136. なおピック『労働法』協調会訳下巻四三九頁参照。

まず一九一九年以後の労働協約締結数(3)を掲げよう。

年	
1919	557
1920	345
1921	159
1922	196
1923	144
1924	177
1925	126
1926	238
1927	58
1928	99
1929	112
1930	72
1931	17
1932	23
1933	20
1934	24
1935	29

（3）　B. M. T による。（cité par Arnion p 141）なお、B. I. T の協約に関する統計によれば、一九二七年、一九三三年の数字がそれぞれ一〇二、一七となっている。

右の数字によって明らかなように、一九一九年法施行後、急激に労働協約の締結数が増加しているが、以後次第に減少していることからみて、同法の成果というよりは、第一次世界大戦の終了を契機として労働者階級が労働協約に対する考え方を一変し、労働条件の改善＝労働協約の締結という方向に熱意を示したからにほかならないと見る方が妥当であろう。例えばＣＧＴは、リヨン大会において「労働協約を労使協調の一形態とみることは基本的なあやまりである。労働協約は変革の価値（valeur de transformation）を有する。何となればそれは、使用者の権威を制限し、……労使関係を変革しうるからである。……使用者の搾取に服従しない力、解放の力を導入することにより使用者の絶対主義を減ずる満足を見出すからである」(4)という宣言を採択し、労働協約を足がかりとして使用者の専制を排除しようと計っていることからも、かつて協約が組合活動を制約するという理由の下に排除した態度を一変していることが窺われるのである。しかし、このような熱意にも拘らず、協約締結数は、一九一九年の五五七を頂点として年々減少の一途を辿り、労働協約法はあってなきがごとく、一九三六年労働協約法成立の前年度には僅か二九の協約が締結されているにすぎない。従って協約の締結率のみならず、協約の実数も極めて少なく、例えば一三〇万の金属労働者中、協約の適用をうけるものは僅かの一・四％、繊維産業では二％にすぎなかったのである。(5)その理由としては、①　使用者側が協約に対し極めて冷淡な態度を示し、労働階級に対しても第一次大戦以前の敵意と猜疑心を依然として捨てなかったこと、②　労働者階級の組織が容易に進まず、しかも一九二二年のＣＧＴの分裂がともかくも労働組合の勢力を弱める要因として作用したことなどがあげられる。一九三五年には八〇〇万の労働者中、約一〇〇万が労働組合を結成していたにすぎず、官公吏を除外すれば民間労働者の組織率は、六五〇万中僅かに六・三%にすぎなかったのである。[6] このような労働組合組織の未成熟と労働運動の相対的な弱さから、労働協約の締結が行われなかったことは極めて当然のなりゆきであろう。

（4） Lefranc, Les expériences syndicales en France, de 1939 à 1950. p. 263.
（5） Laroque, Les rapports entre patrons et ouvriers, p. 334.
（6） J. Colton, Compulsory Labor Arbitration in France, 1951, p. 8.

一九一九年から一九三三年迄に締結された二、三四三の協約の実態についてはラロックの調査報告書[7]が存在するが、此処では単に労働協約の内容に関するものだけを列記し[8]、当時の労働協約の内容を類推するにとどめよう。

(1) 賃金に関する条項
最低賃金の決定……一、三六七
物価手当……二一七
転勤経費……八八
出来高給……八六
家族手当……七九
時間外手当……六四

(2) 労働基準関係条項
労働時間……一、〇一一
夜間労働の規制……三六
週休……三六

（7）　Laroque, Les conventions collectives de travail, Rapport au Conseil National Économique.
（8）　Arnion, op, cit, pp. 144-145

一九一九年法は、労働協約の内容に関しては何等定めるところがなく、従って協約の内容は公序に反しない限り、協約当事者が自由に協定することができたのである。右の数字から明らかなように、賃金、労働時間に関する条項が圧倒的に多く、これらが協約の中核を形成していることが窺われる。賃金関係では、新たに物価手当、家族手当に関する条項が登場しているのが注目される。物価手当は、ウオール街に端を発する世界的恐慌がフランスにも次第に押し寄せて来たことの率直な反映と見られるし、家族手当は二〇世紀初頭より次第に浸透してきた「社会的賃金」観念の現れともいえるであろう。更に前期の協約と対比して興味がもたれるのは、新たに労働紛争の自主的解決手続を定める協約が数多く現れている点と、解雇予告期間を定める協約が見られる点である。総じて協約の内容は、次第に豊富なものとなり、職業内における規範設定の意味を有する規定が増えて、かつての骸骨協約に肉がつき、血が通いつつあるのを見るのである。

以上の行論からこの時期の協約の特色を要約しよう。

(1) フランス労働法史上初めての労働協約立法が制定されたにも拘らず、協約締結数は遅々として進まず、微々たるものであった。その最大の原因は、労働者の組織化が進展しなかった点に求められる。

(2) 一九一九年法は、協約の拡張制度を欠く点に関して批判をうけているが、協約の拡張は、事実上、その職業の圧倒的多数の労働者が組織され、それが締結する協約がその職業において重要な比重をもつという地盤があって初めて成立しうるものである。それ故に、僅か二％か三％のものが締結するにすぎなかった当時の協約に効力の拡張をもたせる方が無理であったといえよう。従って法的にも協約の拡張が認められるためには、このような条件が充される一九三六年法までまたねばならなかったのである。

(3) しかしながら労使双方が強力に組織されている職業にあっては、労働協約は次第に職業の法としての規範力を獲得しつつある点が注目される。

二　一九三六年法以降の労働協約

フランスの労働協約は、一九三六年を境にして画期的な発展を遂げている。われわれは先に労働協約の発展には、職業の組織化が進み、そこにおいて締結される協約に規範的効力が与えられるという二つの条件が必要であることに言及した。これらの条件は、三〇年以上ものフランス組織労働者の努力にも拘らず、容易に実現しえなかったものであるが、一九三六年六月の「心理的なショック」によって幸運にも一挙に実現されてしまった。すなわち三六年の人民戦線政府の樹立という一事である。世界的恐慌の波は遅ればせながらフランスにも訪れ、経済的にどん底にまでたたきつけられた労働者階級は、没落した中産階級、農民と共に唯一の活路を人民戦線に求めて再び活発な運動を展開し始めたのであるが、社会党と共産党の提携に呼応し、労働陣営では先に分裂したＣＧＴとＣＧＴＵが再び合同し、新たにＣＧＴを再建した。イタリア、ドイツを中心とする国際的ファシズムの脅威がこれらの動きに拍車をかけたことはいうまでもない。一九三六年六月四日には世界最初の人民戦線政府が成立した。労働者階級は五月の総選挙において人民戦線派の勝利が確定的となるや、これに力をえて一せいに賃上げ、有給休暇、協約、職場代表等々の経済的要求を掲げてストライキに突入したのである。ストライキはフランス全土に拡がり、スト参加者は二〇〇万、全労働者の四分の一に及んだほどであった。人民戦線内閣は、組閣後直ちにストライキの収拾に乗り出し、ブルム首相は労使の代表をマチニヨン・ホテルに会合させ、①七―一五％の賃上げ、②週四〇時間制、③有給休暇、④労働協約、⑤工場委員会等々の内容を含む有名なマチニヨン協定を成立させた。しかもこれらの協定はその後続々と立法化されていったのである。一九三六年六月二四日の労働協約法は、このような背景の下に制定され、協約の拡張適用を認める点において協約法史上、質的な飛躍を示す立法である。なお同法は、一九一九年労働協約法を廃止するものではなく、これを補完する形で制定されている。

三六年を境として協約は、産業関係における例外的な姿から正常且つ一般的なものとなるにいたった。しかも従来の契約的なタイプ（type contractuel）から規範的なタイプ（type réglementaire）へと移行したのである。マチニヨン協定後、翌一九三七年七月一五日までの約一年間に四、五九五の労働協約が締結され、一九三八年末迄には約六、〇〇〇に達し、そのうち約六〇〇が拡張適用されている事実からみても協約がいかに一般化されるに至ったか(1)

を推察することができよう。

（1） Lefranc, op, cit. p. 264.

さて一九三六年法は、協約の拡張を認めるための要件として次のような協約の必要的記載事項を定めている。

(1) 組合の自由および労働者の言論の自由
(2) 一〇人以上の労働者を使用する事業場における従業員代表の制度
(3) 職種別、地域別最低賃金
(4) 有給休暇
(5) 養成工組織
(6) 協約の適用より生ずる紛争処理手続
（一九三六年強制仲裁法により、労働争議の調停仲裁手続が必要的記載事項として付加されている）
(7) 協約の改訂手続

従って、当時の労働協約には以上に関する規定が先ず第一に掲げられていたことはいうまでもない。これらの規定のうち、組合の自由に関するもの以外は説明を付するまでもないと考えるので省略し、組合の自由と、必要的記載事項以外にはいかなる内容の規定が当時の協約に盛られていたかを紹介したい。(2)

(1) 組合の自由

一九三六年六月初旬にパリ地区金属業の労働協約締結の交渉が行われた際、協約当事者は、労働者が労働組合に加入し、または加入しない権利と、自由に個人の意見を開陳する権利を保護すべき条項を起草しているが、その後直ちにマチニヨン協定によって正式にその案が採択され、三六年法には必要的記載事項として挿入されている。組合の自由（liberté syndicale）は、団結の自由と訳す方が正当であるのかも知れない。アメリカおよびわが国で法律を以て禁止している不当労働行為の制度が、フランスでは組合の自由という協約の規定によって実質的に行われていることに注目すべきである。しかし当時の協約には、抽象的にマチニヨン協定の組合の自由に関する条文をそのまま掲げたものが少なくないし、逆に Roubaix-Tourcoing の繊維産業の協約（三六年九月）のように、企業内においては一切の宣伝および組合活動を行わないという規定すら散見される。さらにブザンソンの時計工の協約（三六年一一月）のように工場内における組合事務所、組合掲示板の設置にいたるまで具体的に規定しているものも見受けられるのである。

協約による団結権の保障を組合の自由という範疇に入れて考察している点にフランス的な色彩を感じるのであるが、労働者が組合に加入する自由を使用者が差別待遇その他によって侵害してはならないと同時に、組合の自由は労働者が組合に加入しない自由をも同時に認めるものであるから、右の自由ないし権利が組織強制によって脅かされる場合はいかにして調整されるかという問題が生ずる。例えば、いわゆるクローズド・ショップ約款は特定の職業にあっては既に第一次大戦前から行われており、破毀院も「純粋に一時的のものである限り」という条件つきでその有効性を認めている（arrêt du 24 oct. 1916, D. P. 1916. 1. 247）のであるが、文理解釈によれば明らかに組合の自由の原理に反するとして争われたのである。また協約当事者である労働組合のみが企業内においてパンフレットを配布する独占権を有するという規定や従業員代表選挙のための選挙権者、被選挙権者を組合員に限るという規定も、「組合の自由」に反するとして争われている。

(2)　必要的記載事項以外の規定

必要的記載事項以外の協約の条文には次のようなものが散見される。

（a）　労働関係法令の具体的適用を規定したもの

この種のものには週四〇時間法の可能な限りでその配分方法を定めるもの、有給休暇に関する三六年七月二〇日法の規定を職種毎に適応させたもの、家族手当、週休に関する法令をさらに有利に規定したもの等が存する。しかし、中には抽象的に法令を尊重する旨を記し、職業慣習の尊重を規定したもの（三六年八月造花業協約）や、四〇時間法の原則を確認する形でそのまま記載し、改めて注意を喚起しているもの（三六年一一月家具製造業全国協約）等が見受けられるのは興味深い。

（b）　作業条件・労務配置に関するもの

例えば安全衛生に関する条件、班ないしは組による作業を規制するもの、遅刻欠勤に関する規定等がこれらに属するものであって、中には就業規則と全く同様の規定を詳細に盛ったものも存する。

（c）　賃金に付属するもの

時間外手当、転勤手当、危険非衛生作業手当、現物給与等のほかに賃金支払方法、疾病手当、弔意金、妊産婦手当、住宅手当等が規定されている。また職員関係の協約には退職金に関する規定が見られるのが特長的である。

（d）　技術者関係の協約には非競業約款、発明特許権に関するものが見られる。

（e）　雇用関係条項

大部分の協約は再雇傭の問題を取り扱い、先任権の順序が示されている。

（f）　その他

理髪業、家具、履物業等の協約には、「労働者は企業内において時間外に報酬をうける労働を行ってはならない」と規定し、いわゆるヤミ労働（travail noir）を禁止している規定が存する。

（2）　J. Danel, convention collective-type de juin 1936. Droit social, 1938, p. 85; Arnion, op. cit. pp. 200-211.

さて、労働協約が一般化するためには、職業の組織化と協約に対し規範的効力が与えられることが必要である旨を述べたが、このような条件は三六年六月の出来事によって一挙に解決し、三七年の最盛時には八〇〇万の全労働者中CGTの組合員だけでも五三四万人に達するという驚異的な組織率を見せ、しかも三六年法によって拡張された結果、この期の協約は、量のみならず質的にも飛躍的な発展を遂げたのである。協約は、「職業の法」としての機能を充分に営むにいたり、かつ価値判断を別問題とすれば、労働条件に関する職業慣習が次々と協約の中に成文化され、その内容が詳細なものとなりつつあるのを看取しうるのである。

しかしながら第二次世界大戦の勃発とともに、戦時統制立法の一環として一九三九年九月一日法により、労働協約法の効力は停止され、賃金統制と並んですべてが戦時体制へと移行してしまった。フランスの敗北、ヴィシー政権の樹立とともに、共産党員が奴隷憲章と称した労働憲章が施行され、労働関係はすべて全体主義的構想の下に同憲章により規制されることになった。フランスの解放後、労働憲章は当然に廃止され、一九四六年一二月二三日法により労働協約法が復活した。しかし戦後の経済再建のために統制経済は依然として続けられ、その一部として賃金統制も引き続いて行われたために四六年法のもつ意義は極めて薄いものであったといわれている。ここでは四六年法の定める必要的記載事項と任意的記載事項を次に掲げるだけにとどめ、直ちに五〇年法以後の労働協約の考察に移ろう。

(1)　必要的記載事項

（a）　組合の自由および労働者の言論の自由

（b）　法令の定める条件内において職種別、地域別に適用される賃金

(c) 労働者の採用および解雇の条件
(d) 有給休暇
(e) 企業内における養成工の組織および職業教育機構
(2) 任意的記載事項
(a) 従業員代表および企業委員会、並びに企業委員会福利厚生事業の経理
(b) 報酬または生産高の一般約条件
(c) 年功賞与、精勤手当制度
(d) 危険・非衛生手当
(e) 転勤手当
(f) 有給休暇

三 一九五〇年法以降の労働協約

一九四六年法が戦後の臨時的な性格を有するものであることは前述したとおりであるが、戦後経済の立直りとともに長い間の官僚統制に対する批判が次第に起こり、特に賃金統制撤廃の要求が労働者側から叫ばれ始めた。これに呼応して、極めて厳格に規定されていた四六年法は行政当局に過度の権限を与えるものであるとして非難され(1)、協約による自由な賃金の設定と併せて四六年法改正の動きが現れるにいたったのである。一九五〇年二月一一日法

はこのような動きを背景に制定され、三六年法の原理にその後の経験による技術的改正を加え、これを完成させたものである。

もちろん同法によって賃金統制は撤廃され、賃金は自由な交渉の基礎の上に立つこととなった。

（1） Kréher, Conventions collectives et conflits collectifs du travail, 1951. p. 22. なお、五〇年法については石崎「ある最近の労働協約法」（法学一五巻一号）参照。

五〇年法は労働協約を適用範囲により、全国協約、地方協約、地区協約、事業所協定に分類し、その間に上下の関係を認め、かつそれぞれの協約が付属協約（協定）を締結することを認めている。従って基本的な事項を上級協約が定め、地域別或は職種別の特殊な労働事情に応ずる具体的な細目決定は、下部協約および付属協約に譲っているわけである。拡張制度により労働協約が拡張適用されることは三六年法と同様である。

同法は全国協約の必要的記載事項および任意的記載事項を次のように定めている。

(1)　必要的記載事項

（a）　団結権の自由な行使と労働者の言論の自由

（b）　職業別に適用すべき賃金

(イ)　格付なき労働者または被用者の職業別全国最低賃金

(ロ)　職業別職階制係数

(ハ)　困難、危険、非衛生作業手当

(ニ)　婦人および年少者に対し同一労働、同一賃金の原則を適用する方式

（c）　労働者の雇用、解雇の条件

(d)解雇予告期間
(e)従業員代表、企業委員会並びに右により管理される福利厚生事業の経理
(f)有給休暇
(g)協約の全部または一部の改正、変更、廃棄の手続
(h)労働争議調停手続
(i)技能者養成制度
(j)婦人および年少者の特殊労働条件
(2)任意的記載事項
(a)特殊労働条件
(イ)超過時間
(ロ)交代作業
(ハ)夜間労働
(ニ)日曜労働
(ホ)祭日労働
(b)作業能率による労働報酬の一般的条件
(c)勤続および精勤手当
(d)職業上の経費に対する補償
(e)転勤手当

（f）　臨時工とその報酬の条件

（g）　労働争議仲裁手続

（h）　退職手当制度

以上の規定からも推察されるように、五〇年法以降の労働協約はかなり厖大な内容をもち、二、三の全国協約を見ても条文の数が百条を前後する程であって、多くの場合は付属協定を伴い、かつあらゆる面にわたって実情に則し、詳細に合理的なとりきめが行われている点に興味が持たれる。五〇年二月一一日以後、五二年六月一五日現在迄の協約の総数は、全国協約が三九（付属協約五八）、地方協約一二（付属協約三三）、地区協約三〇（付属協約五〇）、事業所協約四〇（付属協約一六）となっており、繊維、化学繊維、鉄道管理関係（manutention ferroviaire）の三つの協約が拡張されている。[2] これらの協約の内容に関してはプッティの労働協約の内容と題する調査報告があるので、[3] これによりながら説明の必要があると思われるもののみを取り上げ、その概略を紹介しよう。

(1)　団結権の行使と労働者の言論の自由

従来の「組合の自由」とは、前述のとおり、労働者が組合に加入したり、組合活動を行ったことを理由として採用・解雇並びに職業の遂行上不利益な取扱いをうけない趣旨の規定を中心とし、企業における組合活動、争議権、組合の掲示板、企業における組合幹部の役割等を定めるものであった。四六年の新憲法により、団結権、争議権等の労働基本権が憲法上の保障をも受けることになった結果、それに呼応して五〇年法では協約の必要的記載事項を「団結権（droit syndical）の行使の自由」と書き改めている。今日ではもはや「組合の自由と労働者の言論の自由」の原則に対しては争いがなく、法の規定が「団結権の行使の自由」となっているために、労働者側では更に企業の内部のみならず、企業の外部においても組合の発達が期せられるような便宜を要求しているといわれている。すなわち組合側は、団結権を絶対的のものとみて、その自由な行使を妨げる一切のものに反対し、次の点を要求しているのである。㈠組合のみが決定した方法によって自由に争議権が行使されること、㈡組合員に対し、組合規約による大会または集会および委員会に出席するために必要な便宜を供与すること、㈢組合の業務または政治活動をなすために企業を離れた組合員を再雇用すること、㈣組合の掲示と集会の自由を拡張すること、㈤労働の場所において組合費を徴集し、組合出版物を配布する自由を認めること、㈥解雇に関する紛争を協約当事者の代表をもって構成する地方的、全国的機関により審査すること。

もちろん使用者側がこれらに対して反対の意見を表明していることはいうまでもないが、実際の条文は、これらをめぐっていろいろな形で出来上がっている。しかし以前のままの文例を記した協約（ゴム全国協約）や、従来の文例の外に単に「政治団体、信条若しくは宗教団体」への加入の自由をつけ加えたにすぎない協約（繊維）も散見される。

また言論の自由に関する規定も拡大され、かつ具体的に定められるようになったのが特長的である。

(2) 賃　金

五〇年二月一一日法により賃金統制が撤廃された結果、賃金は協約により自由に設定しうることとなった。しかし同時に同法は、全国保障最低賃金の制度を設け、(4)最低生活費の保障を計っている。従って協約の規定する賃金が、法令の定める最低賃金より有利なものでなければならないことはいうまでもない。五〇年法により、協約には未熟練労働者の職業別全国最低賃金と職業別職階制係数とが規定されることになっており、これらの組合わせにより各労働者に対し、職種と職階に応ずる最低賃金が保障されているわけである。

(3) 雇用および解雇の条件

雇用および解雇の条件に関してはいずれの協約もかなり詳細な規定を設けており、団結権の自由に関連して、使用者の団結権侵害にわたる行為を排除する意図をもつ規定、および個々の労働者の雇用および解雇の条件を細かく定める規定がみられる。なおフランスでは一九四五年五月二四日命令によって従業員の雇用解雇に商工業にあっては行政当局の許可を、その他の職業にあっては届出を要する旨が定められており（ただし私法上の効果を発生させるものではない。）、特に従業員代表、企業委員会委員の解雇が法令によって厚く保護されていることを付記しておこう。

(4)　解雇予告期間

フランスにおいては、解雇予告期間は職業慣習により古くから確立しており、三六年法以来協約に成文化され、今日にいたっているため、各職業により取りきめ方もまちまちである。しかし一般的には、技師、職長クラスが三ヶ月、職員一ヶ月、労働者一—二週間となっている。右のほか、解雇予告期間中、つぎの職業を求めるために一定時間の欠勤を有給で認める規定および解雇手当等が定められている。

(5)　労働協約の改訂手続

五〇年法によれば、労働協約の期間を定めることも定めないことも自由であるが、期間を定める場合は五年を超えてはならないと規定されている。実際の協約は一年（銀行・ゴム・缶詰）ないし二年（図書製版）のものが多く、五年の有効期間を定めるものは稀である。また、若干の協約（家事使用人、鉄道管理関係）は、期間の定めをしていない。期間の定めのある協約は、通常、一定の期間までに改訂の申し入れをしないときは黙示の更新が行われる。協約破棄の予告期間、手続きとともに、例えば第一四半期内においても変更できると定め、期間内の変更手続を規定するものが多く、その限りでは平和義務は考えられていない。

わが国で問題になったエンドレス約款も一般化されており、新協約の締結までは、その協約は有効とする旨の規定が見られる。

(6) 調停手続

五〇年法によって強制調停制度が採用されている結果、当然に協約の必要的記載事項となっている。例えば繊維産業の全国協約では、㈠企業内、㈡地区委員会、㈢地方委員会、㈣全国委員会の調停という段階の調整が行われることになっており、第一段階の委員会に紛争を付託した日から一〇日を経なければストライキおよびロックアウトを行ってはならない旨が定められている。

労働争議の仲裁に関する手続は協約の任意的記載事項とされているが、実際には殆ど規定されていない。

(7) その他の規定

必要的記載事項および任意的記載事項以外の協約の規定には種々のものが見られるが、各職業の特殊的な条件に相応するものが多いのは当然のことである。その主要なものは、衛生関係、生産性、徴兵義務関係、解雇手当、疾病に関する規則、非競業約款等々である。

（2） R. Petit, Du contenu des conventions collectives de travail, Droit Social juillet-août, 1952. p. 454.
（3） R. Petit, ibid, pp. 454-529.
（4） 外尾「フランスの最低賃金制」（季刊労働法九号）参照。

二　労働協約集

一　繊維産業の全国労働協約

（Convention collective nationale de l'industrie textile）　一九五一年二月一日

協約の目的

第一条　本協約は、繊維産業協会（Union des Industries Textiles）に加盟する団体の構成員たる使用者と、署名職業団体の組合員たる被用者との関係を規律する。

主として繊維産業のために働く派出店員（voyageur）、代理人、販売人（placier）への本協約の適用条件は、付帯協約一の定めるところによる。

本協約は、手工業登録簿（registre des métiers）に登録されていないものであつて、税法上労働者とみなされ、一または数人の使用者のために常時、かつ、正規に労働する家内労働者に対しても適用される。

右の労働者に対する協約の適用条件は、付帯協約二で定める。

その他の種別の家内労働者に対する協約の適用〔条件〕は、地方協約または職業協約（Conventions professionnelles）で定める。

本協約は、同じく、次のものに対しても適用される。

―右に列挙した職業に属する事業場の本店、倉庫及び代理店並びにその職業における職業組合

―右の事業場の厚生事業。ただし、この種の従業員に対する特別規定を留保する。

期　間

第二条　本協約は、一年の期間をもって締結し、黙示の更新により、引き続き一年間継続するものとする。本協約は、協約当事者のいずれかが期間満了日の三ヵ月前に行う通告によつて解除することができる。

協約を解除しようとする当事者は、現行協約の期間満了前に遅滞なく交渉を開始するため、改正点に関する新協約案を解除の通告書に添付しなければならない。

本協約は、当事者の一方により表明された解除または改訂の申込に従って成立した新協約が適用されるまで有効とする。

既得利益（avantages acquis）

第三条 本協約は、いかなる場合においても、本協約の署名以前に獲得された個別的または集団的な利益を制限するものであってはならない。

部門（branches）、地方（régions）、地区（localité）または事業場における問題を、その固有の領域において規律することは、地方、地区、事業場または部門別の協約に属するゆえに、本協約の規定は、部門、地方、地区または事業場において集団的に獲得された状態を低下させるように解釈されてはならない。

期間の定めのある契約を含み、個別的または集団的契約の条項が、労働者にとって利益が少ないか、または同等であるときは、本協約の条項が現行個別的又は集団的契約の条項に代わるものとする。

労使合同委員会（commissions paritaires）委員に対する保償

第四条 被用者が繊維産業の使用者団体及び被用者団体の定める労使合同委員会に出席するときは、損失労働時間は、労使両団体の共通の協定、特に委員会に出席する被用者側委員の員数に関する協定の定める範囲内において実働時間として使用者より支払われる。

右の被用者は、委員会への出席を予め使用者に通告し、かつ、使用者と協定して、そのための欠勤が企業の一般的運営にもたらす障害を最少限にとどめるように努めるものとする。

使用者及び被用者の団体は、本条の適用により生ずる紛議を、できうるかぎり定められた会合の前に解決するよう努力するものとする。

維持労働者（ouvriers d'entretien）

第五条 直接、繊維産業に属しないが、常時繊維産業において維持のために雇用されている石工、鉛管工、屋根工、機械工、電工、指物工等の労働者及び配達、輸送の業務を行う労働者は、本協約の適用を受ける。

ただし、右の労働者の職種別格付に際しては、同一条件において占めている部署に対し、原職業に関する諸規定の定めている報酬を下回らない額及び右の労働者の労働の特別条件に不可欠であって、本協約の付帯協約三に列挙する付属賃金を含む報酬を保障しなければならない。

組合の自由（liberté syndicale）

第六条　協約当事者は、労働者及び使用者に対し、それぞれの職業上の利益を集団的に擁護するため、組合の手段により自由に団結し、行動する権利を認める。

企業は労働の場所であるがゆえに、協約当事者は、特に採用及び解雇、労働の遂行または監督、仕事の配分並びに昇進又は懲戒に関し、職業団体、政治団体、信条または宗教団体に加入し、または加入しないことを理由として差別待遇を行わないことを相互に約する。

第七条　団結権（droit syndical）の行使を容易ならしめるため、組合規約の定める会合に出席する被用者に対しては、その旨を記載する文書を提出して、少なくとも一週間前に予告することにより欠勤を認める。

当事者は、前項の認可が生産を明白に阻害しないように努力するものとする。

右の欠勤は無給とする。ただし、年次有給休暇の〔計算のための就業日の〕控除には算入しない。

工場内部の従業員出入口付近に設置した掲示板を、組合の情報伝達に使用する〔ことができる〕。右の情報は、論争的性格を有するものであってはならず、かつ、純粋に職業上の情報の役割に限定しなければならない。掲示は、事業所長（Direction）に通告した後になすことを要する。事業所長は、組合の掲示が右に定める範囲をこえる場合には、これに反対することができる。

第八条　当該企業に一年以上勤務する被用者が正規に委任された組合の恒常的な業務を遂行するために、その職務を去る必要が生じたときは、右の労働者は、〔組合の〕業務が六ヵ月以上三年以内にわたって遂行されることを条件として、前職またはこれと同等の職務において再雇用される優先権を有する。

右の優先権は、再雇用の請求が遅くとも〔組合業務の〕委任の満了後一月以内になされることを条件として、関係者の委任の満了の日から六ヵ月以内に履行される。同一企業への復帰が不可能である場合は、関係使用者団体は、当該地域内において障害を解決するように努めるものとする。

前企業に再雇用される場合には、関係者は、当該企業を辞任する際に有していたすべての権利、特に先任権に関する諸権利を享有する。

再雇用されないときは、関係者は、例外的にその職種に応ずる賃金の二ヵ月分に等しい補償金を受けるものとする。

第九条　右の第六条及び第七条の適用から生ずる紛争であって、企業内において解決できないすべての紛争は、後出第七三条の定める調停手続に付託するものとする。

職場代表委員

第一〇条　一〇人をこえる従業員を使用する各事業場ごとに、正副職場代表委員を設置し、その人員を次のように定める。

被用者一一人以上二五人まで……正委員　一名、副委員　一名

被用者二六人以上五〇人まで……正委員　二名、副委員　二名

被用者五一人以上一〇〇人まで……正委員　三名、副委員　三名

被用者一〇一人以上二五〇人まで……正委員　五名、副委員　五名

被用者二五一人以上五〇〇人まで……正委員　七名、副委員　七名

被用者五〇一人以上一〇〇〇人まで……正委員　九名、副委員　九名

以下被用者五〇〇人を増すごとに正委員一名、副委員一名を増加する。

六人以上一〇人以下の被用者を使用する事業場において、少なくとも二名以上の被用者が要求した場合には、正副各一名の職場代表委員を設置することができる。

六人未満の被用者を使用する事業所においては、一または数人の労働者は、その要求により、自己の組合の代表者の補佐を受ける権利を有する。

事業所長は、職場代表委員の会合に必要な場所及び物品を供与するものとする。

第一一条　委員は、以下の諸条件のもとに、次の職階別に選出される。

一　労務者

二　職員

三　技術者及び職長

四　技師及び管理監督的職員

選挙団の数は、次のように定める。

被用者二〇〇人未満の事業所……二選挙団

被用者二〇〇人以上五〇〇人未満の事業場……三選挙団

被用者五〇〇人以上の事業所……四選挙団

数個の工場または作業場を有する事業所の労務者選挙団は、主要工場または異なった技術系統の作業所の各代表を選出しうるように分割することができる。

前項の分割をなすための細則は、地方、地区、事業所または部門別の協定で定める。特にこれらの協定は、比例代表制に関する法令の規定の適用を行うために必要な

範囲内において、前第一〇条に定める代表委員の数を増加することができる。

第一二条　一八歳以上の男女の被用者であって、少なくとも六ヵ月以上当該企業に勤務し、一八五二年二月二日憲法付属命令第一五条及び第一六条に定める罰則を受けたことのない者を選挙人とする。

背叛罪により処罰された被用者は、その期間中選挙権を剥奪される。

第一三条　企業主の直系尊属、卑属、兄弟姉妹及び同一親等の姻戚を除き、二一歳以上のフランス本国人または保護国領民及び一九四五年一一月二日命令第一六条に定める居住証明書を有する正規の外国人であつて、読み書きの能力を有し、当該企業に少なくとも継続して一二ヵ月以上勤務する選挙人は、被選挙権を有する。

一九四四年七月二七日命令及び一九四四年九月二六日命令の適用により組合役職員となることのできない被用者は、委員に任命することができない。

第一四条　労働監督官は、特に前第一二条及び第一三条に定める条件を適用した結果、右の条件をみたす被用者数が定員の四分の一以下に減ずる場合には、最も代表的な組合に諮問した後、第一二条及び第一三条に定める企業における勤続年数の条件への抵触を認めることができる。

第一五条　投票の開始及び終了の日時並びに投票の組織は、事業場長と候補者名簿を提出する資格を有する各組合により委任された従業員との協定により事業場ごとに定める。

右の協定の締結が不可能と認められる場合には、労働監督官の裁定に委ねるものとする。

投票は、就業時間中に行う。

選挙に費やした時間及び各種の投票事務を行うために被用者が費やした時間は、労働時間とみなし、被用者に対し正規の賃金を基礎として賃金を支払う。

選挙期日は、使用者側の配慮により、事業場における掲示によって少なくとも一五日以前に告示する。告示には、使用者により作成された選挙人名簿及び被選挙人名簿を添付するものとする。

右の名簿に対する異議並びに選挙資格及び被選挙資格に関する異議は、選挙日の少なくとも四日前までに申し出なければならない。

候補者名簿は、投票日の少なくとも四日前までに提示するものとする。

右の名簿には、定員数を下回る数の候補者数を含むことができる。

関係労働組合は、一九四七年七月七日法により修正された一九四六年四月一六日法に従って提出された候補者名簿を調整する。

選挙業務及び下記の事項に関する通知を掲示するために、必要とする期間中、充分な数の特別の場所を準備するものとする。

一　投票の告示
二　選挙団ごとの選挙人名簿
三　職場代表委員の数、選挙権、被選挙権の条件、選挙及び異議申立方法に関する条文
四　候補者名簿
五　選挙業務の調書
六　組合または候補者により組織される準備会議の日時及び場所

選挙に関するすべての事項は、事業所内に使用されている労働者に対すると同時に、派出店員、代理人、販売人、家内労働者または転任中の労働者に対しても通告するものとする。

転任中の労働者に対する不在投票の条件は、事業所協定で定める。

第一六条　各投票区の選挙事務局は、企業、工場または作業場における二名の最古参の選挙人及び受付、開票に立ち会う二名の最新任の選挙人により構成される。

事務局長には最古参の者が就任する。

事務局は、すべての業務、特に選挙人の欄外記入、開票の業務に対し、候補者及び各選挙人名簿を代表するものの請求と選任により、会計係及び庶務係の被用者の援助を受けることができる。

事務局が決定をなす場合には、記入係の被用者は、単に諮問を受ける権利のみを有するものとする。

第一七条　投票は、工場または作業所の最も都合のよい場所に設けられた投票函に、投票事務局立会の上、秘密投票により行われる。

選挙人は、事業所長により設けられた台の側を横切りながら、投票用紙を統一的規格の不透明の封筒に封入する。投票用紙及び封筒は、事業所長が提供しなければならない。

現行法令の諸規定に従い、選挙人は、自由に名簿上の候補者の氏名を抹消し、好みの投票をなすものとする。ただし、同一投票用紙において他の種別の候補者に投票することはできない。抹消及び投票順位以外に投票用紙へ記入をなしたものは、すべて無効とする。

選挙人が選択する名簿の候補者の記載順位を変更しようとする場合（優先投票）は、投票用紙のこの目的のために設けられた仕切内の各候補者の氏名の上に、与えよ

うとする順位の番号を記入しなければならない。

前項の規定の適用により名簿上の候補者の提示順位になしうる修正は、当該名簿の選挙人の多数が名簿上の候補者の記載順位の変更を行った場合でなければ、考慮に入れない。

同一封筒内に同一の記載をなした数個の投票用紙が存する場合には、一票として計算する。同一封筒内に異なった記載をなした数個の投票用紙が存する場合には、これらの投票は無効とする。

名簿上の候補者への投票総数を候補者数で除したものをもって、当該名簿の投票の平均とする。

候補者は、取得した得票数に従って当選を決定する。得票数が等しいときは名簿の記載順位による。


第一八条　各選挙団ごとに、正委員及び副委員に対する投票を別個に行う。

〔選挙に関する〕すべての規定は、交替により労働する従業員または夜間作業をなす従業員がその就業時間中に投票をなしうるように配慮されなければならない。

開票は、投票締切時刻後、直ちに行う。候補者は、一九四七年七月一七日法及び前第一七条の規定に従って、投票事務局より当選を確定される。

投票結果は、一または数個の投票事務局員の署名した写を付した記録簿に記入するものとする。

右の写しの一部は、各当選者に交付し、他は翌日関係事業場に掲示する。右の写しは、名簿を提出した各組合に交付し、その他の写しは、事業所長の許に保管するものとする。

選挙権及び選挙の効力に関する訴訟は、即決判決を行う治安判事の管轄とする。治安判事の判決は、破毀院に上告することができる。上訴は、一八七五年一一月三〇日法、一九一四年二月六日法及び一九一四年三月三一日法により修正された一八五二年二月二日憲法付属命令第二三条の定める手続及び期間内において行う。上訴は、確定判決を行う〔破毀院〕社会部（Chambre Sociale）に提起するものとする。


第一九条　正委員に事故が生じた場合は、副委員がこれに代わり、その任期は、交替した正委員の任期の残余の期間とする。

副委員が正委員に任命されたときは、職務を停止した正委員に属する名簿の次点者をもって副委員とする。

前項に定める場合以外に副委員の席が空白となったときは、副委員の側に属する名簿の次点者をもって副委員とする。

いかなる場合においても、新たに選出されたものは、その交替した前任者に割り当てられた期間の残余について任命されたものとみなす。

第二〇条　すべての職場代表委員は、任期中においても、推薦母体たる労働組合の提案に基づき、自己の所属する選挙団の秘密投票による多数決によって解任することができる。

第二一条　職場代表委員の職務は、次のとおりとする。

――賃金率及び職種別格付、労働法典並びにその他の労働者の保護、安全、衛生、社会保障に関する諸法令の適用に関し、直接満足を得られなかった個別的及び集団的諸要求を、使用者に対して提出すること。

――労働監督官が監督の責任を有する法令及び諸規則の適用に関するすべての不満及び苦情を監督官に対して提起すること。

監督官は、視察に際して管轄の職場代表を随伴させなければならない。

被用者は、使用者及びその代理人に対し、みずからその要求を提出する資格を失うものではない。

一九四五年二月二二日命令の適用によって設置された企業委員会が存するときは、職場代表委員は、企業委員会の権限内において生起するすべての問題に関し、従業員の意見及び勧告を提示する権限を有する。企業委員会の存しない場合には、職場代表委員は、生産能率及び企業の一般的組織の改善を目的とするすべての提案を使用者に提示することができる。

さらに、職場代表委員は、企業主と共同して形式または性質のいかんを問わず、事業所におけるすべての福利施設の運営を行うものとする。

一九四七年八月一日命令により設置された安全衛生委員会が存しない場合には、職場代表委員は、安全衛生に関する諸法令の規定の適用を監視し、事故及び職業病に際しては、すべての有効な方策を提案する任務を有する。

第二二条　正副職場代表委員は、事業所長またはその代理人と、少なくとも毎月一回以上、会合の六日前までに事業所長が定め、工場または仕事場に掲示された時間に会合するものとする。

右の定期的会合以外においても、緊急の場合には、代表委員は、自己または使用者の要求により集団的に会合することができる。

代表委員は、その要求に基づき、職階別、工場別、職種別または専門職種別に個別的に会合するものとする。いかなる場合においても、正委員は、副委員を伴って使用者と会合するものとする。

右の会合は、止むをえない場合のほか、正規の就業時間外に行ってはならない。

職場代表委員は、株式会社であって、取締役会の審議を経た後でなければ取り上げられない要求を有する場合には、自己の要求に基づき、使用者またはその代理人立会の上、取締役会と集団的に会合することができる。

第二三条　検討すべき問題の審議を促進し、かつ、容易ならしめるため、職場代表委員は、会合すべき日の二日前までに企業主に対し、その要求の概要を示す書面を手交することができる。

右の書面の写しは、事業所長の配慮により、六日をこえない期間内に、右の書面に対する回答を記載すべき特別帳簿に転載される。

右の帳簿は、二週間を通じて、都合のよい日の労働時間外に事業所の被用者の任意の閲覧に供しなければならない。

右の帳簿は、同じく労働監督官の閲覧に供しなければならない。

提起された問題が職場代表委員の権限に属する限度において、第二項に定める書面の写し及び事業所長による回答の写しを、職場代表委員の要求または事業所長の配慮に基づき、掲示板によって従業員に周知せしめるものとする。

第二四条　職場代表委員の管轄は、従業員全般に関する一般的秩序の問題を除き、選挙母体たる事業所の集団に限定される。

第二五条　事業所長との会合において、職場代表委員は、その要求により、自己の職業組合の代表者を列席させることができる。

第二六条　事業所長は、職場代表委員に対し、特別の事情のないかぎり、一月一五時間をこえない範囲内でその職務の行使に必要な時間を許容するものとする。一月一五時間の制限は、六人以上一〇人以下の被用者を使用する事業場にあっては、特別の事情のない限り一〇時間とする。企業委員会法の適用を受けない事業場にあっては、右の制限時間は一月二〇時間とする。

右の制限時間内においては、各代表委員は、その職務のために失った賃金に等しい額の補償を受けるものとする。

第二七条　各代表委員は、その職務において平常どおり勤務するものとする。労働時間は、第二五条の規定を考慮し、その工場における現行労働時間と異なってはならない。

代表委員の職務の正常な行使は、定期昇格又は昇給の障害並びに解雇、懲戒及び不当な配置転換の原因となってはならない。

使用者によるすべての正副職場代表委員の解雇は、一九四六年四月一六日法第一六条により、必ず企業委員会の同意を得なければならない。

本条の適用から生ずるすべての紛争であって、関係者間で調整することのできないものは、第七三条の定める調停手続に付託するものとする。

企業委員会

第二八条　本協約の適用範囲内にあって、一または数事業場で常時五〇人以上の被用者を使用するすべての企業に企業委員会を設置する。

第二九条　企業委員会または事業所委員会は、企業主またはその代理人及び次のような従業員の代表で構成される。

被用者五〇人……………正委員二名、副委員二名

被用者五一人以上………七五人まで

正委員三名、副委員三名

被用者七六人以上………一〇〇人まで

正委員四名、副委員四名

被用者一〇一人以上……二〇〇人まで

正委員五名、副委員五名

被用者二〇一人以上……五〇〇人まで

正委員六名、副委員六名

被用者五〇一人以上……一〇〇〇人まで

正委員八名、副委員八名

被用者一〇〇一人以上……二〇〇〇人まで

正委員一〇名、副委員一〇名

被用者二〇〇一人以上……三〇〇〇人まで

正委員一一名、副委員一一名

被用者三〇〇一人以上　正委員一二名、副委員一二名

副委員は、諮問的な資格で会議に列席する。企業において認められた代表的な各労働組合は、会議に諮問的資格で代表者を出席させることができる。

企業委員会委員は、次の条件で職階別に選出される。

一　労務者

二　職員

三　技術者及び職長

四　技師及び管理、監督的職員

選挙団の数は次のとおり定める。

五〇人以上一九九人までの被用者を使用する事業場…………………………二選挙団

二〇〇人以上四九九人までの被用者を使用する事業場……………………三選挙団

五〇〇人以上の被用者を使用する事業場…………………四選挙団

第三〇条　一八歳以上の男女の被用者であって、少なくとも六ヵ月以上当該企業に勤務し、一八五二年二月憲法付属命令第一五条及び第一六条に定める罰則を受けたことのない者を選挙人とする。

フランスにおいて少なくとも五年以上労働する男女の外国人被用者であって、一九四五年一一月二日命令第一六条に定める居住証明書の特権を有し、かつ、前項に定める要件を充す正規の外国人は、選挙人とする。

背叛罪により処罰された被用者は、その期間中選挙権を剥奪される。

第三一条　企業主の直系尊属、卑属、兄弟姉妹及び同一親等の姻戚を除き、二一歳以上のフランス本国人または保護国領民であって、読み書きができ、少なくとも一年以上当該企業に継続して勤務する選挙人は、被選挙権を有する。

背叛罪のために処罰された被用者または一九四四年七月二七日及び九月二六日命令の適用により組合活動の権利を剥奪された被用者は、被選挙権者となることができない。

第三二条　職場代表委員の選挙に関する本協約第一五条、第一六条、第一七条及び第一八条の規定は、企業委員会の選挙にも適用する。

第三三条　企業委員会の委員は、一年の任期で選出される。ただし、再選を妨げない。

不可抗力により定期の改選が行われなかったときは、企業委員会委員は、臨時に新しい選挙が行われるまで留任するものとする。

いかなる理由においても年間に選挙が行われなかったときは、次年度の定期の改選のときに選挙を行うものとする。

職場代表委員の選挙に関する第一九条、第二〇条の規定は、企業委員会の委員に対しても適用する。

第三四条　企業委員会委員は、その職務において平常どおり勤務するものとする。委員の労働時間は、第三九条の規定を考慮し、当該工場における現行労働時間と異なってはならない。

企業委員会委員の職務の正常な行使は、定期の昇格または昇給の障害、解雇、懲戒及び不当な配置転換の原因となってはならない。

使用者によるすべての企業委員会委員の解雇は、一九四五年二月二二日修正命令第二二条により必ず企業委員会の同意を得なければならない。

本条の適用により生ずるすべての紛争であって、当事者間で調整のできないものは、本協約第七三条の定める調停手続に付託するものとする。

第三五条　企業委員会は、従業員の労働条件及び生活条件並びにこれらの事項に関係する諸規律の改善を目的とする。

企業委員会は、当該企業内に被用者またはその家族のために設けられた福利厚生事業の管理を確保し、若しくは監督し、または現行諸法令の定める条件内においてその管理に参画する。

第三六条　経済組織の面においては、企業委員会は、一九四六年五月一六日法により修正された一九四五年二月二二日命令第三条の定める役割を諮問的資格で行うものとする。

第三七条　企業委員会においては、企業主またはその代理人が、議長に就任する。

選挙後の第一回の会合において、企業委員会は、正委員の中から書記の任命を行う。同じく企業委員会は、職務遂行に必要と認められるポストを充たすために若干の委員を任命する。

企業委員会は、書記と合意の上で行う議長の召集により、少なくとも月一回会議を開催する。

さらに、企業委員会は、委員の過半数の要求により、第二回の会議を開くことができる。

右の会議は、原則として正規の労働時間中に行う。会議が労働時間外に行われた場合は、企業委員会の委員が会議に費やした時間は、労働時間とみなし、報酬を受けるものとする。

右に定める会合のほかに、企業委員会委員の過半数の要求と議長の同意に基づき、臨時の会合を行うことができる。

日時は企業主及び書記により定められ、会議の少なくとも四日前までに委員に通知される。企業委員会がその委員の過半数の要求により会議を開催したときは、召集の要求に付記する議題とともに必ず会議の日程を記さなければならない。

企業委員会がその職権内で行う決定または決議は、多数決によるものとする。

企業主またはその代理人を欠き、企業委員会委員の少なくとも半数以上のものが要求したときは、企業委員会は、労働監督官により召集され、監督官が議長となって開催することができる。

審議の内容は、書記により議事録に記載され、企業主及び企業委員会委員に通知される。

企業主またはその代理人は、企業委員会の各会合において、前回付託された提案に対する理由を付した決定を報告しなければならない。右の決定は、議事録に記載される。

企業委員会は、特定の審議事項を、県労働局長に伝達するよう決議することができる。

企業主は、企業委員会に対し、その会議及び事務局に不可欠の場所、什器及び人員の便宜を提供しなければならない。

第三八条　企業委員会の職務または福利厚生施設の会計に必要な予算は、現行法令、特に一九四九年八月二日法の範囲内において使用者と企業委員会との協定により定めるものとする。

右の予算に定められた経費は、使用者と企業委員会との協定により定められた期間、企業委員会または企業委員会の監督下にある機関の任意の使用に供するものとする。

第三九条　企業主は、正規の任務を遂行する正副企業委員会委員に対し、特別の事情のないかぎり、月二〇時間をこえない範囲内でその職務を遂行するのに必要な時間を与える。右の時間は、その職務が企業内で行われた場合にかぎり、労働時間として賃金の支払いを受ける。ただし、企業外における活動であっても、議長またはその代理人が認めたものであるときは、このかぎりではない。

企業委員会委員に対しては、いかなる場合においても、前項の時間中、正規の労働時間として支払われる額以下の賃金を支払ってはならない。

同じく正副企業委員会委員及び前第二九条の定める労働組合代表が企業委員会の会議に費やした時間は、前項と同様の条件において労働時間として支払いを受ける。正委員に対しては、上記の二〇時間を控除しない。

企業委員会の委員及び労働組合代表は、企業委員会の職務に必要な移動により賃金の減額を被ってはならない。右の場合、就業規則に定める条件の範囲内において、転勤手当を受けるものとする。

第四〇条　それぞれ五〇人以上を使用する数事業場を有する企業においては、事業所委員会（comité d'établissement）及び中央企業委員会（comité central d'entreprise）を設置する。

五〇人以上の被用者を有する事業所にあっては、事業所委員会は、企業主またはその代理人のほか、企業委員会に対し、前第二九条の定めるものと同一の割合の従業員の代表を有しなければならない。

五〇人以下の被用者を有する事業所は、企業委員会委員の共同の任命を行うために、企業委員会を設置しなければならない同一企業の最寄りの事業所に合併し、または共通委員会（comité commun）を設置するために地区または地方ごとに、特別の場合には地域全般にわたって合同するものとする。数事業所における共通委員会の構成は、企業委員会に関する前第二九条の規定に従って定める。事業所委員会または企業委員会においては、企業主またはその代理人が議長となる。

第四一条　中央企業委員会は、企業主またはその代理人及び現行諸規則の定める条件内において任命された事業所委員会の選出する委員により構成される。

中央協議会の正副委員の数、事業間及び選挙団への議席の割当は、企業主及び関係労働組合間の協定により定める。

右の協定の締結が不可能なときは、当該企業の所在地の地区労働監督官がその割当を決定する。

中央企業委員会は、書記と合意の上で発する議長の召集により、少なくとも六ヵ月に一回企業の所在地において会議を開催するものとする。副委員は、諮問的資格で会議に列席する。

採用及び任命

第四二条　現行法令の諸規定に従い、使用者は、当該企業における欠員を、県労働局若しくはその地方支部または、それらを欠くときは当該市町村長に対し、通知するものとする。

使用者は、常に現行法令の制限内において直接雇用を行うことができる。ただし、採用を確定する前に労働局に対して通知しなければならない。

使用者団体は、適宜、関係被用者団体に対し、すべての職階を通じて一般的に必要とする職種を通知する。

企業の全般的発展に伴う集団的雇用、新たな職種の設置を惹起させる企業規模の変更の場合には、季節的雇用を除き、必ず企業委員会または企業委員会を欠く場合には職場代表委員と協議しなければならない。

経営に変動を生じ易い企業においては、仕事の欠除のために六ヵ月以内に解雇され、他の企業に雇用されていない被用者を優先的に採用するものとする。

ただし、前項の規定は、特定の労働者（不具者、家計維持者等）の雇用に関する法令から生ずる義務を免れさせるものではない。

第四三条　採用に際しては、身体上の見地から、事業所に附置された労働医師により、現行法令の定める条件内において身体検査が行われる。

職業上の見地から、採用に際し、職業能力の検査を試験または試用によって行う。右の試験または試用の一般的規則（資格、人数、施行期間及び監督）は、関係職業団体が、労使合同して部門別に全国的または地方的に定める。

右の試験、試用及び監督の細部は、企業委員会または事業所委員会内における前記の協定に従い事業所別に定める。特別の場合には、一九四六年五月一六日法により修正された一九四五年二月二二日命令第一五条乙の定めるところにより設置された特別労使合同技術委員会に付議するものとする。企業委員会または事業所委員会を欠く場合には、前項の手続は、職場代表委員と協議の上定める。右の細則は、就業規則の付則とする。付則は、期限が到来した場合、製造様式、設備、生産方法の改革が行われた場合には、改訂することができる。

企業主は、各契約を、資格、職務及び関係当事者の占める地位に応ずる職階係数及び必要に応じ、従業員として関係当事者に帰属する付属利益を記載する文書または雇用契約書により確認するものとする。

第四四条　被用者は、その要求により、常時上級の資格の地位に就くための職業試験を受けることができる。

企業主は、欠員又は新設の地位を補充するために必要な任命を自己の責任において行う。右の任命を行うに際し、企業主は、外部から募集する前に当該企業の従業員の中から優先選択を行うものとする。

右の選択を行うために、企業主は、候補者の能力を、特に欠員または新設の部署に要求される職務によって定められた職業試験の手段により判定するものとする。

第四五条　**試用期間**

(a)　労務者

予めの試用の施行は、確定雇用契約を構成するものではない。ただし、右の試用のために費やされた時間は、本協約により定められた職種の最低賃金率によって支払を受ける。

試用期間は、反対の慣習または合意のない限り、二週間をこえないものとする。

試用期間中は、報酬の形態のいかんを問わず、二時間の予告期間をもって、当事者は労働契約を解除することができる。

職業上の資格が応募しようとする職業に、中断することなく少なくとも三年以上の実地の経験を有する旨の正確、かつ、正規の証明書により正当化されうる場合には、労働者は、試用を強制されない。提供される職種が、当該労働者の有する資格を超過する場合を除き、試用期間のみをもって適否を判定する。

(b)　職員（俸給被用者、技術者及び職長）及び月給従業

員
　慣習により異なった定めが行われている場合を除き、俸給被用者、技術者及び職長に対しては試用期間は一月とする。

(c)　職員（監督的職員）
　技師及び監督的職員に対して適用される試用期間は、これらの職種の労働条件を規制する本協約の付帯協約四の定めるところによる。
　前記b項及びc項に定める被用者が試用期間の半ばを経過したときは、解雇予告期間は、試用期間一月の者に対しては一〇日、その他の者に対しては四〇日とする。

第四六条　労働契約の停止　疾病または労働事故を含む事故により正当化される欠勤であって、使用者が関係当事者の文書による通知を受けたものは、労働契約の破棄を構成するものではなく、労働契約の単純な停止を構成するものとする。関係当事者の文書による通知がなく、使用者の問合せに対し、一五日以内に返答がなされない場合には、契約は、事実上破棄されたものとみなす。
　右の欠勤により関係者の代替を必要とする場合には、代替人に対しその雇用が臨時的な性格を有するものであることを告げなければならない。ただし、いかなる場合であっても、右の代替人は、本協約の諸規定の適用を受けるものとする。
　労働契約停止の期間は、次の日数をこえてはならない。
　——当該企業における勤続年数五年未満の者……六ヵ月
　——当該企業における勤続年数五年以上一〇年未満の者……八ヵ月
　——当該企業における勤続年数一〇年以上一五年未満の者……一〇ヵ月
　——当該企業における勤続年数一五年以上の者……一年
ただし、労働契約が労働事故または職業病により停止された被用者に対しては、右の期間は、勤続年数のいかんを問わず二年とする。
　前記の期間をこえた場合には、関係者を解雇することができる。解雇の通知は、書留郵便によりなさなければならない。
　ただし、兵役期間による欠勤は、労働契約の破棄を構成しない。
　義務兵役を終了した労働者が再雇用されない場合には、使用者団体は、次のことを条件として当該労働者をその職業に優先的に採用するよう努めなければならない。

(a)　繊維産業職業資格証明書を有すること。

(b)　あるいは繊維産業における正規の職業養成工であって、当該産業において二年以上の職業経験を有すること。

(c)　あるいは繊維労働者の正規の地位を占め、繊維産業に三年以上労働していたこと。

正式に確認され、かつ、直ちに使用者に届け出られた不時の出来事（家屋の火災、死亡、事故、及び配偶者、直系卑属又は尊属の死亡、事故、重病のような）に起因する欠勤は、欠勤期間がその原因となっている出来事と均衡のとれていることを条件として、労働契約の破棄を惹起するものではない。

第四七条　企業活動が弛緩し、かつ、集団的整理の手段に訴えることが予期される場合には、事業場長は、あらかじめ企業委員会又は事業所委員会及び職場代表委員に通知しなければならない。

時間給の被用者であって、二週間以上部分的に休業中の者の請求により、その予告期間を減じ、企業主との協定により予告期間を廃止することができる。

協定を欠く場合には、右の予告期間は、次のように定める。

――週労働時間が三二時間をこえない場合……四日

――週労働時間が二四時間をこえない場合……三日

労働契約の解除または破棄

（予告期間）

第四八条　重大な過失のある場合及びより有利な反対の慣習のある場合を除き、労働契約の破棄の際の相互の予告期間は、次のとおりとする。

(1)　時間給の従業員に対しては、事業所の実働時間に従い一週間

(2)　付帯協約に定める場合を除き、月給の被用者、職長及び従業員に対しては一月

技師及び監督的職員に適用される予告期間は、これらの職種の労働条件を規制する本協約の付帯協約四において定める。

（予告手当）

第四九条　使用者または被用者が、予告を遵守しなかった場合には、右の予告を遵守しない当事者は、相手方に対し、残余の予告期間に相当する賃金に等しい額の補償金を支払わなければならない。

右の補償金は、次のように計算する。

(1)　時間給の従業員に対しては、解除に先立つ四週間に支払われた平均時間賃金（すべての割増金及び手当を含む。）

(2)　月給の従業員に対しては、企業に入社以来のすべての割増金及び諸手当を加えた毎月の賃金を基礎とする。

（予告期間中の欠勤）

第五〇条　予告期間中

(a)　解雇の場合

(1)　時間給の従業員は、毎日二時間欠勤することが認められる。

(2)　月給の従業員は、予告期間一月ごとに総計五〇時間欠勤することが認められる。

右の欠勤の時刻は、共通の協定により定め、協定を欠く場合には、被用者と使用者が交互に隔日に指定するものとする。

いかなる場合においても右の時間は、関係当事者の請求により、勤務時間の中途においてとることができる。

右の時間は、すべての割増金及び手当を含め、実働賃金率に従って支払を受けるものとする。

(b)　希望退職の場合

希望退職の場合においても、仕事を探すための欠勤時間に対する権利は維持される。

ただし、反対の慣習のある場合を除き、右の時間は無給とする。

（転勤及び配置転換）

第五一条　住居と労働の場所との距離を著しく修正する転勤、重大な過失または身体上の不適格に基づかず、かつ、関係当事者の承諾しないすべての配置転換または降等は、使用者側よりする事実上の労働契約の破棄とみなす。

（個別解雇）

第五二条　個別解雇を行う前に、使用者は、その決定に役立ち得る意見と情報を集め、それを明確にする関係者を召集するものとする。いかなる場合においても、関係者は、職場代表委員を同伴する権限を留保する。

関係者は、自己自身または職場代表委員と競合して、主張しようとする苦情を提起することができる。

使用者は、苦情を審査した後でなければ解雇の決定を行うことができない。苦情は、四八時間以内に提起されなければならない。

（集団解雇）

第五三条　事業所長は、引き続き従業員の解雇の必要を惹起させる危険性のある企業活動の重大な減退を予知した場合には、ただちに企業委員会、または企業委員会を欠く場合には職場代表委員にその旨を通知し、不測の事態を避けるために執るべき方策につき諮問しなければならない。

その際、用い得べきすべての緩和策が検討されるものとする。

(1)　近代化及び装備化の見地並びに安全衛生の見地から有用なすべての設備を事業所において実現するために従業員を利用すること。

(2)　現職の従業員の利用の可能性が尽きた後に、労働時間の短縮、交替による一部休業を行い、最後の手段として解雇を行う。

不測の解雇は、解雇に関する一般法令及び就業規則に従い、同時に職業の価値、家族の責任及び状態並びに企業における勤続年数を考慮し、その順位の逆の者から、各職種別に行うものとする。

右の条件において解雇された従業員は、解雇後一月以内に提起する要求に基づき、最低次の期間内に、解雇とは逆の順位で同一性質の仕事に再雇用される優先権を有する。

――事業所において勤続六ヵ月未満の労働者の場合……六ヵ月

――事業所において勤続六ヵ月以上の労働者の場合……一年

右の条件において解雇されたすべての労働者であって、事業場における勤続年数が一年に満たず、かつ第一年度の末までに再雇用されなかった者は、文書による請求によって当該事業所への求職の意思を表明することができる。

右の場合には、上記の期間は、次年度に延長するものとする。

関係者は、書留郵便により召喚される。右に対する回答は、再雇用の意思表示を通知した日から一五日以内に使用者になさなければならない。

さらに地域的な使用者団体は、関係従業員の他企業への配置転換を容易にするために必要な配慮を行うものとする。

有給休暇

第五四条　（休暇の期間）

(a)　普通休暇

特別の協約、労働契約または慣習により有利な規定が存する場合を除き、通常の有給休暇の期間は、事業所における会計年度中に遂行された実働一月ごとに一日の割合で定める。有給休暇の期間の開始日は、毎年六月一日とする。

四週間または二四労働日に等しい期間を実働一月とみなす。

有給休暇の期間の算定に当たっては、次に掲げる期間は、実働期間とみなす。前年度の有給休暇の期間。婦人の産前産後の休暇期間（通常の場合は最大限継続一二週、妊娠または分娩に基づく疾病であって、医師の診断書により証明されたものであるときは、継続一五週）。労働契約の履行が労働事故又は職業病のために中断された期間であって二年をこえない期間。

次の場合も同様に実働期間とする。特別法により補償される電気または石炭の不足に基づき失われた時間。正規の労働時間が五日間に割り当てられているために常に休業となる日。一または数週間に亘る労働の全体的停止に起因するものではなく、週労働時間の減少により生じた部分的休業時間。

休暇期間は、就業日とする。法定週休日、現実に休業し振替えのできない法定祝祭日は、就業日とみなされず、したがって被用者に当然の有給休暇日に算入してはならない。

これに反し、右の二種の範疇に属しないもの、特に労働時間が五日に割り当てられている場合に常時休業となる日、地方的祝祭日、関係者の休暇期間中従業員が現実に行使した法定祝祭日、その休業が法律上の義務に基づかない日曜と祝祭日との間にはさまれた日（現実に休業したか否かを問わない。）は、有給休暇の日数に算定される実働日数とみなされる。

(b)　年少労働者及び養成工の有給休暇

有給休暇を次のように定める。

一八歳以上二一歳以下の年少労働者及び養成工——実働一月につき一日半

一八歳未満の年少労働者及び養成工——実働一月につき二日

関係者の年令は、前年の五月三一日から、月ごとに算定する。休暇日数が整数でないときは、休暇の期間は、直接上位の日数とする。

誕生日が月の途中に存在する場合には、〔有給休暇の算定に〕考慮すべき労働期間の計算は、誕生日の前後の日数または週の数を合算し、かつ、二四労働日または四労働週に等しい期間を一月とみなす規定を参照しつつ行うものとする。

年度の途中で採用された年少労働者は、一二労働月就業した者に割り当てられた休暇の利益を請求することができる。ただし、右の任意の補充的休暇は、有給としない。

(c)　先任権の追加休暇

同一使用者のもとにおいて、継続しまたは断続する勤務期間中職務に従事していた者に対し、通常の有給休暇期間を次のような割合で増加する。
五年以上〔勤続せる者〕……一日の追加休暇
一〇年以上……二日の追加休暇
一五年以上……四日の追加休暇
二〇年以上……六日の追加休暇
右の増加は、一八日の休暇期間をこえて行うことができない。
ただし、企業において勤続三〇年の徽章の受賞資格を有する労働者に対しては、次の割合の追加休暇を与える。
三〇年以上……八日の追加休暇
四〇年以上……一〇日の追加休暇
追加休暇適用のためには、特に疾病、労働事故、休職、認可された欠勤、召集、なんらかの資格で軍務に服する場合（たとえば教育召集）等の理由により、労働契約が解除されることなく、その履行が停止されているときは、実働期間とみなす。
労働契約が、〔過去において〕破棄されている場合には、停止された期間それ自体を除き、同時に契約再開後の期間と、解除に先立つ期間とを考慮しなければならない。
先任権に基づく追加休暇の権利を容認する勤務期間は、通常の休暇に関する基準年度の終期（五月三一日）に算定する。労働契約の解除の場合には、右の期間は、解除の日に算定する。右の場合には、追加休暇は、通常の休暇が一二日に満たないという理由によって減じてはならない。

(d)　母性〔労働者〕の追加休暇

事業所において四ヵ月以上勤務する婦人被用者は、一五歳未満の保育の責任のある児童であって、家庭または乳母若しくは保育所で生活するもの一人につき二日の追加休暇を与えられる。

(e)　出生の追加休暇

すべての世帯主たる被用者は、その家庭において生じた各出生の時に、追加休暇を受ける権利を有する。右の休暇の期間は、三日と定める。右の三日は、使用者と当該被用者との協定により、継続し、または断続してとることができる。ただし、出生の日を含む一五日間以内にとらなければならない。

(f)　併　合

右の各種の追加休暇は、相互に併合するものとする。ただし、出生の追加休暇を除き、地方別、地区別または部門別の労働協約によって協定された、より長期の有給休暇とは併合できない。

（休暇手当）

第五五条

(a)　通常の休暇

休暇手当は、次の二つの方法のうち、労働者に最も有利な方法に従って計算される。すなわち、

――休暇権の評価のために算定すべき期間中に被用者が受領した全報酬の二四分の一を基礎とする。

全報酬とは、賃金及びその他のすべての手当（現物給与、生産報償金、時間外割増賃金等）をいう。

婦人の産前産後の休業期間及び二年をこえない職業病または労働事故による労働の停止の期間は、事業所における労働時間として報酬が与えられ、かつ、関係者が右の期間中受領する職種別時間賃金が与えられたものとみなされる。

――関係当事者が、労働を継続すれば受領したであろうという報酬を基礎とする。右の報酬は、次の要素を参照して計算される。

……関係当事者が、休暇に先だつ期間に受領した賃金。右の賃金には、現物給与、諸手当を含め、費用の償還的性格を有する諸手当を除外する。

出来高給の支払を受ける被用者に対しては、原則として、休暇の開始に先だつ月の賃金を基礎とする。

賃金の増額が、関係当事者の休暇中に行われたときは、手当は、関係当事者が労働を継続したときと同様に、適用の日から増額する。

……休暇が交替で与えられる場合、関係当事者の欠勤期間であると、事業所閉鎖の直前の期間であるとを問わず、残業時間を含め、事業所において現実に行われている労働時間

(b)　年少労働者の追加休暇

休暇手当は、同じく

――一八歳以上二一歳以下の労働者に対しては、一月に一日半の休暇権を獲得させた労働期間中に受領した報酬の一六分の一

――一八歳未満の労働者に対しては、一月二日の休暇権を獲得させた労働期間中に受領した報酬の一二分の一でなければならない。

ただし、右の場合、休暇手当は、関係当事者がその休暇期間中に労働を継続したならば受領したであろう報酬額を下回ってはならない。

(c)　先任権及び母性労働者の追加休暇

先任権または母性労働者に認められた追加休暇の各一日に対し、通常休暇の手当を通常休暇の日数で除した商に等しい額の手当を与える。

追加休暇が、通常の休暇期間外の就業週日に与えられ

るときは、就業日に対応する休暇の手当は、労働時間が五日に割り当てられている場合であっても、実働日の賃金を下回ってはならない。

(d)　出生の追加休暇

家族手当を構成する三日の休暇の報酬は、同じく

――賃金が月一回、月二回または毎日支払われている者に対しては、先月の報酬の三〇分の一

――賃金が隔週または毎週支払われている者に対しては、先月の報酬の二八分の一

(e)　休暇手当の支払

――断続的労働または季節的労働の場合は、前一二カ月分の報酬の三六〇分の一とする。

休暇手当の支払の細則は、使用者と従業員の代表者との協定により定める。

(f)　休暇手当の賠償

労働契約が被用者の重大な過失によらないで解除された場合には、当該被用者は、本条前各号に従って計算された休暇手当の賠償を受ける。

被用者が死亡したときは、休暇手当の賠償金は、相続権者に支払われる。

第五六条

（休暇の開始日）

(1)　休暇期間

休暇期間は、地方協約により定める。地方協約を欠くときは、慣習を参照し、かつ、職場代表委員及び企業委員会に諮問した後に使用者が定める。

通常の休暇は、いかなる場合においても、毎年六月一日から一〇月三一日までの期間内でなければならない。

追加休暇は、年度のすべての期間にわたることができる。特に年少労働者及び母性労働者の追加休暇は、使用者と合意の上、いつでもとることができる。

使用者は、通常の休暇期間の制限日を少なくともその期間の始まる二ヵ月前までに従業員に周知させなければならない。

(2)　休暇開始日

(a)　通常の休暇

休暇開始日は、次のように定める。

交替で与えられる休暇

開始の順序は、地方協約により地方協約を欠く場合には、職場代表委員の意見を聴取した上で使用者が定める。右の場合、特に生産の必要性、受益者の家族の状態、先任権等を考慮しなければならない。

企業の就業時間が常時五日に割り当てられており、常に休日となる日が土曜日である場合には、土曜日は、休

暇期間の開始日として計算してはならない。

休暇開始の順序は、少なくともその開始に先だつ一月前までに各権利保持者に通告し、かつ、工場、事務所または倉庫に掲示しなければならない。

六日以上一二日までの通常の休暇は、分割してとることができる。ただし、右の〔分割した〕期間の一方は、少なくとも二個の週休日の間に含まれる六日でなければならず、かつ、右の分割を被用者が承認したものでなければならない。

右の分割が使用者の明示の要求に基づき、かつ、個別的方法で行われるときは、分割された期間の一方が一日または二日である場合を除き、休暇手当の総額を一〇％増額する。

事業所の閉鎖

休暇が事業所を閉鎖して与えられるときは、閉鎖日の決定及び通知に関しては、〔前項と〕同一の視律を適用する。〔休暇の〕分割は、前項と同一の条件において職場代表委員の同意を得た場合にのみ行うことができる。

(b)　追加休暇

一二日をこえる追加休暇は、年度内のすべてにわたることができ、かつ、許可された欠勤、祝祭日（法定または地方的祝祭日）等の際にとることができる。ただし、〔追加休暇に〕対応する手当は、関係当事者が望む場合には、通常の休暇の手当と同時に支払うことができる。

第五七条　（特別の場合）

(a)　疾　病

——被用者が通常の休暇の全期間中疾病にかかった場合には、当該被用者は、回復後、実働時間として計算した休暇手当の賠償を受けるものとする。

——被用者が自己に独自の休暇として定められた期間中疾病にかかった場合には、回復後、手当の賠償を受け、または代替の休暇をとることができる。

(b)　予　告

休暇手当の賠償は、〔解雇〕予告手当と合算するものとする。解雇の予告が、関係当事者の休暇中になされたときは、予告期間は、休暇の終了後でなけば開始することができない。

予告期間は、それが予告手当に代えられた場合であっても、休暇期間の算定のためには、実働時間に加えなければならない。

第五八条　**婦人年少者に対する特別規定**

(c)　婦人年少者に対する共通の規則

夜間労働

一八歳未満の年少労働者または養成工及び婦人労働者は、いかなる夜間労働にも使用することができない。二二時から五時までのすべての労働を夜間労働とみなす。

夜間の休息

年少労働者及び婦人労働者の夜間の休息は、最少限継続一二時間でなければならない。

祝祭日

一八歳未満の年少労働者または養成工及び婦人労働者は、法律によって定められた祝祭日に、たとえ工場の整頓の作業であっても、使用することができない。

(b)　婦人労働者に対する特別規定

明らかに妊娠の状態にある婦人労働者は、予告期間なしで、かつ、右の行為につき契約破棄の賠償を支払うことなく退職することができる。

重大な過失がある場合または集団解雇の場合を除き、医師の診断書により確認された妊娠状態にある婦人労働者を解雇することを禁止する。ただし、集団解雇の場合には、当該被用者は、一年間、当該企業に再雇用される優先権を有する。

婦人労働者は、産前産後を通じて総計八週間使用することができない。特に産後六週間は産褥にある婦人労働者を使用することを禁止する。

産前産後の継続一四週間に婦人労働者のなす労働の停止は、使用者側からする雇用契約破棄の理由とすることができない。右の労働者は、使用者に欠勤の理由を通知しなければならない。

婦人労働者が前項に規定する期間をこえて欠勤する必要が生じ、明示の要求を提出したときは、疾病のための労働契約の停止に関する第四六条の規定の適用を受けるものとする。

乳幼児に哺乳する母性労働者は、出産の日から一年間、一日につき一時間づつ、就業時間中に休業する権利を有する。右の休業時間は、正規の休憩時間と別個のものとする。右の時間は、午前の就業時間と、午後の就業時間中の各三〇分ずつ二回に分割することができる。母性労働者のとることのできる右の休業の時刻は、当該労働者と使用者との合意によって定める。右の協定を欠くときは、その時刻は、午前、午後の各就業時間の中央に置くものとする。

女子従業員を雇用している事業所は、できるかぎりの方法において、かつ、職場代表委員及び企業委員会と連絡の上、乳幼児に哺乳する母性労働者に、定められた休憩時間中に哺乳させることのできる場所を供与するものとする。

使用者がその婦人労働者に、労働の行われている場所の内部または付近に法律によって定められた条件を充たす授乳室を供与している事業所にあっては、前項の定める三〇分の〔哺乳〕時間は二〇分に減ずる。

同様の条件において、かつ、受益者の児童数がそれを必要とする場合には、託児所を、企業内で若しくは数企業共同して、または公に管理される機関に参加することにより設けることができる。

安全衛生

第五九条　各企業においては、法令の諸規定に従い、かつ、それの定める条件内において、個人的な清潔を確保する手段、洗面所付更衣室を従業員の使用に供するものとする。

現行法令の定める条件内において、特に省令の定める非衛生または不潔な作業が行われている事業所においては、シャワーの設備を従業員の使用に供する。

適切な清掃手段を労働者の使用に供する。

労働の場所に設けられる便所は、従業員が不快を感じないように隔離するものとする。

右の便所は、通風をよくし、容易に水洗できるものとし、かつ、適切に活用されなければならない。

第六〇条　採光及び通風がよく、かつ、暖かい食堂を従業員の使用に供する。食堂は、食物を温めるための暖房設備と、皿類を洗うために必要な温水を備える。食堂は、厨房の内部に設けることができる。

ただし、一〇〇人以下の被用者を使用する事業所においては、食堂は、それの設置が可能であり、かつ、従業員の要求のあった場合にのみ、前項の定める条件内において設けるものとする。

第六一条　労働の遂行のために従業員が使用する製品は、できるかぎり健康に無害のものとする。

作業の性質上必要とする場合には、拭うための用具を充分な量、作業中に労働の場所において支給する。

使用者は、労働安全衛生に関する法令の諸規定、特に一九一三年七月一〇日命令の諸規定を適用することを約する。

さらに使用者は、保護装置の質及び有効性に注意し、職場代表委員及び安全協議会または安全委員会と一致して、労働者の安全を確保するために、より適切な方法を検討することを約する。

被用者は、自己の使用する安全または予防装置を正確に利用することを約する。

第六二条　一八歳に満たない年少労働者、養成工及び婦人労働者を、労働法典第二巻第七二条及び第七三条の適用のために制定された行政規則の定める特別の条件の下においてでなければ、労働者が健康に有害な操作に曝される非衛生または危険な業務に使用してはならない。

使用者は、児童及び婦人労働者が、かつぎ、引きまたは押すことのできる荷物の重量を制限する一九〇九年一二月二八日命令及び一九一二年一〇月二六日命令の諸規定を遵守しなければならない。

婦人労働者の就業する事業場において、作業の性質上、継続または断続して坐ったままの姿勢で作業を行うことのできる場合には、適切な椅子を労働の場所において婦人労働者の使用に供する。

婦人の使用する更衣室、洗面所及び便所は、男子のものとは別個に設けるものとする。

シャワーの設備が男子及び女子により共用される場合に、別個のシャワーの設備を設けることができないときは、それが男子及び女子により、異なった時間に利用されるように準備するものとする。

賃　金

第六三条　繊維産業における（男女の）成年被用者の全体の報酬は、次の要素を基礎とする。

(a)　本協約の付帯協約の規定する条件内において定められた職種別全国最低賃金

(b)　職種別分類及びそれに属する職階別係数

各職業門における労働の部署の職種分類及び職階別係数は、本協約の付帯協約で定める。

地方または地区的に存在する仕事または職業で、その労働の部署が全国協約に規定されず、または全国的に定められた定義に対応しない場合には、労使合同で協議した地方または地区協約の付則で、全国協約の定める部署、職種または職業と比較し、その分類を定める。

特定の部署の技能賃金は、基準時間賃金とその部署に関する技能係数との積とする。

第六四条　技能賃金の保障

(a)　職階、等級または職種に対応する技能時間賃金は、その職を行い、かつ、採用時に第四三条の定める職業能力の保障及び地方協約または部門別協定の定める正常の能率の保障を提出したすべての時間給または出来給高を受ける被用者に保障される。

(b)　能率制労働（travail au rendement）

(1)　能率制労働を、産業別、部門別、企業別または事業場別に設けることができる。

(2)　能率制労働の対価としての能率手当を、その能率が正常の能率をこえる関係被用者に保障しなければならない。

(3)　右の手当に関する事業場の規則は、第五号の規定する協定で定める。

(4)　正常の能率は、その職種について正規の資格、技能及び訓練を有する被用者が後に掲げる第六七条第三号に従い肉体的知的能力の悪化を来すことなく期間維持し得る活動力を発揮しつつ正規の労働時間中保持しうる最適のリズムを参照して定める。

(5)　右の最適のリズムの参照は、特にそれが行われている労働組織の調査を基礎とし、部門別、地方別または事業場別の協定により定める。

(6)　右の調査がなく、それが行われることが待たれている場合には、前記の協定が、臨時的に正常の能率を考えられる労働の量と質を決定する。

(7)　能率手当表は、関係被用者が実現される利益を容易にコントロールしうるように、できる限り明確な方法で定められなければならない。

(8)　生産品の規格……出来高制労働の履行時間の調査……は、使用者の責任で定められ、または修正される。ただし、協約署名当事者は、右の調査が、一九四五年二月二二日命令第一五条乙に従って設けられた企業委員会の特別技術委員会と合同して行われることに同意する。

能率手当表及び個数賃率表が、労働組織の合理的な方法によって定められている場合には、機械または製造の技術的条件に応ずる変更が存しないかぎり、それを修正することができない。手当表または賃率表の修正では、企業の特別委員会において行う。

労働組織に関して発生する紛争は、調停に関する本協約の諸規定に従って調整する。

(c)　不適格

被用者が、自己の占めている仕事に不適格さを示し、かつ、関係者と使用者との合意で解決できない場合には、使用者は、職場代表委員と協議して解決する。

（年少労働）

第六五条　年少労働者の報酬は、採用の時に、当該職階、等級または職種の成年者の賃金との比率により計算される。

右の比率は次のとおりとする。

一四歳以上一五歳未満……五〇％

一五歳以上一六歳未満……六〇％

一六歳以上一七歳未満……七〇％

一七歳以上一八歳未満……八〇％

繊維産業の労働の特殊的条件を考慮に入れるため、右の比率は、一七年六ヵ月以上一八歳未満の年少労働者については九〇%とする。要求される能率は、基準の能率に対応する部分のみとする。

ただし、時間または能率によって報酬を受ける年少労働者に認められる賃金または俸給は、成年労働者に比して年少労働者が提供した労働の比率に対応しなければならない。ただし、前項の保障する最低額の適用を受ける場合はこの限りでない。

年少労働者は、その提供する労働が生産量及び質の点で成年被用者の提供する労働と同等であるときは、その職階、等級または職種の報酬を成年被用者と同一の条件で受けるものとする。

能率制、出来高制、報償制等で労働する年少労働者の報酬は、その労働が量及び質の点で等しいことを条件として、成年被用者の場合と同一の基準に基づいて定める。

第六六条　(困難、危険または有害な作業の手当)

必要のある場合には、困難、危険または有害な作業の手当を地方または部門別協定により定める。

生　産　性

第六七条　協約署名団体は、生産性の向上が次の結果をもたらすかぎりにおいて、企業における生産性向上の示す利益を承認する。

(1)　消費者の使用に供する製品の量及び質を改善すること。

(2)　製造原価、したがって販売価格の削減、賃金及び個別的または集団的利益の増大、すなわち被用者の購売力の改善を行うこと。

(3)　労働条件の改善及び物資の最も能率的な利用を確保すること、労働の強度及び反復により、安全を害する危険性を有し、または人権及び人格の尊重を侵害する異常な疲労を生ぜしめる過度の努力を被用者に要請しないこと。

(4)　原則として従業員の解雇を生ぜしめないこと。

したがって、企業が設備の改善または作業方法の再組織を考慮する場合には、そのために原則として解雇を生ぜしめないように改善を実現しなければならない。

それにもかかわらず解雇が不可避的である場合には、配置転換、休業手当、退職手当の補充等、適切な方法を、地方、地区、事業場または生産部門別の協定により、従業員に有利に定める。

右の方法が、地方、地区または部門別の協定の適用により、事業所において考慮される場合には、予め、企業委員会または企業委員会を欠く場合には職場代表委員と協議するものとする。

企業が、自己自身で、解雇された労働者の配置転換を保障することが不可能である場合には、当該使用者団体は、右の配置転換を容易ならしめるために、労使合同で協議する。

労働者の配置転換のためになされたすべての努力が、右の労働者の中の若干のものについて達成されなかった場合には、配置転換を受けずに解雇された労働者に対し（採用の時明白に一年以内の期間を定めて最近雇用された者を除く。）、賃金の三ヵ月分に等しい額の特別手当を与える。右の手当は、前各項に定める、同一目的を有し、またはすでに実施されている諸方法を併せて支払うことができない。

第六八条　養成制度　養成工とは、企業主と養成契約を締結した者をいう。養成工は、以下の各条に定める条件において養成を受ける。

本協約の署名当事者は、養成が、同時に理論的及び実務的職業技術の獲得と、肉体的、知的及び道徳的一般教育と結びついた綜合養成を含まなければならない旨を諒解する。

養成は、次の二種の形式をとることができる。

(a)　技能労働者及び被用者の養成を目的とし、通常、職業資格証明書によって認定される固有の意味の養成

(b)　それほど積極的な技術教育を必要とせず、場合によっては、職業資格証明以外の職業証明書により確認される、職業の準備のための習修

養成の諸条件は、企業主と、養成及び職業教育について権限と資格を有する被用者とで構成される労使合同委員会により、各職種別に定める。

委員会は、それぞれの場合に応じ、全国、地方、地区又は部門別に設け、本協約の署名団体の代表者を含むものとする。

本協約の署名当事者は、地方的にあり得べきことがらを考慮しつつ、右の諸原則を適用するように努力する。

第六九条　養成の過程においては、養成工に与える教育のための配慮が、生産のための配慮より優先しなければならない。ただし、養成工は、それが知識の増大に有用であり、かつ、綿密な進行に従って選択されているものであるかぎり、実際の労働に従事することができる。

第七〇条　使用者は、養成工に与えられる理論的及び実務的技術教育が法令により設けられた機関の定める規則に従い、系統的かつ、完全な進行〔計画〕に応じつつ、職業証明書（職業資格証明書または他の証明書）の一つの合理的な準備を基礎として設けられるものであることを約する。

使用者は、右の養成が技術的にも教育的にも適格性を有する人によって行われることを約する。

養成工に与えられる一般教育は、原則として、女子に対する家政教育及びすべての養成工に対する体育の時間を含むものとする。

第七一条　養成契約は、労働法典第一巻第一編第三条の規定に従って締結される。標準契約書を地方または地区別に作成することができる。

養成工は、養成の確認である職業証明試験の準備をしなければならない。

第七二条　養成工を訓練するすべての企業においては、企業委員会は、本協約及び現行法令の諸規定の適用並びに養成契約の履行を監視する任務を有し、企業において〔養成に関し〕権限及び資格を有する者で構成される特別委員会を任命する。

企業委員会の存在しない企業においては、企業主は、右の委員会を設置するために職場代表委員と協議するものとする。

第六八条の定める合同委員会は、地方または地区における繊維産業の協約及び法令の諸規定の適用を監視する任務を有する。

地区及び地方協定は、さらに右の合同委員会が養成及び職業教育の実現に必要な、工場学校、訓練所のごとき集団的機関を設置し得る旨を規定することができる。

調　停

第七三条　本協約の適用に際して生ずる紛争であって、企業において直接解決されないものは、すべて、より積極的に主張する側の当事者により、地区、地方または部門別合同調停委員会に付託される。

右の委員会は、本協約の署名団体に所属する地区、地方または部門の職業団体の指名する同数の使用代表及び労働者代表により構成される。

委員会は、書留郵便により紛争を付託された日から最大限八日以内に決定を下さなければならない。

地区、地方または部門の委員会において、意見の一致をみることができなかった場合には、上級の合同調停委員会に紛争を付託しなければならない。右の委員会は、付託を受けた日から一五日以内に決定を下すものとする。

全国合同委員会は、

——労働者側については、各署名団体につき二名の代表者

——使用者側については、繊維産業協会の任命する労働者代表と同数の代表者

をもって構成する。

必要に応じ、調停委員会は、対審的に、または分離して、関係当時者の供述を聴くことができる。

原因のいかんを問わず、解決を図るために認められた一〇日の期間が経過するまでは、作業場閉鎖または労働の停止を行ってはならない。

施行期日

第七四条　本協約は、一九五一年二月一五日から施行する。

加　入

第七五条　本協約の当事者でないすべての職業組合は、法律の定める条件内において爾後に、協約に加入することができる。

一九五一年二月一日
於　パリ

フランス及び海外繊維F・O連合会
ギブウ
ヂェルボア
オービネ

フランス繊維産業キリスト教労働組合連合会
メイウー
マンヂェール
ドゥコルネ
ベロー

全国繊維職員・職長・技術者組合連合会（CGC）
ムネロー
ボームルー
スタエラン

フランスキリスト教職員・技術者・工長組合連合会
ベルトラ

フランス技師・職員組合連合会（CFTC）
ルメール
バポーム

繊維産業協会
バンドバンテ
リシャール
ミュリエ
ブルモン
デュシャルヌ
ティリエ
ビュルッシェル
プランルー
ロマン
トゥイヨン
デュレー

サングラン
ドゥボ
マルシャル
ガイヤール

二　パリ地方金属・機械及び関連産業の労働協約

（Convention collective des industries métallurgiques et connexes de la region parisienne.）　一九五四年七月一六日

一　前　文

本協約の署名は、パリ地区金属労働者の規則（statut）を修正する効力を有する。

協約当事者は、本協約が労働者の生活条件及び雇用条件の漸進的改善における一段階を構成するにすぎないことを認める。

諸企業の数及びその技術的または経済的諸条件の多様性により、特定の領域における明確な義務も協約に記載されていない場合がある。

協約当事者は、ますます、当該企業の可能な方法において、人的または社会的諸問題をできうるかぎり解決する必要性について使用者の注意を喚起するものとする。

使用者は、次の諸点に努力する。

—北アフリカ労働者の住居及び彼等の休暇をその家族のもとにおいて過ごすことを認めるための便宜の供与に配慮すること。

—職業教育に留意すること。

—産休（congé d'accouchement）の終了後、幼児の養護を行うことができないために、例外的な休暇を、雇用を失うことなく必要とする女子労働者の状態を考慮すること。

さらに協約署名者は、次の諸問題の研究を共同して行うものとする。

—労働事故の犠牲者の労働への再適応

—老衰及び老齢労働者の雇用

—婦人労働力の雇用

二　総　則

適用範囲

第一条　本協約は、金属・機械産業並びに同種及び関連産業の男女の使用者及び被用者の関係を規律する。したがって反対の規定のないかぎり、本協約の諸条項は、同時に男子及び女子労働者に適用される。

一九四九年八月二日命令により修正された一九四七年一月一六日命令に基づくフランス一般統計目録（付帯協約参照）に掲げられた上記の産業に属する諸企業は、協約の適用範囲内に入る。ただ下位群（sous-groupe）が異なった項目〔の職種〕を列挙することなく記述されているときは、同一の産業に関するかぎり、これらすべての項目は、本協約の対象とみなされなければならない。

本協約の諸条項は、直接その職業が金属産業に属しない場合であっても、上に定める適用領域に含まれる諸企業の被用者には適用される。

被用者の各職階の特別労働条件は、関係付属協約（avenant）により規律する。ただし、当該付属協約に職種が掲げられていない被用者の報酬の分類及び条件は、採用が確定する前に特別の合意により定めなければならない。

派出店員（voyageurs）、代理人（représentants）及び販売人（placiers）は、本協約に掲げる共通の諸規定以外は利用することができない。

協約は、同じく、先に列挙した産業を営む事業場に関連し、所属する（動力、照明、水、ガス、エア・コンプレッサー等の）諸部局（stations centrales）の従業員に対しても適用される。

本協約の地域的適用領域は、セーヌ県及びセーヌ・エ・ウァーズ県にわたるものとする。ただし、セーヌ・エ・ウァーズに所在する事業場に対する賃金及び俸給表の適用条件は、本協約署名者間の特別の協定によって定める。

期間――解除――改訂

第二条　本協約は、署名の日から一年の期間をもって締結される。

最初の定められた期間の満了する一月前に、協約当事者の一方による解除の申し入れがなされなかったときは、協約は、黙示の更新により期間の定めなく延長されたものとする。このように延長された協約は、一月前に予告することにより、いつでも解除することができる。右の予告期間中、当事者は、罷業（grève）及びロック・アウトを指令しないことを約する。

協約解除の申し入れをしようとする当事者は、解除の日から遅滞なく団体交渉を開始しうるよう、解除の申入書とともに新協約案を提出しなければならない。

協約当事者の一方が本協約の部分的改訂の要求を表明したときは、他方の当事者は、同一の権利を利用することができる。改訂に付された諸条項は、三カ月の期間内に合意に達するようにしなければならない。右の期間経過後、いかなる合意も成立しないときは、改訂の要求は、なされなかったものとみなされる。

団結権（droit syndical）

（団結権及び言論の自由）

第三条　協約当事者は、労働者及び使用者が労働者または使用者の条件に関する諸利益の集団的擁護のために団結する自由を認める。

企業は、労働の場所であるが故に、使用者は、採用、指揮（conduite）、仕事の分配、懲戒方法、解雇若しくは昇進方法に関する決定を行うに当たり、または本協約の適用に当たり、組合に加入しているか否かの事実を斟酌せず、かつ、政治的または哲学的意見、宗教的信念及び出身地を考慮しないことを約する。すなわち、特定の組合、親睦団体（amicale）、消費組合（société coopérative）または相互扶助組合のために、従業員にいかなる圧力をも加えないことを約する。従業員もまた、労働に際し、労働者の意見または特定の組合への加入を考慮に入れないことを約する。

協約当事者の一方が右に規定する団結権の侵害に基づくものとして、被用者の解雇理由に異議を申し立てたときは、両当事者は事実を調査し、紛争の際には、公平な解決をもたらすように努めなければならない。右の介入は、当事者が法的に損害賠償を請求する権利を妨げるものではない。

右に規定する団結権の行使は、当然に、法律に違反する行為を伴ってはならない。

（欠勤の許可）

第四条　自己の職業団体の文書による記名の招集状を持参し、少なくとも一週間前に提示した被用者は、その職業団体の会合に出席するため、無給の、ただし有給休暇に振り替えない欠勤の許可を企業主に対し要求することができる。

右の許可は、それが企業の運営に差し支えないかぎり認められ、要求が提出されてから四八時間以内に利害関係者に文書により通知される。

（掲示板）

第五条　職業団体の通知に利用するため、各企業内に掲示板を置く。掲示板は、事業所内の従業員の出入口の近くの場所に設ける。

通知は、厳格に職業的情報に限定される。通知は、事業所長（la direction）に提示され、事業所長は、それが純粋に論争的性格を有しているときには、掲示を拒否することができる。

事業所長の反対は、届出後二四時間以後にはなすことができない。

（労使合同委員会　commissions paritaires）

第六条　被用者が労使の職業団体間で決定した労使合同委員会に出席する場合には、失われた労働時間は、実労働時間として、使用者により賃金が支給される。ただし、特に当該委員会に招集される被用者数に関しては、右の職業団体による協定の取り決めたものによる。

右の被用者は、当該委員会への出席をあらかじめ使用者に通知し、使用者との合意により、その欠勤が企業の一般的運営にもたらす動揺を最小限に減ずるように努めなければならない。

職場代表委員（délégués du personnel）

（職場代表委員の定数）

第七条　本協約の適用範囲内に含まれ一〇人以上の被用者を使用する各事業所に、法令の諸規定及び以下の各条の定める条件に従って正職場代表委員（délégués titulaires）及び副職場代表委員（délégués suppléants）を設ける。

五人以上一〇人以下の被用者を有する事業所において利害関係者の多数が秘密投票により要求したときは、一名の正職場代表委員及び一名の副職場代表委員を任命することができる。

委員は、その要求に基づき、自己の職業団体の代表を出席させることができる。右の場合には、委員は、少なくとも二四時間前に事業所長にその旨を通知しなければならない。組合代表は、その団体の正規の委任を正当化しうるものでなければならない。同じく使用者は、使用者団体の代表を出席させることができる。

委員の数は、次のとおり定める。

一一人以上二五人以下の被用者〔を有する事業所の場合〕……一名の正委員及び一名の副委員

二六人以上五〇人以下の被用者……二名の正委員及び二名の副委員

五一人以上一〇〇人以下の被用者……三名の正委員及び三名の副委員

一〇一人以上二五〇人以下の被用者……五名の正委員及び五名の副委員

二五一人以上五〇〇人以下の被用者……七名の正委員及び七名の副委員

五〇一人以上一〇〇〇人以下の被用者……九人の正委員及び九人の副委員

一〇〇一人以上……被用者五〇〇人を増すごとに一名の正委員及び副委員を追加する。

（選挙の準備）

第八条　企業主は、現任委員の任期満了の一月前に、職場代表委員のポストに対する候補者名簿の作成を行うよう関係職業団体を促すものとする。

投票の開始及び終了の日時は、委員の任期満了に先だつ月に行われるよう定められる。

第一回投票日は、二週間前に事業所内における掲示により告知される。選挙人及び被選挙者名簿は、本条最終項の定める場所に掲示する。

右の名簿の主題に対する異議の申立は、掲示後三日以内に利害関係者が提起しなければならない。

法令の諸規定に従い、第二回の選挙が必要である場合には、期日並びに選挙人及び被選挙人名簿（場合により補充名簿）は、一週間前に掲示される。

右の名簿の主題に対する異議の申立は、掲示後三日以内に行わなければならない。

第一回及び第二回選挙の候補者は、選挙日の遅くとも満三日前までに事業所長に対し届け出なければならない。

投票は、原則として就業時間中に行う。昼夜交替の作業班を有する工場においては、二個の作業班の同時の投票を行うため、投票は、作業終了後から作業開始前までの間に行うものとする。

選挙事務のために定められた期間中、選挙に関する通知の掲示場所が、留保される。

（投票事務局）

第九条　各選挙事務局は、事業所、事業所の一部または選挙団における最古参の選挙人並びに投票の受付及び開票に立ち会う最新任の選挙人の二名により構成される。事務局長には、最古参の者が、就任する。

各事務局は、そのすべての業務において、特に選挙人の欄外記入及び開票の業務につき、会計課または庶務課の被用者の援助を受けることができる。事務局が決定をなす場合には、欄外記入の監督に任ずる被用者は、単に諮問を受ける権利のみを有する。

（投票の組織）

第一〇条　投票は、最も便宜な場所に設けられた投票函に、投票事務局立会の上秘密投票により行われる。被用者は、隔離された台の中に行き、あらかじめ交付された封筒に投票用紙を封入する。

使用者は、封筒と同じく統一的様式の投票用紙を充分な量提供しなければならない。同じく使用者は、投票台を設備しなければならない。

各選挙団ごとに、正委員及び副委員に対する二個の別個の投票を行う。これらの二個の投票が同時に行われるときは、異なった色彩の投票用紙または別個の記号を示す投票用紙を用意するものとする。

投票の公的性格を保障するために、候補者または選挙事務を補佐する従業員数を指示する各名簿を、二四時間前に使用者に提示することができる。

投票の業務を補佐するために任命された被用者は、このことによりいかなる賃金の減額をも被ってはならない。

労働の場所から離脱させる使用者の決定の結果、特に転任のために事業場において投票することが不可能な被用者は、通信により投票することができる。

通信による投票は、必ず二重の封筒を用いなければならない。内部の封筒には、いかなる記入または通信の記号をも行ってはならない。

通信による投票の封筒は、投票の終了前に投票事務局に引き渡され、事務局が内部の封筒の投票函への保管及び開封を行う。

企業委員会

第一一条　企業委員会の規制及び企業委員会により管理される福利厚生事業の財政については、当事者は、現行法律及び命令によるものとする。

一九四九年八月二日法に定める参照〔　年度〕※が存在しない企業にあっても、参照〔　年度〕の欠除は、使用者と企業委員会委員との間の協定による福利厚生事業の設置を妨げるものではない。

※　一九四九年八月二日法は、企業委員会の財政を確保することを目的として制定されたものであり、企業委員会の管理・運営する福利厚生事業の経費の使用者の負担額が、過去三ヵ年に支出された企業の福利厚生費の最高額を下回ってはならないことを定める。参照（référence）とは、右の年度を指す。――訳者

副委員が経営協議会の毎月の会合に出席したときは、右の会合に費やした時間の報酬を受ける。右の時間は、就業時間として支払われる。

選挙の準備及び組織については、第八条、第九条及び第一〇条を適用する。

採　用

第一二条　使用者は、労働需要を、それを充たすことに努める労働局（services de main-d'oeuvre）に通知するも

のとする。

使用者は、右のほか、直接雇用を行うことができる。

従業員は、掲示の方法により、その部署が空白である職種を周知せしめられる。

契約の条件は、文書により明確にするものとする。

経営が変動を蒙り易い事業においては、仕事の不足のために六ヵ月以内に解雇された被用者に対し、優先的に採用が行われる。右の方法は、すでに他の企業に雇用された労働者または職員（collaborateurs）に対しては、第一次的には適用しない。

ただし、右の規定は、戦時扶助年金の受給者及びこれに準ずる者の雇用に関する法律上の義務を免脱せしめるものではない。

最低保障賃金

第一三条　各職業または職種に対する最低保障賃金は、年少労働者の章を除き、本協約の各職階別付帯協約において定める。

最低保障賃金とは、正規に労働する男女の成年労働者のすべてがそれ以下の額の報酬を受けてはならない賃金をいう。

最低賃金は、国の名において締結する諸契約における労働条件に関する一九三七年四月一〇日命令第三条末項の定める定義に従い、その体力が明らかに劣位の状態にある被用者に対しては適用しない。使用者は、右の被用者に対し、本［条の］規定の利用を希望している旨を明確にし、かつ、関係者とその報酬の条件につき明確な取り決めを行わなければならない。

前項に規定する被用者の報酬は、いかなる場合であっても、その職階の最低賃金から一〇分の一を減じたものを下回ることができない。右の減額の適用を受けうる被用者の数は、その数が一〇人以下の場合、または戦時扶助年金受給者の強制雇用に関する一九二四年四月二六日法の受益者に行政当局が留保した職種に関するものを除き、一定の職種に雇用されている被用者数の一〇分の一をこえることができない。

労働時間

第一四条　毎週の労働時間及びその配分は、金属産業に対する現行法令の諸規定に従って規制される。

有給休暇

第一五条　「労働者」及び「職員」のおのおのに対する本協約の追加協定（Avenant）に定める特別の諸規定のほか、有給休暇は、法律に従って規制される。
その期間を拡大する事業所の慣習のある場合を除き、有給休暇の期間は、毎年六月一日から一〇月三一日にいたるまでの期間中に含まれるものとする。

企業を法定有給休暇期間中〔六月一日から一〇月三一日まで――訳者〕休止しようとするときは、遅くとも四月三〇日までに休止日を従業員に周知させなければならない。

有給休暇が交替でとられる場合であっても、有給休暇の期間は、少なくとも同一の日に定められなければならない。各被用者の休暇日は、その休暇の開始のために定められる日の遅くとも一月前に決定される。

第一六条　安全衛生　使用者は、労働安全及び衛生に関する法令の諸規定を適用することを約する。

被用者は、自己の自由になしうる安全または予防の諸法令を正確に利用することを約する。

仕事の遂行のため、従業員が自由に扱いうる化成物は、可能な範囲内で健康に無害のものとする。有害な化成物を利用する場合には、使用者は、右の化成物の利用に関する諸法令の定める方法の厳格な適用を監視する。規制を欠く場合には、使用者は、当該化成物の使用による危険及び障害をできうるかぎり減ずるように努めるものとする。

仕事のため有害物を取り扱う場合には、除去の手段は、労働の過程及びその場所において充分な量が提供される。

できうるかぎり、かつ、食料品売場を欠く場合には、また特に新工場を建設する場合においては、従業員のための食堂を設けることが推奨される。

第一七条　先任権　本協約及び追加協定の諸規定の適用に当たっては、労働契約の停止期間を除外することなく、現行労働契約の締結日以後経過した期間を、継続せる出勤として取り扱う。

先任権の決定のためには、労働契約の資格における継続せる出勤を考慮するばかりでなく、それを欠く場合には、同じく以前の契約期間をも考慮するものとする。ただし、労働契約が被用者の重大な過失のために破棄された場合、または解約が関係被用者によってなされた場合を除外する。

第一八条　集団的紛争――調停　企業内で解決できないすべての集団的要求は、要求を提出する側の当事者により、次の項に基づいて設置された合同調停委員会に付託される。

合同調停委員会は、本協約に署名した労働組合の代表者各一名及びＧ・Ｉ・Ｍ・Ｍ・Ｃ・Ｒ・Ｐの指名する同数の使用者代表を含むものとする。

集団的要求が従業員の一または数個の職種のみを対象とするものであるときは、右の職種を代表する職業団体のみが調停委員会の代表者を任命することができる。

調停委員会の各委員は、同一団体に属する者と交替することができる。

要求を提出する側の当事者から事件を付託された合同調停委員会は、要求提出日から三日をこえない期間内に必ず会合を開かなければならない。委員会は、事件審理のための第一回の会合の日から五日をこえない期間内に当事者を審問し、調停案を提示する。

調停委員会において合意が成立したときは、直ちに調停書を作成し、委員会の出席委員及び当事者またはその代理人は、これに署名する。調停書は、遅滞なく、当事者に通告する。当事者が紛争の全部または一部について、合意を得るにいたらなかったときは、争いの残った諸点を明確に示す調停不成立の文書を直ちに作成し、委員会の出席委員及び出席当事者または必要に応じ、その代理人が署名する。

調停のために要求を提起した当事者が不出頭の場合においては、その要求を放棄したものとみなす。

本協約の適用から生ずる紛争の場合には、協約当事者は、調停手続の終了するまで、ストライキ、ロック・アウトを決定しないことを約する。

第一九条　既得権

本協約の定める諸利益は、事業場内に存在する、以前に獲得された個別的諸利益の削減の原因となることができない。

本協約の諸規定は、その契約条項が協約の規定よりも有利な場合を除き、個別的若しくは集団的契約または組契約（contrat d'équipe）から生ずる諸関係に適用する。

第二〇条　協約の登録

本協約は、各協約当事者に交付するため、及び労働法典第一巻第三一条の定める条件に従って、セーヌ労働審判所書記課に登録するため、必要な数の写しが作成される。

第二一条　適用日

本労働協約並びに同一日に締結された付属協約及び追加協定は、一九五四年七月一九日から有効とする。〔ただし〕「労働者」追加協定第二〇条及び同追加協定付属協約一の諸規定は、それぞれ一九五四年七月一二日及び一九五四年一月一日から適用する。

三　付属協約——パリ地方金属・機械及び関連産業の労働協約の適用範囲（一九四九年一二月二日官報付録国立統計協会の職業分類参照）

一六　鍛鉄
一六—四　鋼鉄製造以外の熱圧延または再圧延
一七　非鉄金属製造
一七—三　鉄合金に属する金属の精練
一七—四　銅及びその合金の精練
一七—五　普通金属の精練
一七—六　貴金属の精練
一七—七　普通古金属の精練
一九　金属の第一次加工
一九—一　非鉄金属の第一次加工。非鉄金属半製品の製造
一九—二　鉄及び鋼鉄の針金、引き伸し及び冷却圧延
一九—三　鋼鉄管の製造
一九—四　鍛造及び鍛造打型
二〇　鋳造、鋳金、原動機機械及びポンプ
二〇—〇　鋳造、鋳金、機械及び鉄製品の製造
二〇—一　鋳造
二〇—二　ボイラーの製造、鋳金、鉄板製造
二〇—三　コック製造
二〇—四　燃焼器、煖房器、ベンチレイション及びエア・コンディショニングの製造
二〇—五　冷凍機の製造
二〇—六　熱機関及び圧縮機の製造
二〇—七　蒸気機関、蒸気及びガス・タービンの製造
二〇—八　ポンプ、水力機械の製造
二〇—九　消防用具の製造
二一　農業、工業、鉄道運送用機械、器具製造
二一—一　起重機、倉庫、重工業用機械の製造
二一—二　鉄道用機械の製造
二一—三　工作機械、機具、熔接機械の製造
二一—四　農業用金属機械の製造
二一—五　食品業、化学産業、製粉業用機械の製造。乾燥及び梱包用機械の製造
二一—六　裁縫機械及び製靴機械の製造
二一—七　繊維産業用機械の製造
二一—八　製紙産業及び印刷業用機械の製造
二二　一般機械
二二—〇　一般機械工場

二三一二　金属の外被及び処理
二三一三　精密機械
二三一四　機械模型製作
二三一五　多目的機械製作工場
二三一六　国営企業を除く軍需品の製造
二三一七　狩猟、射撃及び防禦用具の製造
二三一二四　その他の金属製品
二三一一　金属の打型、切断、鋸挽
二三一二　截断、旋盤、ボルト、ねじ類
二三一三　打型、鍛冶、スタンピング、打型されたボルトまたはねじ類
二三一四　ばね製造
二三一五　機械チェーンの製造
二三一六　手動機械の製造
二三一七　金物製造
二三一七二　直接建築業に架設することを目的として移動する錠前企業を除く、金属指物細工製造
二三一七三　格子、柵、温室、組立格子、樹木棚、青葉棚等の製造
二三一七四　錠前類の製造。錠、南京錠、シリンダー錠及び二三一七四一より二三一七四五の項目に含まれる鍵の製造

二四一一　ブリキ製品の製造
二四一二　家具及び類似製品の製造
二四一三四　安全剃刃の刃の製造
二四一三六　バリカンの製造
二四一四　金属家具の製造
二四一五　金属包装器及び乾燥機の製造
二四一六　柔軟性金属パイプの製造
二四一七　小金属製製品の製造
二四一七二　カバンの掛け金及びリボンのホックを除く金属製艤装品の製造
二四一七三　チャックを除く小間物用金属製品製造
二五　造船
二五一四〇　川船及び金属製ボートの製造
二五一四一　金属製小型帆船及びモーターボートの製造及び修理
二五一四三　金属製ボートの製造
二六　自動車、自転車
二六一一　自動車の製造
二六一二　車体、トレーラー及び箱の製造及び修理
二六一三　金属製自動車付属品及び部品の製造
二六一五　原動機付自転車、その部品及び付属品の製造
二六一六　自転車及びその部品の製造

二六―七　小売商を除く、原動機付自転車及び自転車の修理
二七　航空機製作
二七―〇　国営企業を除く航空機工場、飛行機製作
二七―一　飛行機の機体、グライダーの製作
二七―二　推進モーター製作
二七―三　プロペラ製作
二七―四　飛行機の装具、飛行機の器具の製作
二七―四四　保護及び救助用具の製作。金属産業に属しない製造における専門事業場を除く。
二七―五　飛行機用電気及び電波器具の製作
二七―六　航空兵器製作。兵器の支持及び調整機関、照準器、排気鐘、投棄容器、照明器具
二七―七　耕作機、開墾機の製造
二七―七二　写真器具、特殊電波器具製作
二七―八　その他の航空機器具の製作及び取り付け
二七―九〇二　国営企業を除く、航空機の研究及び資料整備
二八　電気製作
二八―〇　電気器具の製作
二八―一　重電気製品及びすべての馬力の電気機械の製作
二八―二　電線及び絶縁ケーブルの製作
二八―三　絶縁物の製造
二八―四　弱電気器具の製作
二八―五　電気計量器の製作
二八―六　その他の器具の製作。発光板の製造及び敷設に関する二八―六三の下位群を除く。
二八―七　電池及び蓄電池の製造
二八―八　照明用電球の製造
二八―九　ラジオ製作
二九　精密機械、時計、レンズ
二九―〇　精密工業
二九―一　計器、調整器または調節器の製造
二九―二　計量器の製造
二九―三　精密機械及びレンズ、望遠レンズの製造
二九―四　写真機及び金属製映写機製造
二九―五　時計製造
二九―六　軸承及び軸承台、ゲージの製造
二九―七　事務用機具の製造
二九―八　外科用医療機械。二九―八四二の下位群を除く。
その他の項目
三三―四一一　鉄製大工道具の製造。直接、建築及び土木

工事を行う企業または事業所を除く。
三三―四三　金属製家屋、金属製部品の製造及び組立。調達及び取り付けが他の建築部門の介入を必要としない場合に限る。
三三―七一三　ショー・ウィンドーの製造及び設置。取り付けのみを行う事業場を除く。
五五―二三〇　金属彫版
三三―七五一　避雷針の製造。取り付けを除く。
五五―二三一　道具による彫版
五五―二三三　化学彫版
五七―二二　金属製スポーツ用品の製造
五八―一四　金属製管楽器及び打楽器の製造及び修理
五八―二　音響器、蓄音器、録音器の製造。ただし、五八―二〇二及び五八―二〇六の下位群を除く。
六〇―一一　銅像の製造、美術品、装飾品の鋳造
六〇―一二　美術照明及び金物の製造
六〇―一三　金属製宗教及び信仰用製品の製造に関するもの
六〇―一四〇　金属製葬儀用品、葬儀用装飾品の製造。貴金属を除く。

四　パリ地方金属・機械及び関連産業の労働協約――「労働者」追加協定（一九五四年七月一六日）

適用領域

第一条　本追加協定は、労働協約の人的・地域的適用領域内に属する企業の使用者と労働者との関係を規律する。

試用―試用期間

第二条　あらかじめの試用の履行は、確定的な採用を構成するものではない。ただし、試用のために費やした期間には、その職種の最低保障賃金が支払われる。

試用期間は、技術的必要のある場合を除き、二労働週とする。これに対する抵触が有効であるためには、採用時に［その旨を］契約により明確に取り決めなければならない。

報酬の形態のいかんを問わず、試用期間中は、当事者は予告なしに契約を解除することができる。

採　用

第三条　すべての契約は、遅くとも試用期間の終了前までに、特に次の事項を明示する文書または口頭により確認される。

――従事すべき職種
――右の職種の属する職階の最低保障賃金
――就業すべき事業所

上記の事項の一つになされたすべての個別的性格の修正は、あらかじめ新たな文書によって通告するものとする。

右の修正が関係当事者によって拒否された場合には、使用者の行為により労働契約が破棄されたものとして取り扱われる。

文書または口頭による契約には、さらに使用者の社会保障登録番号を明記しなければならない。

昇　進

第四条　〔特定の〕部署が空位になったとき、または新たに部署を創設するときは、使用者は、企業の従業員の中から優先的に選択する。

右のために、労働者は、それが存在する場合には、上級資格職業試験の受験を請求することができる。

職　階

（定　義）

第五条　例えば掃除、運搬、倉庫管理のような職業的知識を必要としない作業に関係する被用者を労務者（manoeuvre）という。

組立作業、チェーン、炉等において、機械工具を用い、その習得が技能習得期の職業資格証明書により確認される職業的知識を必要としない作業を行う労働者を専門的労働者（ouvrier spécialisé）という。

企業における通常の職業試験に合格し、かつ、その習得が職業資格証明書により確認される職業を行使する労働者を有資格労働者（ouvrier qualifié）または技能労働者（ouvrier professionnel）という。

企業における通常の職業試験に合格し、その習得が未だ職業資格証明書により確認されないが、資格証明のなされる職業のそれと比較しうべき技能及び知識が必要とされる職業を行使する労働者は、有資格労働者または技能労働者と同様にみなされる。旧協定により定められ、または新合同協定により定めらるべき右の職種は、産業部門別に本協約の追加付属協定に掲げる。

上記の職階の異なれる階層分類に関し、協約当事者は、分類の付属協定の成立するまで、一九四五年四月一一日命令及び右の命令の適用のために発せられた省令による分類を参照するものとする。

賃　金

（時間制労働）

第六条　時間制労働とは、労働者が量的に定められた生産を考慮することなく行う労働をいう。

時間制労働に対する最低時間賃金は、付属協定の定める職階別最低保障賃金を下回るものではない。

（個数制、報償制、出来高制及び能率制労働）

第七条　個数制、報償制、出来高制及び能率制労働とは、あらかじめ確定され、労働の開始前に周知せしめられた基準に従って労働者のなす労働をいう。

個数制、報償制、出来高制及び能率制労働の賃率は、標準的に働く中等程度の能力を有する労働者に、その職種の最低保障賃金を上回る賃金を保障する方法で算定されなければならない。

個数制、報償制、出来高制及び能率制労働の履行中、労働者の意思に無関係の原因に基づく時間の損失が生じた場合（停電、部品または原料の待期、機械の停止または事故等）、作業場において費やした時間に対しては、その職種の最低保障時間賃金率に従って労働者に支払われる。

事業所長が、作業の再開に必要な時間、労働者を〔作業場から〕立ち去らせなければならないと判断した場合には、右の措置を執ることができる。事業所長は、あらかじめ企業内における就業の可能性を探し、またはできうるかぎり可能な方法において損失時間を回復しうるように努めなければならない。

（職務手当）

第八条　本協約の定める最低保障賃金及び職務分類は、作業が正常に行われている条件を考慮する。個別的労働契約により定められる賃金も同様とする。

例外的に、賃金と別個の諸手当は、その労働を履行する労働者の賃金決定に、それが考慮されていない場合には、その労働が行われる特定事業所の特別の困難、危険または有害な諸条件を考慮して賦与することができる。

右の手当は、次の条件に従うことができる。

——特別に困難な労働の諸条件等

——疾病の危険、器管の特別な損耗、危害または有害労働等

発生しうべき所定の諸条件以外の不時の割増金については、現存設備及び各部署に固有の特別条件を考慮し、労働医師の意見を聴取した上で、事業所長が、決定する。

前項に従って決定された手当の支払は、厳格に、その理由となっている原因のいかんによるものとする。したがって、断続的な方法で右の手当を支給することもできる。

すべての労働条件の修正または改善は、労働医師の検証の後に、右の手当の改正または廃止を生ぜしめる。

上記の二者の場合、〔すなわち〕手当制度〔の設置〕及びその改訂または廃止の場合においては、利害関係者及び関係工場の職場代表委員、職場代表委員を欠く場合には、その工場における従業員の要求を常時提出する任務を負う代表者に対する詳細な調査が行われた後に、労働医師の理由を付した意見が与えられる。右の手当は、定額で定めることもできるし、労務者の最低賃金に対する比率及び関係労働者の職階または職種の最低賃金に対する比率で定めることもできる。

たとえば酸を使用する作業等のような特定の労働により従業員の衣類を異常に破損せしめた場合、及び特に不潔な労働の場合においては、例外的に、前項以外の手当を賦与することができる。

（一八歳未満の年少労働者）

第九条　一八歳未満の年少労働者であって、生産に従事し、養成工契約の利益を受けない者に対しては、その所属する職階または職種の最低賃金を保障する。ただし、その年令及び事業場における経験年数に応ずる減額を受ける。

右の減額は、次のとおりとする。

経験年数	一四歳～一五歳	一五歳～一六歳	一六歳～一七歳	一七歳～一八歳
採用時	五〇%	四〇%	三〇%	二〇%
六ヵ月以上	四五%	三五%	二五%	二〇%
一年以上		二五%	二〇%	一五%
二年以上			一五%	一〇%
三年以上				五%

出来高制または能率制で報酬を受ける一八歳未満の年少労働者が成年労働者に常時与えられている仕事を標準的に、かつ、活動、能率及び質の点で〔成年労働者と〕同等の条件で遂行する場合には、右の年少労働者は、同一の仕事を行う成年従業員の報酬について定められた賃率表に従って報酬を受ける。

（一八歳以上の年少労働者）

第一〇条　一八歳以上の技能または専門年少労働者は、成年労働者とみなされ、充分な職業能力を証明する条件に従い、その職階の賃金を受ける。

ただし、養成の終了期に、企業で習業中の者であり、かつ、質及び能率の点で、その職種の成年労働者の賃金を受領するのに充分な職業能力を証明することのできない年少労働者は、その技能習得に応ずる賃金を受ける。右の最低賃率は、付属協定で定める。充分な職業能力の適格試験は、養成の終了後に引き続く二年の間に、毎年二回づつ受けることができる。

公立若しくは私立の技術学校を卒業し、またはそこにおいて正規の教育過程を修めた者は、養成過程を修了した年少労働者と同一にみなされる。

一八歳以上の年少労務者は、成年労働者とみなされ、その職階に応ずる賃金を受ける。

（賃金の構成要素の通知）

第一一条　個人的性格の、例外的な異議の申立がなされた場合には、関係労働者は、支払総額の決定に示された次の事項の通知を要求することができる。

――時間制労働の時間数

――必要ある場合には、控除時間数

――能率制労働の時間数

――支払われるべき個数及び単価

――労働伝票の明細

――時間制労働に適用される時間賃金

――計算すべき夜間及び日曜労働の追加時間数

――適用されるべき割増賃金

――その他の諸手当

――費用の償還

労働者は、同様の条件において、賃金総額の控除の写しを請求することができる、右の写しは、関係者の支払明細票に記載された事項を記述するものとする。

（支払明細票）

第一二条　各支払期に、次の事項を明瞭に記載する支払明細票を手交する。

――使用者の姓名及び住所

――関係労働者の姓名

――職業資格及び職務分類

――右の職種の最低保障賃金

――時間制労働時間、能率制労働時間、時間外労働の時間

――賃金総額の費目及び金額

――賃金総額からの控除の費目及びその額

――必要ある場合には、すでに徴収した賦課金

――手取り賃金総額

支払明細票は、右の支払いがなされる時期と同一でなければならない。

労働時間

（割増賃金の計算）

第一三条　労働時間に関する立法の適用によって定められ、週四〇時間、またはこれと同等とみなされる時間をこえてなされた時間外労働時間については、次のような割増賃金が支払われる。

――正規の労働時間をこえる最初の八時間については、時間当たり賃金の二割五分増

――右の八時間をこえる時間外労働の時間及び通常の労働日に介在する祝祭日になされた時間外労働時間については、時間当たり賃金の五割増

時間外労働時間の算出は、各週ごとに行う。右の規定に反し、労働者が少なくとも一週間の一時的な労働不能を惹起せしめる労働事故により、週労働時間の全部を遂行することができなかった場合には、右の労働者は、事故の日を含めて事故のあった週に現実に労働した日数の割合に応じて定められた時間外割増賃金を受けるものとする。本項の規定は、一九四六年一〇月三〇日法第二条第二項にいう通勤途上の事故の場合においては適用しない。

例外的に緊急の労務を履行するために、または臨時的に生産の増加を図るために、週休日になされた労働時間については、時間外労働に対する割増賃金のほかに、一割五分増の不快手当を支給する。

右の割増賃金は、一日の中一〇時間またはそれ以上労働した後に、二二時をこえてその労働を延長する労働者の、二二時以後になされたすべての労働時間（その時間数を問わない。）に対しても支給される。

前項の割増賃金及び継続的な作業班による組織的労働について定められた割増賃金は、本協約署名時における現行法令の諸規定の範囲内に止める。右の法令が修正または廃止された場合においては、本条項の適用は停止される。〔右の場合には〕新協定が締結されるまで、時間外労働については、新たに定められた法令の規定する条件に従って割増賃金が支給される。

（弁当代）

第一四条　二二時から六時までの間に、少なくとも六時間以上労働した労働者に対しては、最低の〔保障〕手当、いわゆる弁当代（indemnité de panier）が支給される。右の賃率は、本協約の付属協定で定める。その率が本協約を上回る弁当代は、既得利益とする。

本手当は、さらに一日一〇時間またはそれ以上労働し、二二時以後に少なくとも一時間以上労働を延長する労働者に対しても支給する。

（継続作業班）

第一五条　部署の交替を伴う継続的作業班によって組織された労働が常時夜間労働を含む場合（この作業形態が直接、間接、技術的必要性により課せられている場合を除く）には、その労働時間数が少なくとも六時間に等しいことを条件として、二二時より六時までの間になされた

労働時間については、関係者の現実の賃金のほかに、その職種の最低保障賃金の一五パーセントに等しい不快割増手当を支給する。

右の不快手当は、継続的な部署に拡張することができる。

右の割増賃金〔不快手当〕を関係労働者に認めるか否かの評価に際しては、その利益が二または三の部署に拡張されているか否かを問わず、「作業班手当」（primes d'équipe）の形態またはその他の形態の下に企業において既に認められている特別の諸利益を考慮する。

第一六条　次に掲げる労働者に対し、その職種の最低保障賃金の半時間分に相当する手当を支給する。

(1)　正規の時間または準備、補充若しくは付属の労働に属する特別の時間に、継続的作業班において労働する労働者

(2)　正規の就業時間に比し、著しく懸隔せる時間であって、準備、補充または付属の労働に属する特別の時間に労働する労働者

右の手当は、手当に対する権利を発生せしめる〔就労〕時間が一時間以内の休止を含む場合にのみ支払われる。

作業組織が各八時間の三個の継続的作業班により構成されているときは、半時間の休止は、実働賃率に従って支払われる。

右の諸規定は、圧延、針金製造、炉への定期的搭載等のような、技術的に長期、かつ、頻繁な中断を含む労働の場合には適用しない。

婦人労働

第一七条　金属産業における婦人労働の特別諸条件は、法律に従って規律される。

ただし、労働法典第一巻第二九条に定める期間は、一二週から一四週にわたるものとする。

認定された妊娠の事実のために、労働医師の請求により部署を変更する場合には、関係当事者は、部署変更時に一年以上継続して勤務していることを条件として、最大限三ヵ月間従前の実働賃金を享受する。

婦人の就業する事業場において、労働の性質上、継続または断続して座席において就業しうるすべての場合には、各婦人労働者に対し、適切な椅子が労働の場所において供与される。

事業所は、妊婦が更衣室及び従業員出入口において、混雑を避けるために必要と認められる措置をできうるかぎり執るものとする。

乳児に哺乳させる婦人〔労働者〕は、出産の日から最大限一二カ月の無給休暇を受けることができる。

右の休暇の受益者は、休暇満了の遅くとも六週間前までに、企業に対し復職の意思を表示しなければならない。右の手続がなされない場合には、退職者とみなされる。

労働契約停止期間中であっても、使用者は、集団解雇または職務（emploi）の廃止の場合には、関係当事者を解雇する権限を留保する。右の場合には、使用者は、解雇予告手当、及び必要のある場合には、解雇手当を支払わなければならない。

休暇の終了時に、使用者が哺乳休暇の受益者を復職させることができなかった場合には、前項と同一の諸手当が、支払われる。

医師の診断書の提示に基づき、婦人労働者に対しては、重病の乳幼児を看病するための無給の休暇が与えられる。

年少労働者の労働

第一八条　金属産業における年少労働者の特別労働条件は、法律に従って規律される。

一八歳未満の年少者は、三カ月ごとに健康診断を受けなければならないことが、明示的に再確認される。

有給休暇

第一九条　有給休暇は、現行法令の諸規定の定める条件内において与えられる。

総計二カ月以内の病気欠勤は、有給休暇期間の算定に当たっては、実働期間とみなされる。

有給休暇の開始日と定められた日に、疾病のため欠勤した労働者は、疾病の回復時または雇用契約の解除の日に、実働日を理由として要求しうる休暇日に対応する補償手当を受けるものとする。右の労働者が一〇月三一日以前にその状態を回復した場合には、実際に休暇を受けるか、または有給休暇の補償手当を受けることができる。

企業が有給休暇期間中休業しないときは、六月一日に勤続一年未満であって、かつ、以前の労働契約解除のときに有給休暇の補償手当を受領した被用者は、無給の補充休暇を受けることができる。右の補充休暇は、欠勤一二日以上に及ぶことができない。休暇の日時は、使用者との協定により定める。本規定は、除隊した年少〔労働〕者にも適用する。

祝　祭　日

第二〇条　勤続三ヵ月以上の労働者であって、事業所または事業所の一部において常時就業すべき日と競合した祝祭日による休業のために、労働日を失った者は、四半期ごとに一祝祭日の範囲内で賃金の支払を受ける。右の〔祝祭〕日は、五月一日〔メーデー〕に関する法律の定める条件内において支払われる。

前の四半期に、休業祝祭日の〔賃金〕支給が行われなかった場合には、〔次の〕同一・四半期内に二祝祭日の〔賃金〕支給を行うことができる。

前項に定める祝祭日と別個に、第五番目の祝祭日に対しては、四半期の一に、本条の定める条件内において賃金が支払われる。

祝祭日の〔賃金〕支払は、被用者が同時に、祝祭日に先だつ最後の労働日及び当該祝祭日に引き続く最初の労働日に正常に就業した場合でなければ行われない。

使用者が当該祝祭日の買上げ（récupération）を行う場合に、買上げの日に欠勤した労働者は、右の買上げの日に引き続く最初の祝祭日であって、本条の範囲内に含まれる日の補償の特典を失う。ただし、本項の規定は、買上げが遅くとも祝祭日の前日までに通告され、かつ、三カ月内に、実際に祝祭日による休業が行われるのでなければ適用されない。さらに本項の規定は、労働者の欠勤が許可を受けたものである場合、それが疾病若しくは労働事故によるものである場合、または住居の火災、配偶者、直系尊族、卑族の死亡、事故若しくは重大な疾病のような不可抗力であって、正当に証明され、かつ、使用者にできうるかぎり速やかに通知されたものに起因する場合には適用されない。

家族の都合による例外的休暇

第二一条　企業において勤続一年以上の労働者は、証明により、以下に定める家族の都合による例外的休暇を受ける権利を有する。

被用者の結婚	四日
子の結婚	一日
配偶者の死亡	二日
父母、子、義父母の死亡	一日

右の休暇に対しては、五月一日に関する法律の定める条件により、賃金が支払われる。

出来高制労働の場合には、支払われるべき賃金は、最後の二支払期の時間平均を基礎として計算する。

年次休暇の期間の決定に際しては、右の例外的休暇日は、実働日とみなされる。

兵　役

第二二条　兵役、教育召集または召集により生じた欠勤の場合には、法令の諸規定に従って規制される。ただし、召集のときに、企業において勤続一年以上の年少被用者に関しては、兵役に就くことは、それ自体、労働契約解除の原因を構成するものではない。右の契約は、徴兵令の定める法定兵役期間中、停止される。

除隊の日を知ったとき、または除隊の日以後遅くとも一ヵ月以内に、復職の意思を使用者に通告しない年少労働者は、前項の規定の特典を請求することができない。契約停止の特典を受ける者が復職の意思を通知する文書を提示してから一ヵ月以内に復職することができなかった場合には、右の労働者は、解雇予告手当及び必要に応じ、解雇手当を受けるものとする。

兵役期間中であっても、集団解雇または関係者の属する職種の部署の廃止の場合には、使用者は、前第二項の受益者を解雇する権限を留保する。右の場合には、使用者は、解雇予告手当及び場合によっては解雇手当を支払わなければならない。

疾病——事故

第二三条　不可抗力を除き、疾病または事故による欠勤であって、三日以内に関係者によって通告されたものは、六ヵ月間労働契約の解除を構成しない。

六ヵ月の期間をこえるときは、使用者は、欠勤による契約の解除を行うことができる。右の六ヵ月の期間は、欠勤が一九四六年一〇月三〇日法第二条第二項のいう交通事故の場合を除き、労働事故によるものであるとき、または一九四六年一二月三一日行政規則付表に掲げる職業病によるものであるときは、一ヵ年に延長する。

さらに上に掲げる期間の満了前に、使用者が関係当事者の代わりを補充しなければならなくなった場合には、契約は、同じく解除されたものとみなされる。右の場合には、使用者は、関係当事者に書留郵便で通知しなければならない。

前項に規定する場合には、使用者は、契約が代替の必要性により解除されたとみなされる労働者に対し、解雇予告期間を遵守せずに解雇された場合に関係当事者が受領する予告手当に等しい金額を支払わなければならない。さらに、右の者が必要な条件を充たしている場合には、解雇の際の勤続年数に応じて権利が与えられる解雇手当を受領する。

契約が上記の条件で解除されたとみなされる場合には、関係当事者は、解除の日から算えて六ヵ月間、再雇用の優先権を有する。ただし、本条の規定は、特定の被用者の強制雇用に関する現行法令から生ずる義務を免れしめるものではない。

疾病または事故による欠勤の期間中であっても、解除の原因が疾病または事故と無関係である場合には、通常の条件内において、契約の解除を行うことができる。

解約告知期間

第二四条　労働契約の解除の場合には、相互の解約告知期間は、重大な過失または不可抗力の場合を除き、同じく一週間とする。

当事者の一方が予告期間を守らなかった場合には、他方の当事者に支払うべき賠償金は、事業場における実働時間のいかんを問わず、週四〇時間の総計を基準として計算される。適用されるべき率は、時間制で報酬を受けている労働者に対しては、実時間賃金に等しい額とし、出来高制で報酬を受けている労働者に対しては、解約告知に先だつ二週間分の平均時間賃金に等しい額とする。

解雇の場合であって、告知期間の半ばが経過した場合、解雇された労働者が新しい職に直ちに就かなければならないときは、その旨を使用者に通知した後、予告期間の不遵守による賠償金の支払いを行うことなく、予告期間の満了前に事業場を去ることができる。

予告期間中、男女の労働者は、職を探すために毎日二時間づつ欠勤することが認められる。右の欠勤は、隔日ごとに交互に労働者及び使用者の指定する時間に定められる。

労働者が職を探すために希望する限度において、かつ、業務の必要性がそれを許容する場合には、関係当事者は、予告期間の満了前に、右の〔職を探すために許容された〕時間の全部または一部を一括して請求することができる。職を見つけた労働者は、そのとき以後本条の規定を利用することができない。

集団解雇の場合を除き、解雇の場合には、職を探すために認められる時間は、関係当事者の実賃金を基準として補償される。

解雇手当

第二五条　六五歳以前に解雇された労働者であって、勤続一〇年以上の者に対しては、予告手当とは別個に解雇手当を支給する。

右の手当は、勤続一年につき五時間分の賃金を基準として計算される。ただし、賃金の一五〇時間分をこえることができない。

ただし、解雇手当は解雇された労働者が五〇歳以上六〇歳未満の場合は、一割、六〇歳以上の労働者に対しては、二割増とする。

解雇手当の計算に算入する賃金は、最後の二支払期の平均時間賃金を基礎として定める。

解雇手当は、不可抗力による契約解除の場合を除き、重大な過失のある場合には支払われない。

集団解雇の場合には、解雇手当は、企業にとっての特別に重い責任を構成する。右の場合には、使用者は、解雇手当規則に基づく手当の支給を、最大限三ヵ月間にわたる分割支払によって行うことができる。

退職手当

第二六条　企業を自発的に退職する六五才以上の労働者は、解雇されたならば受領するであろう手当の半額に等しい任意退職手当を受ける権利を有する。

六五歳以上の労働者が解雇された場合には、重大な過失または不可抗力の場合を除き、解雇された労働者は、前項に規定する任意退職手当（indemnité de départ）と退職補償手当（allocation compensatrice de retraite）との合算額か、または退職補償手当を放棄して、解雇手当と同一の基準で計算された任意退職手当のいずれかを選択するものとする。

集団解雇の場合には、前条末項の規定を適用することができる。

配置転換

第二七条　労働者の配置転換の条件は、金属産業の各関係部門ごとの特別の付加協定により定める。

養成工制度

第二八条　養成工制度の条件及び養成工の手当表は、本追加協定の付属協定Ⅱにより定める。

五　「労働者」追加協定付属協約Ⅰ——退職補償手当（allocation compensatrice de retraite）

現在の立法の状態においては、社会保障の養老制度は、一九六〇年まで、被保険者が完全な養老制度を受けるために必要な三〇年の掛金を完了することができないという事実により、不完全な状態にある。

以下の諸規定の目的は、〔社会保障の養老〕制度が、一九六〇年七月一日まで経過規定を含まない場合に到達するであろう水準にまでその額を引き上げることを目的とし、社会保障により、企業を退職し、かつ、下記の条件を充たす被保険者に支払われる養老年金の額を補充することにある。

一八八六年四月一日以前に出生した被保険者は、現行制度を享有することができず、旧規定〔の適用〕を受けなければならず、かつ、社会保障により受ける年金は上記の日以後に出生した者より明らかに低いという事実から、より不利な状態にあることが認められる。従って右の者に対する〔退職〕補償手当は、右の年金をより高める比率に応ずるものとする。さらにこれらの被保険者にとっては、年金は、その大部分を占める被用者たる老齢労働者に対する手当が均一額であるために、その賃金に比例しない故に、補償手当は、平均により算出される総基準額に基づいて計算されていた。この事実により、年金及び補償手当の総額は、必ずしも被保険者の基準賃金の一〇〇分の四〇に応ずるものではない。

一——受益者

一九五四年一月一日以後企業を退職する労働者が、次の条件を充たすときは、補償手当を受ける。

(1)　企業において六五歳に達すること。

(2)　企業において少なくとも一〇年以上勤続すること。

(3)　退職手当の精算を請求すること。

二——手当の額

(1)　一八八六年四月一日以降出生の受益者

(a)　六五歳以前に年金の精算を請求しなかった被保険者

手当の額は、社会保障により与えられる年金の額（扶養の妻または子に対する割増を除く。）に、付表Ⅰによる年金精算年度の率を適用して計算する。

(b)　労働不能のために六五歳以前に年金の精算を請求した被保険者

労働不能により、一九四五年一〇月一九日命令第六四条の適用を認められる労働者が、六〇歳から六五歳までの間に企業を退職する場合であって、上記のその他の条件を充たすときは、補償手当を受ける。右の者の年金に適用される〔割増〕率は、付表Ⅰによる精算年度に対応する率とする。

(c)　六五歳以前に自発的に年金の精算を請求した被保険者

正規の六五歳以前に自発的に〔すでに〕年金の精算を請求した労働者は、企業において六六歳まで就労し、かつ、その他の条件を充たすのでなければ、補償手当を受けることができない。

右の者が退職する場合は、付表Ⅰの精算年度をその者が六五歳に達する間の年度により、〔割増〕率を決定する。

右の率は、関係当事者の受領する年金の実額（扶養の妻または子に対する割増を除く。）に対して適用する。

(2)　一八八六年四月一日以前出生の受益者

一八八六年四月一日以前出生の受益者に対しては、社会保障により与えられる年金額（扶養の妻または子に対する割増を除く。）に、付表Ⅱの定める比率を適用し、関係当事者の出生年度により計算する。

三——退職手当の最高限

基準賃金の再評価係数の作用により、社会保障の年金額は、社会保障の拠出金の最高限の一〇〇分の四〇に定められている現行退職手当の最高限に多少とも接近していると認めうる。いかなる場合においても、補償手当は、受益者の年金を、現在一八万二四〇〇フランに達している年金の最高限をこえる効果を持つことができない。

四――その他の規定

補償手当は、企業により四半期ごとに受益者に支払われる。

手当は、重大な過失に基づく解雇の場合には支払われない。

すでに諸規定が老齢労働者に有利に、使用者により定められている場合には、特に退職〔年金〕または〔その他の〕諸手当の補充の形態の下に、その規定より生ずる諸利益は、本付属協定から生ずる諸利益と競合させなければならない。

補償手当を受けるために、関係当事者は、使用者に対し、自己の年金額に関する情報を社会保障〔当局〕から得るための委任を与えなければならない。

補償手当の付与は、受益者が死亡したときは、全部停止する。

五――改訂

退職補償手当は、社会保障の「養老保険」制度に関する現行法令を考慮して定める。この制度になされる修正、特に拠出金または年金計算方法に関する修正は、補償手当の改訂または停止をもたらすものとする。

いかなる場合においても、一九六〇年七月一日以後は、新しい受益者を認めない。

付表Ⅰ　一八八六年四月一日以降出生の者であって、六五歳以前に年金の精算を請求しない被保険者

年金精算年度	適用率
一九五一	一八％
一九五二	一六％
一九五三	一三％
一九五四	一二％
一九五五	九％
一九五六	七％
一九五七	五％
一九五八	三％
一九五九	一％
一九六〇年以降	―

付表Ⅱ　一八八六年四月一日以前出生の被保険者

出生年度	適用率
一八八六	四二％
一八八五	四五％
一八八四	四七％
一八八三	四九％
一八八二	五一％
一八八一	五三％
一八八〇	五六％
一八七九	六一％
一八七八	六七％
一八七七	七一％
一八七六	七六％
一八七五	七九％
一八七四	八三％
一八七三	八七％
一八七二	九一％
一八七一	九五％
一八七〇年以前	一〇二％

六　「労働者」追加協定付属協約Ⅱ——養成工制度

パリ地方金属・機械及び関連産業において一九五四年七月一六日に締結された労働協約「労働者」追加協定第二八条の適用を容易ならしめるために、養成工制度とは、資格を有する専門家によって行使される業務に到達しうるような組織的、かつ、完全な教育を意味することを明確にする。

右のように定義づけられた養成工制度は、企業主と養成工契約によって結びつけられた男女の養成工を対象とする。養成工は、現行養成工制度の諸規律及び本協約において養成工につき取り扱う諸規定に服するものとする。

使用者は、養成工契約により、右の教育を与えることを約する。職業的技術は、優秀なものでなければならない。ただし、その習得は、業務の行使に必要な職業的知識と関係のある理論的な教育と結びつかなければならない。

さらに、使用者は、養成工に与えられる技術的・理論的及び実務的教育が、技能証明書（ＣＡＰ）への漸進的、合理的準備を基準として定められ、かつ、右の教育が有資格者により、養成工の徳育の形成を保護する自然の条件の下において与えられるものであることを約する。

養成工は、職業と無関係の業務に使用してはならない。修業的性格を持たない手仕事は、それが労働法典第一巻第八条の精神における組織的、かつ、完全な〔技能〕習得を確保するために教育的、漸進的、かつ、固有のものであるという三重の条件を統合するものでなければ、養成工に行わしめてはならない。

さらに年少労働に関する現行法令の諸規定に反する労働は排除する。

養成工制度に関する一般条項

一九三八年五月二四日法律命令第八条が、一七歳未満のすべての年少者は、定められた条件の下において作成され、かつ、児童の健康に有害と認められる一または数個の職務の標示を含む職業補導証明（certificat d'orientation professionnelle）を有しているのでなければ、企業において使用することができない旨を規定していることを再確認する。

養成工の健康診断は、現行法令の諸規定に従って行われ、かつ、三ヵ月ごとに実施する。

養成工契約は、必ず、使用者と養成工、その両親、後見人または法定代理人との間において文書により確認されなければならない。（労働法典第一巻第三条）養成工契約は、必ず市町村長に寄託しなければならない。養成工契約は、当事者の合意がある場合には、管轄裁判所の介入なしに、解除または改訂を行うことができる。

養成工契約は、特に契約の日付及びその期間、養成工の手当の条件、服すべき職業課程を記載しなければならない。（労働法典第一巻第三条）

一九一九年七月二五日法第四四条に従い、事業所長は、養成工に、公立または私立の義務教育を修めるのに必要な時間及び自由を与える。

事業所長は、同じく修学への養成工の勤勉を確保するものとし、かつ、その監督は、右の修学機関が、その目的のために作成する個別的成績表を、少なくとも週一回検印することにより具体化しなければならない（一九一九年七月二五日法第四五条）。右の修学は、現行法令に従って行われる。

使用者は、必ず、養成工制度の認証を構成する職業資格証明試験（それを欠く場合は、一九二八年三月二〇日法の適用により組織される試験）の準備を行い、養成工を受験させなければならない。

養成工が職業資格証明〔試験〕に失敗し、当事者間の合意があるときは、次期に受験させるため、養成工契約の追加協定を結ぶことができる。

すべての慣習違反、すべての契約違反または解除は、使用者の居住地の労働審判所または労働審判事件を扱う治安裁判所の管轄とする（労働法典第一巻第一七条及び第一八条）。

その他の条項

（道　具）

養成制度の過程において、練習として、職業上の道具を製造させた場合には、右の道具は、養成制度の終了時に養成工の所有に属する。

（手　当）

工場（通常の製造工場）において訓練を受ける養成工に対しては、以下に掲げる最低時間賃金が支給される。

右の賃率表は、問題が専門の組合会議（chambres syndicales）により、労使合同して規制される「機械模型製作工」を除き、パリ地方金属・機械及び関連産業に加えられるかぎりの職業であって、労働協約の賃率表に含まれるすべての職業に対し適用される。

第一期（最初の六ヵ月）……………………一二フラン
第二期（　〃　）……………………一四　〃
第三期（　〃　）……………………一九　〃
第四期（　〃　）……………………二二　〃
第五期（　〃　）……………………二五　〃
第六期（　〃　）……………………三五　〃

正規に、または落第（doublage）のために、第四年目にある養成工に対しては、すでに経過した三年間に獲得した能力を考慮して手当の増額を行わなければならない。

養成工が理論的学習に費やした時間は、それが正規の労働時間内に行われた場合は、実務訓練のために工場で費やした時と同一の手当が支払われる。

健康診断に費された時間は、一九五二年一一月二七日命令第一五条の適用により補償を受ける。

職業資格証明試験に費やした時間は、技術教育に費やした時間と同一の条件で補償を受ける。賃金改訂の場合には、養成工の手当表改訂の請求をなすことができる。

（賞与金　pécule）

養成制度の終了時に、正規の養成期間の終期に職業資格証明を得た養成工に対しては、養成契約期間中に支払われた手当の一〇〇分の六〇以上、職業資格証明を得ることのできなかった養成工に対しては一〇〇分の四〇以上の率で計算された賞与金が支払われる。

（特殊教育の養成工）

養成制度の一部において特別教育を受ける養成工については、手当表は定められていない。

右の教育は、養成制度の課程において、技能的及び理論的訓練が時間的にも、またそのための専門的監督者の指示の下においても免除されているときは、特別のものとみなされる。

ただし、その教育の過程において、養成工が使用者側からいかなる手当をも受領していないときは、研究手当が与えられる。

右の手当は、一万八〇〇〇フランと定める。

養成過程中に受領する手当の額が右の金額を下回るときは、補充の手当が支払われる。

七　パリ地方金属・機械及び関連産業の労働協約——「職員」追加協定（Avenant "collaborateurs"）　一九五四年七月一六日

適用領域

第一条　本追加協定は、労働協約の人的、地域的適用領域内における企業の使用者と、男女の俸給被用者（employé）、技師、設計家及び職長との間の関係を規律する。

注——以下各条において、「俸給被用者、技師、設計家及び職長」を職員（collaborateur）という。

試用期間

第二条　試用期間は、指標E3に含まれる職務を遂行する職員に対しては三ヵ月、指標E2に含まれる職務を遂行する職員に対しては二ヵ月、その他の職員に対しては一ヵ月とする。

試用期間の半ばが経過したときは、相互の予告期間は、重大な過失または不可抗力の場合を除き、試用期間一ヵ月のものは六日、その他のものは二週間とする。

契約解除が使用者によりなされたときは、試用期間の途中に解雇された職員は、予告期間中、新しい職を探すために毎日二時間欠勤することができる。〔次の〕職をみつけることのできた職員は、本項の規定を利用することができない。職を探すための時間は、報酬減額の原因となってはならない。右の時間が利用されない場合でも、このことにより、いかなる補償も支払われない。

上記の予告をもって試用期間中に解雇された職員に対しては、探すことのできる新しい職にただちにつきうるよう、すべての便宜が認められる。右の場合、解雇された職員は、予告の不遵守に対し、いかなる賠償をも支払わない。

指標E2——第二研究設計係、a及びb組長、職員係長

指標E3——第一企画設計係または設計主任、第二種企画設計係または設計主任、第一係長たる企画設計係ま

たは設計主任、第二係長たる企画設計係または設計主任、自動車企画設計係、第三技術長、第三仕上げ係、時間測定分析係、職員部長、c組長、監督及び工場長

採　用

第三条　すべての契約は、遅くとも試用期間の満了時に、次の事項を示す文書により確認される。

――職種別分類中の職務

――当該職務の最低報酬（基準四〇時間）

――現実に受領すべき報酬

――職務を行使すべき事業場

行使すべき職務が、協約付属協定の定める〔職務分類の〕定義に合致しないときは、当事者間の合意によって、比較による職務分類が行われる。右の職務に対しては、それに対応する〔職務分類〕のすべての利益を受ける権利が与えられる。

右の諸事項の一つになされるすべての個別的性格の修正は、あらかじめ新たに文書により通告するものとする。右の通告が関係当事者により受諾されなかった場合には、使用者側のなす労働契約の破棄とみなされ、かつ、契約の破棄として規制される。

昇　進

第四条　部署に欠員が生じた場合、または新たに部署を創設する場合には、使用者は、企業において雇用する職員に優先的に周知せしめ、かつ、職員をその部署に充当するようにするものとする。昇進の場合には、職員は、その職を占めるように指示された部署に定められた試用期間に服せしめられることができる。右の試用が不適格と認められた場合、関係被用者の旧部署、またはこれに相当する職務への復職は、降等とはみなされない。

報　酬

第五条　職員は、専ら一ヵ月単位で報酬を受ける。

職員に適用されるべき最低報酬表及び職務分類は、本協約付属協定で定める。

右の定める最低率は、年少製図係に関する特別条件及び体格に欠格のある被用者に適用される協約第一条の留保を除き、一八歳以上のいかなる成年職員も、それ以下の報酬を受けてはならない最低額とする。

最低報酬額と実〔賃金〕率との比較については、費用の償還的性格を持つ諸手当を算入してはならない。同じく、右の比較には、次の諸手当を除外する。

――時間外割増〔賃金〕

――精勤手当

――勤続手当

――年末手当

—契約及び企業において行われている慣習によらないで支給される任意の特別手当

署名当事者は、最低報酬額の改訂が行われるときは、新しい賃率表の適用が各職種において報酬の平準化をもたらさず、職業の価値の相違を考慮に入れた報酬の定形化を達成しなければならないことを諒解する。

三ヵ月以上の継続した期間中、上級の職の全部を代理執行するすべての職員は、四ヵ月目以後、過去の三ヵ月分に遡って、自己の職階の最低報酬と代理執行した職員の職階の最低報酬との差額の四分の三に等しい額の毎月の手当を受けるものとする。

支　払　票

第六条　各支払期ごとに、次の事項を明確に記載した支払票が手交される。

—使用者の氏名及び住所
—関係者の氏名
—職業上の資格
—その職階の最低賃金
—通常の〔勤務〕時間、残業時間
—総報酬額、場合に応じ現物給与及び付加または控除された諸手当の額並びに受領すべき手取り報酬額

支払票は、支払が行われる期間に相違ないことが証明されなければならない。

年少職員の報酬

第七条　養成工契約によらない一八歳未満の年少職員は、年少製図係に関する特別の条件を除き、次のような年令別減額を受ける。

	一四歳～一五歳	一五歳～一六歳	一六歳～一七歳	一七歳～一八歳
採用時	五〇%	四〇%	三〇%	二〇%
企業における〔勤続〕六ヵ月以上	四五%	三五%	二五%	二〇%
企業における実務一年以上		二五%	二〇%	一五%
企業における実務二年以上			一五%	一〇%
企業における実務三年以上				五%

養成工契約によらない一八歳以上の年少職員は、その職業上の能力が充分であると認められる場合には、その職種の報酬を受ける。

本条第一項の規定の適用を受ける透写係を除き、年少製図係は、次のような減額を受ける。

(a)　職業教育を受けていない未経験製図係（減額は、細部製図係の最低賃金に対し適用される。）

――第一年度　五〇％
――第二年度　四〇％
――第三年度　三〇％

右の者は、第三年度の終了時に、職業上の能力が充分であると認められる場合には、その職種の成年者の最低賃金を要求することができる。

(b)　職業教育を受けた未経験製図係（減額は、その職階の成年製図係の最低賃金に対して適用させる。）

職業を行使した第一年度　一五％
職業を行使した第二年度　一〇％

ただし、職業教育を受けた未経験製図係は、二〇歳以降は、職業上の能力が充分であると認められる場合には、成年者とみなされ、かつ、その職階の賃金を受ける。

勤続手当

第八条　職員は、次の条件で勤続手当を受ける。

勤続手当は、関係者の実賃金に加えられ、その占める職務の最低賃金にそれぞれ次の比率を適用して計算される。

勤続三年以上　三％
勤続五年以上　五％
勤続六年以上　六％
勤続七年以上　七％
勤続八年以上　八％
勤続九年以上　九％
勤続一〇年以上　一〇％
勤続一一年以上　一一％
勤続一二年以上　一二％
勤続一三年以上　一三％
勤続一四年以上　一四％
勤続一五年以上　一五％

勤続手当の額は、労働時間に応じて変動し、かつ、場合により、時間外割増を受ける。

勤続手当は、支払票に別個に記載しなければならない。

時間外労働

第九条　労働時間に関する法令の適用によって定められた時間外労働であって、週四〇時間またはそれと同等とみなされる時間をこえてなされたものに対しては、次のような割増賃金が支給される。

――最初の八時間までの時間外労働に対しては、時間賃金の二五％増

――八時間目をこえる時間外労働及び平常の勤務時間の途次に介在する祝祭日になされた時間外労働に対しては、時間賃金の五〇％増

右の割増賃金は、本協約署名日の現行法令の諸規定の範囲内にとどまるものとする。右の法令が修正または廃

止されたときは、本条項は適用を停止する。〔右の場合〕、新協定が締結されるまで、時間外労働は、新法令の定める条件にしたがって報酬を受ける。

各種の割増手当

第一〇条　例外的に緊急の業務を遂行するため、または臨時的に業務の増大に対処するために週休日になされた労働時間に対しては、時間外労働に対する割増賃金のほかに、一五％の不快割増手当を支給する。

職員は、労働者と同じ条件で弁当代を受ける権利を有する。

婦人労働

第一一条　謄写係〔タイピスト、計算器係〕の婦人職員であって、妊娠〔又は〕疾病にかかった者は、医師の診断書を提出の上、機械労働から免除される。

二〇歳未満または四〇歳以上の婦人は、機械労働を免除される。ただし、四〇歳以上の婦人で請求しない者は、医務当局の一致した意見にしたがい、〔機械〕労働を継続することができる。

謄写係に対しては、業務の途中において、午前中一五分、午後一五分の有給の休憩が認められる。

午後の執務時間が五時間を上回るときは、二回目の一五分の休憩が認められる。

業務上の要求と両立しうるかぎりにおいて、謄写係の婦人の労働を、各〔勤務〕日内で、交代により行うことができる。

認定された妊娠のために、労働医師の請求により部署を変更する場合には、関係当事者は、部署変更時に一年以上勤続していることを条件として、最大限三ヵ月間、従前の報酬を受けるものとする。

労働の性質上、継続または断続して座席において就業しても差し支えない場合には、すべて、各婦人職員に対し、適切な椅子が供与される。

産　休

第一二条　出産のための有給休暇は、出産の前後九〇日と定める。婦人職員は、最初の四五日間、自己の報酬と、使用者の加入する社会保障機関の支払う手当との差額を受領する。何故なれば、社会保障制度により支払われる手当は、使用者の支払に対応する分担金のみを考慮に入れているからである。出産後四五日間は、職員は、自己の報酬の半額と、上記の〔社会保障機関の支払う〕手当との差額を受領する。

医師の診断書の提示に基づき、婦人職員に対しては、重病の乳幼児を看病するための無給の休暇が与えられる。

哺乳休暇

第一三条　乳児に哺乳せしめる婦人〔職員〕は、出産の日から最大限一二ヵ月の無給休暇を受けることができる。

右の休暇の受益者は、自己の請求した休暇の満了日の遅くとも六週間前までに復職の意思表示を行わなければならない。右の手続がなされない場合には、退職者とみなされる。

労働契約停止期間中であっても使用者は、集団解雇または〔当該〕職務の廃止の場合には、関係当事者を解雇する権限を留保する。右の場合には、使用者は、解雇予告手当及び必要のある場合には、解雇手当を支払わなければならない。

休暇の終了特に、使用者が哺乳休暇の受益者を復職させることができなかった場合には、前項と同一の諸手当が支払われる。

有給休暇

第一四条　有給休暇は、現行法令の諸規定の定める条件内において付与される。

ただし、〔有給休暇算定のための〕参照期間中に、実働一二ヵ月に及び、かつ、勤続五年以上の職員は、次のような有給休暇を受ける。

五年以上六年未満	満一五日
六年以上七年未満	満一六日
七年以上八年未満	満一七日
八年以上	満一八日

右の諸規定の適用のための勤続年数は、その占めた職務のいかんを問わず、企業における勤務の継続または断続した期間を合算して定める。

「職種分類」項目の指標C・Sに定めるように、その職務が指揮または研究の責任を有する勤続二年以上の職員であって、〔有給休暇算定の〕参照期間中、実働一二ヵ月に及ぶ者は、等しく一八日の有給休暇を受ける。〔有給休暇算定の〕参照期間中、実働一二ヵ月以下の職員は、その実働月数に比例して上記の有給休暇を受ける。

有給休暇期間算定に当たっては、疾病中の職員が、第一七条の定める手当を受領する期間は、実働日とみなされる。

有給休暇の開始日と定められた日に、疾病のために欠勤した職員は、疾病の回復時または〔雇用〕契約の解除の日に、請求しうる有給休暇に対応する補償手当を受けるものとする。右の職員が一〇月三一日以前に労働を再開した場合には、実際にその有給休暇をとるか、または有給休暇の補償手当を受けるかを選択することができる。

解雇予告期間中、職を探すために認められた時間であって、行使しなかった時間は、有給休暇の補償手当計算に際しては、有給休暇の期間に加算される。

指標Ｃ・Ｓ

――仕入係主任、第二会計係長、購買係長、商事監査役、支店会計監査役、職員部長

――第二製造仕上係、第二研究所金属技術長、時間測定分析係、第三技術長、第三仕上係

――第一研究製図係、カタログ製図係、第二研究製図係、第一企画設計係または設計主任、第二企画設計係または設計主任、第一係長たる企画設計係または設計主任、第二係長たる企画設計係または設計主任、自動車企画設計係

――ａ、ｂ、ｃ職工長、ａ、ｂ、ｃ工場長

家族の都合による例外的休暇

第一五条　企業において勤続一年以上の職員は、証明により、以下に定める家族の都合による例外的休暇を受ける権利を有する。

被用者の結婚　四日
子の結婚　一日
配偶者の死亡　二日
父母、子、義父母の死亡　一日

右の休暇日は、いかなる報酬の減額をも惹起させない。

年次休暇の期間決定に際しては、右の例外的休暇日は、実働日とみなされる。

兵　役

第一六条　兵役、教育召集または召集により生じた欠勤の場合には、法令の諸規定に従って規制される。

ただし、召集のときに、企業において勤続一年以上の年少職員に関しては、兵役に就くことは、それ自体、労働契約解除の原因を構成するものではない。右の契約は、徴兵令の定める法定兵役期間中、停止される。

除隊の日を知ったとき、または除隊の日以後遅くとも一月以内に、復職の意思を使用者に通告しない年少職員は、右の諸規定の特典を請求することができない。契約停止の受益者が復職の意思を通知する文書を提示してから一月以内に復職することができなかった場合には、右の職員は、解雇予告手当及び必要に応じ、解雇手当を受けるものとする。

兵役期間中であっても、集団解雇または職務の廃止の場合には、使用者は、本条第二項の受益者を解雇する権限を留保する。右の場合には、使用者は、解雇予告手当及び必要に応じ解雇手当を支払わなければならない。

義務兵役であって、関係当事者の志願によらない兵役期間中は、関係当事者が申告しなければならない軍隊か

ら受ける給与を控除した報酬が支払われる。考慮に入れるべき報酬は、兵役期間中の企業における操業時間に対応するものとする。ただし、〔兵役〕期間を履行すべく召集された職員の欠勤は、業務に残留する従業員に対する〔勤務〕時間の増大を惹起するものではない。

第一七条　疾病——事故　疾病または労働事故を含む事故による欠勤であって、できるかぎりすみやかに医師の診断書により証明された欠勤は、労働契約の破棄を構成するものではない。

医師の診断書及び必要のある場合、再検査によって正式に証明された疾病または事故の場合には、企業において勤続一年以上の職員は、四五日間、自己の報酬と社会保障機関によって支払われる手当との差額を受領する。

社会保障制度により支払われる手当は、使用者の支払に対応する分担金のみによるものであって、同じく報酬の減少を来すことを〔確認〕する。

その後の三〇日間、職員は、自己の報酬の四分の三と右の〔社会保障機関の〕定める給付との差額を受領する。

完全な率で手当を受ける期間は、勤続五年につき、一五日づつ増加する。報酬の四分の三の基準で手当を受ける期間は、同じ〔勤続五年の〕期間につき、一〇日づつ増加する。

考慮に入れるべき報酬は、事業所または事業所の一部における欠勤中の操業時間に対応するものとする。ただし、右の欠勤は、業務に残留する従業員に対する〔勤務〕時間の増大を惹起するものではない。

平年中に、数個の疾病休暇が職員に与えられる場合には、補償の期間は、全体として右に定める期間をこえてはならない。

第一八条　使用者が欠勤中の被用者の現実の代替者を補充する必要が生じたときは、代替の通知が、関係当事者に対し、書留郵便でなされる。ただし、職員が完全な率の報酬を基準として計算された疾病手当を受ける権利を失わないかぎり、使用者は、右の通知を行うことができない。

代替の必要により、契約解除の行為を行う使用者は、関係当事者に対し、予告期間が遵守されずに解雇された場合に受領する額に等しい手当を支払わなければならない。

右のように代替せしめられた被用者は、第一二条に規定する条件を充たすときは、解雇の際、その勤続年数により権利が与えられる解雇手当に等しい額の手当を受領するものとする。

契約が上記の条件の下に解除されたとみなされるとき

は、関係当事者は、再雇用に対する優先権を持つ。

第一九条　職員が予告期間の途中において疾病にかかった場合であっても、右の〔予告〕期間は有効に存続し、予告期間の満了により契約は消滅する。

職員が疾病のために欠勤している期間中であっても、集団解雇の場合には、使用者は、解雇される職員に対し、予告手当及び必要に応じ解雇手当を支払うことを条件として、労働契約の解除を行うことができる。

予　告

第二〇条　労働契約の解除の場合には、相互の解約告知期間は、不可抗力または重大な過失に基づく場合を除き、指標Ｐ3に含まれる職務を遂行する職員に対しては三ヵ月、指標Ｐ2に含まれる者に対しては二ヵ月、その他の職員に対して一ヵ月とする。

使用者または職員による予告期間不履行の場合には、予告期間を遵守しなかった当事者は、相手方に対し、予告期間中の週の操業時間を基準とし、残りの〔不遵守の〕予告期間に対応する報酬に等しい額の賠償金を支払わなければならない。

解雇は、文書により通知しなければならない。

解雇の場合であって、予告期間の半ばが経過したときは、〔次の〕新しい職に就くべき義務が生じた解雇職員は、その旨を使用者に通告した後、予告期間の不遵守による賠償金の支払を行うことなく、予告期間の満了前に事業所を去ることができる。予告期間の半ばが経過する以前であっても、解雇された職員は、使用者との合意により、新しい職に就くために、同一の条件で事業所を去ることができる。

予告期間中、職員は、毎月五〇時間、職を探すために欠勤することが認められる。職を探すために認められた五〇時間は、一日二時間の割合で、各労働日に分割される。職員が職を探すために希望する限度において、関係当事者は、使用者との合意の上、特免期間〔訳注――職を探すために許容された期間〕の満了前に、右の時間の全部または一部を一括してとることができる。職を見つけた職員は、その職を見つけた時から、本条の諸規定を利用することができない。

予告期間中、職を探すための欠勤は、報酬の減額を惹起せしめるものではない。

職員が、職を探すために認められた時間の全部または一部を利用しない場合には、退職時に、利用しなかった時間数に対応する補償を受けるものとする。

指標Ｐ2

――第一企画設計係または設計主任、第二研究設計

係、時間測定分析係、第二技術長、c組長、a・b職工長

指標P3

――第二企画設計係または設計主任、第一係長たる企画設計係または設計主任、第二係長たる企画設計係または設計主任、自動車企画設計係

――c職工長、a・b　c工場長

――職員係長

――第三仕上係

第二一条　解雇手当

解雇された職員に対しては、予告手当とは別個に、事業場における勤続年数を考慮し、次のように定められた手当が支給される。

勤続五年以上の者、入社日から算えて勤続一年ごとに五ヵ月分

勤続一五年以上の職員に対しては、前項の指数は、勤続一五年をこえる勤務年数一年ごとに一〇ヵ月分を加算する。

第二二条　退職補償手当　職員は、〔本〕協約の「労働者」追加協定付属協定Iの定める退職補償手当を、右の付属協定に特別の条件の範囲内において受けるものとする。

第二三条　出張　汽車による出張は、二等に乗車するものとし、旅費及び滞在費は、使用者の負担とする。右の経費の額は、出張の行われる場所に左右されるものであるが故に、出張費は、統一的規則の対象とするものではない。したがって、出張費は、職員に、その役目の重要性と関連して、〔充分な〕食事及び宿泊所を保障しうるに足る率で定められるものとする。ただし、右の経費の代表的な一日の補償額は、一、五〇〇フランを下回らない。署名当事者は、最低賃金の改訂が行われたときは、右の補償額を全体として再検討する。

夜間または事業所において就業しない昼間のいかんを問わず、船舶による出張の場合には、関係当事者に対し、特別手当またはその他の形式の下に、経費が公正に考慮される。

社会保障立法が適用されない地域への出張であって、その出張が、関係当事者に対し、フランス法の適用がなされる期間をこえなければならないときは、使用者は、危険、疾病、事故及び死亡に関する充分な保障を講じなければならない。

長期間にわたる出張の場合には、既婚の職員または扶

養家族を有する職員に対し、その家族の許へ帰郷することを認めるために、使用者の旅費負担により、それぞれ次のような割合の自由な休暇期間が与えられる。

——三〇〇キロメーター以下の出張に対しては毎月、一日

——三〇〇キロメーター以上一、〇〇〇キロメーター未満の出張に対しては、二ヵ月ごとに二日

右の休暇中、滞在費は支給されない。休暇が出張の終期の一週間内に該当するときには、請求することができない。

法律で定められた選挙、地方公共団体または労働審判所の選挙の場合には、有給の旅行が認められる。右は、休養のための旅行とみなされ、同一の条件で規制される。

右の諸経費の償還は、事前の協定の対象とする。

住居の変更

第二四条　使用者の請求による労働の場所の移動であって、住居の変更を必要とする場合は、使用者は、新しい労働の場所に移動するために職員が費やした諸経費を償還しなければならない。償還は、引越し並びに関係者、その配偶者及び同居の扶養児の移転についてなされる。右の諸経費は、特別の合意のある場合を除き、最も費用のかからない料金表（鉄道または道路）に基づいて計算される。

右の場合に、職員による〔転勤の〕不承諾は、使用者測のなす労働契約の解除とみなされ、かつ、一方的解除として規制される。

右のように転勤せしめられた職員が、重大な過失によらないで解雇される場合の〔旧居住地への〕送還の諸条件は、その移動のときに明確にされなければならない。

非競合約款

第二五条　忠実な職員は、自己を雇用する会社から出た情報を、競争関係に立つ会社に利用させない義務を負う。

〔右の規定の解釈の〕拡張により、使用者は、任意に退職し、または意に反して解雇された職員が在職中に取得した知識を、競争関係に立つ会社に提供することができず、かつ、競争会社に就職することが禁ぜられていると予測する権利を留保する。ただし、右の場合には、禁止期間は二年間をこえることができず、かつ、〔労働〕契約または文書による契約によって約定しておかなければならない。

右の禁止は、職員がその代償として、非競合禁止期間中、事業場における最後の三ヵ月の在職期間中における職員の報酬の平均月額の四割に等しい毎月の特別手当を受けるのでなければ有効としない。

使用者は、非競合約款の含まれる労働契約の解除の際に、禁止約款から職員を免除することにより、上記の補償の義務を免れることができる。ただし、契約解除の通知の際に、使用者は、右の旨を文書によって通告することを要する。

八　賃金及び報酬に関する協定（Protocole d'accord sur les salaires et appointement）

一九五五年七月二二日署名

第一条　一九五一年三月二一日及び二四日の協定によって定められた最低保障賃金表及び一九五一年九月二二日の使用者の勧告による賃金表は、以下に示すように定められた賃金表により置き換えられる。

本協定の署名当事者は、労働者の各職種の格差が、一九四五年四月一一日省令によって定められたものを参照すること、及び各職種の最低基礎賃率の時間当たり基準賃金は、係数一〇〇の第一種未熟練労務者の場合、九八・五〇とし、これを基準として計算されることに同意する。

本協定の付表に掲げる職員であって、右の時間当たり基準賃金に基づいて〔賃金が〕定められる者の職階別最低賃金は、一九四五年九月四日命令により定められ、一九四六年三月三〇日の規則により補完され、かつ、一九四六年六月一二日命令により修正された職階制を参照するものとする。

右の新しい職階別最低賃金の採択は、そのことにより、下記第二条及び第六条の諸規定を除き、現実の報酬の形態のいかんを問わず、現行賃金に対し、強制的な影響力を持つことができない。ただし、賃金増額の可能性に対する障害となるものではない。

第二条　パリ地方第一地区に就業する成年の労働者及び職員であって、正常の肉体的資格を有する者は、本協定の発効日以後、付表に掲げる実効保障賃率表により、その職階または職種について定められた額以下の賃金を受領してはならない。

右のように定められた保障〔賃率〕は、報酬の形態のいかんを問わず、時間制及び能率制で働く従業員に対して適用される。

出来高制、割増手当制、組請負制及び能率制でなされる労働の賃率は、正規に労働する中等度の能力を有する労働者に、その職種の実効保障賃率を上回る賃金を保障するような方法で計算されなければならない。

現に支給されている賃金が、実効保障賃率を下回る場合には、その水準にまで引き上げられなければならない。

「労働者」追加協約第八条、「職員」追加協約第五条及び第一〇条に定める諸手当並びに経費の償還的性格を有する諸手当、時間外労働の割増手当及び例外的・好意的性格を有する賞与は、実効保障賃率には含まれず、かつ、保障賃率に付加されるものとする。

第三条　署名当事者は、セーヌ・エ・ウァーズ賃金減額研究委員会の設置に同意する。

右の委員会の結論が出るまで、職階別最低賃金及び実効保障賃金は、旧協定に定められた地域減額の適用を受けるものとする。

職階別最低賃金表及び実効保障賃率表は、七月一六日付協約の「労働者」追加協約第九条及び「職員」追加協約第七条の定める年齢による減額を考慮した上で、年少労働者及び年少職員に対しても適用される。同じく職階別最低賃金及び実効保障賃金は、当該一般協約第一三条の定める顕著な肉体的欠格に対する減額を受ける。

第四条　「労働者」追加協約第二条、第七条、第一五条及び第一六条の定める補償または諸手当は、実効保障賃率に基づいて計算される。

第五条　労働者及び職員の賃金支給票は、一九五四年七月一六日付協約の「労働者」追加協約第一二条及び「職員」追加協約第六条の定める最低保障賃金に代えて、関係当事者の職種に属する実効保障賃率を記載しなければならない。右の記述は、一九五四年七月一六日付協約の「労働者」追加協約第三条の定める文書または口頭による雇用契約及び「職員」追加協約第三条の定める契約書にもなされなければならない。

第六条　一九五四年七月一六日付協約の「職員」追加協約第八条の適用に際し、被用者、技師、製図係、工長の勤続手当は、本協定第一条に定める職階別最低賃金を基礎にして計算される。

第七条　（生産手当）実効保障賃率と比較する際には、生産性向上への集団的参加という資格で、企業により従業員に支払われた金額は、署名当事者がその目的のために設置した合同委員会の定める基準にそれが対応するかぎりにおいて除外される。

第八条　一九五四年七月一六日付協約の「労働者」追加協約第一四条の定める弁当代は、一九五フランとする。

弁当代の額が右の金額を上回っている場合には、従来どおりとする。

第九条　本協定の諸規定は、署名の日以後の支払に適用される。

第一〇条　一九五五年七月二二日の〔協定〕署名当事者は、

本協定適用の半年後に、経済情勢の変遷と、パリ地方金属企業において現に支払われている賃金及び報酬の変遷とを検討するために、新たに会合することを約する。

本協定第一条に規定する基準時間賃金の改訂は、二一三品目の指数が一五四に達する生計費の顕著な、かつ、永続的な変動が生じた場合には、その原因のいかんを問わず要求することができる。

第一一条　本協定は、一九五四年七月一六日付協約に付属するものとする。

九　賃金及び報酬に関する協定（一九五五年七月二二日）の追加協定　一九五五年一一月二三日

一九五五年七月二二日付協定の署名当事者は、当該協定第一〇条の適用により会合し、次の事項を決定した。

第一条　一九五五年七月二二日付協定付表に掲げる労働者に対する実効保障賃率表は、本付属協定の付表により置き換えられる。

第二条　職員の職種別最低賃金及び実効保障賃率は、本付属協定付表Ⅱに掲げる賃率表により定める。

第三条　一九五五年一一月二三日の〔協定〕署名当事者は、経済情勢の変遷と、パリ地方金属企業において現に支払われている賃金または報酬の変遷とを検討するために、一九五六年九月に新たに会合することに同意する。

ただし、一九五五年一一月二三日付本協定の署名当事者は、二一三品目目の指数が一五七に達する生計費の顕著、かつ、永続的な変動が生じた場合には、その原因のいかんを問わず、職階別最低賃金の改訂を要求することができる。

第四条　本付属協定により修正されない七月二二日付協定の諸規定は、効力を失うものではない。

第五条　本付属協定は、労働者に対しては、署名の日以後に始まる支払期から適用され、職員に対しては、一二月一日から適用される。

付表Ⅰ　実効保障賃率表（パリ地方第一地区成年労働者）

職　　　種	実効保障賃率
一般未熟練労務者	一三五
重労働未熟練労務者	一三七
第一種半熟練労働者	一四二
第二種半熟練労働者	一五〇
第一種熟練労働者	一六五

第二種熟練労働者	一八三
第三種熟練労働者	二〇〇

付表Ⅱ　最低基本賃金及び実効保障賃率表

成年者——パリ地方第一地区（基準四〇時間、単位フラン）

職種	職階別係数	職階別最低賃金	実効保障賃率
渉外係	一〇六	一九、〇八〇	二三、三〇〇
給仕、秘書	一一五	二〇、七〇〇	二四、〇八〇
監視人	一一五	二〇、七〇〇	二四、〇八〇
門衛	一一五	二〇、七〇〇	二四、〇八〇
第一種文書係職員	一一六	二〇、八八〇	二四、一七〇
倉庫係職員、収納係	一一六	二〇、八八〇	二四、一七〇
時計係	一一六	二〇、八八〇	二四、一七〇
書類整理係	一一八	二一、二四〇	二四、三四〇
初級タイピスト	一二三	二二、一四〇	二四、七八〇
第二種文書係職員	一二六・五	二二、七七〇	二五、〇八〇
一級タイピスト	一二八	二三、〇四〇	二五、二一〇
初級速記タイピスト	一二八	二三、〇四〇	二五、二一〇
設計図作成係	一二八	二三、〇四〇	二五、二一〇
第一種打錐係	一三二	二三、七六〇	二五、五六〇
二級タイピスト	一三四	二四、一二〇	二五、七三〇
研究所書類整理係	一三五	二四、三〇〇	二五、八二〇
設計図修正係	一三五	二四、三〇〇	二五、八二〇
事務用機械係職員	一三八	二四、八四〇	二六、〇八〇
一級速記タイピスト	一三八	二四、八四〇	二六、〇八〇
電話交換手	一三八	二四、八四〇	二六、〇八〇
キイ・パンチャー	一四〇	二五、二〇〇	二六、四六〇
検査係	一四五	二六、一〇〇	二七、四一〇
透写係	一四六	二六、二八〇	二七、五九〇
二級速記タイピスト	一四七	二六、四六〇	二七、七八〇
出納係補佐	一五〇	二七、〇〇〇	二八、三五〇
商業会計係補佐	一五〇	二七、〇〇〇	二八、三五〇
工業会計係補佐	一五〇	二七、〇〇〇	二八、三五〇
計算器（コントメーター）係職員	一五〇	二七、〇〇〇	二八、三五〇
機械操作係補佐	一五〇	二七、〇〇〇	二八、三五〇
発送係	一五〇	二七、〇〇〇	二八、三五〇
通信係	一五三	二七、五四〇	二八、九二〇
購買部通信係	一五五	二七、九〇〇	二九、三〇〇
仕入係職員	一五五	二七、九〇〇	二九、三〇〇
写真係助手	一五五	二七、九〇〇	二九、三〇〇
速記タイプ通信係	一五八	二八、四四〇	二九、八六〇
倉庫会計係	一六〇	二八、八〇〇	三〇、二四〇

謄写器係	一六〇	二八、八〇〇	三〇、二四〇
第二種打錐係	一六〇	二八、八〇〇	三〇、二四〇
一級オペレーター	一六〇	二八、八〇〇	三〇、二四〇
第一種販売係	一六八	三〇、二四〇	三一、七五〇
技術部職員	一六八	三〇、二四〇	三一、七五〇
通信係主任	一七〇	三〇、六〇〇	三二、一三〇
キイ・パンチ指導係	一七五	三一、五〇〇	三三、〇八〇
二級オペレーター	一七五	三一、五〇〇	三三、〇八〇
購買部職員	一七五	三一、五〇〇	三三、〇八〇
金属化学技師補	一七五	三一、五〇〇	三三、〇八〇
電気技術者――第一種、運転または試験	一七八	三二、〇四〇	三三、六四〇
管理者	一八〇	三二、四〇〇	三四、〇二〇
細部製図係	一八一	三二、五八〇	三四、二一〇
電気技術者――第一種実験室	一八四	三三、一二〇	三四、七八〇
ラジオ技術者――第一種、運転または試験	一八四	三三、一二〇	三四、七八〇
ラジオ技術者――第一種実験室	一八四	三三、一二〇	三四、七八〇
商業会計係	一八五	三三、三〇〇	三四、九七〇
工業会計係	一八五	三三、三〇〇	三四、九七〇
会計器支出係	一八五	三三、三〇〇	三四、九七〇
第一種研究所技師	一八五	三三、三〇〇	三四、九七〇

速記タイプ秘書	一八五	三三、三〇〇	三四、九七〇
第二種販売係	一九〇	三四、二〇〇	三五、九一〇
非現業職長	一九〇	三四、二〇〇	三五、九一〇
社会保障係	一九六	三五、二八〇	三七、〇四〇
生産係	一九六	三六、二八〇	三七、〇四〇
企画係	一九六	三五、二八〇	三七、〇四〇
単純精密時計係	一九六	三五、二八〇	三七、〇四〇
制作製図係	一九六	三五、二八〇	三七、〇四〇
現金出納係	二〇〇	三六、〇〇〇	三七、八〇〇
写真技師	二〇〇	三六、〇〇〇	三七、八〇〇
進水または鉄槌装置係技師	二〇三	三六、五四〇	三八、三七〇
管理部有資格職員	二〇五	三六、九〇〇	三八、七五〇
訴訟係有資格職員	二〇五	三六、九〇〇	三八、七五〇
倉庫係主任	二〇九	三七、六二〇	三九、五〇〇
発送係主任	二〇九	三七、六二〇	三九、五〇〇
納品受理係主任	二〇九	三七、六二〇	三九、五〇〇
外交員	二〇九	三七、六二〇	三九、五〇〇
第一種製造準備係	二〇九	三七、六二〇	三九、五〇〇
a種組長	二〇九	三七、六二〇	三九、五〇〇
有資格組長	二〇九	三七、六二〇	三九、五〇〇
第二種会計係	二一二	三八、一六〇	四〇、〇七〇
検査係技術者	二一八	三九、二四〇	四一、二〇〇

電気技術者―第二種実験室	二一八	三九、二四〇	四一、二〇〇
電気技術者――運転または試験、第二種(電話)検査係	二一八	三九、二四〇	四一、二〇〇
電気技術者――運転または試験、第二種（ラジオ及びエレクトロメカニク）、試験技術者	二一八	三九、二四〇	四一、二〇〇
実験室金属技術者、第一種	二一八	三九、二四〇	四一、二〇〇
ラジオグラフ技術者	二一八	三九、二四〇	四一、二〇〇
小部分研究製図係	二二一	三九、七八〇	四一、七七〇
b種組長	二二一	三九、七八〇	四一、七七〇
第一種会計主任	二二二	三九、九六〇	四一、九六〇
現金出納係主任	二二四	四〇、三二〇	四二、三四〇
購買係	二二五	四〇、五〇〇	四二、五三〇
金属化学者	二二五	四〇、五〇〇	四二、五三〇
管理部主任職員	二三〇	四一、四〇〇	四三、四七〇
訴訟係主任職員	二三〇	四一、四〇〇	四三、四七〇
第二種研究所技術者	二三四	四二、一二〇	四四、二三〇
度量衡技術者	二三四	四二、一二〇	四四、二三〇
第一種研究製図係	二三四	四二、一二〇	四四、二三〇
出版物またはカタログ製図係	二四〇	四三、二〇〇	四五、三六〇
c種組長	二四〇	四三、二〇〇	四五、三六〇
第二種製造準備係	二四三	四三、七四〇	四五、九三〇

a種監督	二四六	四四、二八〇	四六、四九〇
購買係主任	二五二	四五、三六〇	四七、六三〇
第二種実験室金属技術者	二五三	四五、五四〇	四七、八二〇
分析クロノメーター係	二五三	四五、五四〇	四七、八二〇
第二種会計係主任	二五五	四五、九〇〇	四八、二〇〇
第二種研究製図係	二五九	四六、六二〇	四八、九五〇
購買課主任	二七〇	四八、六〇〇	五一、〇三〇
商業監視人	二七一	四八、七八〇	五一、二二〇
第三種技術者	二七一	四八、七八〇	五一、二二〇
第一種企画製図係または主任製図係	二七一	四八、七八〇	五一、二二〇
b種監督	二七一	四八、七八〇	五一、二二〇
支店会計監査人	二九〇	五二、二〇〇	五四、八一〇
第三種〔製造〕準備係	二九〇	五二、二〇〇	五四、八一〇
第二種企画製図係または主任製図係	二九〇	五二、二〇〇	五四、八一〇
c種監督	二九〇	五二、二〇〇	五四、八一〇
a種工場長	二九〇	五二、二〇〇	五四、八一〇
職員部長	三〇〇	五四、〇〇〇	五六、七〇〇
b種工場長	三一二	五六、一六〇	五八、九七〇
自動車企画製図係	三二一	五七、七八〇	六〇、六七〇
c種工場長	三四〇	六一、二〇〇	六四、二六〇

一〇　有給休暇に関する協定　パリ、一九五五年一一月二三日

第一条　一九五四年七月一六日付労働協約の「労働者」追加協約に属する労働者及び当該協約の「職員」追加協約に属する技術家、製図係及び職長たる被用者は、現行有給休暇制度に対する、次に掲げるような改正を受ける。

第二条　上記第一条に規定する労働者及び職員の有給休暇の期間は、実働一月につき一日半、すなわち実働一二ヵ月につき一八日を基礎として計算するものとする。

法律及び一九五四年七月一六日付協約の「労働者」及び「職員」追加協約により、実働日とみなされる欠勤期間は、本協定の適用に際しても同じ扱いとする。

法令または一九五四年七月一六日付協約若しくは個別的労働契約の諸規定の適用により、本条による有給休暇より長期の有給休暇の権利を取得している場合には、当該労働者または職員は、より有利な有給休暇を享有するものとする。

右のように定められた休暇の全期間は、現存若しくは将来設けられる法令または合意によるすべての追加休暇、特に年功のために認められた追加休暇及び家族の主婦のために規定された追加休暇を含むものとする。

休暇の開始日及び終了日は、事前の合意または正式に証明された正当な理由がないかぎり、厳格に遵守しなければならない。

第三条　休暇期間が、企業における無給の祝祭日と重なったときは、右の祝祭日は、本協定の適用に当たって労働日とみなし、休暇が延長されない場合には、休暇としての資格で報酬を支払う。

第四条　集団解雇または職場の廃止による個別的解雇を除き、有給休暇の補償手当に関する現行諸規律は、本協定により修正されるものではない。右の補償手当は、法律または一九五四年七月一六日付協約の諸規定による休暇期間を基礎として計算される。

第五条　本協定は、一九五五年六月一日から、一九五六年五月三一日を参照年度として署名日以後にとられるすべての休暇に適用される。

第六条　本協約は、署名の日から一年の期間をかぎって締結される。定められた期間満了日の一月前に、協約当事者の一方による解約の通告がなされないときは、本協約は、黙示の更新により期間の定めのない協約として効力を存続させる。右のように更新された協約は、一月前の

予告により、いつでも解約することができる。

第七条　本協約は、各協約当事者に手交し、かつ、労働法典第一巻第三一条dに定める条件にしたがって、セーヌ労働審判所書記に寄託するために必要な部数を作成する。

協　定　(protocole d'accord)

協約の拡張を可能とするために、署名当事者は、次のような目的をもって、一〇月の第二週目に会合することを約する。

(1)　賃金及び職種分類に関する付属協定の審議を行うこと。

(2)　労働者の転任の条件に関する付則を作成すること。

(3)　「職員」追加協約第二一条に代えて、一九五四年七月一六日付協約の範囲に含まれなかった解雇手当制度を明確に決定すること。

三　家事使用人全国労働協約

Convention collective nationale de travail.
(employés de maison)

一九五一年六月一日、労働監督官ブーヴィエ女史立会の下に、パリ・フォントヌワ（Fontenoy）において

家事使用人使用者団体連合（La Fédération des Groupements d' Employeurs de Gens de Maison）、家事使用人使用者組合（Le Syndicat des Employeurs de Gens de Maison）を一方の当事者とし、

門衛及び同種家事使用人組合ＣＦＴＣ連合（La Fédération C.F.T.C. des Syndicats de Gens de Maison, Concierges et Parties Similaires）、家事使用人ＣＦＴＣ組合（Le Syndicat C.F.T.C. des Gens de Maison）、食品及び家事使用人、市民家庭被用者ＣＧＴ連合（La Fédération C.G.T. de l' Alimentation et des Gens de Maison, Employés de Maison Bourgeoise）、市民家庭被用者ＣＧＴ組合（Le Syndicat C.G.T. des Employés de Maison Bourgeoise）、食品産業及び商業ＣＧＴ—ＦＯ連合（La Fédération C.G.T. —F.O. des Industries et Commerces de l' Alimentation）を他方の当事者として締結

序　章

第一条　協約当事者は、雇主の家庭内で生活し、なんらかの方法で家族生活に参加する家事使用人の仕事がその職業に、使用者と被用者との関係において常時対立し合うものではないという特殊な性格を与えることを確認する。

雇主と家事使用人との関係は、相互の尊敬と信頼とに基づかなければならない。

被用者は、本協約の諸規定の特権の下に、労働契約の一般的条項及び労働場所の慣行にしたがい、共同して生活する家族の利益のために必要とされるすべての労働を遂行するものとする。

報酬の形態及び周期性のいかんを問わず、家庭の業務に従事し、その労働によって収益を追求することを目的

としない一または数人の使用者によって日常の家事労働のために雇用されているすべての賃金被用者を、家事使用人とみなす。

協約当事者は、宗教上及び組合関係上の言論の自由を認める。公民としての義務の行使に必要な時間は、被用者に対して、許容しなければならない。

適用範囲

第二条　本協約は全本土に適用される。ただし、各地方における現行慣習を考慮し、地域的な調整をなすことができる。

協約の期間

第三条　本協約は、期間の定めなく締結される。当事者双方は、一部または全部について、書留郵便により三ヵ月前に予告することにより、解除の通告をなすことができる。

すべての改訂または修正の要求は、本協約第四八条の定める全国労使合同委員会に提出するものとする。

労働契約

（契約の形式及び性質）

第四条　使用者と被用者間の労働契約は、期間の定めのあるものであると、定めのないものであるとを問わず、書面により締結しなければならない。契約書は、左のような労働条件を明確にするものとする。

（仕事の性質、資格、報酬、労働時間の指定、有給休暇等……）

臨時雇及び家政婦または時間ぎめで雇われたすべての者に対しては、書面による契約書は作成しない。ただ、使用者は、自己の不在に起因する仕事の中断〔が生じる場合には、その原因の消滅〕後、右の被用者に再雇用するか否かの意思表示をしなければならない。

労働契約の一般的骨組は、第四八条の定める全国労使合同委員会が定める。

（試用期間）

第五条　本契約（l'engagement définitif）の前に一五日間の試用期間を置く。右の期間中は、当事者双方は、予告及び賠償金なしに契約を解除することができる。

契約締結の際、使用者または被用者は、他方の当事者に対し、医師を自由に選択した上、健康診断を受けることを要求することができる。家事使用人が、一五歳未満の児童と接触するときは、右の健康診断を必ず受けなければならない。

（労働契約の解除―予告）

第六条　契約が期間の定めなく締結されているときは、当事者双方は、相手方に対し、解約の通告をすることにより、契約を終了させる権利を有する。

右の権利は、少なくとも一週間前の予告なしに行使することができない。予告期間中、就職先を探すため、労働時間内に、一日二時間を、賃金を減ずることなく〔被用者に〕与えなければならない。当事者間の取決めがない場合には、右の二時間は、使用者及び被用者が隔日づつ交互に指定する時間にとるものとする。

予告〔義務〕を履行しない場合には、解除の責任を有する当事者は、相手方に対し、予告期間に対応する現金報酬に等しい額の賠償を支払わなければならない。使用者がなす解除の場合には、現物給与の価値を〔右の〕現金賃金に加算するものとする。

予告手当は、重大な過失がある場合には支払わない。

私人の不動産の番人が解雇されたときは、居住する住居の便益を三ヵ月間保持することができる。

使用者は、次の場合には契約を破棄することができない。

(1)　被用者の応召または兵役期間の遂行

(2)　疾病　被用者が、少なくとも二ヵ月以上勤務し、かつ、疾病が二ヵ月以上にわたらない場合にかぎる。

(3)　労働事故　仕事を再び行うことが不可能な場合を除く。

(4)　法令の定めるような産褥期または明白な妊娠状態による労働の中断

被用者が疾病、事故または妊娠のために、一時的に労働を中断しなければならない場合には、使用者は看護を行うものとする。

労働契約が満了した際には、使用者は、被用者に対し、就職した日及び退職した日並びに職業上の資格を明示する労働証明書を交付するものとする。

（解雇手当）

第七条　重大な過失なく、かつ、四年以上勤続した被用者は、解雇の際に予告手当とは別個に、賃金総額の一月分に相当する追加手当を受ける権利を有する。勤続八年以上の者は、右の手当を賃金総額の二ヵ月分とする。

（採用、解雇の際の旅費）

第八条　自己の居住地域外の者を募集した使用者は、次の経費を支払う。

(1)　往きの旅費、原居住地へ帰る場合は、帰りの旅費。試用期間中であっても同様とする。

(2)　転勤に要する日数に等しい賃金及び現物給与

労働時間

第九条　履行すべき仕事の性質上、労働時間は、すべての他の職業におけるようには厳格であることができない。

ただし、毎日の休息時間は一二時間とし、その中の少なくとも一〇時間は引き続き夜間の休息時間に充てるものとする。右の一二時間に二時間分の食事時間をつけ加える。食事は、着席してとり、給仕を保障しない。被用者の雑談は、右の自由時間内に行うものとする。

したがって被用者の実働〔時間〕は、一日一〇時間とする。

一般に仕事は、七時から二一時までの間に行うものとする。

第一〇条　毎月、正規の二六〇時間のほか最大限一〇時間までの時間外労働を行うことができる。時間外労働に対しては、当事者間の協定により、第一七条の規定にしたがって報酬を支払うか、または右の時間に等しい休息を週休若しくは年次有給休暇に加えて補償するものとする。

右の残業時間及びその決済または補償方法は、月別賃金支払票に記載する。

週休及び祝祭日

第一一条　すべての家事使用人は、継続二四時間の週休を受ける権利を有する。右の休日には、原則として土曜日の夕刻から月曜日の朝までの日曜日の全日を与えなければならない。

被用者は、日曜日を要求する権利を有する。被用者が日曜日に働く場合には、仕事を午前八時以前に開始してはならず、かつ、勤務時間を二時間減ずるものとする。休日に、被用者が希望する場合には、被用者の使用に充てられている居室に留まることができる。被用者は、労働日のときと同一の条件で、みずから準備することにより、使用者の家で食事をとることができる。

法定祝祭日は、同じく休日とする。

右の祝祭日が、強制休息たる日曜日の前日または翌日に当たる場合には、祝祭日を労働時間とすることができる。右に対しては、時間外手当を支払うか、または前条に定めるような振替え休暇を与える。

賃　金

（支払日及び賃金支払票）

第一二条　無給の住込みを禁止する。賃金の支払いは、毎月、定められた日に、住込みの被用者に対して行う。

労働法典第一巻第四四条aの規定にしたがい、次の事項を記載する賃金支払票を被用者に交付する。

(1)　職種分類及び格付係数
(2)　基準賃金総額
(3)　必要ある場合には、時間外手当
(4)　社会保険の控除額
(5)　社会保険控除後の賃金額

(6) 減額すべき現物給与の額

(7) 手取り賃金

（仕事の分類）

第一三条　家事使用人を次のように分類する。

仕事	係数
家事万端の仕事をする女中及び子守（経験一年以下の者） 家屋の番人	一〇〇
下男 料理手伝人 子供を散歩させる女中——縫い子 女中（経験一年以上であって、家事のすべてを行いうる者） 子守り（子供一人または二人。三人以上の場合は子供一人につき五点づつ増加する）	一一三
簡単な料理を含み、家事の全体を行う家事使用人 一人のものに対する付添婦人 下着の補修及び日常の家事を行う小間使	一二〇
日常の料理を含み、家事のすべてを行う有資格家事使用人 特別に日常の料理を行う家事使用人 下着の修理を行う婦人、針子、調髪を行う婦人 日常の補修をも行う家屋の番人	一三〇
馭者、馬丁（地主、年金受給者の許に召使として使用されている者） 資格を有する料理人 付添婦 免許状を有しない家政婦 従僕または下僕（日常の業務を行う者） 裁断の知識を有する針子	一四二
高級の資格を有する料理人	一五四
自動車運転手、給仕頭 乳母 保母の免許状を有し、または右の仕事に五年以上の経験を有する家政婦	一六六
本の朗読者、従業員の長たる給仕頭 料理長	一七五
自動車運転手で、車体の維持、軽微の修理を行いうる者	一八五

備考——各種の仕事に対する係数の割当を含む職種別格付けは、試用期間の経過後に行う。

仕事の途中に、上級の資格を取得した被用者に対しては、その取得した能力を考慮して再び格付けを行わなければならない。

家事の万端を行う女中及び家政の全般について責任を有する家事使用人が一人だけで働く場合は、家族数六人以上、一人増すごとに五点づつ、最大限一五点まで加算する。

（賃金額）

第一四条　一点の価格は、月給者に対し一四〇フランと定める。

したがって、賃金の月額は、次のように定める。

係数　一〇〇……一四、〇〇〇フラン
〃　一一三……一五、八二〇　〃
〃　一二〇……一六、八〇〇　〃
〃　一三〇……一八、二〇〇　〃
〃　一四二……一九、八八〇　〃
〃　一五四……二一、五六〇　〃
〃　一六六……二三、二四〇　〃
〃　一七五……二四、五〇〇　〃
〃　一八五……二五、九〇〇　〃

時間給の者であって、係数一〇〇に格付けされた者は、全国最低保障賃金を受領するものとする。

時間給の者であって、係数一一五に格付けされた者は、全国最低保障賃金に一・一五を乗じたものを受領する。

雑役婦は、係数一〇〇とし、時間ぎめの報酬を受ける。

洗濯、床の蠟引きなどの重労働を行う雑役婦は係数一一五とする。

（現物給与）

第一五条　第一四条に定める賃金から、食費及び住居費を控除する。

食費は、次の割合で評価する。

一日二〇〇フラン（朝食二六フラン、昼食及び夕食八七フラン）

一月五、二〇〇フラン（200fr×26）

居住費は、次の割合で評価する。

単身者一月六八〇フラン、家族一人につき月一、〇〇〇フラン。

食事を週休日に受けたときは、その価格を俸給より控除する。

（時間外手当）

第一六条　正規の月二六〇時間以上の超過勤務時間に対し、第一〇条に定める代休が与えられないときは、次の割合の手当が支払われる。

係数　一〇〇……一〇〇フラン
〃　一一三……一一三　〃
〃　一二〇……一二〇　〃
〃　一三〇……一三〇　〃

〃　一四二……一四二　〃
〃　一五四……一五四　〃
〃　一六六……一六六　〃
〃　一七五……一七五　〃
〃　一八五……一八五　〃

（通勤手当）

第一七条　使用者の許に寄宿しない被用者に対しては、法定額に等しい通勤手当を支払う。

雑役婦及び臨時の者は、時間につき、右に定める額の一七三分の一を受領する。

（賃金の減額）

第一八条　右に定められた賃金は、パリ地方の第一級地に適用されるものとその他の地域においては、本協約を当該地方または地区の特殊的な労働条件に適合させるための目的を有する地方または地区協約の定める減額を受けるものとする。

地方または地区協約が存在しない場合には、地域による減額は、労働省令の諸規定にしたがって行う。

第一九条　一八歳未満の被用者は、成年者の賃金より次の減額を受ける。

一四歳以上一五歳未満……五〇％
一五歳〃　一六歳〃　……四〇％
一六歳〃　一七歳〃　……三〇％
一七歳〃　一八歳〃　……二〇％

第二〇条　身体検査により体力が劣ると認められた被用者に対しては、報酬を減額することができる。ただし、いかなる場合においても一〇をこえてはならない。

賃金の減額は、特に六五歳以上の被用者についても適用することができる。

（勤続手当）

第二一条　次の表にしたがい、賃金に勤続手当を付加する。

勤続三年の者に対し、月賃金総額の三％
〃　六年　〃　　　　六％
〃一〇年　〃　　　一〇％

賃金総額とは、すべての控除を行う前の総賃金をいう。

疾　病

第二二条　疾病の場合には、被用者は、次の期間中、社会保険の払込みを控除した賃金及び現物給与を受ける権利を有する。

勤続一月の場合　　　五日
〃　一年の場合　　　一五日
〃　五年以上の場合　　一月

現物給与は、本協約の定める賃金表にしたがって計算するものとする。

有給休暇

第二三条　労働法典第二巻第五四条fないし第五四条k、一九四五年五月一八日法及び一九四六年四月二九日法の定めるような一般法の制度は、雑役婦、針子及び子守をも含めて家事使用人に適用される。特に細目については、本協約第二四条ないし第三二条に定める。

有給休暇の期間

（普通休暇）

第二四条　被用者は、前年度の六月一日より、当該年度の五月三一日までの実働一月につき一日、すなわち一二ヵ月につき二週間の休暇を受ける権利を有する。

一八歳に満たないすべての被用者は、四週間の年次休暇を受ける権利を有する。（実働一月につき二日）

一八歳以上二一歳未満のすべての被用者は、三週間の年次休暇を受ける権利を有する。（実働一月につき一日半）

四週間または二四労働日に相当する期間を一労働月とみなす。

有給休暇の期間、女子の産前産後の休暇の期間及び労働事故または職業病により労働契約が停止されている期間であって、一年を限る期間中は、実働期間とみなされる。

（年功による追加休暇）

第二五条　休暇の期間は、同一使用者の下に五年以上継続または断続して勤務するごとに一日を増加する。

（主婦に与える追加休暇）

第二六条　家庭の主婦〔たる労働者〕は、一五歳未満の扶養家族一人につき二日の追加休暇を受ける。右の休暇は、法令の有給休暇が六日をこえない場合には、一日に減ずる。

（休暇の期日）

第二七条　休暇は、六月一日より一〇月三一日までの間にとるものとする。

（休暇の分割）

第二八条　有給休暇は、被用者の反対の請求及び使用者との合意のないかぎり、一回にとらなければならない。

（休暇手当）

第二九条　休暇の手当は、休暇をとる際に現行賃金表にしたがって計算され、支払われなければならない。食費及び居住費は、県知事会またはそれより有利な場合には、本協約の定める賃金表にしたがって支払われる。

（契約破棄の場合の有給休暇）

第三〇条　辞職し、または解雇された被用者は、重大な過失のある場合を除き、有給休暇の補償手当を受ける。

（家父に与えられる休暇）〔一九四六年五月一八日法〕

第三一条　家父たる被用者は、その家庭に出生のあるごとに三日の休日を受ける権利を有する。

右の休日中の手当は、家族手当金庫より使用者に対して償還される。

（年次有給休暇の期間より長期の期間雇用されない被用者）〔一九四六年四月二九日法〕

第三二条　使用者の意思による休暇期間のすべての延長の場合には、月給被用者に対しては、有給休暇手当に等しい額の手当が支払われる。

衛生及び宿舎

（食　事）

第三三条　被用者が食事を受けるときには、食事（飲物をも含む。）は、安全なものであって、かつ、使用者の食事と同質のものでなければならない。

（就　寝）

第三四条　就寝、安全及び衛生に関する一九一三年八月一三日命令の一般的規定は、家事使用人に対して適用される。

各被用者または被用者の家族には、鍵付の家具のある個室を利用させなければならない。

子供の世話をする被用者には、個人用の小室を利用させなければならない。

使用者は、その従業員に対し、相当な採光及び煖房設備を備え、付近に水道のある清潔で衛生的な居室を供するものとする。

被用者が、伝染病に冒された場合には、使用者は、部屋及び寝具を消毒しなければならず、かつ、その点についての不注意の責めを負うものとする。

支給衣類及び作業衣

第三五条　使用者より支給された衣類〔シーツ・タオル等〕の洗濯〔費用〕は、使用者の負担とする。

前掛を被用者に支給する。仕事のために化粧衣を必要とするときは、使用者は、これを支給し、維持の責を負うものとする。被用者の解雇の際には、その所有権は、使用者が有する。

被用者の義務

第三六条　被用者は、自己に委託された場所及び物を最良の状態に維持するものとする。

職業養成

（見習契約）

第三七条　使用者は、一四歳以上一八歳未満の年少者の職業養成に留意するものとする。使用者は、一八歳未満の年少者の法定代理人と本協約第四八条の定める労使合同委員会の作成した標準契約にしたがって見習契約を締結することができる。右の契約には、見習者の報酬の条件を定めるものとする。

第三八条　養成工契約に関する労働法典の規定は、家事の勤務にも適用され、労使合同委員会により地方の特殊性に適応せしめられる。労働法典第一巻第七条a及び第七条bの定める罰則は、前記委員会により適用される。

（職業養成所及び職業資格証明書）

第三九条　一八歳未満の年少被用者は、見習契約の資格者たると否とを問わず、当該地域に存在する職業養成所に通わなければならない。

養成所において過ごす時間は、報酬減額の理由となってはならない。

第四〇条　地方職業委員会または県技術教育委員会が家事勤務に対し、資格証明書を交付しない場合には、本協約第四八条の定める地方労働合同委員会が、労使両団体の任命する混合審査員による試験を経た後に、資格証明書を交付する権限を有する。

第四一条　本協約第四八条の定める労使合同委員会は、アスチエ法（loi Astier）〔訳者註　職業養成所の設置を定める法律、一九一九年公布〕第三九条に定める地方職業委員会に代表者として選出されることを要求するものとする。

第四二条　職業資格証明書を受けた見習者は、有資格被用者とみなされる。

一八歳未満の年少者の特別労働条件

第四三条　一八歳未満の年少者の労働時間は、見習契約締結のいかんを問わず、週四八時間（一日の中、食事時間二時間、休憩時間三時間を合わせ、八時より二一時までの間の八時間）とし、右の時間中に職業養成の時間を含むものとする。

何人も、年少者に対し、過重な労働をさせ、夜間に子供、病人または老人の看護をさせてならない。

夜間二一時以後は、使用者は、両親または後見人の文書による許可状を受領するか、または両親若しくは後見人の承認した監督者と同伴の場合でなければ、年少者の外出を許可しないものとする。

婦人の産前産後の休暇

第四四条　婦人労働者に対し、産前産後を通じて八週間及び分娩後六週間労働させることを禁ずる労働法典第二巻第五四条の諸規定は、家事使用人にも適用する。

職　業　紹　介

第四五条　労働合同委員会の保護の下に、県職業安定所の地方連絡係として機能する家事使用人の職業紹介所を設置することができる。

右の紹介所の開設及び維持には、労働大臣の認可を得るものとする。

集団的紛争の規制

第四六条　集団的紛争は、必ず第四八条に定める労使合同委員会に付託するものとする。

関係合同委員会が調停の試みに失敗した場合には、委員会は、当該委員会があらかじめ作成した名簿に基づいて仲裁人を指名することができる。仲裁人の裁定は当事者に対し拘束力を有する。

個別的紛争の規制

第四七条　両当事者は、労働法典中に規定されている労働審判権がすべての職種の家事使用人に拡張されることを行政当局に請求することに同意する。

ただし、訴を労働審判所に提起する前に、紛争を第四八条の定める地方労使合同委員会の調停に付託しなければならない。

一二設労使合同委員会

第四八条　本協約の適用を監視し、諸規定を解釈し、適宜、あらゆる有用な修正を行い、当局及びすべての設置機関に対して職業上の利益を擁護するために常設全国労使合同委員会を設置する。

右の委員会は、少なくとも八名の委員をもって構成され、各署名団体は、最低二名の委員を代表者として選出するものとする。

常設地方労使合同委員会は、異なれる地域の特殊問題を検討することができる。

右の委員会は、特に本協約を地方の慣習に適合させなければならない。

第四九条　本協約は、労働法典第一巻第三一条の諸規定にしたがい、パリ第七区治安判事書記課に寄託し、一九五一年六月一日より有効とする。

一九五一年六月一日、パリにおいて締結〔署名団体代表者名略〕

解　題

本巻には、これまでに発表したフランスの労働協約に関する論文のうちの主な二つ「フランス初期労働協約法理の形成過程」（社会科学研究八巻一号〜四号）および「フランスにおける労働協約の一般的拘束力」（法学二二巻二〜四号）を、それぞれ第一章「初期労働協約法理の形成過程」、第二章「労働協約の拡張制度」として収録し、その後の労働協約法の動向を紹介するために新たに第三章を書き足し、さらに第四章「労働協約の内容」、「一　労働協約法成立後の労働協約」（「フランスにおける労働協約の起源とその発達」（労働法律旬報一四六号の一部）および「二　労働協約集」（『フランス労働法令集二』（外尾訳・国会図書館・労働省、昭三五年）を資料として掲げ、フランス労働協約法史としての体裁を整えるようにした。

私がフランスの労働協約の研究を始めたのは、戦後、研究生活に入ってからのことであるが、特別にフランスの協約に興味をもっていたわけではなく、当時私が奉職していた東京大学社会科学研究所が労働関係調査研究の一環として各国の労働協約の実証的研究をすることになり、私がフランス部門を割り当てられたという偶然のきっかけからである。戦後の焼け跡の中から労働争議は各所に燃えさかり、労働運動は日増しに高揚して、日本労働法の生きた素材はいくらでもあったが、「フランスの労働協約」とは夢のように遠い国の話であった。「労働協約の実証的研究」とはいうものの、フランスについては当時の労働協約立法の枠組みやその概略が、石崎政一郎先生の論文「フランスの労働協約」（末弘博士還暦記念論文集『団結権の研究』所収）や労働省労働統計調査部の『各国における団体協約法』によって僅かに紹介されていただけで、協約の実物はどこを探しても見つからなかったし、協約の内容は誰に聞いても分からなかった。今日とは異なり、資料や情報は皆無で、その入手方法については、手がかりすらつかめなかったのである。途方にくれているとき、人づてに読売新聞記者の服部親行さんがフランスに行くという話を聞き、どんなものでもよいから生の労働協約をもらってきてくれというお願いをした。見ず知らずの私の願いを服部さんは聞き入れてくれて繊維産業の労働協約を入手することができた。やがて企業関係や労働省を通じ、少しづつではあったが、いくつかの協約を入手することができるようになった。もちろん参照しうるかぎりの文献にあたるため、暇を見つけては東大法学部の図書室に入り浸り、フランスの労働協約に関係のありそうな文献目録をほぼ網羅するかたちで作成し、書庫に日参しては実物にあたった。意外と宝の山は身近にあった。書庫には一九一九年法に結実するまでの初期のフランスの労働協約に関する実証的理論的な本がかなりあった。関東大震災のあとに東大が各国から多くの書物の寄贈を受けていたからである。その中の一つにグルシエ（Groussier）の La convention collective de travail, 1913 があった。パラパラと本をめくりながら、私は、思わず硬直したように本に吸い寄せられていった。私があんなに望んでいた生の労働協約の歴史的な発展過程が具体的な資料として盛り込まれているではないか。私は、しびれるような感激に浸りながらただ立ちつくしていた。今、振り返ってみても、長い学究生活の中であのときほど嬉しかったことはない。むさぼるように読み、フランス初期労働協約の形成過程の論文の骨組みを作っていった。同時に理論的な研究を進めるため、助手仲間であった秋田さん（現法政大学名誉教授）を誘い、二人で後藤　清先生のドイツの『労働協約理論史』を数ヶ月かけて議論をしながら、熟読玩味し、比較法的な視点からフランスの協約理論や立法過程の意味を考えた。当時、私は東大社研のいくつかの実態調査に参加していたため、論文の執筆に多くの時間を割くことはできなかった。しかし、助手の任期には期限がある。あとでゆっくりと時間をかけて書こうと思いながら、初めの部分だけを「フランス初期労働協約法理の形成過程」と題し、助手論文として提出した。意に満たないものではあったが、この論文のおかげで東北大学に就職し、法学博士の学位も授与された。思い出の深い論文である。これが本巻の第一章である。その後、東北大学に赴任してから、『法学』に執筆する機会を与えられたので、手元にあった研究ノート（東大助手時代の蓄積）をもとに、「フランスにおける労働協約の一般的拘束力」を執筆した。

いずれは構想を新たにし、労働協約に焦点を当てながら、労働運動と労使関係、団結権ひいては労働法の歴史を凝縮した『フランス労働協約法史』をまとめたいと思い、文献や資料の蓄積には努めてきた。その後、私でも、自由にフランスに行くことができるようになり、フランスに行くたびに新しい文献を渉猟したりした。だが、まとめようと思っているだけで、あっという間に月日は経ってしまった。フランス労働法については、すぐれた後進の研究者が輩出し、労働協約に関してもいくつかの論文が公刊されている。もう私の出る幕はなさそうである。しかし本巻が『フランスの労働協約法の研究』と銘打ちながら、一九五〇年法までで終わっているのでは、あまりにも読者に不親切であると思い直し、第三章を「労働協約法の展開」と題して、五〇年法以後、とくに七〇年代以降最近までのフランス労働法と協約の動きを紹介することにした。

第一章、第二章の論文を執筆したのは、もう四、五〇年も前のことである。読み返しても文章は生硬であるし、内容も未熟である。しかし、今、書き直すことは私には時間的・体力的に不可能である。若干の訂正はしたが、全体としての文章の読みにくさや不統一には眼をつぶることにした。若いときの熱意と息吹をくみ取っていただくということで大方のご寛容をお願いしたい。

第三章を除く各論文の初出の掲載誌名と年度は次のとおりである。

第一章　フランス初期労働協約法理の形成過程（「社会科学研究」八巻一〜四号　昭和三一年）

第二章　フランスにおける労働協約の一般的拘束力（「法学」二一巻二～四号　昭和三二年）
第四章　労働協約の内容
一　労働協約法成立後の労働協約（「フランスにおける労働協約の起源とその発達」労働法律旬報一四六号　昭和二八年）
二　労働協約集（『フランス労働法令集〔二〕労働協約の部』国立国会図書館調査立法考査局・労働大臣官房労働統計調査部外国労働法令集第一四条　昭和三五年）

は　行

ま・や　行

ら　行

索　引

あ　行

か　行

さ　行

た　行

外尾健一著作集

第 6 巻

フランス労働協約法の研究

2003年 7 月10日　初版第 1 刷発行

著　者
外尾健一

発行者
袖 山 貴＝村岡侖衛
発行所
信山社出版株式会社
〒113-0033 東京都文京区本郷 6-2-9-102
TEL 03-3818-1019 FAX 03-3818-0344
印刷・亜細亜印刷　製本・渋谷文泉閣　発売・大学図書
PRINTED IN JAPAN ©外尾健一，2003
ISBN4-7972-5075-5 C3332

外尾健一著作集

◆ 第1巻　団結権保障の法理Ⅰ
◆ 第2巻　団結権保障の法理Ⅱ
◆ 第3巻　労働権保障の法理Ⅰ
◆ 第4巻　労保権保障の法理Ⅱ
◇ 第5巻　日本の労使関係と法
◆ 第6巻　フランス労働協約法の研究
◆ 第7巻　フランスの労働組合と法
◆ 第8巻　アメリカのユニオン・ショップ制

◆は既刊、◇は近刊

信山社